सिद्ध संत
और
योगी

सिद्ध संत और योगी

शम्भूरत्न त्रिपाठी

प्रभात प्रकाशन

प्रकाशक

प्रभात प्रकाशन प्रा. लि.

4/19 आसफ अली रोड, नई दिल्ली–110002

फोन : 011–23289777 • हेल्पलाइन नं. : 7827007777

इ–मेल : prabhatbooks@gmail.com ❖ वेब ठिकाना : www.prabhatbooks.com

संस्करण

2026

पेपरबैक मूल्य

छह सौ रुपए

मुद्रक

श्री साई प्रिंटर्स, साहिबाबाद

SIDDHA SANT AUR YOGI
by Shri Shambhuratna Tripathi

Published by **PRABHAT PRAKASHAN PVT. LTD.**
4/19 Asaf Ali Road, New Delhi-110002

ISBN 978-93-90900-01-5

₹ 600.00 (PB)

प्रस्तावना

योगी असीम शक्तिसंपन्न होता है। शास्त्रों का मत है कि योगी ईश्वर-सदृश होता है। उसमें सृष्टि, पोषण और संहार की शक्ति होती है। आधुनिक युग के महान् योगी श्री श्यामाचरण लाहिड़ीजी कहते हैं कि जब कोई योगी ब्रह्म में लीन हो जाता है तो वह सर्वज्ञ हो जाता है। चौबीसों घंटे अपने सूक्ष्म शरीर के अंदर ब्रह्म-स्थिति में मस्त रहते हुए वह जो कुछ देखना चाहता है, मनश्चक्षु से देख लेता है, अगम्य लोकों में जाकर वहाँ की हर वस्तु को देख सकता है, योगदृष्टि से सबकुछ जान सकता है, विश्लेषण कर सकता है, शरीर के एक-एक रहस्य को देख सकता है, क्योंकि वह एक स्थान में बैठे हुए उस ब्रह्मत्व को प्राप्त हुआ है, जो सर्वत्र व्याप्त है। योगियों और योग-शास्त्र के महान् मर्मज्ञ स्व. पं. गोपीनाथ कविराजजी का मत है कि आज भी भारत में बहुत से लोकोत्तर क्षमताशाली योगी विद्यमान हैं। जो लोग ऐसा समझते हैं कि विभूति या सिद्ध विकृत मस्तिष्क की कल्पना मात्र है, यदि वे इस विषय में सरल मन से खोज करें तो उन्हें बहुत से रहस्यों का पता लग सकता है। अनेक भारतीय और पाश्चात्य व्यक्तियों ने महान् शक्तिसंपन्न योगियों के दर्शन किए हैं तथा अपने विलक्षण अनुभव व्यक्त किए हैं।

योगी का जीवन और मृत्यु पर नियंत्रण होता है। वे अपना जीवन सैकड़ों वर्ष तक बनाए रख सकते हैं। परकायाप्रवेश द्वारा शरीर बदल सकते हैं, चिरयुवा रह सकते हैं और इच्छानुसार मृत्यु को प्राप्त हो सकते हैं। जीवित को मृत कर सकते हैं और मृत को जीवित कर सकते हैं। बांग्ला के प्रसिद्ध उपन्यासकार श्री बंकिमचंद्र चटर्जी के पिता श्री यादवचंद्र चटर्जी की मृत्यु कई बार हुई थी। जब वह श्मशान घाट ले जाए जाते थे, तो वहाँ एक महात्मा आविर्भूत होकर उनको पुनर्जीवन प्रदान कर देते थे। डॉ. अलेक्जेंडर कैनन को एक तिब्बती लामा ने तिब्बत आने का निमंत्रण दिया। वह अपने एक साधु मित्र के साथ तिब्बत पहुँचे। लामा के मंदिर के

पहले एक चौड़ी, गहरी खाई थी, जिसे पार करना कठिन था। लामा ने अपने मंदिर में बैठे ही इनकी समस्या जान ली। उसने इनके पास एक दूत भेज दिया। इस दूत ने कुछ क्षण एक योग क्रिया दिखाई। उसके करने पर डॉ. कैनन और साधु खाई पार कर गए। जब वे लामा के पास पहुँचे, तो कफन में लपेटा हुआ एक मृत मनुष्य उनके सामने लाया गया। डॉक्टर साहब को उसकी परीक्षा करने पर ज्ञात हुआ कि वह पूर्ण रूप से मृत व्यक्ति है। लामा के आदेश से व्यक्ति ने आँखें खोल दीं, उठकर खड़ा हो गया, लामा के पास चलकर गया और फिर मृत हो गया। लामा ने बताया कि यह मनुष्य सात वर्ष से मरा हुआ है और अभी सात वर्ष तक इसी प्रकार सुरक्षित मृतावस्था में रह सकता है तथा आवश्यकता पड़ने पर जीवित किया जा सकता है। आश्चर्य की बात यह थी कि यह वही व्यक्ति था, जिसने लामा के दूत के रूप में डॉ. कैनन को योगक्रिया द्वारा खाई पार कराई थी।

प्रसिद्ध योगी स्वामी रामजी ने लेखक को बताया था कि एक लामा ने उनके समक्ष ब्लेड से एक चींटे के तीन टुकड़े कर दिए और तीनों टुकड़े दूर-दूर रख दिए। बाद में मंत्र-शक्ति के बल से तीनों टुकड़े पास-पास आकर जुड़ गए और चींटा जीवित हो गया। उन्होंने योगियों की इच्छा-मृत्यु के भी कई अनुभव बताए थे। एक योगी ने पद्मासन की मुद्रा में अपनी इच्छा से प्राण त्याग दिए और बिना किसी की सहायता के उनका शव उठकर गंगाजी की धारा में प्रवाहित हो गया था। अधिकांश योगी अपनी मृत्यु-तिथि और समय पहले से घोषित कर देते हैं। श्रीरामकृष्ण परमहंस और विवेकानंदजी ने अपनी मृत्यु का समय पंचांग देखकर निश्चित किया था।

सिद्ध योगियों का भौतिक शरीर अवश्य नष्ट हो जाता है; लेकिन अपने सूक्ष्म शरीर से वे सदा विद्यमान रहते हैं तथा आवश्यकतानुसार भक्तों के समक्ष शरीर धारण करके प्रकट हो जाते हैं। श्रीरामकृष्ण परमहंस देहावसान के बाद विवेकानंदजी, माँ शारदा तथा अन्य भक्तों के समक्ष प्रकट हुए थे। योगानंदजी के दिवंगत गुरु श्री युक्तेश्वरजी बंबई के एक होटल के कक्ष में प्रकट हो गए थे। उन्होंने उनको आलिंगनबद्ध किया था तथा बहुत देर तक बात की थी। अयोध्या के विख्यात संत बाबा राममंगलदासजी के समक्ष सैकड़ों वर्ष पूर्व के दिवंगत संत सशरीर उपस्थित होते थे तथा अपने पद (कविता) और संस्मरण बता जाते थे। उन्होंने अपने इन अलौकिक अनुभवों को प्रकाशित भी किया है। विवेकानंदजी को भगवान् बुद्ध के संबंध में ऐसा ही अनुभव हुआ था। शिरडी के साईं बाबा, गजानन

स्वामी, लाहिड़ी महाशय आदि के संबंध में सामान्य भक्तों को भी इस प्रकार के अनुभव हुए हैं।

योगी परदुःखकातर होते हैं। किसी के कष्ट को देखकर उनका हृदय द्रवित हो उठता है। प्रायः अधिकांश योगी अपने भक्तों को असाध्य रोगों से मुक्त कर देते हैं। मेरे पैर में अकौता था। एक संत के समक्ष केवल मन में प्रार्थना की, तो उसी क्षण अकौते का घाव सूख गया और मोटी पपड़ी सूखकर गिर पड़ी। कानपुर के प्रसिद्ध होम्योपैथ डॉ. गौरीनाथ टंडनजी ने बताया था कि उनके गुरुदेव ने उनकी पुत्री की चेचक कुछ ही क्षणों में ठीक कर दी थीं। शिरडी के साईं बाबा, नागाबाबा, सत्यसाईं बाबा आदि के अलौकिक रीति से रोगमुक्त करने के अगणित उदाहरण हैं। कानपुर के वर्तमान ध्यानयोगी पं. रामस्वरूप पांडेयजी को मैंने अनेक लोगों को असाध्य रोगों से मुक्त करते देखा है। विलक्षण शक्ति है उनमें। पर आस्थावान और श्रद्धा-संपन्न व्यक्ति ही इन योगियों की कृपा से लाभ उठा पाते हैं।

बहुत लोग योगियों की शक्तियों को संदेह की दृष्टि से देखते हैं तथा विश्वास नहीं करते हैं। ऐसे महानुभावों से अनुरोध है कि दूर से देख-सुनकर आलोचना न करें। योग और अध्यात्म संसार के गंभीरतम विषय हैं। इनको प्रामाणिक ग्रंथों के तलस्पर्शी अध्ययन तथा सिद्ध महापुरुषों के चरणों में श्रद्धापूर्वक बैठकर ही समझा जा सकता है। संसार के अन्य क्षेत्रों की तरह योग के क्षेत्र में भी पाखंड अवश्य है; लेकिन सच्चे संत और वास्तविक सिद्धों का अभाव नहीं है। इनका स्नेह और विश्वास प्राप्त किए बिना योग-मार्ग की तात्त्विक अनुभूति नहीं हो सकती है।

हिमालय के ऐसे ही एक महान् योगी और संत की कृपा से योग में मेरी विशेष अभिरुचि उत्पन्न हुई और उनके कारण ही मुझे योग के अनेक अलौकिक कार्यों को प्रत्यक्ष रूप से देखने के दुर्लभ अवसर प्राप्त हुए हैं। इन प्रत्यक्ष अनुभवों के बाद अन्य प्राचीन और आधुनिक संतों के संबंध में मैं विशेष अध्ययन करने लगा तथा यथासंभव वर्तमान योगियों का सान्निध्य प्राप्त करने लगा। संयोग से मुझे मासिक पत्रिका 'कंचनप्रभा' के संपादन का अवसर मिला। इसके माध्यम से योग और योगियों के संबंध में अपने विचार पाठकों के समक्ष प्रस्तुत करने का प्रयास किया।

यह पुस्तक समय-समय पर लिखे गए लेखों का संग्रह है, यह कोई प्रबंध-ग्रंथ नहीं है। अतः इसमें कालक्रमानुसार समस्त संतों का विवेचन नहीं है। इसे लेखक की विवशता और सीमा मानकर क्षमा करें। जो संत-चरित इसमें हैं, पाठक इन्हीं का आनंद लें।

इन लेखों को लिखने में संतों की विशेष कृपा रही है। इसके अतिरिक्त, अनेक भक्तों, लेखकों, संस्थाओं से भी सहयोग प्राप्त हुआ है—विशेष रूप से 'कंचनप्रभा' के प्रकाशकों-संचालकों से, इस पुस्तक की तैयारी में दिल्ली निवासी श्री परेश अवस्थी ने विशेष रुचि ली है और सहयोग दिया। निश्चित ही उन्हें संतों का आशीर्वाद प्राप्त होगा। अत: मैं इन सबके प्रति कृतज्ञता व्यक्त करना अपना पुनीत कर्तव्य समझता हूँ।

—शम्भूरत्न त्रिपाठी
6-न्यू एम.आई.जी., डब्ल्यू ब्लॉक
जुही, कानपुर

अनुक्रम

जगद्गुरु शंकराचार्य

(684-716 ई.)

जगद्गुरु आदिशंकराचार्यजी अलौकिक योगी, अप्रतिम आचार्य, अभूतपूर्व संगठन कर्ता, असाधारण क्रांतिकारी महापुरुष थे। ऐसा महान् मनस्वी और तेजस्वी संत भारत ही नहीं, अपितु विश्व की धरती पर अवतरित नहीं हुआ। उनके विराट् व्यक्तित्व में अनेक प्रकार के महान् व्यक्तित्व एक साथ समाहित हो गए थे। उनके विशाल कृतित्व पर दृष्टिपात करने पर सहज में विश्वास नहीं होता है कि वास्तव में ऐसा कोई महामानव इस पृथ्वी पर रहा होगा। अनुमानतः बारह सौ वर्ष पूर्व उनका उदय हुआ था; किंतु आज भी उनका प्रभाव पूर्ण रूप से सुरक्षित है। उनके यशस्वी ग्रंथ, उनके द्वारा प्रतिष्ठापित धार्मिक संस्थाएँ, उनके द्वारा निर्धारित आध्यात्मिक परंपराएँ वर्तमान युग में भी अखंड रूप से क्रियाशील और अक्षुण्ण हैं।

आचार्य शंकर का अलौकिक जन्म

आचार्य शंकर के जीवन पर विभिन्न भाषाओं में सैकड़ों ग्रंथ लिखे गए हैं। केवल संस्कृत भाषा में लगभग बत्तीस प्राचीन ग्रंथ मिलते हैं। इनमें उनके अलौकिक व्यक्तित्व की विविध प्रकार की सामग्री संकलित हैं। उनके जन्म-काल के संबंध में विद्वानों में मतभेद पाया जाता है; किंतु अधिकांश विद्वान् उनका जन्म 684 ई. एवं तिरोधान 716 ई. को हुआ मानते हैं।

आचार्य शंकर का जन्म केरल प्रदेश के कालटी नामक ग्राम में हुआ था। इनके माता-पिता नंबूदरी ब्राह्मण थे। नंबूदरी निष्ठावान, सदाचारी और वैदिक परंपरा के अनुयायी होते हैं। आचार्य शंकर के पिता का नाम शिवगुरु तथा माता का नाम सती था। माता-पिता शिवजी के अनन्य उपासक थे। इनके कोई संतान

नहीं थी। शिवजी ने इनकी उपासना और भक्ति से प्रसन्न होकर वरदान दिया था कि यदि सर्वगुणसंपन्न पुत्र चाहते हो तो वह दीर्घायु नहीं होगा और यदि दीर्घायु पुत्र चाहते हो तो वह सर्वज्ञ नहीं होगा। आचार्य शंकर के पिताजी ने कहा, "मुझे सर्वज्ञ पुत्र ही दीजिए, भगवन्! दीर्घायु, किंतु मूर्ख पुत्र को लेकर क्या करूँगा?" भगवान् शिव का वरदान पूर्ण रूप से सार्थक हुआ। आचार्य शंकर का जन्म वैशाख शुक्ल पंचमी तिथि को हुआ था। यद्यपि वे केवल बत्तीस वर्ष की आयु में ही शरीर त्याग कर गए थे; लेकिन उनकी गणना संसार के सर्वोच्च आचार्यों, दार्शनिकों, कवियों और संतों में होती है।

विलक्षण बालक शंकर

आचार्य शंकर जन्मसिद्ध महापुरुष थे। बाल्यावस्था में ही उनकी तेजस्विता का परिचय प्राप्त होने लगा। तीन वर्ष की अवस्था में उन्होंने अपनी मातृभाषा मलयालम का अच्छा ज्ञान प्राप्त कर लिया था। पाँच वर्ष की अवस्था में संस्कृत के आचार्य के पास विद्याध्ययन के लिए गए। दो वर्ष की अवधि में संस्कृत भाषा ही नहीं, विभिन्न शास्त्रों का अध्ययन करके गुरु-आश्रम से घर वापस आ गए। सात वर्ष की अवस्था में अपने से बड़े बालकों को पढ़ाने लगे। इस विलक्षण बालगुरु की कीर्ति दूर-दूर तक प्रसारित हो गई। बड़े-बड़े विद्वान् परीक्षा के लिए उसके पास आते; परंतु उसके अगाध ज्ञान को देखकर नतमस्तक हो, वापस चले जाते। केरल के राजा राजशेखर ने इस विलक्षण बालक विद्वान् के बारे में सुना, तो उन्होंने अपने मंत्री के द्वारा उसे दरबार में आने का सादर निमंत्रण भेजा। बालक शंकर ने न राजा द्वारा भेजा गया उपहार स्पर्श किया और न राजदरबार में जाना स्वीकार किया। गुणग्राही राजा इस बालयोगी के दर्शन के लिए स्वयं बालक के गाँव आए। राजा संस्कृत के उच्च कोटि के विद्वान्, कवि और नाटककार थे। उन्होंने अपने संस्कृत भाषा में लिखे तीन नाटक बालक शंकर को सुनाए। शंकर ने उनको भली प्रकार सुनकर उनके गुण-दोषों का विवेचन किया। राजा उनकी पांडित्यपूर्ण समीक्षा सुनकर बहुत प्रसन्न हुए। इस घटना से बालक शंकर के तेज, त्याग और आचार्यत्व की प्रतिष्ठा विशेष रूप से हो गई।

बालक शंकर के चामत्कारिक कार्य

बालक शंकर केवल असामान्य मेधावी ही नहीं थे, बल्कि उनमें अलौकिक सिद्धियाँ और शक्तियाँ भी थीं। जब वे गुरु आश्रम में शिक्षा प्राप्त कर रहे थे, उस

समय आश्रम के नियमानुसार विद्यार्थियों को भिक्षा माँगने के लिए बस्ती में जाना पड़ता था। एक दिन वह भिक्षा प्राप्त करने के लिए एक गरीब ब्राह्मणी के दरवाजे पर पहुँच गए। ब्राह्मणी के पास ब्रह्मचारी बालक को देने के लिए एक आँवले के अतिरिक्त और कुछ नहीं था। उसकी दीन दशा देखकर बालक शंकर को बहुत दया आई, अतः उन्होंने हृदय से लक्ष्मी की स्तुति की। दूसरे दिन ब्राह्मणी का घर सोने के आँवलों से भर गया और उसकी दरिद्रता सदा के लिए दूर हो गई।

शंकर के जन्म के कुछ समय बाद ही पिता का देहांत हो गया था। परिवार में केवल विधवा माता थीं। माता नित्य नदी में स्नान करने जाती थीं। एक दिन अधिक गरमी के कारण माताजी मार्ग में अचेत होकर गिर गईं। इस घटना से मातृभक्त शंकर को बहुत क्लेश हुआ। रात में ही शंकर ने इस कष्ट-निवारण के लिए अपने कुल-देवता भगवान् श्रीकृष्ण से प्रार्थना की। प्रातः माताजी ने आश्चर्य से देखा कि नदी ने धारा बदल दी है। अब वह उनके गाँव कालटी के बहुत निकट आ गई थी।

शंकर छोटी अवस्था में ही संन्यास लेना चाहते थे, पर माता उनको स्वीकृति नहीं दे रही थीं। एक दिन शंकर अपनी माता के साथ नदी-स्नान करने गए थे। एक मगर ने शंकर का पैर पकड़ लिया। शंकर चिल्लाए, लेकिन उस भयंकर मगर से मुक्त होने का कोई उपाय नहीं हो पाया। शंकर ने अपना अंतकाल समझकर अपनी माता से कहा, "माँ, मैं तो अब मर ही रहा हूँ। आप संन्यास ग्रहण करने के लिए मुझे आज्ञा दीजिए, जिससे संन्यासी के रूप में मरकर मोक्ष का अधिकारी बनूँ।" माँ ने पुत्र की अंतिम इच्छापूर्ति के लिए अगत्या संन्यास लेने के लिए तत्काल अनुमति दे दी। उन्होंने उसी क्षण आपत्-संन्यास ले लिया। संयोग से चीत्कार सुनकर मछुए आ गए थे। उनके प्रयास से मगर शंकर का पैर छोड़ चुका था। अवस्था केवल आठ वर्ष की थी। माता ने एकमात्र पुत्र से लौकिक जीवन-संबंधी अनेक आशाएँ की थीं; लेकिन इस दुर्घटना से उनकी समस्त आशाओं पर तुषारपात हो चुका था। अब शंकर सामान्य मनुष्य की तरह गृहस्थाश्रम में नहीं रह सकते थे और वह चाहते भी नहीं थे। उन्होंने अपनी माता से किसी योग्य गुरु से विधिपूर्वक संन्यास लेने की अनुमति माँगी। माता शास्त्रीय मर्यादा से बँधी हुई थीं। हृदय कठोर करके अनुमति दे दी। वह अपनी माता के भरण-पोषण, संरक्षण की उचित व्यवस्था करके योग्य गुरु की खोज के लिए घर से निकल पड़े।

गागर से नदी की बाढ़ को रोकना

ब्रह्मचारी शंकर ने अपने शिक्षा गुरु से सुना था कि योगसूत्र के प्रणेता पतंजलि

ने गोविंद भगवत्पाद के नाम से पुनर्जन्म लिया है और उत्तर भारत में नर्मदा नदी के तट पर किसी गुफा में तपस्या कर रहे हैं। शंकर के मन में इन्हीं से योग और वेदांत की शिक्षा प्राप्त करने की प्रबल इच्छा हुई। अत: वे उसी ओर चल पड़े। मार्ग की अनेक बाधाएँ पार करते हुए वह उस स्थान पर पहुँच गए, जहाँ गोविंदाचार्य या गोविंद भगवत्पाद साधनारत थे। वे इस बालक की विलक्षण बुद्धि देखकर आश्चर्यचकित रह गए। उन्होंने शंकर को सहर्ष अपने शिष्य के रूप में स्वीकार कर लिया। इन्होंने तीन वर्ष में ही ब्रह्मसूत्र और उपनिषदों का अगाध ज्ञान प्राप्त करके गुरु को चमत्कृत कर दिया। केवल इतना ही नहीं, शंकर ने अपनी साधना और सिद्धि का भी आचार्य को परिचय दिया। एक दिन गोविंदाचार्य नर्मदा नदी के तट पर बनी गुफा में समाधि लगाए हुए बैठे थे। इसी समय नदी में भयंकर बाढ़ आ गई। पानी गुफा की ओर तेजी से बढ़ने लगा। समस्त शिष्य इस आसन्न संकट से बहुत चिंतित हुए। गोविंदाचार्य की समाधि को कोई भंग नहीं करना चाहता था; लेकिन पानी से बचाने का कोई उपाय भी नहीं सूझ रहा था। उनके शिष्य शंकर को जब यह समस्या ज्ञात हुई, तो उन्होंने एक घड़े को मंत्रित करके गुफा के द्वार पर रख दिया। नदी की बाढ़ का पानी इसी घड़े में जाने लगा। पानी जैसे-जैसे बढ़ता गया, घड़े में ही समाता गया, गुफा में नहीं जा पाया। जब गुरुदेव की समाधि टूटी तो वह दृश्य देखकर अभिभूत हो गए। उनको दृढ़ विश्वास हो गया कि यह कोई अलौकिक महापुरुष है।

बदरीनाथ की मूर्ति का उद्धार

श्रीशंकराचार्यजी अपने गुरुदेव गोविंदाचार्यजी के आदेश से काशी आए। इस अद्भुत संन्यासी बालक से काशी के विद्वानों, संतों, संन्यासियों ने शास्त्रार्थ किए और सभी लोग परास्त हुए। अनेक वयोवृद्ध लोग उनके शिष्य हो गए। शंकर के मन में ब्रह्मसूत्रों, उपनिषदों आदि पर भाष्य लिखने की इच्छा उत्पन्न हुई। इस कार्य के लिए उनको हिमालय में स्थित व्यास गुफा सर्वाधिक उपयुक्त प्रतीत हुई। अत: उन्होंने काशी से बदरीनारायण की ओर प्रस्थान कर दिया। उस समय यह यात्रा बहुत कठिन थी; लेकिन यह बारह वर्षीय बालक संन्यासी अपने अनेक भक्तों और शिष्यों के साथ निर्भीक भाव से आगे बढ़ता गया और बदरीनारायण पहुँच गया। उस समय यह पवित्र क्षेत्र बहुत उपेक्षित था। बदरीनारायण के मुख्य मंदिर में कोई मूर्ति नहीं थी। स्थानीय लोगों से पूछने पर ज्ञात हुआ कि चीनी लुटेरों के भय से एक बार यहाँ की मूर्ति नारद कुंड में फेंक दी गई थी। उसके बाद खोजने पर मिली ही नहीं,

इसलिए मंदिर सूना है। शंकराचार्यजी स्वयं कुंड में उतरकर मूर्ति खोजने को तैयार हुए। स्थानीय लोगों ने यह कहकर मना किया कि इस नारद कुंड का नीचे-नीचे अलकनंदा से संबंध है, अत: इसमें उतरना प्राणों को संकट में डालना है। आचार्य शंकर ने उनकी इस बात की कोई चिंता नहीं की और कुंड में उतर गए। पहली डुबकी लगाई तो उनको एक मूर्ति हाथ लगी; लेकिन यह मूर्ति खंडित थी। उन्होंने सोचा कि बदरीनाथ भगवान् की मूर्ति खंडित नहीं हो सकती है, अत: उस मूर्ति को उन्होंने गंगा में डाल दिया और दूसरी बार कुंड में उतरे, किंतु इस बार वही खंडित प्रतिमा कुंड में मिल गई। इसे भी उन्होंने गंगा में डाल दिया। तीसरी बार डुबकी लगाई, तो फिर वही प्रतिमा हाथ में आ गई। इस बार उन्हें आकाशवाणी सुनाई पड़ी कि कलियुग में इसी विष्णु की खंडित प्रतिमा की पूजा होगी, अत: उन्होंने इसी मूर्ति की प्रतिष्ठा कर दी तथा वैदिक रीति से उसकी पूजा का प्रबंध कर दिया। इस प्रकार बदरीनाथ धाम का उद्‌धार आचार्य शंकर के हाथों संपन्न हो गया। आज भी उनके द्वारा निर्धारित व्यवस्था अबाध रूप से चली आ रही है। यहाँ विश्व के विभिन्न भागों के लाखों व्यक्ति आते हैं और पुण्य लाभ करते हैं।

महर्षि वेदव्यास से साक्षात्कार

आचार्य शंकर ने बदरीनाथ धाम से थोड़ी दूर 'जोशीमठ' की स्थापना की। फिर व्यास-गुफा में रहकर ग्रंथ-लेखन का कार्य प्रारंभ किया। इसी गुफा में रहकर वेदव्यास महाराज ने महाभारत की रचना की थी। आचार्य शंकर यहाँ केवल लेखन-कार्य नहीं करते थे, बल्कि कुछ चुने हुए शिष्यों को पढ़ाते भी थे तथा योग-साधना की शिक्षा भी देते थे। एक दिन एक ब्राह्मण वहाँ आया। उसने शिष्यों से पूछा, "ये कौन हैं और यहाँ क्या पढ़ाते हैं?" शिष्यों ने कहा, "ये हमारे महान् गुरु आचार्य शंकर हैं। उपनिषदों और ब्रह्मसूत्रों के महान् मर्मज्ञ हैं। ब्रह्मसूत्रों पर भाष्य लिखा है।" वह ब्राह्मण आश्चर्य प्रकट करते हुए बोल उठा, "भला इस कलियुग में कौन ऐसा व्यक्ति है, जो ब्रह्मसूत्रों का मर्म समझता हो? मैं तो ऐसे व्यक्ति की खोज में हूँ। यदि तुम्हारे गुरु मेरे एक संदेह का निवारण कर सकें, तो मुझे बड़ी प्रसन्नता होगी।" शिष्यों ने इस ब्राह्मण को आचार्य शंकर से मिलाया। उन्होंने उस ब्राह्मण के प्रश्न का उत्तर विस्तारपूर्वक दिया। यह शास्त्रार्थ सात दिन तक चला। ब्राह्मण शंकर की व्याख्या से बहुत प्रसन्न हुआ और उसने जब अपना वास्तविक रूप प्रकट किया तो सबको ज्ञात हुआ कि ब्राह्मण वेदव्यासजी थे। शंकर की आयु केवल सोलह वर्ष की थी। वेदव्यासजी ने उनको सोलह वर्ष की और आयु प्रदान कर दी।

दिग्विजय यात्रा

इस समय वैदिक धर्म पर्याप्त छिन्न-भिन्न हो चुका था। बौद्धों और जैन धर्म-प्रचारकों के कारण वैदिक धर्म माननेवाली जनता में घोर निराशा व्याप्त थी। आचार्य शंकर ने इस विषम परिस्थिति से धर्म का उद्धार करने का निश्चय किया। हिमालय से उतरकर भारत का परिभ्रमण करने लगे। शंकर के जीवनीकारों ने उनकी इन यात्राओं को शंकर दिग्विजय नाम दिया है। वास्तव में आचार्य शंकर भारत की विभिन्न दिशाओं में गए और जहाँ-जहाँ वैदिक धर्म विरोधी लोग मिले, उनको शास्त्रार्थ से परास्त किया तथा वैदिक धर्म माननेवालों को सुसंगठित किया। उनकी इन यात्राओं पर संस्कृत भाषा में अनेक ग्रंथ लिखे गए हैं। इनसे यह ज्ञात होता है कि वह उत्तराखंड, अयोध्या, काशी, प्रयाग, दिल्ली, उज्जैन, कर्नाटक, काँची, कामरूप, गया, गोकर्ण, चिदंबर, जगन्नाथ, द्वारका, नैमिष, पंढरपुर, मथुरा, रामेश्वर आदि चारों दिशाओं के विभिन्न प्रमुख स्थानों में गए। हजार वर्ष पूर्व ऐसी यात्राएँ बहुत कठिन थीं। उनकी इन यात्राओं से धर्म-विरोधियों और पाखंडियों का दमन हुआ तथा शुद्ध वैदिक धर्म की प्रतिष्ठा का अभूतपूर्व अवसर आया। आचार्य शंकर की यात्राओं में अनेक अलौकिक घटनाएँ घटीं, जिनका विस्तृत वर्णन संस्कृत के अनेक ग्रंथों में मिलता है। अनेक बार विरोधियों ने उनकी हत्या का प्रयास किया, किंतु अलौकिक रीति से उनके प्राणों की रक्षा हो गई। एक यात्रा में तो उन्होंने एक मृत बालक को जीवित कर दिया था।

मंडन मिश्र से शास्त्रार्थ तथा परकाया-प्रवेश

आचार्य शंकर के समकालीन एक विद्वान् मंडन मिश्र थे। विद्वानों में उनकी बड़ी प्रतिष्ठा थी। वे शंकर के अद्वैत मत से भिन्न मत को मानते थे। उनकी पत्नी भारती परम विदुषी थीं। शंकर मंडन मिश्र से शास्त्रार्थ करने के लिए गए। उनकी पत्नी भारती निर्णायक निश्चित हुईं। मंडन मिश्र इस शास्त्रार्थ में पराजित हो गए। इससे उनकी पत्नी भारती को क्षोभ हुआ, अतः उन्होंने शंकर से शास्त्रार्थ करने की इच्छा व्यक्त की। शंकर सहर्ष तैयार हो गए। शास्त्रार्थ में भारती ने कामशास्त्र के कुछ प्रश्न किए। आचार्य शंकर बाल ब्रह्मचारी थे। उनके लिए काम संबंधी प्रश्नों का उत्तर देना संभव नहीं था; लेकिन उन्होंने पराजय स्वीकार नहीं की। केवल कुछ समय माँगा। संयोग से एक दिन वे जंगल में जा रहे थे। मार्ग में एक शिला पर उनको एक राजा का शव मिला। संभवतः वह शिकार का पीछा करते हुए अकेला हो गया और लू लग जाने के कारण मर गया था। आचार्य शंकर ने उसके शरीर में

प्रवेश करके कामशास्त्र का अनुभव प्राप्त करने का निश्चय किया। उन्होंने अपने शिष्यों को अपना निर्णय बता दिया। वह राजा जीवित हो गया। शंकर का शरीर निर्जीव हो गया। इस शव को एक गुफा में रख दिया गया और शिष्य उनके निर्देशों के अनुसार रक्षा करने लगे। इधर शंकर राजा के शरीर में राजमहल में रहने लगे। इसी अवस्था में उन्होंने कामशास्त्र का विशेष अध्ययन किया। कुछ समय बाद वे गुफा में रखे शरीर में पुनः आ गए। राजा का देहांत हो गया और शंकर जीवित हो गए। यहाँ से वे मंडन मिश्र की पत्नी भारती के पास आए। पूर्व निश्चय के अनुसार शास्त्रार्थ हुआ। भारती पराजित हुईं। शास्त्रार्थ की प्रतिज्ञा के अनुसार मंडन मिश्र ने संन्यास लिया तथा आचार्य शंकर के शिष्य हो गए, जो बाद में 'सुरेश्वराचार्य' के नाम से विख्यात हुए।

धर्मराज्य की स्थापना

आचार्य शंकर ने एक प्रकार से धर्मराज्य की स्थापना की थी। इस राज्य का प्रशासन ठीक से चले, इसके लिए उन्होंने अनेक संन्यासी और गृहस्थ शिष्य तथा भक्त बनाए थे, देश के विभिन्न भागों में अनेक संस्थाएँ स्थापित की थीं तथा अनेक प्राचीन मठ-मंदिरों का उद्धार किया था। आचार्य शंकर के चार प्रमुख शिष्य विशेष उल्लेखनीय हैं—सुरेश्वराचार्य, पद्मपादाचार्य, हस्तामलकाचार्य और त्रोटकाचार्य। सभी शिष्य असाधारण विद्वान्, असामान्य त्यागी तथा अलौकिक संत थे। आचार्य शंकर ने धर्मानुशासन स्थापित करने के लिए चार दिशाओं में चार मठों की स्थापना की थी। प्रत्येक मठ का अध्यक्ष अपने शिष्य को बनाया था। इन मठों में गोवर्धन मठ भारत के पूर्वी भाग (जगन्नाथपुरी) में है, ज्योतिर्मठ (प्रचलित नाम जोशी मठ) बदरिकाश्रम के पास हिमालय में स्थित है। शारदा मठ काठियावाड़ के द्वारकापुरी में है तथा चौथा मैसूर में श्रृंगेरीमठ के नाम से जाना जाता है। इन प्रधान मठों के अतिरिक्त अन्य अनेक मठ भी हैं। इन मठों के अध्यक्षों को शंकराचार्य कहते हैं। इन मठों के संचालन के विस्तृत नियम हैं। इन सबका कार्य सैकड़ों वर्षों से अबाध रूप में चला आ रहा है। धर्म-कर्म-संचालन के लिए इतना व्यापक और विस्तृत संगठन अन्य कोई महापुरुष नहीं कर सका था। इन मठों ने भारत की आध्यात्मिक संस्कृति के विकास और उसकी सुरक्षा का असीम कार्य किया है।

आचार्य शंकर ने देश के संन्यासियों को एक सूत्र में आबद्ध करने के लिए दशनामी संप्रदाय की स्थापना की थी। दशनामी संप्रदाय में दस नाम धारण करनेवाले संन्यासी आते हैं—1. तीर्थ, 2. आश्रम, 3. वन, 4. अरण्य, 5. गिरि, 6. पर्वत

7. सागर, 8. सरस्वती, 9. भारती तथा 10. पुरी। इन दसों शाखाओं के बड़े-बड़े संगठन हैं।

अभूतपूर्व पांडित्य और कवित्व

आचार्य शंकर महान् त्यागी, संन्यासी और कुशल संगठनकर्ता होने के साथ दर्शनशास्त्र के अपूर्व आचार्य तथा उच्चकोटि के सरस कवि थे। उन्होंने अनेक ग्रंथों की रचना की, जिन्हें चार वर्गों में बाँटा जाता है—1. भाष्य ग्रंथ, 2. स्तोत्र ग्रंथ, 3. प्रकरण ग्रंथ, 4. तंत्र ग्रंथ। भाष्य ग्रंथों में ब्रह्मसूत्र, गीता और उपनिषदों आदि के भाष्य प्रमुख हैं। स्तोत्र ग्रंथों में गणेश, शिव, देवी, विष्णु आदि विभिन्न देवी-देवताओं की अत्यंत सरस कविता में स्तुतियाँ लिखी गई हैं। इन ग्रंथों की संख्या लगभग 240 है। प्रकरण ग्रंथों में वेदांत के विभिन्न विषयों का बड़ी सरल भाषा में विवेचन है। इनमें 'अपरोक्षानुभूति', 'आत्मबोध', 'निर्वाण मंजरी', 'विवेक चूड़ामणि' आदि 40 ग्रंथ हैं। तंत्र ग्रंथों में 'सौंदर्य लहरी' और 'प्रपंचसार' विशेष उल्लेखनीय हैं। इस प्रकार वे बत्तीस वर्ष की अल्पायु में सैकड़ों ग्रंथों की रचना कर गए। इन ग्रंथों पर परवर्ती विद्वानों ने भाष्य लिखकर अमर कीर्ति अर्जित की है। उनके दर्शन और कृतित्व पर सैकड़ों ग्रंथ लिखे गए हैं तथा आज भी लिखे जा रहे हैं। यह कृतित्व उनकी अलौकिकता का प्रत्यक्ष प्रमाण है।

श्रीविद्या के प्रतिष्ठापक

शंकराचार्यजी तंत्र-विद्या के उच्चकोटि के साधक और विद्वान् थे। तंत्र में श्रीविद्या-साधना-पद्धति का उच्चकोटि का स्थान है। इसकी विधिपूर्वक पूजा-अर्चना की प्रतिष्ठा आचार्य शंकर द्वारा हुई, जो आज भी उनके मठों के माध्यम से चली आ रही है। उन्होंने अपने ग्रंथ 'सौंदर्य लहरी' में श्रीविद्या के रहस्यों का विवेचन अत्यंत मार्मिक रीति से किया है।

□

गुरु नानक देव

(1469–1539 ई.)

सोलहवीं शताब्दी—भारतीय इतिहास का घोर तमसाच्छन्न युग था। विदेशी आक्रमणों से देश पूर्ण पददलित हो रहा था। जनमानस का आत्मविश्वास और नैतिक साहस पूर्ण रूप से विदीर्ण हो चुका था। सर्वत्र निराशा और भग्नाशा परिव्याप्त थी। धार्मिक विद्वेष तथा सांप्रदायिक संघर्ष हीनतम रूप में तांडव नृत्य कर रहे थे। ऐसे हताश और परास्त भारतीय राष्ट्र को पुनर्जीवन प्रदान करने, सर्वशक्तिसंपन्न परमात्मा की सच्ची साधना करने, रचनात्मक नव्य जीवन-दर्शन को प्रतिष्ठित करने, मानवता को एक सूत्र में आबद्ध करने, समाज को पाखंडों से मुक्ति प्रदान कराने के लिए निष्काम कर्मयोगी तथा अनन्य निर्गुण भक्त संत गुरु नानक देवजी का भारतभूमि में प्रादुर्भाव हुआ।

जन्म-सिद्ध संत : बालक नानक

गुरु नानक देव का जन्म तलवंडी नामक स्थान में हुआ था, जिसे 'ननकाना साहब' भी कहते हैं। यह स्थान अब पाकिस्तान में है। नानकजी की जन्मतिथि के संबंध में मतभेद है। कुछ लोग अप्रैल 1469 मानते हैं तथा कुछ नवंबर 1469 को स्वीकार करते हैं। उनके पिता का नाम कालू मेहता तथा माता का नाम तृप्ता था। ये जाति के खत्री थे। नानकजी के पिता खेती तथा व्यापार करते थे।

नानकजी बाल्यावस्था से ही विलक्षण थे। उनमें असाधारण आकर्षण था। उनकी प्रारंभिक शिक्षा गाँव में हुई। उन्होंने ग्रामीण पाठशाला में ही संस्कृत, उर्दू और परसियन का ज्ञान प्राप्त किया। इसके बाद पुस्तकीय ज्ञान उनको विशेष आकर्षित नहीं कर सका। वे एक दिन कक्षा में आत्मचिंतन में निमग्न बैठे थे, पढ़ नहीं रहे थे।

अध्यापक ने पूछा, "पढ़ क्यों नहीं रहे हो?" गुरु नानक ने उत्तर दिया, "क्या आप मुझे पढ़ा सकते हैं?" अध्यापक ने कहा, "मैं सारी विद्याएँ और वेदशास्त्र जानता हूँ।" नानकजी बोले, "मुझे तो सांसारिक पढ़ाई की अपेक्षा परमात्मा की पढ़ाई अधिक सुखद प्रतीत होती है।" इसके उपरांत जो कुछ कहा, उसका आशय इस प्रकार था, "मोह को जलाकर, उसे घिसकर स्याही बनाओ, बुद्धि को श्रेष्ठ कागज बनाओ, प्रेम की कलम बनाओ और चित्त को लेखक। गुरु से पूछकर विचारपूर्वक लिखो। नाम की स्तुति लिखो और यह भी लिखो कि उस परमात्मा का न आदि है, न अंत है और न सीमा है।" सात वर्ष के छोटे बालक के मुख से यह गंभीर तत्त्वचिंतन सुनकर अध्यापक आश्चर्यचकित रह गए। उन्होंने बालक नानक को सिद्ध संत के रूप में स्वीकार कर लिया। कुछ समय बाद नानक ने पाठशाला जाना छोड़ दिया।

लगभग नौ वर्ष की अवस्था में नानकजी के पिता ने उनको पशु चराने का काम सौंप दिया। एक दिन वे सो गए और पशु दूसरे व्यक्ति के खेतों में घुस गए, जिससे फसल का नुकसान हो गया। खेत का मालिक उनके पिता के पास शिकायत करने गया। नानकजी के पिता उस व्यक्ति के साथ उस खेत को देखने आए। शिकायत करनेवाले व्यक्ति को बहुत आश्चर्य हुआ, क्योंकि अब उसके खेत का एक पौधा भी पशुओं द्वारा चरा हुआ दिखाई नहीं पड़ रहा था। सभी लोग नानकजी के अलौकिक चमत्कार से प्रभावित हुए।

बंधन-मुक्त गृहस्थ

नानकजी के पिता ने उनके लिए दुकान खुलवा दी, लेकिन इस काम में भी उनको सफलता नहीं मिली। यदि कोई साधु-संन्यासी उनको मिल जाता, तो दुकान का सामान बिना मूल्य लिये बड़ी उदारतापूर्वक बाँट देते। ऐसी प्रवृत्ति से दुकान कैसे चल सकती थी। उनके पिता उनकी इस वैराग्य-वृत्ति से बहुत परेशान थे। एक दिन तो नानकजी ने अपने कान की सोने की बाली तथा पीतल का लोटा एक साधु को दे दिया। कालू मेहता ने ऊबकर उनको घर से निकाल दिया तथा बहन नानकी के यहाँ भेज दिया। बहन सुल्तानपुर में रहती थीं। उनके पति दौलत खाँ लोदी की रियासत में दीवान थे। उनके व्यक्तिगत प्रभाव से नानकजी को रियासत में नौकरी मिल गई। किसी भ्रम के कारण उन पर गबन का आरोप लगाकर उनको जेल में डाल दिया गया। बाद में नानकजी निर्दोष सिद्ध हुए। नवाब ने नानकजी को मुक्त कर दिया और बहुत क्षमा माँगी। इस घटना के बाद उन्होंने नौकरी छोड़ दी।

महान् योगी पुत्र का जन्म

नानकजी का विवाह सन् 1485 ई. में बटाला निवासी मूला की कन्या सुलक्खनी से हुआ। अट्ठाईस वर्ष की अवस्था में उनके बड़े पुत्र श्रीचंद्र का जन्म हुआ तथा इकतीस वर्ष की अवस्था में उनके द्वितीय पुत्र लक्ष्मीचंद का जन्म हुआ। श्रीचंद्रजी उदासी संप्रदाय के महान् संत हुए। उनमें योग की अनेक अलौकिक शक्तियाँ थीं। उस समय मुसलमान शासक हिंदुओं पर घोर अत्याचार कर रहे थे। श्रीचंद्रजी ऐसे अन्यायी शासकों के राज्य में जाते थे और इन क्रूर शासकों को अपने योगबल से परास्त करते थे तथा हिंदुओं का मनोबल सुदृढ़ करते थे। अनेक मुसलमान शासकों को उन्होंने न्याययुक्त शासन की ओर अग्रसर किया था। श्रीनगर, पेशावर, काबुल तथा सिंध, पंजाब आदि के अनेक नगरों में उनके अनेक मंदिर आज भी बने हुए हैं। विचित्र बात है कि नानकजी ने अज्ञात कारणों से अपने इस महान् योगी पुत्र को अपनी गद्दी का उत्तराधिकारी नहीं बनाया था।

अदम्य साहस और असहज पर्यटन

नानकजी को परमात्मा का साक्षात्कार हो गया और आदेश मिला, "मैं सदैव तुम्हारे साथ हूँ, मैंने तुम्हें आनंदित किया है। जो तुम्हारे संपर्क में आएँगे, वे भी आनंदित होंगे। जाओ नाम में रहो, दान दो, उपासना करो, स्वयं नाम लो और दूसरों को भी नाम-स्मरण कराओ।" इसके बाद नानकजी ने अपना परिवार अपने ससुर के यहाँ छोड़ दिया तथा स्वयं धर्म-प्रचार के लिए निकल पड़े। नानकजी की यात्राएँ बड़ी महत्त्वपूर्ण रही हैं। इन यात्राओं को 'उदासी' कहा जाता है। उनकी पहली यात्रा सन् 1507 से 1515 ई. तक रही। प्रथम यात्रा में वे हरिद्वार, अयोध्या, प्रयाग, काशी, गया, पटना, कामाख्या, जगन्नाथपुरी, रामेश्वर, सोमनाथ, द्वारका, नर्मदा तट, बीकानेर, पुष्कर तीर्थ, दिल्ली, पानीपत, कुरुक्षेत्र, मुल्तान, लाहौर आदि गए। इस यात्रा में सहस्रों लोगों को उपदेश दिया और उनका हृदय-परिवर्तन किया। ठगों को साधु बनाया, वेश्याओं का अंत:करण शुद्ध किया, कर्मकांडियों को शुद्ध भक्ति की ओर उन्मुख किया, अहंकारियों का अहंकार दूर कर उन्हें मानवता का पाठ पढ़ाया। नानकजी की दूसरी यात्रा 1517 ई. से 1518 ई. तक हुई। इसमें वे ऐमनाबाद, सियालकोट आदि गए। तीसरी यात्रा 1518 ई. से 1521 ई. तक हुई। इसमें मक्का, मदीना, बगदाद, बलख, बुखारा, काबुल, कंधार आदि स्थानों में गए। लेखकों में नानकजी की यात्राओं के संबंध में मतभेद है। कुछ विद्वान् तीन के स्थान पर चार यात्राएँ बताते हैं तथा अधिक स्थानों का उल्लेख करते हैं। सारांश यह है

कि नानकजी ने भ्रमण बहुत अधिक किया। उस समय यात्रा करना बहुत कठिन था; फिर भी उन्होंने देशाटन का महत्त्वपूर्ण कार्य संपन्न किया। एकांत गुफा में बैठने के बजाय देश में घूम-घूमकर जन-जागृति का कार्य करके उन्होंने समाज का बड़ा कल्याण किया। उस समय देश में बड़ी अशांति थी। विदेशियों के आक्रमण हो रहे थे। देश के शासक अन्यायी और भ्रष्ट हो रहे थे। धर्म पर से लोगों का विश्वास उठ रहा था। हिंदू समाज में पूर्ण रूप से निराशा फैली हुई थी। हिंदू-मुसलिम संघर्ष बहुत उग्र था। नानकजी ने संघर्ष को कम करने में अमित योगदान किया तथा धर्मांधों को सद्‌बुद्धि देने का प्रयास किया।

हिंदू संत के मुसलमान भक्त

नानकजी ने हिंदू और मुसलमान, दोनों संप्रदाय के लोगों को प्रभावित किया। अनेक मुसलमान उनके अनन्य भक्तों में थे। उनका परमप्रिय भक्त और साथी 'मरदाना' मुसलमान था। उनकी समस्त यात्राओं में वह सदा साथ रहा। गुरु नानक भजन गाते थे और मरदाना रवाब बजाता था। इस संगीत का श्रोताओं पर सम्मोहक प्रभाव पड़ता था। मरदाना ने किसी भी संकट की घड़ी में नानकजी का साथ नहीं छोड़ा। नानकजी के व्यक्तित्व में असीम तेज था। जो व्यक्ति उनके निकट संपर्क में आता था, वह प्रभावित हुए बिना नहीं रहता था। नवाब दौलत खाँ, सिकंदर लोदी, बाबर, करतारपुर का करोड़िया, जूनागढ़ के शासक नवाब तलब खाँ, शेख बेहराम, सूफी संत शाह सराफ, पीर बहाउद्दीन, मुसलमान ठग सज्जन, मियाँ मीठा, पीर जलाल, बाबा बुद्धन शाह, बलीकंधारी, पीर अब्दुल रहमान, फकीर मुराद आदि नानकजी के विशेष भक्तों या प्रशंसकों में थे।

योग शक्ति का प्रयोग

गुरु नानकजी प्रायः अपनी अमृतवाणी और दिव्य व्यक्तित्व से दुष्टों का हृदय परिवर्तन कर देते थे। कभी-कभी अपनी योगशक्ति का भी प्रयोग करते थे। एक बार सिकंदर लोदी को सूचना मिली कि नानक और मरदाना मुसलमान धर्म के विरुद्ध उपदेश दे रहे हैं, अतः उसने दोनों को जेल में डाल दिया। प्रारंभ में बाबा ने बड़े परिश्रम से जेल की चक्की पीसी, लेकिन एक दिन मौज आई तो सस्वर भजन गाने लगे और मरदाना रवाब बजाने लगा। इस संगीत में ऐसा आकर्षण था कि समस्त कैदी और जेल के अधिकारी काम छोड़कर गाना सुनने लगे। इतना ही नहीं, जेल की दीवारों के आसपास बहुत बड़ी भीड़ जमा हो गई। इस भीड़ से शासन को खतरा

उत्पन्न हो गया। सिकंदर लोदी को मालूम हुआ, तो वह आया। उसने नानकजी से क्षमा-याचना की तथा उनको ही नहीं, समस्त कैदियों को जेल से रिहा कर दिया।

नानकजी घूमते-फिरते रावी तट पर ठहर गए। आसपास के अनेक लोग उनके पास आने लगे। पास में ही मुसलमान जमींदार करोड़िया रहता था। उसको नानकजी की उपस्थिति ठीक नहीं लगी। उसने सोचा कि बाबा को वहाँ से हटाया जाए, अत: वह घोड़े पर सवार होकर चला। मार्ग में घोड़ा ठोकर खाकर गिर पड़ा और करोड़िया भी गिर गया। उस दिन वह घर वापस लौट आया। दूसरे दिन वह फिर चला; लेकिन इस बार उसकी आँखों की रोशनी चली गई। अब उसको नानकजी की शक्ति का बोध हुआ, अत: उसने मन में उनसे क्षमा माँगी और तब उसकी आँखों की रोशनी आ गई। उसने अपनी भूमि का बहुत बड़ा हिस्सा नानकजी को दान दे दिया। नानकजी ने इसी भूमि पर 'करतारपुर गाँव' की स्थापना की। देश और विदेश में वर्षों भ्रमण करने के बाद वे इसी करतारपुर गाँव में आकर बस गए। अब उन्होंने फकीरी वस्त्र उतार दिए और एक साधारण गृहस्थ के वस्त्र धारण कर लिये। अपने परिवार के पालन-पोषण के लिए खेती करने लगे, लेकिन उपदेश और सत्संग का कार्य अबाध रूप से चलता रहा। उनकी शरण में काबुल, मध्य एशिया, असम तथा दक्षिण भारत आदि सभी क्षेत्रों के भक्त आते थे। उनका दिव्य संदेश समस्त धर्मों और जातियों के लोगों के लिए था। अफगान और बलोच, तुर्क और तातार, सूफी और ब्राह्मण, गोरे और काले, स्त्री और पुरुष, अमीर और गरीब—सब समान रूप से गुरु का आशीर्वाद तथा प्रेम पाते थे।

अबाध गुरु-परंपरा

इसी काल में लहना नामक व्यक्ति संयोग से नानकजी के दर्शन करने आया। वह उनके दिव्य तेज, महान् गरिमा, आंतरिक पवित्रता और असीम ज्ञान से इतना अधिक प्रभावित हुआ कि उसने संपूर्ण जीवन इस संत के चरणों की सेवा के लिए अर्पित कर दिया। नानक देवजी ने उसे अपने जैसा बनाकर 'अंगददेव' के नाम से अपनी गद्दी पर आसीन कर दिया और थोड़े समय बाद ही 22 सितंबर, 1539 को अपना भौतिक शरीर छोड़ दिया। गुरु नानक देव द्वारा स्थापित गुरु-परंपरा आज भी अबाध रूप से चली आ रही है।

गुरु नानक महान् संत और योगी थे। यद्यपि उन्होंने अपना भौतिक शरीर कई सौ वर्ष पूर्व त्याग दिया था, लेकिन उनका सूक्ष्म शरीर आज भी विद्यमान है। जो भक्त सच्चे हृदय से उनकी आराधना करते हैं, उनको नानक देव के दर्शन आज भी

प्राप्त होते हैं। अयोध्या के प्रसिद्ध हिंदू संत परमहंस बाबा राममंगलदासजी ने अपने सद्यः प्रकाशित ग्रंथ में यह उल्लेख किया है कि गुरु नानक देव उनके समक्ष दो-तीन बार प्रकट हुए तथा उपदेश दिया।

नानकजी की साधना-पद्धति

नानक देव के समय में हिंदू और मुसलमान, दोनों धर्मों में पाखंड, आडंबर, तथा मिथ्याचार बहुत बढ़ गया था। वास्तविक धर्म का लोप हो रहा था। शास्त्रों की जटिल प्रक्रियाएँ इतनी अधिक बढ़ गई थीं कि सर्वसाधारण के लिए धर्म अग्राह्य हो रहा था। व्रत, उपवास, भावनारहित पूजा-पाठ आदि को ही धर्म समझा जाता था। मुसलमानों के आगमन से पुरानी धार्मिक मान्यताओं के प्रति लोगों का विश्वास उठ रहा था। नानक देव ने वास्तविक धर्म को आत्मसात् किया और उसी के प्रचार-प्रसार के लिए अपना जीवन अर्पित कर दिया। उन्होंने बिना किसी भेदभाव के सबको उपासना-साधना करने का अधिकार प्रदान कर दिया। उन्होंने जाति-पाँति के सब बंधन समाप्त कर दिए। हिंदू-मुसलमान के रूप में मनुष्यों के वर्गीकरण को अस्वीकार कर दिया। समस्त मानव-समाज को एक सूत्र में आबद्ध करने का आंदोलन किया। उनके अनुसार परमात्मा एक अनंत सर्वशक्तिमान, सत्यकर्ता, निर्भय, निर्वैर, अयोनि और स्वयंभू है। वह सर्वत्र व्याप्त है। आंतरिक साधना से उसे प्राप्त किया जा सकता है। नानक की साधना पद्धति के मुख्य अंग तीन हैं—गुरुकृपा, परमात्मा-कृपा और सदाचरण। नामस्मरण करना सबसे प्रमुख कर्म है। नाम गुरु द्वारा प्राप्त होना अनिवार्य है।

नानकजी की साधना-पद्धति में गुरु कृपा का विशेष स्थान है। उनके अनुसार परमात्मा को प्राप्त करने के लिए गुरु सीढ़ी के समान है। सच्चे गुरु को प्रेम करने से ही परमात्मा की प्राप्ति संभव हो जाती है।

व्यावहारिक धर्म-दर्शन

नानकजी के अनुसार ईश्वर-प्राप्ति के लिए घर-परिवार छोड़कर जंगल में जाने की आवश्यकता नहीं है। समस्त लौकिक कार्य ईमानदारी और सच्चाई से करते हुए निरंतर नामस्मरण करते रहने से ही मनुष्य का कल्याण हो सकता है। मनुष्य किसी भी स्थिति में रहे, उसे नामस्मरण करते रहना चाहिए। इस प्रकार नानकजी की साधना अत्यंत सरल और सर्वग्राह्य है। कुछ लोग नानक की साधना पद्धति को मुसलमान धर्म से प्रभावित मानते हैं; लेकिन यह सत्य नहीं है। वास्तव में

उनका संपूर्ण दर्शन वैदिक धर्म से अनुप्राणित है। उन्हें निर्गुण भक्ति-धारा का संत कहना उचित होगा। उनके समस्त धार्मिक उपदेश उपनिषद्, गीता आदि में सरलता से खोजे जा सकते हैं। वास्तव में विश्व के समस्त धर्मों में कुछ समानताएँ हैं। इस दृष्टि से सब धर्म एक-दूसरे से प्रभावित प्रतीत होंगे। एक ईश्वर की उपासना का भाव शंकराचार्य के समय से विकसित होने लगा था। रामानुज और रामानंद ने जाति-पाँति के बंधन तोड़ने प्रारंभ कर दिए थे। नानकजी ने अपने इन पूर्ववर्ती संतों से प्रेरणा लेकर देश की परिस्थितियों के अनुरूप स्वस्थ और व्यावहारिक धर्म-दर्शन प्रस्तुत किया।

परमात्मा से साक्षात्कार का उपाय

जैसी ईश्वर की इच्छा हो, मनुष्य को उसी के अनुसार रहना चाहिए। जो कुछ होता है, सब ईश्वर की इच्छा से होता है। जो ईश्वर की इच्छा के अनुसार चलता है, उसे किसी बाधा का सामना नहीं करना पड़ता है। जो ईश्वर की इच्छा होती है, वही होता है, मनुष्य के हाथ में कुछ नहीं है, मनुष्य तो पूर्ण निस्सहाय है। मनुष्य को ईश्वर का ज्ञान गुरु-कृपा से होता है। बिना गुरु के सब अंधकारमय है, बिना नामस्मरण के इसका अनुभव नहीं हो सकता है। वही व्यक्ति ईश्वर की इच्छा को जान सकता है, जो गुरु से मिलता है तथा उसकी कृपा प्राप्त कर लेता है। गुरु द्वारा निर्देशित मार्ग का अनुसरण किए बिना मनुष्य अपने अज्ञान को दूर नहीं कर सकता है। विद्वान् वही है, जो दूसरों का कल्याण कर सकता है। जो ईश्वर के समक्ष हृदय से पुकार करता है, उसकी पुकार अवश्य सुनी जाती है तथा कृपा प्राप्त होती है।

नानक देवजी ने किसी ग्रंथ की रचना नहीं की थी। वे सक्षम भक्तकवि थे। अतः समय-समय पर पद्य बद्ध बानियों की रचना अवश्य किया करते थे। भक्तों ने इन कविताओं का संग्रह कर लिया था। उनके बाद के गुरुओं ने भी ऐसी रचनाएँ की थीं। सिखों के पाँचवें गुरु अर्जुन देव ने 'गुरु ग्रंथ साहिब' के नाम से एक ग्रंथ का संकलन किया। इसमें नानक देव तथा अन्य गुरुओं की रचनाओं के अतिरिक्त अन्य संप्रदायों के संतों की भी रचनाएँ सम्मिलित कर ली थीं। इसमें कुल 3,384 वाणियाँ हैं तथा 15,575 बंद हैं। इनमें 2,949 बंद गुरु नानक देव के हैं। ये वाणियाँ ही नानकजी के आध्यात्मिक दर्शन, नैतिक-मूल्यों, सामाजिक मान्यताओं आदि के संबंध में प्रामाणिक सामग्री प्रदान करने में सक्षम हैं।

□

श्रीचंद्र महाराज

(1494–1646 ई.)

भारत के महान् योगियों में योगिराज श्रीचंद्रजी महाराज का ऐतिहासिक महत्त्व है। श्रीचंद्रजी गुरु नानक देव के पुत्र थे। श्रीचंद्रजी ने नानक देव के नए संप्रदाय को स्वीकार नहीं किया था। श्रीचंद्रजी ने योगमार्ग की प्रबल साधना की थी और योग की विभूतियों या सिद्धियों पर उनका असाधारण अधिकार हो गया था।

उस समय भारत की राजनैतिक स्थिति बहुत दयनीय थी। मुसलमानों के आक्रमण हो रहे थे। हिंदू धर्म को समूल नष्ट करने के लिए मुसलमान कटिबद्ध थे। हिंदुओं को बलपूर्वक मुसलमान बनाया जाता था। मंदिर नष्ट किए जाते थे। हिंदुओं को धार्मिक स्वतंत्रता बिल्कुल नहीं प्राप्त थी। उस पर अगणित प्रतिबंध लगाए जाते थे। श्रीचंद्रजी देश और समाज की वह अवस्था देखकर बहुत व्यथित हुए, अतः जंगलों और पर्वतों में रहकर एकांत साधना करना उनको उचित नहीं प्रतीत हुआ। वह योग शक्ति से संपन्न होकर हताश हिंदू समाज में नवीन शक्ति का संचार करने के लिए सन्नद्ध हो गए। उन्होंने अपना कार्यक्षेत्र सिंध, बलूचिस्तान, पंजाब, कश्मीर आदि को बनाया। इन क्षेत्रों के अन्यायी शासकों को परास्त किया, दंड दिया अथवा उनका हृदय परिवर्तित किया। योगिराज श्रीचंद्रजी ने घोर संकट के समय में हिंदू धर्म और समाज को जो आत्मविश्वास प्रदान किया, वह अतुलनीय है। यही कारण है कि देश के विभिन्न भागों में उनके मंदिर हैं। अगणित लोग बड़ी भक्ति से उनकी आराधना करते हैं।

अत्याचारी मुसलमान और योगिराज

उस समय काबुल-कंधार में मुसलिम शासक कामरान का शासन था। वह

बड़ा कट्टर मुसलमान था। उसके मन में यह धारणा थी कि हिंदुओं को कष्ट देना तथा अधिक-से-अधिक मुसलमान बनाना इसलाम की सबसे बड़ी सेवा है, अतः कामरान हिंदुओं के धर्म-पालन में बाधा पहुँचाने के लिए नए-नए उपाय खोजा करता था। हिंदू जनता बहुत संत्रस्त थी। योगिराज श्रीचंद्रजी घूमते-फिरते काबुल पहुँचे और शहर के बाहर एक कुटी बनाकर रहने लगे। काबुल नगर की जनता को उनके आगमन की सूचना मिली तो अनेक लोग दर्शन के लिए आने लगे, चूँकि श्रीचंद्रजी में अलौकिक योग शक्तियाँ थीं, अतः कुछ मुसलमान भी आकर्षित हुए। वजीर खाँ नामक एक मुसलमान पर उनके उपदेशों का आश्चर्यजनक प्रभाव पड़ा। वह हिंदू धर्म और हिंदू देवी-देवताओं से प्रभावित हो गया। वह अपना सारा समय पूजन-भजन में लगाने लगा। उसमें अद्भुत साहस उत्पन्न हो गया। वह कट्टर मुसलमान शासक कामरान के राज्य में सड़कों पर दोनों हाथ में करतालें लेकर 'भज मन राम-राम सियाराम' का कीर्तन करने लगा। उसके कीर्तन में अद्भुत माधुर्य और आकर्षण था। अनेक लोग सड़कों पर उसके साथ हो जाते थे और उच्च स्वर में कीर्तन करने लगते थे। यह स्थिति मुसलमान अधिकारियों और मौलवियों के लिए पर्याप्त खटकने वाली हो गई। एक दिन वजीर खाँ एक मसजिद के पास भगवान् के प्रेम में विह्वल होकर उच्च स्वर में हरि-कीर्तन कर रहे थे। इससे मुसलमान बहुत उत्तेजित हो गए। अनेक लोगों ने उनको घेर लिया तथा उनकी हत्या करने का प्रयत्न करने लगे। काबुल नगर में उनके अनेक प्रेमी थे। उन लोगों ने किसी प्रकार वजीर खाँ को भीड़ से बचाकर योगिराज श्रीचंद्र की कुटिया में पहुँचाया। उत्तेजित लोग कुटिया की ओर दौड़े। आज वे वजीर खाँ को जीवित नहीं छोड़ना चाहते थे। वे कुटिया में घुस गए। उसी समय एक आश्चर्यजनक घटना हो गई। सहसा आक्रमणकारियों के हाथ-पैर अकड़ गए। सब निश्चेत और निष्क्रिय हो गए। किसी में हिलने-डुलने और किसी प्रकार कोई चेष्टा करने की शक्ति नहीं रही। अब सबकी समझ में आ गया कि यह स्थिति कुटिया में विराजमान योगी श्रीचंद्र की अलौकिक शक्ति के कारण हुई है, अतः वे उपद्रवी इस विचित्र परिस्थिति से छुटकारा पाने के लिए श्रीचंद्रजी से प्रार्थना करने लगे। योगिराज ने उनसे कहा, "यदि तुम लोग मुक्त होना चाहते हो तो भक्त श्री वजीर खाँ से क्षमा माँगो।" सबने क्षमा माँगी। वजीर खाँ करताल बजाते हुए भक्ति भाव के साथ कीर्तन करने लगे और उन लोगों के पास आ खड़े हुए। उनके दर्शन से ही सबकी जड़ता और निष्क्रियता समाप्त हो गई। सब उनके चरणों में नतमस्तक होकर चले गए। योगिराजजी तो कुछ

समय बाद उस कुटिया से चले गए; लेकिन वजीर खाँ जीवनपर्यंत उसी कुटिया में रहे। उस दिन की घटना से नगर के किसी व्यक्ति ने वजीर खाँ को कष्ट पहुँचाने का दुस्साहस नहीं किया। हिंदू और मुसलमान, दोनों उनका सम्मान करने लगे। काबुल में यह स्थान अत्यंत पवित्र और अलौकिक शक्तियों से संपन्न माना जाता है।

ब्राह्मण-पुत्र की अत्याचारियों से रक्षा

योगिराज श्रीचंद्रजी काबुल से कंधार आ गए। यहाँ भी हिंदुओं पर अत्याचार हो रहे थे। हिंदुओं को धार्मिक स्वतंत्रता बिल्कुल नहीं थी। मौलवियों के कहने पर सरकारी अधिकारियों ने यह आदेश निकाल दिया कि कोई हिंदू अपनी पूजा में शंख नहीं बजाएगा। यदि कोई इस आज्ञा का उल्लंघन करेगा तो उसे कठोर दंड दिया जाएगा। कंधार में एक पं. लक्ष्मणदत्तजी रहते थे। वह योगिराज श्रीचंद्रजी के परम भक्त थे। ईश्वर पर उनकी पूर्ण आस्था थी तथा हिंदू धर्म पर उनका अगाध विश्वास था। उनके घर पर ही छोटा सा मंदिर था। जब से शंख न बजाने का सरकारी आदेश निकला था, तब से वह बहुत दुःखी थे; लेकिन अपने पूजन में शंख बजाना बंद कर दिया था। एक दिन वे किसी काम से घर से बाहर चले गए थे। उसी दिन उनका पुत्र रामरत्न खेलते-खेलते मंदिर के पास चला गया। मनोरंजन के लिए उसने शंख उठा लिया और उच्च स्वर में शंख बजाने लगा। पास में कुछ मुसलमानों के घर थे। शंख-ध्वनि सुनकर वे मौलवीजी को लेकर पहुँचे और बालक रामरत्न को पकड़कर कामरान के दरबार में ले गए। जब पं. लक्ष्मणदत्तजी घर आए तो उनको इस घटना के संबंध में पूरी जानकारी मिली। सीधे-सरल पंडितजी की समझ में नहीं आ रहा था कि पुत्र के प्राणों की रक्षा कैसे की जाए। उन्हें ज्ञात था कि धर्मांध शासक उनके प्रिय पुत्र को क्षमा नहीं करेगा। दुःखी लक्ष्मणदत्त योगिराज श्रीचंद्र की शरण में गए। घटना का पूरा विवरण बताया। योगिराज ने कहा, "घबराओ नहीं, प्रभु अवश्य कृपा करेंगे।" इसके बाद उन्होंने अपने अग्निकुंड से कुछ विभूति (राख) लेकर पंडितजी को दी और कहा कि यह विभूति अपने पुत्र के मस्तक पर लगा देना। इससे दुष्ट उसका कुछ नहीं बिगाड़ सकेंगे। पंडितजी योगिराज का आशीर्वाद लेकर दरबार में पहुँचे। दरबार में उस समय तक निर्णय हो चुका था कि बालक रामरत्न मुसलमान धर्म स्वीकार करे। यदि वह ऐसा नहीं करता तो उसे मृत्युदंड दिया जाएगा। बालक किंकर्तव्यविमूढ़ था। पं. लक्ष्मणदत्त को संपूर्ण स्थिति समझने में देर नहीं लगी। उन्होंने दरबार से प्रार्थना की कि बालक को एकांत में समझाने का अवसर दिया जाए। दरबार ने उन्हें यह अवसर प्रदान कर दिया।

वह बालक को एकांत में ले गए और उसके मस्तक पर योगिराज की विभूति का तिलक कर दिया और समझा दिया कि भय की कोई बात नहीं। बेटे, तुम किसी भी स्थिति में इसलाम धर्म स्वीकार न करना। ये लोग तुम्हारा कुछ न बिगाड़ सकेंगे। तिलक लगाने के पूर्व बालक आतंकित अवश्य था, लेकिन तिलक लगाने के बाद बालक में अलौकिक आत्मबल आ गया। वह दरबार में पहुँचकर प्रौढ़ साहसी व्यक्ति के समान बोला, "मैं इसलाम धर्म स्वीकार नहीं करूँगा। आप मुझे जो दंड देना चाहें, दे सकते हैं।" बालक रामरत्न की यह बात सुनते ही दरबार में उपस्थित सभी मुसलमान उत्तेजित हो उठे। दरबार ने बालक को गिरफ्तार करने का आदेश दिया। लेकिन सिपाहियों, दरबारियों के हाथ-पैर जड़ और निष्क्रिय हो गए। सब पत्थर की मूर्तियों की तरह अचल हो गए। कुछ ही क्षणों में इस घटना की चर्चा पूरे कंधार में हो गई। कंधार के शासक कामरान का एक मित्र गुल अकबर था। उसे जब इस घटना की सूचना मिली तो वह समझ गया कि यह शहर के बाहर ठहरे हुए योगिराज का चमत्कार है। वह साधु-संतों का आदर करता था तथा उनकी अलौकिक शक्तियों पर विश्वास करता था। वह दरबार में गया और सबसे कहा कि यदि इस बंधन से छुटकारा चाहते हो तो शहर के बाहर ठहरे हुए योगिराज श्रीचंद्रजी महाराज की प्रार्थना करो। जैसे ही उन लोगों ने प्रार्थना की, सब मुक्त हो गए। कामरान अनेक व्यक्तियों को लेकर योगिराज की कुटिया में पहुँचा। उन्होंने कामरान को देखते हुए कहा, "देखो, कामरान! शासक का किसी पर अन्याय करना अनुचित है। उसे अपनी प्रजा से सद्व्यवहार करना चाहिए। पक्षपाती शासक अधिक दिन तक टिक नहीं सकता।" योगिराज के उपदेशों का कामरान पर अच्छा प्रभाव पड़ा। उसने हिंदुओं पर लगे समस्त प्रतिबंध हटा लिये। इस समय से वह योगिराज का आदर करने लगा।

कामरान के संबंध में भविष्यवाणी

एक बार योगिराज श्रीचंद्रजी सघन वन में पर्वत की एक चोटी पर निवास कर रहे थे। कामरान वहीं शिकार करने गया। उसने एक हरिण का शिकार किया तथा उसकी आँखें निकाल लीं। उसी समय उसे पता चला कि योगिराजजी उसी वन में हैं, अतः वह उनके दर्शन करने गया। योगिराज ने उसे देखते हुए कहा, "कामरान, निर्दोष जीवों को मत मारो। तुमने उस निर्दोष पशु की आँखें निकाल ली हैं। तुम्हें पता नहीं है कि इसी प्रकार तुम्हारी भी आँखें निकाली जा सकती हैं।" यह सुनकर वह बहुत भयभीत हो गया तथा अपराध क्षमा करने के लिए प्रार्थना करने लगा।

योगिराज ने दया करके कहा, "अच्छा, कामरान! जाओ, जब तक तुम दूसरों पर अत्याचार नहीं करोगे, सुख से राज्य करोगे।" कामरान पर कुछ दिन तक उपदेशों का अच्छा प्रभाव रहा; लेकिन बाद में वह पुनः अत्याचार करने लगा। श्रीचंद्रजी की भविष्यवाणी पूर्ण रूप से सत्य सिद्ध हुई। हुमायूँ ने काबुल पर आक्रमण कर दिया। कामरान पराजित हुआ, बंदी बनाया गया तथा उसकी आँखें निकाल ली गईं।

अन्यायी के अंत की अलौकिक घटना

योगिराज श्रीचंद्रजी भ्रमण करते हुए सिंध प्रांत के नगर ठट्ठा शहर में पहुँचे। वहाँ का मुसलमान शासक मिर्जा बाकी हिंदुओं पर बड़ा अत्याचार कर रहा था। वह अधिकाधिक हिंदुओं को मुसलमान बनाना सबसे पुण्य कार्य समझता था। जो लोग मुसलमान धर्म स्वीकार नहीं करते थे, उनको मौत के घाट उतार देता था। योगिराजजी के वहाँ पहुँचने से हिंदुओं में नए आत्मविश्वास का संचार हुआ। वे मुसलमानों के अन्याय का विरोध करने लगे। इससे शासक और धर्मांध मुसलमान विशेष उत्तेजित हुए। अब मिर्जा बाकी ने आदेश निकाल दिया कि उसके राज्य में प्रत्येक हिंदू को मुसलमान धर्म स्वीकार करना होगा। जो हिंदू इस आदेश को नहीं मानेगा, उसे मृत्युदंड दिया जाएगा। हिंदुओं में हाहाकार मच गया। सब श्रीचंद्रजी की शरण में गए। उन्होंने कहा, "डरो मत, प्रभु तुम्हारी रक्षा अवश्य करेंगे।" जब मिर्जा बाकी को यह बात मालूम हुई तो उसने हिंदुओं को बुलाकर कहा, "तुम उस पागल फकीर के कहने पर क्यों व्यर्थ में अपने प्राणों से हाथ धो रहे हो। मुसलमान बन जाओ।" जब हिंदुओं ने योगिराजजी को मिर्जा का कथन सुनाया, तो उन्होंने कहा, "कोई बात नहीं। शीघ्र ही पता चल जाएगा कि पागल कौन है।" इसके दूसरे ही दिन मिर्जा बाकी पागल हो गया और उसने अपनी ही कटार से अपना अंत कर लिया। इस प्रकार हिंदुओं के कष्टों का अंत हुआ।

कश्मीर के श्रीचंद्र : चिनार की कथा

कश्मीर राज्य में मुसलमान शासक यकूब का शासन था। वह भी बहुत धर्मांध था। वह वहाँ के हिंदुओं, विशेष रूप से ब्राह्मणों पर घोर अत्याचार कर रहा था। श्रीचंद्रजी को जब यह ज्ञात हुआ तो वे कश्मीर पहुँचे। वहाँ की हिंदू जनता ने योगिराजजी को अपनी करुण कथा सुनाई। योगिराजजी ने कहा, "मत डरो। प्रभु तुम्हारी परीक्षा कर रहे हैं। याद रखो, वह भी समय आने को है, जब यहाँ शुद्ध हिंदू राज्य स्थापित होगा। जाओ, शासकों से कह दो कि हमारे गुरु महाराज यहाँ पधारे

हुए हैं। यदि आप उनको मुसलमान बना लें, तो हम सब मुसलमान बन जाएँगे।" ब्राह्मणों ने ऐसा ही कह दिया। उसने अपने मंत्री को योगिराजजी के पास भेजा। योगिराजजी के दर्शन करते ही मंत्री का हृदय-परिवर्तन हो गया। वह उनको असीम श्रद्धा की दृष्टि से देखने लगा। योगिराजजी ने उसी के सामने अपने अग्निकुंड से एक जलती हुई लकड़ी निकाली और उसे जमीन में गाड़ दिया। वह लकड़ी उसी क्षण चिनार के हरे-भरे वृक्ष में रूपांतरित हो गई। वह वृक्ष आज भी वहाँ श्रद्धा से पूजा जाता है। वह दरबार में आया और उसने यकूब को यह सारा हाल बताया। यकूब स्वयं योगिराज के पास आया और अपने अपराधों के लिए क्षमा माँगने लगा। योगिराजजी ने कहा, "अब पश्चात्ताप करने से क्या लाभ है? प्रभु के दरबार में तुम शासन के अयोग्य ठहराए जा चुके हो, अतः यहाँ का शासन अब अधिक दिन तुम्हारे हाथ में नहीं रह सकता है।" योगिराज का कथन पूर्णतः सत्य सिद्ध हुआ। उसी वर्ष अकबर ने कश्मीर पर आक्रमण कर दिया और उसे जीतकर अपने राज्य में मिला लिया।

पत्थर से नदी पार

एक बार योगिराज श्रीचंद्रजी रावी के तट पर खड़े थे। उन्होंने अपने एक शिष्य से नाव लाने को कहा। वहाँ उपस्थित एक व्यक्ति ने कहा, "महाराज, आपके धर्मग्रंथों में लिखा है कि रामजी ने पानी में पत्थर तैरा दिए थे। आप बहुत बड़े संत हैं। आपको नाव की क्या आवश्यकता है? पत्थर पर बैठकर नदी पार कर जाइए।" योगिराजजी ने अपने धर्मग्रंथों की बातों को सिद्ध करने के लिए एक बड़ा पत्थर उठाकर नदी में फेंक दिया। पत्थर तैरने लगा और वे उसी पर बैठकर नदी पार कर गए।

डेढ़ सौ वर्ष की अवस्था में भी तरुण

श्रीचंद्र महाराज ने उदासीन संप्रदाय की स्थापना करके हिंदू संस्कृति का अभूतपूर्व कल्याण किया है। हिंदू धर्म के प्रसार-प्रचार के अनेक संगठन हैं, लेकिन इनमें उदासीन संगठन अद्वितीय है। सैकड़ों वर्ष पूर्व स्थापित यह विशाल संस्था मानवता के कल्याण के लिए तथा आध्यात्मिक विकास के लिए अबाध रूप से स्तुत्य कार्य कर रही है। देश के विभिन्न भागों में 'उदासीन मठ' और अखाड़े हैं। इनमें सहस्रों त्यागी-तपस्वी साधु-संत सेवा कार्यों में संलग्न हैं। उदासीन संप्रदाय में सिद्ध संतों और योगियों की महान् परंपरा है। यह सब श्रीचंद्रजी के अलौकिक दिव्य

तेज का प्रभाव है। योगिराजजी आज भी लाखों व्यक्तियों के आराध्यदेव, धर्मगुरु और इष्ट हैं।

श्रीचंद्रजी लगभग डेढ़ सौ वर्ष की आयु तक मानवता का कल्याण करते रहे, लेकिन अंतिम समय तक उनका शरीर तरुणों जैसा सतेज बना रहा। उन्होंने स्वेच्छा से महानिर्वाण प्राप्त किया था। निस्संदेह, योगिराज श्रीचंद्रजी महाराज अदृश्य रूप से संतों तथा जिज्ञासुओं का कल्याण करते रहेंगे।

□

संत ज्ञानेश्वर

(1275–1296 ई.)

महाराष्ट्र प्रदेश में सिद्ध और समर्थ योगियों की एक सुदीर्घ परंपरा है। अनेक महापुरुषों ने अपनी साधना और वाणी से इस क्षेत्र को पवित्र किया है। इनमें संत ज्ञानेश्वरजी महाराज का नाम सर्वोपरि है। यद्यपि उनका जन्म कई सौ वर्ष पूर्व हुआ था; लेकिन उनके अलौकिक तेज का प्रभाव आज भी महाराष्ट्र ही नहीं, संपूर्ण भारत में परिव्याप्त है, उनकी दिव्य शक्तियाँ इस समय भी अनुभव की जाती हैं तथा उनके ग्रंथ वर्तमान युग में भी अगणित लोगों को प्रेरणा प्रदान करते हैं।

एक परिवार में चार महान् योगी

लगभग आठ सौ वर्ष पूर्व महाराष्ट्र के पैठण नामक स्थान में एक ब्राह्मण परिवार रहता था। इस परिवार में बिट्ठल पंत नाम का एक बालक था, जो बहुत धर्मनिष्ठ और सच्चरित्र था। छोटी अवस्था में ही इस बालक को तीर्थाटन करने की इच्छा हुई, अत: वह तीर्थयात्रा के लिए अकेले ही निकल गया। इस यात्रा में उसे पूना के पास आलंदी नामक गाँव में ठहरना पड़ा। यहाँ सिद्धोपंत नामक एक ब्राह्मण से परिचय हुआ। ये सज्जन बिट्ठल पंत के ज्ञान, आचरण और स्वभाव से विशेष प्रभावित हुए। इनके एक कन्या थी। एक रात में सिद्धोपंत को स्वप्न हुआ कि अपनी कन्या का विवाह बिट्ठल पंत तीर्थयात्री बालक के साथ कर दो। प्रात:काल उन्होंने बिट्ठल से विवाह का प्रस्ताव किया; लेकिन उन्होंने यह प्रस्ताव अस्वीकार कर दिया। दो-तीन दिन में बिट्ठल को भी स्वप्न में भगवान् का आदेश प्राप्त हुआ कि तुम इस कन्या से विवाह कर लो। इससे एक ऐसा पुत्र उत्पन्न होगा, जिसे लोग ईश्वर का अवतार मानेंगे। तीर्थयात्री बिट्ठल ने विवाह का प्रस्ताव स्वीकार

कर लिया। यथासमय विवाह हो गया, लेकिन इस विवाह से बिट्ठल की भक्ति और साधना में कोई कमी नहीं आई। उनकी वैराग्य वृत्ति दिन-प्रति-दिन बढ़ती ही गई। एक दिन वह पत्नी को छोड़कर काशी चले गए। काशी में उस समय स्वामी रामानंदजी का बड़ा प्रभाव था। रामानंदजी से उन्होंने कहा कि मैं अकेला हूँ, मेरे स्त्री-बच्चे नहीं हैं; अतः संन्यास-दीक्षा दे दीजिए। स्वामीजी ने इनके कथन को सच मानकर संन्यास दे दिया। कुछ वर्षों बाद स्वामी रामानंद तीर्थयात्रा के लिए निकले। रास्ते में वह आलंदी गाँव के एक मंदिर में रुके। वहाँ बिट्ठल पंत की पत्नी रुक्मिणी नित्य पूजन के लिए आती थीं। स्वामी रामानंदजी को देखकर प्रणाम निवेदित किया। स्वामीजी ने 'पुत्रवती भव' का आशीर्वाद दे दिया। इस पर रुक्मिणी ने कहा कि मेरे पति तो काशी में संन्यासी हो गए हैं, मुझे पुत्र कहाँ प्राप्त हो सकता है ? स्वामी रामानंदजी ने विस्तारपूर्वक बात करने के बाद जान लिया कि रुक्मिणी का पति तो उन्हीं का शिष्य है। शास्त्रों के अनुसार यदि विवाहित व्यक्ति बिना पुत्रों के उत्पन्न हुए संन्यास लेता है तो गुरु और शिष्य दोनों दोषी होते हैं, अतः स्वामी रामानंदजी ने अपनी आगे की तीर्थयात्रा स्थगित कर दी और रुक्मिणी तथा उसके माता-पिता को साथ लेकर काशी के लिए चल पड़े। यहाँ पहुँचकर बिट्ठल पंत को पुनः गृहस्थ आश्रम में जाने का आदेश दिया। फलस्वरूप बिट्ठल पंत अपनी पत्नी के साथ अपने गाँव वापस आ गए। छह-सात वर्ष की अल्प अवधि में ही चार संतानों का जन्म हुआ। इन चारों संतानों ने भारतीय आध्यात्मिकता के विकास में अमित योगदान किया। प्रथम संतान का नाम निवृत्तिनाथ, दूसरी का ज्ञानदेव, तीसरी का सोपानदेव और चौथी का मुक्ताबाई (कन्या) हुआ। ऐसा माना जाता है कि महादेव ने निवृत्तिनाथ, विष्णु ने ज्ञानदेव, ब्रह्मा ने सोपानदेव तथा आदिमाया ने मुक्ताबाई के रूप में जन्म लिया था। ज्ञानदेव का जन्म सन् 1275 में हुआ था। यह ज्ञानदेव ही आगे चलकर 'संत ज्ञानेश्वर' के नाम से प्रसिद्ध हुए।

माता-पिता द्वारा जीवित जल-समाधि

बिट्ठल पंत संन्यास आश्रम से गृहस्थ बने तो जाति और समाज ने इसका बहुत विरोध किया। इससे उनको तथा उनकी पत्नी को बहुत क्लेश हुआ। उन्होंने पंडितों से इस दोष के परिमार्जन का उपाय पूछा तो उन्होंने शरीर-त्याग का ही विधान बताया, अतः शास्त्र-मर्यादा की रक्षा के लिए बिट्ठल पंत और रुक्मिणी देवी ने प्रयाग जाकर गंगा-यमुना के संगम में जलसमाधि ले ली। उनके चारों बच्चे अनाथ हो गए।

बिट्ठल पंत को जाति और समाज से बहिष्कृत कर दिया गया था। उनको अपने पुत्रों का उपनयन संस्कार करने की अनुमति नहीं दी गई थी। उन्होंने समाज की आज्ञा से अपना शरीर-त्याग किया था। समाज इन अनाथ बच्चों के प्रति भी अत्यंत कठोर था। विशेष रूप से ब्राह्मण वर्ण उनको जाति में सम्मिलित नहीं करना चाहता था। इन बालकों ने पंडितों से अपने संबंध में निर्णय माँगा तो उन्होंने कहा, "प्राचीन काल से श्रेष्ठ लोग कहते आए हैं कि दोनों कुल भ्रष्ट होने पर उसका कोई प्रायश्चित्त नहीं है। लेकिन शास्त्र-मतानुसार इसका एक उपाय बताया गया है। वह यह है कि इस समय अनन्य भक्ति का अनुसरण करें, अत्यंत अनुतप्त होकर ईश्वर का भजन करें और गाय, गधा, कुत्ता आदि प्राणियों को समत्व बुद्धि से, सभी प्राणियों में आत्मतत्त्व भरा हुआ है, ऐसा मानकर भक्ति करें।" चारों भाई-बहन पंडितों का यह उपदेश पाकर बहुत प्रसन्न हुए। वास्तव में वे जन्म से ही भक्त थे। उनके माता-पिता ने भी भक्ति और साधना की ओर उन्हें अग्रसर किया था।

भैंसे द्वारा वेद-मंत्रों का पाठ

इसी समय पंडितों को कुछ मजाक सूझा। एक पंडित ने इन बालकों से उनके नामों का अर्थ पूछना प्रारंभ किया। निवृत्तिनाथ ने कहा कि मैं निवृत्त होकर अखंड आनंद का उपभोग करता हूँ। ज्ञानेश्वर ने उत्तर दिया कि मुझे सत्य-ज्ञान का बोध है। सोपानदेव ने अपने नाम की व्याख्या करते हुए कहा कि मैं परमात्मा के भजन का सच्चा उपाय बताकर बैकुंठ की प्राप्ति करा सकता हूँ। मुक्ताबाई ने कहा कि भगवान् की लीला का ज्ञान कराने तथा मुक्ति प्रदान करने के लिए मेरा जन्म हुआ है। पंडित लोग ऐसे उत्तर सुनकर खूब हँसे। इसी समय एक भिश्ती अपने भैंसे को लिये जा रहा था। भैंसे का नाम ज्ञाना था। एक पंडित ने कहा कि नाम से कुछ नहीं होता। इस भैंसे का नाम भी ज्ञाना है तो यह ज्ञानी थोड़े ही हो जाएगा। ज्ञानेश्वर ने बड़े शांत भाव से उत्तर दिया कि इस भैंसे की और मेरी आत्मा एक है। पंडित ने कहा कि अभी मालूम हो जाएगा। उसने भिश्ती से भैंसे को कोड़े मारने को कहा। जैसे ही भिश्ती ने भैंसे को कोड़े मारे, वैसे ही ज्ञानेश्वर की पीठ पर कोड़े के निशान बन गए। यह देखकर पंडित लोग कुछ आश्चर्यचकित हुए। एक पंडित बोला कि जब तुम्हारी और भैंसे की आत्मा एक है, तो भैंसे को भी वेदमंत्र पढ़ना चाहिए, क्योंकि तुम वेदमंत्र पढ़ लेते हो। ज्ञानेश्वर आगे बढ़े और भैंसे के मस्तक पर हाथ रखकर बोले कि बाबा, ओंकार सहित वेदमंत्र पढ़ो। भैंसा वेदमंत्र बोलने लगा। पंडितों को असीम आश्चर्य हुआ। अब पंडितों को बोध हुआ कि यह साधारण बालक नहीं,

सिद्ध महापुरुष हैं। सब पंडित उनके चरणों में गिर पड़े। यह घटना महाराष्ट्र के पैठण गाँव की है। इसके बाद तो इस बस्ती में इन अनाथ और उपेक्षित बालकों के प्रति विशेष आदर हो गया। वहाँ के लोगों ने श्रद्धापूर्वक अपने गाँव में इनको बसाया तथा भरण-पोषण का प्रबंध किया।

श्राद्ध में पितरों का प्रकट होना

ज्ञानेश्वर विलक्षण बुद्धि के बालक थे। अल्प अवस्था में ही उन्होंने उच्च कोटि के योग और अध्यात्म संबंधी ग्रंथों का अध्ययन कर लिया था। बड़े-बड़े विद्वानों के समक्ष वेदांत पर प्रवचन करने लगे थे। उनकी वाणी में बड़ा ओज और तेज था। दूर-दूर तक उनके असाधारण व्यक्तित्व की कीर्ति फैलने लगी। अनेक लोग इनके शिष्य बनने लगे। भक्तों की भीड़ लगने लगी। पैठण में गोदावरी तट पर इनका आश्रम था। वहाँ दिन में प्रवचन होता था और रात में कीर्तन होता था।

पैठण में एक और चमत्कार हुआ। एक दिन एक गृहस्थ ने अपने पितरों के श्राद्ध के अवसर पर ज्ञानेश्वर को भोजन के लिए आमंत्रित किया। भोजन के प्रारंभ करने के पूर्व उन्होंने पितरों को आमंत्रित किया। जैसे ही उन्होंने कहा 'पितृगण आएँ', वैसे ही उस गृहस्थ के दिवंगत माता-पिता आदि प्रकट हो गए। इतना ही नहीं, सबने भोजन किया, फिर लुप्त हो गए।

स्पर्श मात्र से मृत व्यक्ति जीवित

पैठण में कुछ समय रहकर वे नेवास गाँव चले गए। अपने साथ वेदमंत्र उच्चारण करनेवाला भैंसा भी ले गए। नेवास में सच्चिदानंद नामक एक व्यक्ति की मृत्यु हो चुकी थी। लोग उसके शव को दाह-संस्कार करने के लिए ले जाने की तैयारी कर रहे थे। संत ज्ञानेश्वर को जब मालूम हुआ, तो उन्होंने कहा, "क्या सत्, चित्, आनंद की मृत्यु हो सकती है ? उसे तो मृत्यु स्पर्श तक नहीं कर सकती।" यह कहकर वह मृत व्यक्ति के पास गए और उसके मस्तक पर हाथ रखा। इस स्पर्श मात्र से वह व्यक्ति उठकर बैठ गया। वह व्यक्ति आगे चलकर संत ज्ञानेश्वर का लिपिक बना। ज्ञानेश्वरजी बोलते जाते थे और यह लिखता जाता था। इसी व्यक्ति ने ज्ञानेश्वरजी की विश्वविख्यात पुस्तक 'ज्ञानेश्वरी' को लिपिबद्ध किया था।

पंद्रह वर्ष की अवस्था में गीता पर भाष्य

नेवास गाँव अहमदनगर जिले में प्रवरा नदी के तट पर बसा है। जिस स्थान पर चारों भाई-बहन रहे थे, वहाँ एक स्तंभ है। एक मंदिर का भी निर्माण हो गया है।

अपने बड़े भाई निवृत्तिनाथ के आदेश पर ज्ञानेश्वरजी ने इसी स्तंभ के पास बैठकर गीता पर मराठी भाषा में ज्ञानेश्वरी टीका लिखी थी। यह भी एक चमत्कार है। इस समय ज्ञानेश्वर की अवस्था केवल पंद्रह वर्ष की थी। इतनी कम अवस्था में इतना गंभीर ग्रंथ लिखना मानव बुद्धि के लिए संभव नहीं है। सैकड़ों वर्ष हो गए हैं; लेकिन 'ज्ञानेश्वरी' ग्रंथ का महत्त्व कम नहीं हुआ है।

नेवास में कुछ समय निवास करने के बाद ज्ञानेश्वरजी अपने भाइयों और बहन के साथ अपने गाँव आलंदी आए। यद्यपि इस समय तक उनकी कीर्ति पूरे महाराष्ट्र प्रदेश में फैल चुकी थी और जनता उन्हें बड़े भक्ति-भाव से देखने लगी थी; लेकिन उनके अपने गाँव आलंदी में इस समय भी कुछ लोग विरोध कर रहे थे। इन विरोधियों में बसोवा नाम का एक कर्मकांडी ब्राह्मण प्रमुख था। एक दिन मुक्ताबाई को विशेष प्रकार का भोजन बनाने के लिए मिट्टी के बरतन की आवश्यकता हुई। वह बरतन लेने कुम्हार के यहाँ गई। बिसोवा के विरोध के कारण बरतन नहीं मिला। वह दु:खी होकर घर वापस लौट आई। ज्ञानेश्वरजी को जब अपनी बहन के दु:ख का कारण ज्ञात हुआ, तो उन्होंने योगबल से अपनी पीठ पर आग उत्पन्न कर दी। उसी पर मुक्ताबाई ने भोजन पकाना प्रारंभ कर दिया। दुष्ट बिसोवा छिपकर सब देख रहा था। यह चमत्कार देखकर वह ज्ञानेश्वरजी के चरणों में गिर पड़ा। ज्ञानेश्वरजी ने उसे क्षमा कर दिया तथा अपना शिष्य बना लिया।

और दीवार चल पड़ी

ज्ञानेश्वरजी के समय में ताप्ती नदी के तट पर चांगदेव नाम के एक प्रसिद्ध योगी रहते थे। उनको अनेक सिद्धियाँ प्राप्त थीं। बहुत लोग उनको मानते थे। एक बार उनको ज्ञानेश्वर आदि योगियों के बारे में सुनने को मिला। उनके अहंकार को चोट पहुँची, अत: वह अपने शिष्यों सहित उनके पास चल पड़े। चांगदेव को अपनी सिद्धियों का गर्व था, इसलिए एक भयंकर बाघ पर सवार हुए, हाथ में जीवित साँप चाबुक के रूप में लिया। जब वह आलंदी के पास पहुँचे तो इस विचित्र योगी की सूचना ज्ञानेश्वरजी को मिली। उस समय ज्ञानेश्वर और उनके भाई-बहन टूटी दीवार के चबूतरे पर बैठे थे। निवृत्तिनाथ ने कहा कि हमारे यहाँ एक योगी आ रहा है। हम सबको आगे बढ़कर उसका स्वागत करना चाहिए। ज्ञानेश्वरजी ने दीवार को ही चलने का आदेश दिया। समूची दीवार चलने लगी। दीवार को चलते देखकर चांगदेव का गर्व चूर हो गया। उनको अपनी योग-साधना हीन प्रतीत होने लगी। उन्होंने बाघ छोड़ दिया, साँप फेंक दिया और ज्ञानेश्वर के

चरणों में लोट गए। कुछ दिन वह ज्ञानेश्वरजी के पास रहे। उन्होंने चांगदेव को भक्ति मार्ग की ओर आकृष्ट किया।

गुरु-परंपरा

ज्ञानेश्वरजी के आध्यात्मिक गुरु उनके बड़े भाई निवृत्तिनाथ थे। निवृत्तिनाथजी ने नाथ संप्रदाय के महान् योगी गहिनीनाथजी से दीक्षा ली थी। गहिनीनाथ गुरु गोरखनाथ के शिष्य थे। नाथ संप्रदाय योग-साधना पर विशेष जोर देता है; परंतु निवृत्तिनाथ को श्रीकृष्ण की सगुण उपासना प्रिय थी। उन्होंने अपने गुरु गहिनीनाथ की आज्ञा से भक्ति मार्ग का प्रचार किया, इसलिए संत ज्ञानेश्वर भी योगी होते हुए भी भक्ति को ही प्रधानता देते रहे। ज्ञानेश्वरजी निवृत्तिनाथ को सदा गुरु ही मानते रहे। उन्होंने ज्ञानेश्वरी के प्रत्येक अध्याय में अपने गुरु की श्रद्धापूर्वक स्तुति की है। वह अपने गुरु को पूर्ण रूप से ईश्वर मानते थे।

जाति-भेद का उन्मूलन

ज्ञानेश्वरजी के पूर्व वर्ण-भेद और जाति-भेद बहुत कठोर रूप से प्रचलित था। छोटी जाति के लोगों को भक्ति और साधना की अनुमति नहीं थी। ज्ञानेश्वरजी ने क्रांतिकारी कदम उठाया। उन्होंने कहा कि भक्ति मार्ग में जाति और वर्ण-भेद का कोई स्थान नहीं है। उन्होंने गीता के एक श्लोक की व्याख्या करते हुए लिखा—"जब तक कोई मेरे स्वरूप के साथ मिलकर समरस नहीं हो जाता, तभी तक वह क्षत्रिय, वैश्य, स्त्री, शूद्र, अंत्यज आदि के रूप में भासमान होता है। परंतु जिस प्रकार समुद्र में डाला हुआ नमक का डला लीन हो जाता है, उसी प्रकार मेरे साथ समरस होते ही जाति-भेद वाले भाव का पूर्ण रूप से लोप हो जाता है।" ज्ञानेश्वर महाराज का मत था कि ईश्वर की सच्ची भक्ति वास्तव में शुद्ध ज्ञान ही है और जिसे ईश्वर का शुद्ध ज्ञान हो जाए, वही ईश्वर का सच्चा भक्त है। गीता के संबंध में उनका कथन है कि यह सबके लिए है, मनुष्य मात्र के मोक्ष का द्वार खोलनेवाली है। संत ज्ञानेश्वर के प्रयास से सभी जातियों में समानता के आधार पर धार्मिक चेतना का सम्यक् विकास हुआ। जनसाधारण में इस भावना का प्रसार हुआ कि व्यक्ति की श्रेष्ठता उसके सदाचरण पर निर्भर है, न कि कुल-जाति पर। स्वयं ज्ञानेश्वरजी ब्राह्मण होते हुए भी एकनाथ जैसे अब्राह्मण संतों के श्रद्धा के साथ पैर छूते थे। यह जातीय एकता का आंदोलन संत ज्ञानेश्वरजी की बहुत बड़ी देन है।

'ज्ञानेश्वरी' की महिमा

संत ज्ञानेश्वरजी ने समाज का सबसे बड़ा उपकार गीता की टीका 'ज्ञानेश्वरी' द्वारा किया है। वस्तुतः यह गीता की टीका न होकर अध्यात्म-विद्या पर स्वतंत्र ग्रंथ है। इसे उन्होंने मराठी भाषा में लिखा था, जिससे जनसाधारण को गीता का अमृत सुलभ हो सके। इसे 'मराठी का वेद' कहते हैं। इसका कारण यह है कि इस ग्रंथ के समान ओज से युक्त, आत्मानुभव के प्रकाश से देदीप्यमान और प्रेम तथा भक्ति रस से भरा हुआ दूसरा ग्रंथ नहीं है। महान् संत नामदेवजी ने इस ग्रंथ के संबंध में कहा है कि 'ज्ञानदेव मेरी और अन्य योगियों की माता हैं, जिन्होंने वेद रूपी बेलि ज्ञानेश्वरी को प्रकट किया।' यह ग्रंथ सचमुच इतना श्रेष्ठ है कि यदि पाठक को एक पद का भी अनुभव है तो वह धन्य हो जाएगा। संत एकनाथ का मत है कि जो ज्ञानेश्वरी पढ़ता है, श्रीकृष्ण उस पर कृपा करते हैं। संत जनाबाई के अनुसार ज्ञानेश्वरी भक्ति और ज्ञान की सुंदर मंजूषा है। लोकमान्य तिलक ने लिखा है कि 'गीता' के अर्थ को अनेक सरस दृष्टांतों से सजाकर कहने की ज्ञानेश्वर महाराज की शैली अलौकिक है। ज्ञानेश्वर ने अपने इस अमूल्य ग्रंथ में ज्ञान तथा भक्ति प्रधान कर्मयोग की स्थापना की है। उनका मत है कि ज्ञान से मोक्ष अवश्य मिलता है, किंतु भक्ति के बिना अखंड आनंद की प्राप्ति नहीं होती है। भगवद्रूप हो जाने पर ही ज्ञानी में ज्ञानसुख के उपयोग की क्षमता उत्पन्न होती है, जैसे राजस्व प्राप्त करने के बाद ही राजसुख का उपभोग हो सकता है।

ज्ञानेश्वरी का भारत की प्रायः सभी भाषाओं में अनुवाद हो चुका है और यूनेस्को के प्रयास से विश्व की अन्य भाषाओं में भी अनुवाद हो रहा है। हिंदी में इसके कई अनुवाद प्रकाशित हो चुके हैं। एक इंडियन प्रेस, इलाहाबाद से तथा एक हिंदी साहित्य कुटीर, हाथी गली, बनारस से प्रकाशित हुआ है।

जीवित समाधि

संत ज्ञानेश्वरजी केवल बाईस वर्ष की अवस्था तक जीवित रहे। इतनी अल्प अवधि में ही उन्होंने अलौकिक व्यक्तित्व के तेज से धार्मिक जगत् को चमत्कृत कर दिया। संत ज्ञानेश्वरजी जब बाईस वर्ष के हुए तो उन्होंने पंढरपुर तीर्थ में बिट्ठल भगवान् की मूर्ति के समक्ष सब संतों की उपस्थिति में निवेदन किया—"हे प्रभु! मेरा लोक का कार्य अब समाप्त हो चुका है। मैं आपके चरणों में समाधि लेना चाहता हूँ।" कहते हैं कि भगवान् ने उन्हें आलंदी जाकर समाधि लेने की प्रेरणा दी। ज्ञानेश्वरजी ने जीवित समाधि लेने का कठोर निर्णय ले लिया। आलंदी में इंद्रायणी

नदी के तट पर सिद्धेश्वर महादेव का पुराना मंदिर है। इसी के पास उनकी समाधि के लिए गुफा का निर्माण हुआ। अनेक संत इस अवसर पर उपस्थित हुए। कीर्तन, भजन, भोज आदि हुआ। समाधिस्थल को खूब सजाया गया। ज्ञानेश्वरजी के बड़े भाई और गुरु निवृत्तिनाथजी स्वयं हाथ पकड़कर उन्हें समाधिस्थल पर ले गए और आसन पर बिठाया। ज्ञानेश्वरजी ने भगवान् की प्रार्थना की, उपस्थित जनों को तीन बार नमस्कार किया तथा नेत्र बंद करके समाधि में लीन हो गए। सब लोग गुफा से बाहर आ गए। निवृत्तिनाथ ने अपने हाथों से गुफा में पत्थर लगा दिया। यह तिथि 25 अक्तूबर, 1296 मानी जाती है। इस दिन प्रति वर्ष उनकी समाधि पर विशाल मेला लगता था। संतों और महात्माओं का विश्वास है कि इस क्षेत्र में जो हरिकीर्तन करेगा, वह बैकुंठ में वास करेगा और इस भूमि पर जो तपस्या करेगा, वह निष्पाप हो जाएगा।

संत ज्ञानेश्वर के समाधि लेने के बाद एक वर्ष के अंदर ही क्रमशः सोपानदेव, मुक्ताबाई और अंत में निवृत्तिनाथ ने भी समाधि ले ली थी।

तीन सौ वर्ष बाद दर्शन

ज्ञानेश्वरजी के समाधि लेने के तीन सौ वर्ष बाद महाराष्ट्र में एकनाथ नाम के विख्यात संत हुए। एक दिन उनके गले में सूजन हुई। अनेक उपचारों से सूजन कम न हुई। तीसरे दिन ज्ञानेश्वर महाराज ने स्वप्न में दर्शन देकर कहा कि मैं गुफा के अंदर समाधि अवस्था में बैठा हूँ। लेकिन एक वृक्ष की जड़ मेरी गुफा में आ गई और उस जड़ से मेरे गले में फंदा पड़ गया है। तुम स्वयं यहाँ आकर उसे दूर करो, तब तुम्हारे गले की पीड़ा शांत होगी। एकनाथ महाराज अपने शिष्यों सहित समाधि स्थल पर गए। समाधि खोलकर अकेले अंदर गए। तीन दिन वहाँ रहे। जड़ हटाने के बहाने ज्ञानेश्वरजी ने एकनाथजी को दर्शन दिए। एकनाथजी ने बताया कि ज्ञानेश्वरजी वज्रासन में शांत मुद्रा में बैठे थे। उनका मुखमंडल दिव्य तेज से युक्त था।

संत ज्ञानेश्वर महाराज की अलौकिक शक्ति आज भी सक्रिय है। निष्ठावान भक्तों और संतों को आज भी अनेक दिव्य अनुभूतियाँ होती हैं। ऐसे महान् संत युगों-युगों के बाद ही धरा-धाम पर अवतरित होते हैं।

□

तैलंग स्वामी

(1607–1887 ई.)

अति प्राचीन काल से काशी संतों की नगरी रही है। अनेक सिद्ध संतों ने इस भूमि की श्रेष्ठता को स्वीकार किया है। दक्षिण के महान् सिद्ध योगी परमहंस तैलंग स्वामीजी ने अपने जीवन के अंतिम डेढ़ सौ वर्ष काशी में ही व्यतीत किए थे। उनके दर्शनों के लिए केवल साधारण भक्त ही नहीं, अपितु देश के विभिन्न भागों के सिद्ध योगी और महात्मा भी पहुँचते थे। एक बार श्रीरामकृष्ण परमहंस अपने शिष्यों-भक्तों के साथ काशी आए थे। उन्होंने तैलंग स्वामीजी के दर्शन के पश्चात् कहा था, "इनमें यथार्थ परमहंस के समस्त लक्षण विद्यमान हैं। ये तो साक्षात् विश्वेश्वर हैं। विश्वनाथ उनके शरीर का आश्रय ग्रहण कर प्रकट हो चुके हैं। वे उच्च ज्ञानावस्था को प्राप्त हो चुके हैं और शरीर का कोई ज्ञान नहीं है।" इस कथन से सहज में ही अनुमान लगाया जा सकता है कि जिस संत का परमसिद्ध संत श्रीरामकृष्णजी इतना समादर करते थे, वह कितना महान् होगा। तैलंग स्वामीजी योग-विभूतियों के सम्राट् थे। उनके लिए कोई भी असंभव कार्य संभव था। उनकी योग-शक्ति से सहस्रों दुःखी जनों का कल्याण हुआ तथा अगणित व्यक्तियों का आध्यात्मिक मार्गदर्शन हुआ। स्वामीजी ने लगभग पौने तीन सौ वर्ष का जीवन पाया था।

जन्मसिद्ध बालक शिवराम

तैलंग स्वामीजी का जन्म सन् 1607 में आंध्र राज्य के होलिया नामक स्थान में हुआ था। उनके पिता का नाम नरसिंह राव तथा माता का नाम विद्यावती था। माताजी ने पुत्र प्राप्त करने के लिए शिवजी की कठोर आराधना की थी। फलतः

एक पुत्र प्राप्त हुआ, जिसका नाम 'शिवराम' रख गया। शिवराम ही आगे चलकर 'तैलंग स्वामी' के नाम से विख्यात हुए। शिवराम में बाल्यावस्था से ही वैराग्य के लक्षण प्रकट होने लगे थे। युवावस्था में पहुँचने तक वह साधना के प्रति पूर्ण समर्पित हो चुके थे। उनकी वैराग्य वृत्ति को देखकर माता-पिता ने उनका विवाह नहीं किया था। जब इनकी चालीस वर्ष की अवस्था थी, तो पिता का देहांत हो गया और बावन वर्ष की अवस्था में माता का शरीरांत हो गया। माता-पिता के बिछोह के बाद शिवराम श्मशान में रहकर कठोर तप करने लगे। एक दिन यहीं पर पंजाब के उच्च कोटि के संत स्वामी भगीरथानंद सरस्वती का दर्शन हुआ। शिवराम इन्हीं के साथ तीर्थाटन के लिए निकल पड़े। संपूर्ण भारत के विभिन्न पुण्य-स्थलों में भ्रमण करने लगे। जो स्थान उपयुक्त प्रतीत होता, वहाँ कुछ वर्ष रहकर तप करते। सन् 1737 में वह काशी आ गए और डेढ़ सौ वर्ष तक काशी में ही रहे। काशी में इन्हें साक्षात् शिव का स्वरूप माना जाता था। उनके योग संबंधी अलौकिक चमत्कारों की अनेक कहानियाँ आज भी कही जाती हैं।

अहिंसा भाव का पूर्ण विकास

किसी समय तैलंग स्वामीजी नेपाल के घने जंगलों में एक स्थान में तपस्या कर रहे थे। उन्हीं दिनों नेपाल के राणा शिकार खेलने के लिए जंगल में आए। उन्हें एक बाघ दिखाई पड़ा। शिकार करने के लिए राणा ने उसका पीछा किया। बाघ एक दिशा की ओर भागा। वह भी उसी ओर गए, लेकिन वहाँ का दृश्य देखकर आश्चर्यचकित रह गए। एक वृक्ष के नीचे एक योगी आसन लगाए बैठे थे। बाघ उनके सामने लेटकर गर्जना करने लगा। योगी उसकी पीठ पर हाथ फिरा रहे थे। राणा को देखकर योगी तैलंग स्वामीजी ने पास बुलाया और कहा, "अपने मन से हिंसा भाव हटा दो। यह बाघ तुमको कोई हानि नहीं पहुँचा सकेगा। समस्त जीव एक ही ईश्वर की सृष्टि हैं। तुम उनसे प्रेम करो, वे तुमसे प्रेम करेंगे।" स्वामीजी ने तपोबल से अहिंसा भाव का इतना विकास कर लिया था कि सभी प्रकार के हिंसक जीव-जंतु उनके पास आकर अहिंसक हो जाते थे।

जीवनदान और रोग-मुक्ति की अलौकिक शक्ति

तैलंग स्वामी का हृदय बड़ा कोमल था। वह किसी व्यक्ति के कष्ट को देखकर उदासीन नहीं रह पाते थे। एक बार स्वामीजी परिभ्रमण करते हुए रामेश्वरम् पहुँचे। एक स्थान पर कुछ तीर्थयात्री विलाप कर रहे थे। एक तीर्थयात्री के युवा पुत्र

का देहांत हो गया था। स्वामीजी को दया आ गई। उन्होंने अपने कमंडल से थोड़ा जल शव पर छिड़क दिया। कुछ क्षणों में मृत युवक में प्राणों का संचार हो गया। स्वामीजी भीड़ से बचने के लिए अदृश्य हो गए। एक बार काशी में एक बहरा और कोढ़ी व्यक्ति सड़क के किनारे बैठा कराह रहा था। स्वामीजी का ध्यान उसकी ओर आकर्षित हुआ। वह उसके पास गए। उनको देखते ही कुष्ठ रोगी पीड़ा भूल गया और वह शिव भक्ति संबंधी स्तोत्र का उच्चारण करने लगा। स्वामीजी ने उसे एक बेलपत्र देकर कहा कि लोलार्क कुंड में स्नान करके इस बेलपत्र को मस्तक पर धारण करो, शीघ्र ही रोगमुक्त हो जाओगे। वह व्यक्ति कुछ ही दिनों में स्वस्थ हो गया और बाद में स्वामीजी का अनन्य भक्त हो गया। पुनर्जीवन देने तथा असाध्य रोगियों को पूर्ण स्वस्थ करने की उनकी अगणित घटनाएँ हैं। विचित्र बात यह थी कि स्वामीजी ऐसे कार्यों के लिए तंत्र-मंत्र या औषधि आदि की सहायता नहीं लेते थे। प्राय: गंगाजल छिड़क देते थे या गंगाजी की मिट्टी दे देते थे। इतनी अति सामान्य क्रियाओं से ही लोगों का कल्याण हो जाता था।।

अभिमानियों के शिक्षण की विचित्र विधि

तैलंग स्वामी पूर्ण रूप से निर्भय थे। शक्ति या धन के मद में निमग्न लोगों को प्राय: सबक सिखा देते थे। सन् 1815 की बात है। एक रियासत के राजा का महल काशी के दशाश्वमेध घाट पर स्थित था। किसी पर्व पर उनके परिवार के स्त्री-पुरुष गंगा-स्नान करना चाहते थे। इसके लिए महल से लेकर घाट तक कनातें लगाई गईं और पहरेदार खड़े किए गए, जिससे कोई उनके अंदर देख न सके। स्वामीजी उस समय उसी घाट पर आमंत्रित थे। जब रानियाँ तथा परिवार के अन्य लोग कनातों के अंदर से होकर गंगा स्नान के लिए जाने लगे, तो अद्‌भुत घटना हो गई। तैलंग स्वामीजी योगबल से पूर्ण नग्न अवस्था में उनके बीच उपस्थित हो गए। राजा क्रोध से बौखला उठा। उसने अपने सिपाही को बुलाया और आदेश दिया कि इस नग्न साधु को पकड़कर महल में ले चलो। इसे इस अभद्र कांड के लिए कठोर दंड दिया जाएगा। सिपाही स्वामीजी को पकड़कर महल में ले गए। इसी समय घाट पर उपस्थित जनता को यह समाचार मालूम हो गया। अनेक सम्मानित लोग राजा के पास गए। राजा ने उनका वास्तविक परिचय पाने पर उनको छोड़ दिया। इससे पूर्व कुछ सिपाही उनके साथ अशिष्ट व्यवहार कर चुके थे। उसी रात में राजा को स्वप्न हुआ, जिसमें एक त्रिशूलधारी तेजस्वी साधु ने सक्रोध कहा, "तुम्हें तैलंग स्वामी का परिचय प्राप्त हो गया, फिर भी तुम्हारे सेवकों ने उनका अपमान किया। तुम्हारे

समान पापी व्यक्ति शिवपुरी काशी में रहने योग्य नहीं है। शीघ्र काशी से दूर चले जाओ।" राजा भय से चीख पड़ा। महल के लोग जाग गए। सबको किसी बड़ी विपत्ति के आने की आशंका होने लगी। भयभीत राजा और उनके अनुचर प्रातःकाल स्वामीजी की शरण में गए। राजा के अनुनय-विनय करने पर स्वामीजी ने उसको क्षमा कर दिया।

इसी प्रकार की घटना उज्जैन के राजा के साथ हुई थी। वह कई संभ्रांत लोगों के साथ नौका-विहार कर रहे थे। उसी समय स्वामीजी गंगा की धारा में तैर रहे थे। नाव में बैठे लोगों ने राजा को स्वामीजी के संबंध में बताया। स्वामीजी स्वतः गाँव के पास आ गए। कुछ लोगों ने उनको नाव में बैठा लिया। राजा ने उनको प्रणाम किया और बातचीत करने लगे। राजा की कमर से एक सुंदर तलवार लटक रही थी। स्वामीजी ने वह तलवार देखने के लिए माँग ली। कुछ देर उसको उलटते-पलटते रहे और फिर उसे गंगा में फेंक दिया। राजा के लिए उस तलवार का बहुत मूल्य और महत्त्व था; क्योंकि वह तलवार उनको ब्रिटिश सरकार द्वारा भेंट की गई थी। राजा के क्रोध की सीमा न रही। वह स्वामीजी को दंड देने की बात कहने लगा। नाव में बैठे कुछ लोगों ने समझाया कि गोताखोरों द्वारा तलवार निकलवा ली जाएगी, लेकिन राजा स्वामीजी को दंड दिए बिना छोड़ने को तैयार नहीं था। स्वामीजी मुसकरा रहे थे। उन पर राजा के क्रोध का कोई प्रभाव नहीं पड़ रहा था। जब नाव घाट पर लगी तो स्वामीजी ने गंगाजी की धारा में हाथ डाला और एक ही प्रकार की दो तलवारें उनके हाथ में आ गईं। उन्होंने राजा से कहा, "पहचान लो, इनमें तुम्हारी तलवार कौन सी है ?" ये दोनों तलवारें राजा की तलवार की तरह थीं। वह निर्णय नहीं कर पा रहा था, उसकी तलवार कौन सी है। स्वामीजी ने एक तलवार राजा को दे दी। फिर उससे कहा, "मूर्ख, तुम जिस वस्तु को अपनी समझ रहे थे, उसे पहचान भी नहीं सके। मैं देख रहा हूँ कि तुम मोह, दंभ और अभिमान से भरे हुए हो। मृत्यु के बाद तलवार निश्चय ही तुम्हारे साथ नहीं जाएगी। जो साथ नहीं जाएगी, वह वस्तु तुम्हारी किस प्रकार हो सकती है ? जो चीज अपनी नहीं है, उसके लिए इतना क्रोध और क्षोभ करना उचित नहीं है।" राजा का सारा दंभ और अहं चूर-चूर हो गया। वह जीवनभर के लिए स्वामीजी का भक्त हो गया।

विदेह अवस्था का अपूर्व स्वरूप

तैलंग स्वामीजी पूर्ण रूप से नग्न रहते थे। जहाँ इच्छा होती थी, वहाँ विचरण करते थे। गंगाजी से उनको विशेष प्रेम था। गंगाजी में वह भयंकर जाड़े में भी घंटों

पड़े रहते थे। यद्यपि वह हाथ-पैर नहीं चलाते थे; लेकिन वह धारा की विपरीत दिशा में भी उतरते चले जाते थे। जब इच्छा होती थी, तब किसी घाट पर बैठ जाते थे। श्रद्धालु जन खाने को दे देते थे तो खा लेते थे। भोजन प्राप्त करने के लिए कोई प्रयास नहीं करते थे। खाने की कोई सीमा नहीं थी। चाहे जितना खिला दो, खा लेते थे। रामकृष्ण परमहंस ने उनको आधे मन दूध की खीर खिलाई थी। कुछ दुष्ट लोगों ने एक बाल्टी चूने का पानी लिया और गिलास भरकर पिलाने लगे तो स्वामीजी ने बिना किसी आपत्ति के चूना मिला पानी पी लिया। सामान्य व्यक्ति उस चूने के पानी को पी लेता तो अवश्य मर जाता, लेकिन स्वामीजी को किंचित् कष्ट नहीं हुआ। उन्होंने थोड़ी देर में मूत्र-विसर्जन किया, तो सारा चूने का पानी निकल गया। दुष्टों ने उनके चरणों पर गिरकर क्षमा माँगी। स्वामीजी ने निर्विकार भाव से उन्हें क्षमा कर दिया।

अंग्रेज अधिकारियों का भ्रम-निवारण

काशी के तत्कालीन अंग्रेज पुलिस अफसर ने तैलंग स्वामी को नग्नावस्था में सड़कों पर स्वच्छंद विचरण करते देखा, तो उसे स्वामी का दिगंबर स्वरूप नागरिक सभ्यता के विरुद्ध लगा। उसने स्वामीजी को सिपाहियों द्वारा अदालत में पकड़ बुलाया। सिपाही उनको डोली में बैठाकर थाने लाए, क्योंकि वह सिपाहियों के किसी आदेश का पालन नहीं कर रहे थे। जब उन्हें मजिस्ट्रेट के सामने पेश किया गया, तो उन्होंने उसके किसी प्रश्न का उत्तर नहीं दिया। अंग्रेज मजिस्ट्रेट ने क्रुद्ध होकर हवालात में बंद करने का आदेश दिया, लेकिन स्वामीजी ने एक विचित्र घटना कर दी। वह सिपाहियों के बीच से अदृश्य हो गए। सिपाहियों में भगदड़ मच गई। अदालत में, प्रत्येक बँगले में तथा आसपास उनको खोजा गया, किंतु वे कहीं न मिले। जब सब परेशान हो गए, तो स्वामी स्वत: मजिस्ट्रेट के सामने प्रकट हो गए। मजिस्ट्रेट आश्चर्यचकित रह गया। उसने स्वामीजी को छोड़ दिया तथा नग्न घूमने की स्वतंत्रता दे दी। काशी में एक नया मजिस्ट्रेट आया। स्वामीजी को नग्न घूमते देख उसने भी उन्हें हवालात में बंद कर दिया। ताला अभी बंद ही था, लेकिन स्वामीजी हवालात से बाहर बरामदे में टहलते दिखाई पड़े। उसे भारतीय सिपाहियों पर अविश्वास हुआ, अत: उसने स्वयं अपने हाथों से दोहरा ताला बंद कर दिया। इस बार वह मजिस्ट्रेट की अदालत के कमरे में प्रकट हो गए। वह किंकर्तव्यविमूढ़ हो गया। तब स्वामीजी ने कहा, "साहब, तुम दूसरे लोगों की तरह जड़ शक्ति में ही विश्वास करते हो। इस जड़-जगत् में महाचैतन्य लोक ओतप्रोत है, जो तुम्हारे लिए अज्ञात है। उस चैतन्य लोक के साथ, जिसका संपर्क स्थापित हो गया, सांसारिक

बंधन या बाधा उसके स्वेच्छा-विचरण को रोक नहीं सकती। भारतीय योगियों के लिए कोई भी कार्य असाध्य नहीं है।" मजिस्ट्रेट ने क्षमा माँगी तथा उन्हें स्वतंत्र कर दिया। स्वामीजी ने इस घटना से अंग्रेज अधिकारी के मन में भारतीय साधु-संतों के प्रति समादर का भाव उत्पन्न कर दिया।

भारतीय योग-विद्या के प्रत्यक्ष प्रमाण

तैलंग स्वामीजी भारत की संत-परंपरा की महान् विभूति थे। वह आज भी कठोर तप, पूर्ण त्याग, अविचल भक्ति भाव, अगाध करुणा, अनन्य अलौकिक शक्तियों के प्रतीक हैं। उन्होंने कोई संप्रदाय, मठ आदि स्थापित नहीं किया। उन्होंने अपने अद्वितीय जीवन, अद्भुत वैराग्य और असीम योगबल से लाखों लोगों को आत्मिक उन्नयन के मार्ग की ओर अग्रसर किया तथा भारतीय योग-विद्या की सक्षमता, अलौकिकता और अप्रतिमता का प्रत्यक्ष प्रमाण प्रस्तुत किया। सं. 1944 वि. सन् 1887 में तैलंग स्वामी ने दो सौ अस्सी वर्ष की अवस्था में स्वेच्छा से काशी में शरीर-त्याग किया।

□

परमहंस रामकृष्ण देव

(1836–1896 ई.)

महर्षि अरविंद ने अपने 'योगसमन्वय' ग्रंथ में लिखा है, "हम रामकृष्ण के निकटवर्ती जीवन में विराट् आध्यात्मिक शक्ति का असाधारण दृष्टांत देखते हैं। उन्होंने इतनी जल्दी ब्रह्मत्व की प्राप्ति कर ली थी कि मनोबल-प्रयोग द्वारा उन्होंने स्वर्ग के राज्य को छीन लिया था और उसके बाद उन्होंने एक-एक करके विभिन्न यौगिक क्रियाओं को अविश्वसनीय शीघ्रता के साथ वश में करके उनमें से सार वस्तु को ग्रहण कर लिया था।" स्वामी विवेकानंदजी ने अपने उद्गार प्रकट करते हुए कहा था, "मुझे ऐसे महापुरुष के चरणों में बैठने का सौभाग्य प्राप्त हुआ है, जिनका जीवन उसकी समस्त शिक्षाओं व उपदेशों की अपेक्षा हजारों गुणा अधिक उपनिषदों की वाणी की एक जीवित व्याख्या है, जो वास्तव में मानव-रूप में उपनिषदों की एक जीवित आत्मा है, जो भारत के विभिन्न विचारों का एक समन्वय है।...इस महान् मनीषी को अपना नाम तक लिखना न आता था; परंतु हमारे विश्वविद्यालयों के बड़े-बड़े प्रतिभाशाली स्नातक उसकी बुद्धि की विराट् शक्ति को देखकर दंग रह जाते थे। वह महान् ऋषि था, जिसकी शिक्षाएँ वर्तमान समय के लिए सबसे अधिक लाभदायक हैं।" महात्मा गांधी के अनुसार, "श्रीरामकृष्ण ईश्वरत्व की सजीव मूर्ति थे। उनके वाक्य किसी निरे विद्वान् के ही कथन नहीं हैं, वरन् वे उनके जीवन ग्रंथ के पृष्ठ हैं।" विश्वविख्यात फ्रांसीसी लेखक रोमाँ रोलाँ ने श्रीरामकृष्ण के चरित्र से प्रभावित होकर उन पर एक ग्रंथ लिखा था। उसकी भूमिका में कहते हैं, "आध्यात्मिक महापुरुषों के शानदार जुलूस में से मैंने केवल दो महापुरुषों को चुना है, जिन्होंने अतुलनीय सौंदर्य और शक्ति द्वारा विश्वात्मा की इस अनुपम स्वर-संगति को उपलब्ध किया है और इसलिए उनके प्रति मेरा हृदय विशेष

रूप से श्रद्धान्वित है। देवाधिदेव और वज्रधारी देवराज रामकृष्ण और विवेकानंद हैं।" परमहंसजी आधुनिक युग के महानतम संतों में हैं, जिनके विराट् व्यक्तित्व ने पूर्व और पश्चिम को समान रूप से प्रभावित किया।

जो राम, जो कृष्ण, वही रामकृष्ण

श्रीरामकृष्णजी के अनेक सुशिक्षित शिष्यों को यह दृढ़ विश्वास था कि श्रीरामकृष्ण स्वयं भगवान् हैं। लेकिन प्रारंभ में नरेंद्र (स्वामी विवेकानंद) को विश्वास नहीं होता था। वह मन में सोचते थे कि यदि इन प्रश्नों का समाधान स्वयं श्रीरामकृष्ण कर दें, तो विश्वास करूँगा, अन्यथा नहीं। श्रीरामकृष्ण के जीवन के अंतिम दिनों में विवेकानंदजी उनकी शय्या के निकट बैठे इसी प्रश्न पर विचार कर रहे थे—जो शक्ति युग-युग में धर्म-संस्थापनार्थ दयावश अवतीर्ण होती है, क्या रामकृष्ण उसी के समष्टि रूप हैं? क्या सचमुच ही श्रीरामकृष्ण युग धर्म-प्रवर्तक अवतार पुरुष हैं? इसी समय श्रीरामकृष्ण ने अपनी आँखें खोलीं तथा विवेकानंदजी की ओर देखते हुए कहा, "क्या नरेन, अभी तक तुझे विश्वास नहीं हुआ? जो राम, जो कृष्ण, वही अबकी बार एक ही आधार में रामकृष्ण, तेरे वेदांत की दृष्टि से नहीं—साक्षात्।" स्वामी विवेकानंद ने उनके केवल इस कथन के आधार पर ही उनको अवतार नहीं स्वीकार कर लिया था, अपितु उन्होंने श्रीरामकृष्ण के देवत्व के संबंध में अनेक अलौकिक अनुभव प्राप्त किए थे। इसलिए उन्होंने अपना संपूर्ण जीवन अपने परम आराध्य गुरुदेव के सिद्धांतों के प्रचार-प्रसार के लिए अर्पित कर दिया था।

अलौकिक जन्मकथा

श्रीरामकृष्ण के जन्म के पूर्व उनके परिवार में अनेक अलौकिक घटनाएँ हुई थीं। उनके पिता का नाम क्षुदिरामजी तथा माता का चंद्रा देवी था। दोनों घनिष्ठ और कर्मनिष्ठ व्यक्ति थे। श्री क्षुदिराम साठ वर्ष की अवस्था में गया की तीर्थयात्रा में गए थे। वहाँ उन्हें विचित्र स्वप्न हुआ, जिसमें एक दिव्य तेजस्वी पुरुष प्रकट हुआ और उसने मधुर वाणी में कहा, "क्षुदिराम, तेरी भक्ति से अत्यंत संतुष्ट हो गया हूँ। मैं तेरे घर पुत्र रूप में अवतार लेकर तेरी सेवा ग्रहण करूँगा।" इधर श्रीमती चंद्रा देवी को देवी-देवताओं के विचित्र स्वप्न होने लगे। उनमें भक्ति का असाधारण विकास हो गया था। एक दिन शिव-मंदिर के सामने खड़ी थीं। उसी समय महादेव के शरीर से एक दिव्य ज्योति निकलकर श्रीमती चंद्रादेवी के शरीर में प्रविष्ट हो गई और उसी

दिन से उन्हें उदर में गर्भ अनुभव होने लगा। गर्भकाल में अनेक देवपुरुष उनके समीप प्रत्यक्ष रूप से प्रकट होकर अदृश्य हो जाते थे।

सन् 1836 में यथासमय पुत्रजन्म हुआ। उस समय नवजात शिशु स्वयं चूल्हे के पास चला गया और राख में लोट-पोट होने लगा। उसका डील-डौल छह मास के बालक के समान था। बालक का नाम 'गदाधर' रखा गया। ज्योतिषियों ने भृगु-संहिता के अनुसार कहा था, "ऐसा व्यक्ति धर्मविद्, मानवीय और पुण्यकर्मों में रत होगा। वह नया धर्म-संप्रदाय शुरू करेगा और उसे अवतार पुरुष मानकर सर्वत्र उसकी पूजा होगी।" ज्योतिषियों की भविष्यवाणी पूर्ण रूप से सत्य सिद्ध हुई। दुर्भाग्य से जब रामकृष्ण केवल सात वर्ष के थे, उनके पिता का देहांत हो गया। उनके अग्रज श्री रामकुमार तथा माता ने उनका पालन-पोषण किया।

दिव्य दर्शन

श्रीरामकृष्ण की शिक्षा की व्यवस्था की गई, किंतु उनका पढ़ने-लिखने में मन नहीं लगता था। धार्मिक कार्यों में उनकी रुचि रहती थी। समाधि उनको बचपन में ही लग जाती थी। श्रीरामकृष्ण ने स्वयं बताया था, "दस-ग्यारह वर्ष का था, तब विशालाक्षी के दर्शन को जाते समय रास्ते में मुझे भावसमाधि लग गई थी।" समाधि भंग होने पर वह बताते थे, "जिस देवता का मैं ध्यान कर रहा हूँ या जिसकी स्तुति सुन रहा था, उस देवता का मुझे दिव्य दर्शन हुआ।" श्रीरामकृष्ण बाल्यावस्था में अद्भुत पांडित्य का परिचय देने लगे थे। वे प्राय: पंडितों के शास्त्रार्थ को ध्यान से सुनते थे और जटिल-से-जटिल प्रश्न पर उनका मत उपस्थित लोगों को सर्वाधिक उपयुक्त प्रतीत होता था।

पर तू मनुष्य नहीं

फ्रांसीसी लेखक रोमाँ रोलाँ ने लिखा है—"यदि वे यूरोप में होते तो उनकी बड़ी दुर्दशा होती। वहाँ इस बालक को निश्चय ही मानसिक चिकित्सा के कठोर कानून के अनुसार किसी पागलखाने में भेज दिया जाता। इस प्रकार जानबूझकर कुछ ही दिनों में धीरे-धीरे यह अग्निशिखा शांत कर दी जाती।" चूँकि उनके माता-पिता को श्रीरामकृष्ण के जन्म के पूर्व ही उनकी अलौकिकता का अनुभव हो गया था तथा जन्म के बाद कभी-कभी संकेत मिलता रहता था, इसलिए वे पुत्र की असामान्य अवस्था से कभी विचलित नहीं हुए। वे स्वयं भी कहा करते थे, "मुझे आनेवाली मूर्च्छा किसी रोगवश नहीं है; वरन् मुझे इस स्थिति में अत्यंत आनंद का अनुभव होता

है।" उनकी माँ कभी-कभी कहती थीं, "तू साक्षात् भगवान् है, ऐसा बीच-बीच में मुझे क्यों लगता है? तू कुछ भी कहे, पर तू मनुष्य नहीं है, यह निश्चय है।"

दाल-रोटी प्राप्त करने को विद्या नहीं चाहिए

श्रीरामकृष्ण के अग्रज श्री रामकुमार कलकत्ता में रहकर एक संस्कृत पाठशाला चलाने लगे। सन् 1853 में वह अपने साथ श्रीरामकृष्ण को सत्रह वर्ष की अवस्था में कलकत्ता ले गए। श्री रामकुमार ने उनको पढ़ाना चाहा, लेकिन उन्होंने शिक्षा की ओर ध्यान नहीं दिया। अंत में एक दिन स्पष्ट कह दिया, "दाल-रोटी प्राप्त करनेवाली विद्या मुझे नहीं चाहिए। मुझे तो वही विद्या चाहिए, जिससे कि हृदय में ज्ञान का उदय होकर मनुष्य कृतार्थ हो जाता है।" इसी समय संपन्न महिला रानी रास मणि ने प्रचुर धन व्यय कर दक्षिणेश्वर में एक भव्य मंदिर का निर्माण कराया। श्री रामकुमारजी इस मंदिर के पुरोहित नियुक्त हो गए। श्रीरामकृष्ण की भी नियुक्ति काली मंदिर के पुजारी के रूप में हो गई। श्रीरामकुमार का लगभग 1857 में देहांत हो गया। उनके स्थान पर उनके भानजे हृदय की नियुक्ति हुई। इसी समय से श्रीरामकृष्ण की कठोर साधना प्रारंभ हुई, जिसमें हृदय ने उनकी विशेष देखभाल की। यदि हृदय न होते तो श्रीरामकृष्ण के शरीर को बहुत कष्ट होता।

हृदय कहते थे, "देवी के सामने बैठकर पद, भजन आदि गाते समय उनकी आँखों से लगातार अश्रुधारा बह चलती थी और उससे उनका वक्ष:स्थल भीग जाता था। पूजा में ऐसे तन्मय हो जाते थे कि यदि उस समय वहाँ कोई आ जाता था, तो उनको उसका भान नहीं होता था।"

विचित्र साधना

श्री रामकुमार के देहांत के बाद श्रीरामकृष्ण की साधना बहुत बढ़ गई। दिन-रात ईश्वर-चिंतन में लीन रहने लगे। सांसारिक बातों से उनकी उदासीनता बढ़ने लगी। उनके हृदय में केवल एक विचार रह गया कि किसी प्रकार ईश्वर का साक्षात्कार हो। वे प्राय: काली माँ के समक्ष 'माँ-माँ' कहकर विलाप करते थे। कभी-कभी माँ के समक्ष अपना मुँह रगड़ते थे, जिसके कारण खून निकल आता था। रात में पास के जंगल में चले जाते तथा वस्त्र और जनेऊ उतारकर ध्यान करते। एक दिन उनके भानजे ने उनको नग्न स्थिति में ध्यान करते देखा, तो प्रश्न किया, "मामा, यह क्या है?" उन्होंने उत्तर दिया, "तुझे क्या मालूम है। इसी तरह पाशमुक्त होकर ध्यान करने की विधि है। लज्जा, घृणा, भय, कुल, शील, जाति,

मान, अभिमान, इन अष्ट पाशों से मनुष्य जन्म से ही बँधा रहता है। जगन्माता के ध्यान के समय ये सब पाश फेंककर ध्यान करना पड़ता है।" वे अहंकार का पूर्ण नाश करना चाहते थे। इसके लिए पड़ोस के चांडालों के पाखानों को अपने हाथ से साफ करते थे। मंदिर में भिखारियों को भोजन दिया जाता था। जब वे खा चुकते थे, तो उनकी जूठी पत्तलों को सिर पर रखकर गंगाजी में फेंकने जाते थे तथा खाने की जगह को गोबर आदि से लीपकर स्वच्छ करते थे। इतना ही नहीं, भिखारियों के जूठन को देवप्रसाद मानकर माथे पर लगाते थे तथा उसी में से थोड़ा खा भी लेते थे। उनके मन में समानता का भाव इतना विकसित हो चुका था कि वे सभी जीवों को शिव-स्वरूप मानते थे। वे एक हाथ में मिट्टी और एक हाथ में रुपया लेकर गंगाजी में फेंका करते थे।

काली माँ का प्रत्यक्ष दर्शन

श्रीरामकृष्ण की शारीरिक और मानसिक स्थिति बहुत शोचनीय हो गई। अधिकांश देखनेवाले लोग उनको पागल समझने लगे थे। वे कहते थे, "माता का दर्शन न होने से तीव्र वेदना हुई। क्या माता का दर्शन मुझे कभी नहीं होगा? इस विचार से जी घबराने लगा और ऐसा मालूम पड़ा कि अब इस अवस्था में जीवित रहकर क्या करना है। बस, अब तो देवी के चरणों में प्राण दे देना ही ठीक है। इतने में ही वहीं जो तलवार लटक रही थी, उसी पर यकायक मेरी दृष्टि पड़ी और उसकी ओर मैं झपटा और उस तलवार को हाथ में लेकर बस अब छाती में मार ही रहा था कि काली माता का अभूतपूर्व दर्शन हुआ और देहभान भूलकर मैं बेसुध हो जमीन पर गिर पड़ा। तदुपरांत क्या हुआ और वह दिन और उसके बाद का दिन कैसे व्यतीत हुआ, सो कुछ भी नहीं मालूम। अंत:करण में केवल एक प्रकार के अनुभूत आनंद का प्रवाह बहने लगा। इसके बाद प्राय: वह माँ के दर्शन के लिए विलाप करते हुए अचेत से हो जाते थे। अचेतावस्था में उनको स्पष्ट अनुभव होता था कि माँ हँस रही हैं, बोल रही हैं और तरह-तरह की सांत्वना दे रही हैं और शिक्षा भी। इसके बाद तो माँ का प्रत्यक्ष दर्शन नित्य होने लगा।" अपने व्यक्तिगत अनुभव के आधार पर ही उन्होंने कहा था, "अरे भाई! ईश्वर को साक्षात् देख सकते हो। अभी तुम और हम जैसे गप्पें लगा रहे हैं, उससे भी स्पष्ट रूप से बातचीत कर सकते हैं। मैं सत्य कहता हूँ, शपथपूर्वक कहता हूँ...ईश्वर दर्शन के लिए व्याकुलता अधिक नहीं, तीन दिन नहीं, केवल 24 घंटे मन में टिकाओ कि उसका दर्शन होना चाहिए।...अत्यंत व्याकुल होकर ईश्वर की पुकार करो, तब देखो भला ईश्वर कैसे दर्शन नहीं देता।"

श्रीरामकृष्ण को मंदिर में पूजा के लिए नियुक्त किया गया था। पूजा का निश्चित विधान था, लेकिन श्रीरामकृष्ण माँ के समक्ष जब पूजा प्रारंभ करते तो वे भावावेश में आ जाते और पूजा के नियम भूल जाते। कभी-कभी अपने ऊपर फल-फूल चढ़ाने लगते। कभी घंटों संज्ञाशून्य प्रतिमा के समक्ष बैठे रहते। उनके इस आचरण से मंदिर के अन्य कर्मचारी असंतुष्ट थे। धीरे-धीरे यह बात मंदिर के व्यवस्थापक श्री मथुर बाबू तक पहुँची। उन्होंने स्वयं उनकी पूजा का निरीक्षण किया, तो उनको प्रतीत हुआ कि यह पागलपन नहीं है, भावावेश या दिव्योन्माद है। उन्होंने श्रीरामकृष्ण से पूजा के निमयों के उल्लंघन की बात कही। इसका उन्होंने उत्तर दिया, जिसका आशय था कि माँ जो चाहती हैं, वही मैं करता हूँ। इस उत्तर से मथुर बाबू संतुष्ट न हुए। एक दिन मथुर बाबू अपने घर में बैठे हुए थे। श्रीरामकृष्ण अपनी कोठरी के सामने टहल रहे थे। मथुर बाबू को अपने घर से वे स्पष्ट दिखाई पड़ रहे थे। अकस्मात् मथुर बाबू दौड़कर उनके पास आए और उनके दोनों पैरों को पकड़कर जोर से रोने लगे। जब शांत हुए तो बोले, "बाबा, अद्‌भुत दर्शन हुआ। आप टहलते हुए सामने आ जाते थे, तब ऐसा दिखता था कि आप नहीं, साक्षात् जगदंबा ही सामने आ रही हैं। आप जब पीछे लौटने लगते थे, तब आप साक्षात् महादेवजी दिखते थे। पहले मैं समझा कि मुझे भ्रम हो गया है; पर आँखें मलकर देखा तो वही दृश्य! कितनी ही बार आँखों को मलकर देखा, पर दिखाई दिया—वही दृश्य।" इस घटना के बाद मथुर बाबू की श्रीरामकृष्ण पर असीम श्रद्धा हो गई। वे श्रीरामकृष्ण की प्रत्येक इच्छा तथा सुख-सुविधा के लिए सचेष्ट रहने लगे। उनके एक संकेत पर हजारों रुपए लुटा देते थे। श्रीरामकृष्ण काम, क्रोध, लोभ, मोह से पूर्ण रूप से शून्य थे। किसी प्रकार का प्रलोभन उनको बाँध नहीं पाता था। एक बार मथुर बाबू ने बहुत कीमती दुशाला श्रीरामकृष्ण को भेंट किया, उन्होंने उसे थोड़ी देर धारण किया और फिर फेंक दिया। उस पर थूका, उसे पैरों से रौंद डाला और फिर उसे आग में डालने लगे। किसी ने आकर हाथ से छुड़ा लिया। उन्होंने कहा कि इसके ओढ़ने से मन में अंहकार आ जाता है कि मैं सबसे श्रेष्ठ हूँ। अहंकार ईश्वर-प्राप्ति में बाधक होता है। एक बार माथुर बाबू ने प्रचुर संपत्ति श्रीरामकृष्ण के नाम लिख देने का प्रस्ताव किया, जिसे उन्होंने अस्वीकार कर दिया।

विभिन्न प्रकार की अद्‌भुत साधनाएँ

श्रीरामकृष्ण ने केवल काली-दर्शन से ही संतोष नहीं किया, बल्कि अन्य अनेक प्रकार के आध्यात्मिक मार्गों का भी अनुसरण किया। एक दिन वे गंगाजी के

किनारे बैठे हुए थे। उसी समय घाट पर एक नौका रुकी। उससे लगभग चालीस वर्ष की अवस्था की स्त्री उतरी। उसके साथ पुस्तकों की एक गठरी थी। उसके वस्त्र गेरुए थे। संक्षेप में उसका वेश भैरवी का था। श्रीरामकृष्ण उसे देखकर विशेष प्रभावित हुए। वे उस समय कुछ नहीं बोले, लेकिन अपने घर आकर अपने भानजे हृदय को भेजकर उसे बुलवाया। उसने आते ही कहा, "बाबा, तो तुम यहीं थे। तुम्हारा पता गंगा किनारे कहीं न पाकर इतने दिनों तक तुम्हें ढूँढ़ती रही, अंत में तुम यहाँ मिल गए।" दोनों में साधना संबंधी अनेक बातें हुईं। श्रीरामकृष्ण ने उससे कहा, "माता! क्या सचमुच मैं पागल हूँ? क्या जगदंबा की भक्ति अंत:करण से करने से मुझे सचमुच ही कोई रोग हो गया है?" उसने बड़े स्नेह से उत्तर दिया, "बाबा! तुम्हें कौन पागल कहता है! यह पागलपन नहीं है। यह तो महाभाव है, इसी कारण तुम्हारी ऐसी अवस्था हुई है। ऐसी अवस्था हुई थी—एक तो श्रीमती राधिकाजी की और दूसरे चैतन्य महाप्रभु की। मेरे पास सब पोथियाँ हैं, उनमें मैं तुम्हें दिखा दूँगी।" यह भैरवी वहीं पास के गाँव में रहने लगी। कुछ दिनों बाद मथुर बाबू के प्रयत्नों से पंडितों की एक सभा बुलाई गई, जिसमें भैरवी और श्रीरामकृष्ण भी उपस्थित हुए। इसमें बंगाल के सुप्रसिद्ध आचार्य वैष्णव चरण भी आमंत्रित किए गए थे। इस सभा में पंडितों को श्रीरामकृष्ण की अवस्था पर विचार करना था। भैरवी ने अनेक ग्रंथों के प्रमाणों द्वारा सिद्ध किया कि श्रीरामकृष्ण को पागलपन या अन्य रोग नहीं है, बल्कि साधना की उच्च अवस्था है। उपस्थित समस्त पंडित पर्याप्त तर्क-वितर्क के बाद इस विचार से सहमत हुए। पं. वैष्णव चरण तो इतना अधिक प्रभावित हुए कि वे बाद में श्रीरामकृष्ण को 'ईश्वरावतार' कहने लगे। इसके बाद तो बड़े-बड़े पंडित श्रीरामकृष्ण के पास आध्यात्मिक मार्गदर्शन के लिए आने लगे। भैरवी के आगमन से यह बड़ा शुभ कार्य हुआ। लोगों के श्रीरामकृष्ण संबंधी अनेक भ्रम दूर हुए। भैरवी के निरीक्षण में श्रीरामकृष्ण ने तंत्र-साधना का अभ्यास किया। उनकी तांत्रिक साधना पूर्ण शुद्ध और पवित्र थी। तांत्रिक साधना अत्यंत जटिल होती है; लेकिन श्रीरामकृष्ण ने बड़ी सरलता से उस पर अधिकार कर लिया।

सन् 1864 में गंगा तट पर ही तोतापुरी नाम के संन्यासी से श्रीरामकृष्ण की भेंट हुई। उन्होंने कहा, "वत्स! मैं देखता हूँ कि तुम पहले से ही सत्य के मार्ग पर काफी दूर तक अग्रसर हो चुके हो। यदि तुम चाहो तो मैं तुम्हें इससे भी अगली मंजिल पर पहुँचा सकता हूँ। मैं कुछ वेदांत की शिक्षा दूँगा।" श्रीरामकृष्ण ने कहा, "मैं माँ से पूछ लूँगा।" उनकी अनुमति मिल गई। तोतापुरी ने विधिपूर्वक श्रीरामकृष्ण

को निराकार साधना की दीक्षा दी। दीक्षा के बाद ध्यान करने के लिए एक कमरे में बंद कर दिया और ताला लगा करके बाहर बैठ गए। तोतापुरीजी का अनुमान था कि यह नया शिष्य घंटे-दो घंटे के बाद दरवाजा खोलने के लिए आवाज लगाएगा; लेकिन तीन दिन और तीन रातें हो गईं, फिर भी किसी प्रकार का संकेत नहीं मिला तो स्वयं दरवाजा खोलकर अंदर गए। उनके आश्चर्य की सीमा नहीं रही। रामकृष्ण समाधि की अवस्था में बैठे थे; लेकिन मुखमंडल तेज पूर्ण था। वे तीन दिन से एक ही आसन, एक ही मुद्रा में पूर्ण निश्चल बैठे थे। बड़े प्रयत्नों के बाद उनकी समाधि भंग हुई। तोतापुरी ने अपने मन में कहा, "चालीस वर्ष तक कठोर साधना करने पर मुझे जिस वस्तु की उपलब्धि हुई, इस महापुरुष ने एक ही दिन के अंदर उस पर अधिकार कर लिया।"

तोतापुरी श्रीरामकृष्ण को निराकार उपासक बनाना चाहते थे, लेकिन श्रीरामकृष्ण निराकार और साकार, दोनों में दृढ़ विश्वास करते थे। तोतापुरी लगभग ग्यारह महीने उनके पास रहे। इस अवधि में स्वयं तोतापुरी को अपना मत बदलना पड़ा।

इस वेदांत-साधना के बाद श्रीरामकृष्ण इसलाम धर्म-साधना की ओर आकर्षित हुए। संयोग से गोविंद राय नामक फकीर दक्षिणेश्वर आए, जो इसलाम धर्म में दीक्षित हो गए थे। उनको कुरान का अच्छा ज्ञान था तथा सूफी साधना पद्धति पर उनका अधिकार था। श्रीरामकृष्ण ने इन्हीं से दीक्षा लेकर साधना प्रारंभ की। वे कहते थे, "उस समय मैं अल्ला मंत्र का जप करता था, मुसलमानों की तरह लांग खोलकर धोती पहनता था और तीन बार नमाज पढ़ता था।" केवल तीन दिन में ही उनकी यह साधना पूर्ण हो गई। इसी प्रकार से उन्होंने कुछ दिन ईसाई धर्म की साधना की।

ये विभिन्न साधनाएँ प्रयोग के लिए नहीं कर रहे थे। उनका मुख्य उद्देश्य संसार को यह बताना था कि संसार के समस्त धर्म, मत, संप्रदाय एक ही लक्ष्य की ओर पहुँचाते हैं। उनमें किसी प्रकार का विरोध नहीं है। यदि सच्चे हृदय और शुद्ध भाव से किसी साधना पद्धति का अनुसरण किया जाए तो निश्चित रूप से सफलता मिलती है। श्रीरामकृष्ण ने लगभग बारह साल तक कठोर साधनाएँ करके धार्मिक समन्वय और सह-अस्तित्त्व का प्रत्यक्ष प्रमाण संसार के सामने प्रस्तुत किया। इसके पूर्व किसी महापुरुष ने यह जटिल कार्य संपन्न नहीं किया था।

गुरुभाव का विकास

श्रीरामकृष्ण की साधना पूर्ण हो गई। उनके संबंध में अनेक भ्रमों का निवारण हो गया। अनेक प्रबुद्ध लोग उनके दिव्य तेज को स्वीकार करने लगे। अब अनेक

लोग आध्यात्मिक मार्गदर्शन के लिए उनकी ओर आकर्षित होने लगे। वे कहीं सभा-सम्मेलन में भाषण-प्रवचन आदि देने नहीं जाते थे। वस्तुतः उनका पृथ्वी पर अवतरण कुछ ऐसे व्यक्तियों के निर्माण के लिए हुआ था, जिनके द्वारा विश्व में एक आध्यात्मिक क्रांति करनी थी, विश्वमानवता को एक नई दिशा देनी थी तथा अध्यात्म संबंधी अनेक भ्रमों का निवारण करना था। उनको पहले से ज्ञात था कि उनके शिष्य निश्चित समय पर आएँगे, अतः वे उनकी प्रतीक्षा करने लगे। यथासमय सब लोग आए। अधिकांश नवयुवक और सुशिक्षित थे। इनमें से अनेक संन्यासी हुए, जो अद्भुतानंद, ब्रह्मानंद, विवेकानंद, रामकृष्णानंद, अभेदानंद, अखंडानंद, सुबोधानंद आदि के नाम से विख्यात हुए। इनके अतिरिक्त सहस्रों व्यक्ति श्रीरामकृष्ण के संपर्क में आए और उनकी जीवन-धारा ही बदल गई। श्रीरामकृष्ण तो अधिकांशतः कलकत्ता में ही रहे; लेकिन उनके तेजस्वी और त्यागी शिष्यों ने विवेकानंदजी के नेतृत्व में संपूर्ण विश्व में एक नई चेतना उत्पन्न कर दी।

श्रीरामकृष्ण ने छब्बीस वर्ष की अवस्था में पाँच वर्ष की कन्या से विवाह किया था। जीवनपर्यंत पति-पत्नी अखंड ब्रह्मचर्य की अवस्था में रहे। उनकी पत्नी माँ शारदा देवी परम सिद्ध थीं। उनका आगमन श्रीरामकृष्ण के कार्यों में सहयोग देने के लिए हुआ था, इसलिए श्रीरामकृष्ण के शरीर-त्याग के बाद उनकी भक्त और शिष्यमंडली के मार्गदर्शन का कार्य माँ शारदा देवी ने किया था। श्रीरामकृष्ण मिशन की स्थापना तथा भक्तों को एक सूत्र में आबद्ध करने का महत्त्वपूर्ण कार्य उन्होंने ही किया।

श्रीरामकृष्ण जन्मसिद्ध महापुरुष थे। उन्हें किसी तप की आवश्यकता नहीं थी, लेकिन संसार को शिक्षा देने के लिए उन्होंने कठोर तप किया। शास्त्रों में जो साधनाएँ बताई गई थीं, उनको प्रत्यक्ष प्रदर्शित किया। वे पढ़े-लिखे नहीं थे; लेकिन शास्त्रों की प्रत्येक बात को जानते थे और उनका पालन करते थे। उन्होंने कोई ग्रंथ नहीं लिखे। वे अपने भक्तों को बड़ी सरल रीति से उपदेश देते थे, जिसका सुननेवालों पर अमिट प्रभाव पड़ता था। उनके भक्तों ने उनके मौखिक प्रवचनों को यथासमय लिपिबद्ध कर लिया था, जो हिंदी में 'श्रीरामकृष्ण वचनामृत' के नाम से तीन जिल्दों में प्रकाशित हुए हैं। यदि कोई व्यक्ति केवल इस पुस्तक को पूर्ण मनोयोग से पढ़ ले, तो उसकी समस्त धार्मिक, आध्यात्मिक शंकाओं का समाधान हो सकता है। इस पुस्तक की सबसे बड़ी विशेषता यह है कि इसमें एक भी बात बिना अनुभव के नहीं दी गई। इसमें बौद्धिक ज्ञान का चमत्कार नहीं है, केवल

अनुभव का सरस नवनीत है। मुझे अपने जीवन में इससे अधिक सरल, उपयोगी, व्यावहारिक और सारपूर्ण ग्रंथ देखने को नहीं मिला। 'श्रीरामकृष्ण लीला-प्रसंग' नाम से उनकी विस्तृत जीवनी भी प्रकाशित हुई है, जो प्रत्येक धार्मिक-आध्यात्मिक व्यक्ति के लिए प्रेरणा तथा पथ-प्रदर्शन का अजस्र स्रोत है। आध्यात्मिक प्रयोगों और उपलब्धियों की तो यह अद्भुत गाथा है।

श्रीरामकृष्ण में असीम शक्तियाँ थीं। समस्त ऋद्धियाँ-सिद्धियाँ उनको प्राप्त थीं। लेकिन वे अपनी इस अलौकिक शक्ति का उपयोग केवल आध्यात्मिक कार्यों के लिए करते थे, सांसारिक कार्यों के लिए नहीं। जिस व्यक्ति को वे स्पर्श कर देते थे, उसका हृदय-परिवर्तन हो जाता था, जीवन-धारा बदल जाती थी। बड़े-बड़े विद्वान् और तार्किक उनके समक्ष मूक हो जाते थे। व्यक्ति को देखते ही उसके भूत-भविष्य की समस्त बातें वे जान लेते थे। शरीर-त्याग करने के बाद भी अनेक अवसरों पर भक्तों के समक्ष उपस्थित हुए और आज भी निष्ठावान भक्तों को दर्शन देते हैं।

उन्होंने अपने जीवन के अंतिम समय में अपनी संपूर्ण शक्तियाँ अपने परम प्रिय शिष्य स्वामी विवेकानंद को दे दी थीं और कहा था, "आज मैंने तुम्हें अपना सब दे दिया है और अब मैं सर्वस्व हीन फकीर मात्र हूँ। इस शक्ति से तुम संसार का महान् कल्याण कर सकते हो और जब तक तुम यह संपादन न कर लोगे, तब तक तुम न लौटोगे।" उनका यह कथन पूर्ण रूप से सत्य सिद्ध हुआ। सन् 1896 ई. में श्रीरामकृष्ण के शरीर-त्याग के बाद जब कभी विवेकानंद का विश्वास विचलित हुआ, श्रीरामकृष्ण सशरीर उनके समक्ष प्रकट हुए और उनको आगे बढ़ने की शक्ति और प्रेरणा प्रदान की। यह कहना उपयुक्त होगा कि श्रीरामकृष्ण आधुनिक युग के महानतम योगी और संत हैं, जिन्होंने संसार के लोगों को अपने अलौकिक दिव्य तेज से प्रभावित किया। यद्यपि उनको दिवंगत हुए लगभग एक सौ बीस वर्ष हो चुके हैं, लेकिन आज भी उनका प्रभाव निरंतर बढ़ रहा है।

□

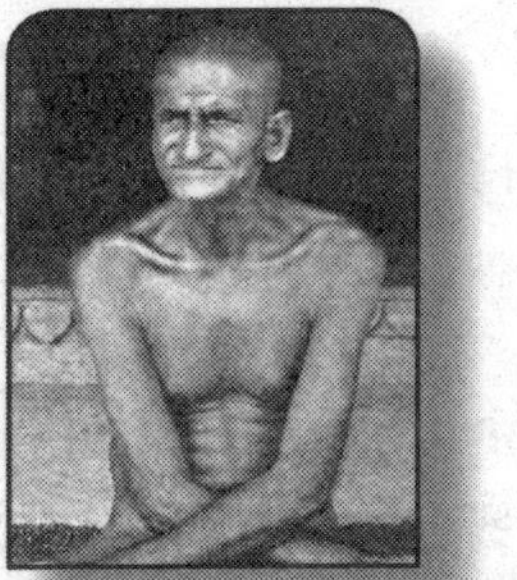

स्वामी भास्करानंद

(1833-1899 ई.)

अंग्रेजी राज्य का समय था। लगभग सौ वर्ष पूर्व की घटना है। काशी के एक महान् योगी की चर्चा विश्व के विभिन्न भागों में हो रही थी। नित्य अनेक उच्चपदस्थ अंग्रेज उनके दर्शन के लिए पहुँचते थे। एक दिन ईसाई जगत् के प्रसिद्ध धर्माचार्य डॉ. फेयर बर्न ने भी इस योगी का साक्षात्कार किया और अपनी प्रतिक्रिया इस प्रकार लिखी—"स्वामीजी के समक्ष उपस्थित होकर मैंने अपने अंतर में एक ऐसी पवित्रता एवं सद्भाव का अनुभव किया, जिसके समतुल्य सारे ईसाई जगत् में मैंने कभी कुछ नहीं देखा-सुना था।" इसी प्रकार विश्वविख्यात अमेरिकीय हास्य-व्यंग्य लेखक मार्क ट्वेन भारत-भ्रमण के लिए आए हुए थे। अपने अंग्रेज मित्रों की प्रेरणा से वह काशी के इस योगी के आश्रम में पहुँचे। उनको अद्भुत अनुभूतियाँ हुईं। उन्होंने अपनी पुस्तक में लिखा है—"भारत का ताजमहल अवश्य ही एक विस्मयजनक वस्तु है, जिसका दृश्य मनुष्य को आनंद से अभिभूत कर देता है, नूतन चेतना से उद्बुद्ध कर देता है, किंतु स्वामीजी के समान महान् एवं विस्मयकारी जीवंत वस्तु के साथ उसकी क्या तुलना हो सकती है!"

इन विस्मयकारी सिद्ध योगी का नाम था—स्वामी भास्करानंद। जिस व्यक्ति ने उनके दर्शन किए, उसने उन्हें ईश्वर तुल्य माना। उनमें अभूतपूर्व योग-शक्तियाँ और असीम सिद्धियाँ समाहित थीं। आज भी हजारों व्यक्ति स्वामीजी की पूजा करते हैं और उनके विराट् व्यक्तित्व का प्रत्यक्ष अनुभव करते हैं।

जन्म के समय ऋषियों द्वारा स्वागत

स्वामी भास्करानंदजी ने कानपुर जनपद को विशेष रूप से गौरवान्वित किया

है। उनका जन्म सन् 1833 ई. में कानपुर जिले के मैथालालपुर ग्राम में हुआ था। उनके पिता पं. मिश्रीलालजी संस्कृत के विख्यात विद्वान् और धर्मनिष्ठ व्यक्ति थे। स्वामी भास्करानंदजी के जन्म के एक दिन पूर्व पं. मिश्रीलालजी के द्वार पर तीन संन्यासी अचानक आए। इन तीन में जो सबसे वृद्ध संन्यासी थे, उन्होंने पं. मिश्रीलालजी से कहा, "आज रात में तुम्हारे घर में पुत्र का जन्म होगा। यह आगे चलकर बड़ा प्रतापी होगा। सहस्रों व्यक्तियों का मार्गदर्शन करेगा। इस बात का विशेष ध्यान रखना कि जन्म के बाद हम संन्यासियों के पूर्व उसका मुख कोई न देखे।" उसी रात को पुत्र का जन्म हुआ। संन्यासियों ने सर्वप्रथम उसके दर्शन किए तथा उन लोगों ने घर पर हवन किया। इसके बाद उन संन्यासियों को उस क्षेत्र में कभी नहीं देखा गया।

अद्भुत वैराग्य

पं. मिश्रीलाल के इस नवजात शिशु का नाम मोतीराम रखा गया। मोतीराम जब आठ वर्ष के हुए, तो उनका यज्ञोपवीत हुआ, जब बारह वर्ष के हुए तो विवाह हो गया तथा अठारह वर्ष की अवस्था में पुत्र हो गया। इस बीच में उन्होंने संस्कृत का अच्छा अध्ययन कर लिया था। मोतीराम की एक मेधावी छात्र के रूप में पर्याप्त ख्याति हो गई थी। पं. मिश्रीलाल को प्रतिभा संपन्न पुत्र से बड़ी आशाएँ थीं, लेकिन जिस दिन मोतीराम के पुत्र हुआ, उस दिन विचित्र घटना हुई। मोतीराम संस्कृत का विशेष अध्ययन करने के लिए कुछ वर्ष काशी में रहे थे। वहाँ उन्होंने आध्यात्मिक साहित्य का भी अध्ययन किया था तथा संत-महात्माओं के संपर्क में आए थे। उनके हृदय में वैराग्य की भावना बहुत प्रबल हो चुकी थी, अतः जिस दिन उनको पुत्र-जन्म का समाचार मिला, उसी दिन भगवान् बुद्ध की तरह नवजात शिशु और पत्नी को सदा के लिए त्यागकर चले गए और प्रसिद्ध तीर्थस्थान उज्जैन जा पहुँचे।

कठोर साधना

उज्जैन में श्मशान घाट पर रहकर मोतीराम घोर साधना में रत हो गए। कुछ वर्षों बाद द्वारकापुरी गए। यहाँ तीन-चार वर्ष रहकर तपस्या की तथा अध्यात्मशास्त्र का गहन अध्यन किया। यहाँ से पुनः उज्जैन वापस आ गए। इस समय उनकी अवस्था सत्ताईस वर्ष की हो चुकी थी। उन दिनों दक्षिण भारत के एक परम सिद्ध संत स्वामी पूर्णानंद सरस्वती उज्जैन में रहते थे। मोतीरामजी इन महापुरुष से विशेष प्रभावित हुए तथा इनसे संन्यास की विधिपूर्वक दीक्षा ले ली। संन्यास के विधान के

अनुसार मोती राम का नाम स्वामी भास्करानंद सरस्वती हो गया।

संन्यास ग्रहण करने के बाद संन्यासी को एक बार अपने जन्मस्थान अवश्य जाना पड़ता था, अतः युवा संन्यासी भास्करानंदजी अपने जन्म-स्थान मैथालालपुर पहुँचे। इस समय उनके पुत्र का देहांत हो चुका था, जिसके जन्म के समय वह गृह त्यागकर चले गए थे। परिवार और गाँव के लोगों ने वहीं रहने के लिए बहुत अनुरोध किया; लेकिन अनुनय-विनय, अश्रुपात, करुण-विलाप इस युवा संन्यासी को बाँध नहीं सके। वह माया के समस्त बंधनों का तोड़कर तीर्थाटन के लिए निकल पड़े। उनकी यह तीर्थयात्रा तेरह वर्षों तक अबाध रूप से चलती रही। अंत में वे काशी पहुँचे और वहीं रम गए।

काशी में उनकी उग्र साधना प्रारंभ हुई। यहाँ उन्होंने आहार, वस्त्र, आसन, आवास, सबका परित्याग कर दिया। घोर जाड़े के दिनों में वह पूर्ण नग्न गंगाजी में काठ की तरह पड़े रहते और गरमी के दिनों में तपती बालू में पूर्ण प्रसन्न मुद्रा में लेटे रहते थे। यदि उनके सामने कोई श्रद्धालु कोई खाद्य-सामग्री रख जाता था, तो वहाँ से उठकर चल देते थे। प्रायः वह ध्यान या समाधि की स्थिति में रहते थे। उनके इस कठोर तप की चर्चा घर-घर में होने लगी थी। गंगा-तट पर हजारों लोग उनके दर्शन के लिए आने लगे। भीड़ से बचने के लिए गंगाजी पारकर वे रामनगर चले जाते थे। उनकी इस कठोर तपस्या का क्रम बहुत समय तक चला। जब उनका अज्ञात लक्ष्य पूरा हो गया, तो वह अमेठी के राजा के विशेष अनुरोध पर उनके काशी स्थित आनंद बाग में एक भूमिगत गुफा में आकर रहने लगे। दर्शनार्थियों की अपार भीड़ लगने लगी।

वेश्याओं द्वारा तप की परीक्षा

एक दिन अमेठी के राजा के मन में स्वामीजी की परीक्षा लेने का एक कुत्सित विचार आया। इसके लिए उन्होंने कुछ सुंदर वेश्याओं को बुलाया और उनको आदेश दिया, "यदि तुम स्वामीजी को मोहित करने में सफल हो जाओगी, तो तुमको प्रचुर पुरस्कार दिया जाएगा।" स्वामीजी अर्धरात्रि में अपनी गुफा में ध्यानमग्न थे। वेश्याएँ उनकी गुफा में घुसने के लिए कई बार प्रयत्नशील हुईं, लेकिन किसी अज्ञात भय से उनका गुफा में प्रवेश करने का साहस न हो सका। वे द्वार तक जाती थीं और वहीं से वापस लौट आती थीं। राजा साहब उनको बार-बार प्रेरित करके भेजते थे। एक बार स्वामीजी का ध्यान भंग हुआ। उन्होंने आँखें खोलीं, तो सामने वेश्याओं को खड़ी पाया। उनको देखते ही स्वामीजी ने उच्च स्वर में कहा, "यदि तुम्हें कुछ भी

अपने प्राणों का मोह है तो यहाँ से तुरंत चली जाओ।" सब तो भयभीत होकर भाग खड़ी हुईं, किंतु एक खड़ी रह गई। वह कुछ ही क्षणों में चीखने लगी। उसकी चीख का कारण यह था कि न जाने कहाँ से एक बड़ा काला नाग आ गया और उसके दोनों पैरों में लिपट गया। वह वेश्या अब हिल-डुल भी नहीं सकती थी। स्वामीजी निर्विकार भाव से गुफा के बाहर आकर एक किनारे बैठ गए। राजा साहब वेश्या की चीख-पुकार सुनकर सेवकों के साथ वहाँ आए। वहाँ वेश्या की दयनीय स्थिति देखकर भाग खड़े हुए। सुबह तक उस स्त्री की स्थिति वैसी ही रही। प्रातःकाल वह नाग उस स्त्री को बिना किसी प्रकार की क्षति पहुँचाए चुपचाप चला गया। इस बंधन से मुक्त होते ही वह स्त्री स्वामीजी के चरणों में गिरकर क्षमा माँगने लगी। स्वामीजी ने उसके अपराध को क्षमा कर दिया। इस घटना से उस वेश्या का हृदय पूर्ण रूप से परिवर्तित हो गया। उसने वेश्यावृत्ति त्याग दी तथा अपना संपूर्ण जीवन भक्ति और साधना के लिए अर्पित कर दिया।

विश्वव्यापी प्रतिष्ठा

साधना और तपस्या की अवधि पूर्ण होने के बाद स्वामीजी लोककल्याण की ओर उन्मुख हुए। पहले वह बहुत कम लोगों से मिलते थे, लेकिन अब जनसाधारण के लिए उनके आश्रम के कपाट खुल गए। स्वामीजी अपनी असीम योगशक्ति से आनेवाले व्यक्तियों का कल्याण करने लगे। उनकी ख्याति भारत ही नहीं, विदेशों में भी पहुँचने लगी। ब्रिटिश सरकार के अनेक उच्च अंग्रेज अधिकारी उनके विशेष भक्त थे। स्वामीजी के विदेशी दर्शनार्थियों में अमेरिका के प्रसिद्ध लेखक मार्क ट्वेन, जर्मनी के राजकुमार केसर, रूस के जार के पुत्र निकोलस, बेल्जियम के बादशाह, नेपोलियन बोनापार्ट के नाती, डॉ. एनी बेसेंट, ब्रिटिश पार्लियामेंट के अनेक संसद् सदस्य थे। भारत में स्वामीजी के शिष्यों की संख्या लगभग एक लाख थी, जिनमें धनी-निर्धन, शिक्षित-अशिक्षित सभी वर्गों के लोग थे। स्वामीजी की सब पर समान कृपा थी।

ब्रिटिश सेना के प्रधान सेनापति का भ्रम-निवारण

भारत के तत्कालीन प्रधान सेनापति सर विलियम लकहर्ट स्वामीजी के प्रति विशेष श्रद्धा रखते थे तथा प्राय: उनके दर्शन के लिए काशी पधारते थे। एक बार स्वामीजी ने उनके भ्रम को दूर करने के लिए एक खेल किया, जिसका आँखों देखा वर्णन शैलेंद्रनाथ मुखोपाध्याय ने इस प्रकार किया है—"सेनापति महोदय जिस दिन

स्वामीजी के दर्शन के लिए आए थे, उस दिन मैं स्वामीजी के पास था। सेनापति लकहर्ट साहब ने अफ्रीकियों को किस प्रकार पराजित किया था, इसका वर्णन वे स्वामीजी से करने लगे। हम लोग उनका वर्णन सुन रहे थे। युद्ध का वर्णन करते-करते सेनापति महोदय के मन में अहंकार उत्पन्न हो गया। उसी समय स्वामीजी ने अपने सामने रखी हुई पेंसिल को देखकर सेनापति लकहर्ट साहब को उठाकर लाने को कहा। किंतु यह क्या आश्चर्य! लकहर्ट साहब हजार कोशिश करने के बाद भी पेंसिल नहीं उठा सके। तब स्वामीजी ने कहा, 'तुमने युद्ध में विजय पाई है, ऐसा मत सोचना। जय-पराजय का कर्ता केवल एक व्यक्ति है। मैंने जिस प्रकार तुम्हारी बुद्धि और शक्ति हर ली है, उसी प्रकार वह भी तुम्हारी बुद्धि का हरण कर सकता था। ऐसा होने पर जिस कौशल का अवलंबन करके तुमने अफ्रीकियों को पराजित किया है, उस तरह की बुद्धि युद्ध के समय तुम्हारे मन में कभी उत्पन्न नहीं होती। भगवान् के ऊपर सदा भरोसा करो।' "

भक्तों के प्रश्नों के समाधान की विचित्र प्रणाली

कलकत्ता हाईकोर्ट के न्यायाधीश सर रमेश मित्र स्वामीजी के दर्शन करने प्रायः आते थे। एक दिन मित्र महोदय ने स्वामीजी से कहा, "स्वामीजी, आप प्रायः कहा करते हैं कि यह संसार नितांत असार है—माया मात्र। किंतु आपको स्पर्श करते समय हमें ऐसा नहीं प्रतीत होता है।" इतना कहकर मित्र महोदय ने स्वामीजी के चरणों में मस्तक झुकाया। लेकिन जैसे ही मस्तक उठाया, तो उनके आश्चर्य की सीमा न रही। स्वामीजी आसन पर नहीं थे। क्षण भर में फिर आसन पर दिखाई दिए और मित्र महोदय से कहा, "अब समझ रहे हो न। यदि सब मिथ्या नहीं है तो यह किस प्रकार संभव हो सकता है कि वर्तमान रूप में मैं बराबर हूँ और नहीं भी हूँ।" इतना कहकर स्वामीजी पुनः अपने आसन से अदृश्य हो गए। कुछ क्षण बाद पुनः प्रकट होते हुए बोले, "कहो रमेश, अब भी इस बात पर विश्वास नहीं करोगे कि संसार स्वप्न-दर्शन के समान ही असार है।" इस प्रकार जो बात तर्क से नहीं समझी जा सकती थी, उसे स्वामीजी किसी प्रत्यक्ष प्रमाण द्वारा समझा देते थे।

अयोध्या के राजा की प्राण-रक्षा

अयोध्या के राजा प्रताप नारायण सिंह स्वामीजी के शिष्य थे। एक बार स्वामीजी के दर्शन हेतु वे अयोध्या से काशी आए थे। उसी समय अयोध्या से राजा साहब के नाम तार आया, जिसमें उनको अत्यंत आवश्यक कार्य से अयोध्या बुलाया

गया था। राजा साहब ने स्वामीजी से अयोध्या जाने की अनुमति माँगी। स्वामीजी ने कहा कि अच्छा हो, आप आज न जाएँ। यदि आज ही जाना आवश्यक हो, तो उस गाड़ी से बिल्कुल न जाएँ, जिससे जाने का आपने निश्चय किया है। उसके बाद जो गाड़ी जाती हो, उससे जाएँ। यद्यपि राजा साहब को अत्यंत आवश्यक कार्य था, किंतु वह स्वामीजी की आज्ञा का उल्लंघन नहीं कर सके। दूसरी गाड़ी के समय के अनुसार स्टेशन पहुँचे। वहाँ पर उनको समाचार मिला कि जिस गाड़ी से पहले वह जाना चाहते थे, वह आगे चलकर एक गाड़ी से लड़ गई है तथा उसमें बैठे अनेक लोग मारे गए हैं, सैकड़ों लोग घायल हुए हैं। अब राजा साहब को बोध हुआ कि स्वामीजी ने उस गाड़ी से जाने से क्यों रोका था।

राजा साहब के अहं का विगलन

इस घटना के एक दिन पूर्व स्वामीजी के साथ राजा साहब आनंद बाग आश्रम में टहल रहे थे। सामने दुर्गाकुंड था। राजा साहब बहुमूल्य अँगूठियाँ पहने हुए थे। स्वामीजी के मन में राजा साहब की परीक्षा लेने की इच्छा हुई। उन्होंने राजा साहब की हीरे की सर्वाधिक मूल्य वाली अँगूठी देखने को माँगी और सामने दुर्गाकुंड में डाल दी। इस घटना से लोभी आदमी के मन में प्रतिक्रिया हो सकती थी, लेकिन राजा साहब पूर्ण रूप से निर्विकार रहे। राजा साहब को पूर्ण शांत देखकर स्वामीजी ने कहा, "तुम्हारी अँगूठी अभी मिल जाएगी। तुम कुंड के किसी भी तरफ जल में हाथ डुबाओ।" राजा साहब ने उस तरफ हाथ नहीं डुबाया, जहाँ स्वामी ने अँगूठी डाली थी, बल्कि दूसरे किनारे पर जाकर हाथ डुबाया। आश्चर्यजनक घटना हुई। राजा साहब के हाथ में अनेक हीरे की अँगूठियाँ आ गईं। ये सब अँगूठियाँ बिल्कुल वैसी ही थीं, जैसी राजा साहब की थीं। स्वामीजी ने कहा कि अपनी अँगूठी पहचान लो। वह अपनी अँगूठी पहचान नहीं सके। तब स्वामीजी ने सारी अँगूठियाँ कुंड में डलवा दीं और उनकी अँगूठी उनको दे दी। इस प्रकार स्वामीजी ने राजा साहब के धन-वैभव के अहं को विगलित कर दिया।

संन्यासियों का अलौकिक स्वागत

स्वामी भास्करानंदजी के पास अनेक साधु-संन्यासी भी मार्गदर्शन के लिए आते थे। एक दिन तीन संन्यासी आए। वे कुछ शास्त्र-चर्चा करने लगे। इस चर्चा में बहुत अधिक समय लग गया। अचानक स्वामीजी को ध्यान आया कि इन संन्यासियों का स्वागत नहीं हुआ। उस समय आश्रम में भोजन तैयार नहीं था।

स्वामीजी ने संन्यासियों से पूछा, "आप लोग कुछ भोजन लेंगे?" उन संन्यासियों में से एक ने कहा, "हम तीनों के लिए इस समय भोजन कहाँ मिल पाएगा?" स्वामीजी ने हँसते हुए कहा, "अच्छा, तुम लोग भोजन करने के लिए बैठो, अभी तुम्हारे लिए भोजन आ जाएगा। क्या-क्या खाना चाहते हो, बताओ?" यह सुनकर एक संन्यासी ने कहा, "हम रबड़ी, बर्फी, दूध, दही, छेनासंदेश, आम और संतरे खाएँगे।" यह कथन जैसे ही पूर्ण हुआ, उसी समय दो दिव्य बालक सिर पर टोकरियाँ रखे हुए आश्रम में आए और स्वामीजी के चरणों के पास टोकरियाँ रखकर अदृश्य हो गए। जब उन टोकरियों को देखा, तो उनमें वही खाद्य-पदार्थ थे, जिनकी इच्छा संन्यासियों ने व्यक्त की थी। संन्यासियों के मन में स्वामीजी की योगशक्ति की परीक्षा लेने का विचार था, इसलिए उन्होंने उनके समक्ष यह लीला दिखाई।

कष्ट-निवारण की विचित्र विधि

स्वामीजी के पास अनेक प्रकार के कष्टों से पीड़ित लोग आते थे। एक बार उनकी सेवा में एक ऐसा ब्राह्मण उपस्थित हुआ, जो बहुत दुर्बल था। वह व्यक्ति जो कुछ खाता था, सब उलटी हो जाने के कारण बाहर आ जाता था। स्वामीजी ने देखते ही उससे कहा, "पंडितजी, आप अपने लिए खिचड़ी लाइए।" उसने आदेशानुसार खिचड़ी बनाई। स्वामीजी ने उसकी खिचड़ी से केवल एक दाना ले लिया और शेष उसे खाने का आदेश दिया। उसने पेट भर खिचड़ी खाई, लेकिन उलटी नहीं हुई। उसी दिन से वह पूर्ण स्वस्थ हो गया।

काशी के एक प्रसिद्ध डॉक्टर का लड़का अस्वस्थ हो गया। उन्होंने उसकी अच्छी-से-अच्छी चिकित्सा कराई, कोई लाभ नहीं हुआ। लड़के की स्थिति दिन-प्रतिदिन गिरती गई। अंत में डॉक्टर महोदय बालक को लेकर स्वामीजी की शरण में पहुँचे। स्वामीजी ने केवल एक संतरा उस बालक को खाने के लिए दे दिया। यह संतरा खाते ही बालक की स्थिति में सुधार होने लगा। बाद में वह पूर्ण स्वस्थ हो गया।

ढाका जिले के सरकारी कर्मचारी चंडीचरण बसु बहुमूत्र रोग से पीड़ित थे। सभी प्रकार की चिकित्सा करा चुके थे; लेकिन रोग नियंत्रित नहीं हो रहा था। जब वह जीवन से पूर्ण निराश हो चुके, तो इस उद्देश्य से स्वामीजी के पास आए कि मृत्यु के पूर्व मंत्र दीक्षा ले लेनी चाहिए। स्वामीजी ने उनको मंत्र दिया और कहा कि उनतालीस दिन मंत्र जपने पर तुम रोग से पूर्ण रूप से मुक्त हो जाओगे। ठीक ऐसा ही हुआ।

बंगाल के प्रसिद्ध जमींदार रमानाथ घोष के एक पुत्र के संबंध में ज्योतिषियों ने कह दिया था कि उसकी मृत्यु सोलह साल में हो जाएगी। इस बात की पुष्टि काशी के ज्योतिषी भी कर चुके थे। इसी कारण से रमानाथ बाबू अपने पुत्र का विवाह नहीं करते थे, लेकिन उनकी पत्नी पुत्र के विवाह का विशेष आग्रह करती थीं। दोनों अपनी समस्या लेकर स्वामीजी के पास पहुँचे। स्वामीजी ने विवाह की अनुमति दे दी और कहा, "जब तक मैं जीवित रहूँगा, तब तक पुत्र को मरने नहीं दूँगा, यह निश्चित जानो।" रमानाथ बाबू ने अपने पुत्र का विवाह कर दिया। वह सोलह वर्ष के बाद बहुत वर्षों तक जीवित रहा। स्वामीजी मृत्यु के पूर्व हैजे से पीड़ित हुए। उसी दिन रमानाथ का पुत्र घोड़े से गिर गया। जितने दिन स्वामीजी अस्वस्थ रहे, उतने दिन वह लड़का अचेत रहा। जिस दिन स्वामीजी ने शरीर छोड़ा, उसी दिन और उसी समय उस लड़के की भी मृत्यु हो गई।

स्वामीजी की योगशक्ति की अगणित कहानियाँ हैं। उनके असंख्य भक्त और शिष्य थे, जिनमें प्रत्येक की अपनी-अपनी विचित्र अनुभूतियाँ थीं। भारतीय और विदेशी पत्र-पत्रिकाओं में उनकी अलौकिक लीलाओं-संबंधी अनेक लेख प्रकाशित हुए थे। प्रायः सबने स्वामीजी के महान् त्याग, अद्भुत योग-शक्ति तथा अदम्य लोककल्याण की भावना की मुक्त कंठ से प्रशंसा की थी। संत-समाज भी उनका समादर करता था।

स्वामीजी की ज्ञान-साधना

स्वामी भास्करानंदजी केवल तपस्वी नहीं थे, बल्कि अध्यात्म-विद्या के असाधारण विद्वान् भी थे। उन्होंने दस उपनिषदों की सरल संस्कृत में टीकाएँ लिखी थीं। 'स्वराज्य सिद्धि' नामक ग्रंथ का भी भाष्य किया था। वेदांत दर्शन पर तो स्वामीजी का पूर्ण अधिकार था।

स्वामीजी के भव्य स्मारक

स्वामीजी ने सन् 1899 में काशी के 'आनंद बाग' में समाधि ली थी। यहाँ पर उनके भक्तों ने प्रचुर धन व्यय करके सफेद संगमरमर की भव्य समाधि का निर्माण कराया है। यह समाधि आज भी असंख्य लोगों के लिए प्रेरणा का स्रोत है। अनेक लोग स्वामीजी की मूर्ति घर में रखकर भगवान् की तरह पूजा करते हैं। स्वामीजी के जन्मस्थान मैथालालपुर में उनकी भव्य मूर्ति स्थापित की गई है तथा उनकी स्मृति में कुआँ, तालाब, धर्मशाला आदि का निर्माण हुआ है। कानपुर जनपद के नरवल

नामक ग्राम में भास्करानंद इंटर कॉलेज की स्थापना हुई है, जो सुव्यवस्थित रूप से चल रहा है।

स्वामी भास्करानंदजी अपने युग के महान् योगी तथा परमत्यागी महात्मा थे। उनके तेजोमय व्यक्तित्व से अगणित लोगों को सद्मार्ग की ओर अग्रसर होने की प्रेरणा मिली थी तथा आज भी मिल रही है। अमेरिका के विश्वविख्यात लेखक मार्क ट्वेन के शब्दों में—"स्वामी भास्करानंदजी ईश्वर तुल्य हैं।"

□

मदाम ब्लावतस्की

(1831–1891 ई.)

भारतीय आध्यात्मिक दर्शन और योग-विद्या को संसार में प्रचारित, प्रसारित और पुनर्जीवित करने का जितना अनुपम कार्य रूसी महिला मदाम एच.पी. ब्लावतस्की ने किया, उतना कोई व्यक्ति नहीं कर सका है। श्रीमती ब्लावतस्की अलौकिक शक्तिसंपन्न व्यक्तित्व थीं। उन्हें हिंदू ब्रह्म-विद्या का अगाध ज्ञान था और योग की जटिलतम क्रियाओं पर उनका अद्‌भुत अधिकार था। प्राचीन ऋषियों की आत्माओं से उनका प्रत्यक्ष संपर्क रहता था तथा वे प्रशिक्षण देते और उनके क्रिया-कलापों का निर्देशन करते थे। भारत और योग-विद्या के प्रति उत्कट प्रेम के कारण उनको अनेक प्रकार के कष्ट उठाने पड़े; लेकिन जीवन के अंतिम क्षण तक उनके उत्साह और संकल्प में किसी प्रकार की कमी नहीं आई। वे अपनी योग-शक्ति के द्वारा सहस्रों वर्ष पुरानी घटनाओं को चलचित्र की तरह देख लेती थीं, किसी दुर्लभ या प्राचीन अप्राप्य ग्रंथ के पृष्ठ बोल देती थीं, प्राचीन ऋषि-मुनियों से प्रत्यक्ष संपर्क करा देती थीं। बड़े-बड़े पाश्चात्य वैज्ञानिकों, दार्शनिकों, लेखकों ने उनकी अलौकिक शक्तियों की परीक्षा की थी और उनके भक्त बने थे। मदाम ब्लावतस्की हिंदू अध्यात्म-विद्या के महान् संतों की श्रेणी में परिगणित होने योग्य हैं।

रहस्यपूर्ण बालिका ब्लावतस्की

श्रीमती हेलेना पेत्रोवना ब्लावतस्की ने 11 अगस्त, 1831 में रूस के उच्च और समृद्ध परिवार में जन्म लिया था। उनके पितामह एक प्रांत के गवर्नर थे, पिता सेना के उच्च अधिकारी थे और माता अच्छी लेखिका थीं। उन्होंने बाल्यावस्था से ही अपने अलौकिक व्यक्तित्व का परिचय देना प्रारंभ कर दिया था। जब वे चार वर्ष

की थीं, तभी से अदृश्य लोगों के संपर्क में आती थीं और उन्हीं से बात करने या उनके साथ खेलने में आनंद लेती थीं। जब वह इन अदृश्य व्यक्तियों के संबंध में घर के लोगों को बताती थीं तो लोग विश्वास नहीं करते थे। रात में सोते समय प्राय: न जाने किन लोकों का वर्णन किया करती थीं। बचपन से वह दुस्साहसी थीं; लेकिन संकट के समय अदृश्य शक्तियाँ उनकी सुरक्षा किया करती थीं।

6 जुलाई, 1842 में उनकी माता का देहांत हो गया। पिता सेना में थे, अत: बाबा-दादी ने उनका पालन-पोषण किया। उनकी दादी के परिवार में अनुशासन बहुत अधिक था; लेकिन ब्लावतस्की की स्वच्छंद प्रकृति को कोई नियंत्रित नहीं कर सका। उन्होंने स्कूली शिक्षा की ओर विशेष रुचि नहीं दिखाई। प्राथमिक शिक्षा के बाद ही पढ़ाई छोड़ दी, लेकिन स्वाध्याय की ओर विशेष ध्यान दिया। उनके अध्ययन का मुख्य विषय अध्यात्म-विद्या था। सत्रह वर्ष की अवस्था में उन्होंने योग और तंत्र संबंधी अनेक ग्रंथ पढ़ डाले थे और इस विषय में व्यावहारिक ज्ञान प्राप्त करने की अत्यंत उत्कट अभिलाषा उत्पन्न हो गई थी।

ज्ञान की खोज में पलायन

यद्यपि उनका विचार विवाह करने का नहीं था; लेकिन अज्ञात कारणों से उनका विवाह सन् 1849 में एक चालीस वर्षीय गवर्नर से हो गया। श्रीमती ब्लावतस्की को अपनी ससुराल में राजसी सुख प्राप्त था; किंतु उनकी लौकिक सुखों में कोई रुचि नहीं थी। सांसारिक दृष्टि से उन्होंने एक क्षण भी वैवाहिक जीवन नहीं व्यतीत किया। कुछ ही दिनों में वे अपनी दादी के घर भाग आईं। यहाँ भी उनका मन नहीं लगा, अत: वह एक अलौकिक प्रेरणा से घर से निकल पड़ीं और किसी प्रकार रूस से टर्की की राजधानी कॉन्स्टेंटीनेपल पहुँच गईं। मार्ग में अनेक आपत्तियाँ आईं, लेकिन वह किसी अदृश्य सहायता से बचती गईं। टर्की में घोड़े से गिरने पर एक व्यक्ति उनकी सहायता के लिए आया। यह व्यक्ति भारतीय वेश में था। वह सहायता करके कुछ ही क्षणों में विलीन हो गया। यही व्यक्ति बाद में अनेक बार स्वप्न या संकट के समय आकस्मिक रूप से अनेक स्थानों में प्रकट हुआ। टर्की से वह यूनान, मिस्र, फ्रांस आदि देशों का भ्रमण करते हुए इंग्लैंड पहुँचीं।

अलौकिक भारतीय योगी के दर्शन

इंग्लैंड में एक विचित्र घटना हुई। एक दिन वह अदृश्य सहायक भारतीय राजकुमार के वेश में सड़क पर दिखाई पड़ा। देखते ही उन्होंने उस व्यक्ति को

पहचान लिया, लेकिन उससे बात नहीं हो सकी। दूसरे दिन ब्लावतस्की हाइड पार्क की एक बेंच पर अकेली बैठी थीं। उसी समय वह राजकुमार उनके पास आ गया। उसने स्वयं ही कहा कि आप जिस ज्ञान की खोज में भटक रही हैं, वह आपको मिल सकता है। लेकिन उसे प्राप्त करने में आपको अनेक संकटों का सामना करना पड़ेगा। आप सोच लीजिए। यदि आप तैयार हों तो मैं आपकी सहायता करूँगा। कुछ दिनों बाद मैं पुनः आपसे किसी स्थान पर स्वतः मिलूँगा। कुछ देर बाद वह राजकुमार चला गया। श्रीमती ब्लावतस्की के मन में इस व्यक्ति के प्रति असीम श्रद्धा उत्पन्न हो गई। उनके मन में यह दृढ़ विश्वास हो गया कि यही उनका भावी आध्यात्मिक गुरु है। कुछ समय बाद वह पुनः मिला और उसने कहा कि तुम्हारा उद्देश्य पूरा होगा, लेकिन तुम्हारा भाग्य भारत से जुड़ा है। आज से तीस वर्ष बाद तुम्हारे मिशन की स्थापना भारत में होगी। इस अवधि में तुम्हें भारत से संपर्क रखना चाहिए तथा वहाँ की संस्कृति, सभ्यता तथा लोगों का ज्ञान प्राप्त करना चाहिए।

गुरु की उपलब्धियाँ

सन् 1855 में श्रीमती ब्लावतस्की भारत आ गईं। यहाँ हिमालय और तिब्बत के सिद्ध योगियों के दर्शन करने की उत्कट जिज्ञासा उत्पन्न हुई। उस समय ब्रिटिश सरकार विदेशियों को तिब्बत जाने की अनुमति नहीं देती थी, लेकिन ब्लावतस्की किसी प्रकार से तिब्बत पहुँच गईं जहाँ उनको अद्‌भुत अनुभव हुए। वहाँ से लौटने के बाद भारत के अन्य स्थानों का भ्रमण किया। वे लगभग दो वर्ष भारत में रहीं। इस अवधि में वह जहाँ रहती थीं, अपठनीय हस्ताक्षरों से मनीऑर्डर द्वारा धनराशि उनको मिलती रहती थी। इसी समय 1857 का विद्रोह प्रारंभ हो गया। रहस्यमय हिंदू महात्मा ने उनको एक पत्र द्वारा भारत छोड़ देने की सलाह दी, अतः वह यूरोप चली गईं।

सन् 1868 में उन्हें अपने अदृश्य सहायक के प्रयास से भारत आने का अवसर मिला। लगभग दस वर्ष की इस अवधि में रहस्यपूर्ण सहायक से उनका समय-समय पर संपर्क होता रहा। अब श्रीमती ब्लावतस्की को पूर्ण विश्वास हो गया था कि यही व्यक्ति उनका आध्यात्मिक गुरु है। इस बार उन्हें अपने इस गुरु के साथ तिब्बत के एक सिद्धपीठ में रहने का अवसर मिला। यहाँ उनको योग की जटिलतम पद्धतियों का अभ्यास कराया गया। वह यहाँ दो वर्ष रहीं। सन् 1870 में वह भारत होते हुए रूस गईं। जिस समय वह तिब्बत से प्रस्थान कर रही थीं, उसी समय उनके गुरु ने उनके परिवार के लोगों के लिए एक पत्र लिखा। यह पत्र योग-शक्ति द्वारा उसी समय उनके परिवार के लोगों को रूस में मिला।

थियोसोफिकल सोसाइटी की स्थापना

लगभग एक वर्ष रूस में रहने के बाद वह पुन: विश्व-भ्रमण के लिए निकल पड़ीं। अब वह भारतीय योग-विद्या के प्रचार-प्रसार के लिए पूर्ण रूप से दीक्षित हो चुकी थीं। अपने लेखों के द्वारा यूरोप और अमेरिका में लोगों का ध्यान आकर्षित कर रही थीं। 17 नवंबर, 1875 को अमेरिका के अध्यात्म-प्रेमियों के प्रयास से 'थियोसोफिकल सोसाइटी' की न्यूयॉर्क में स्थापना हुई। कर्नल हेनरी स्टील ऑलकॉट इसके अध्यक्ष हुए, जो बाद में मदाम ब्लावतस्की के अनन्य सहायक सिद्ध हुए। अमेरिका में सोसाइटी का कार्य ठीक नहीं चला, अत: गुरु के आदेश से इसका प्रधान कार्यालय भारत ले आया गया। कुछ दिन यह बंबई के एक भुतहे मकान में रहा; लेकिन बाद में 1882 में अडियार (मद्रास) में आ गया, जो आज भी यहीं है। थियोसोफिकल सोसाइटी ने अपने सौ वर्ष के इतिहास में भारतीय ब्रह्म-विद्या को पाश्चात्य जगत् में प्रतिष्ठित कराने में अत्यंत गंभीर कार्य किया है, जो भारतीय संस्कृति के इतिहास में सदा अविस्मरणीय रहेगा।

अदृश्य दिव्य महात्माओं के पत्र

श्रीमती मदाम ब्लावतस्की ने योगबल से असीम अलौकिक शक्तियाँ अर्जित कर ली थीं। सूक्ष्म शरीर में भारतीय योगी उनकी अनेक प्रकार से सहायता करते थे। इसी कारण से अनेक विरोधों-आलोचनाओं के बाद भी वह अपने संकल्पों को साकार करने में सफल हुई थीं। अदृश्य शक्तिशाली महात्माओं के पत्र उनके पास आते थे। ऐसे पत्र पुस्तक-रूप से प्रकाशित किए गए हैं। वे पत्र केवल ब्लावतस्की को ही नहीं मिले थे, बल्कि सोसाइटी के अन्य सदस्यों को भी मिले थे। इन महात्माओं के पत्रों की प्रामाणिकता पूर्ण रूप से सिद्ध हो चुकी है। जब कुछ लोगों ने ऐसे पत्रों के संबंध में आशंका प्रकट की, तो श्रीमती ब्लावतस्की ने ऐसे लोगों के समक्ष उनके द्वारा बताए गए विषयों पर महात्माओं के पत्र उसी समय मँगाए।

अडियार में जब थियोसोफिकल सोसाइटी का कार्यालय खुला तो वहाँ दूसरे खंड पर पूजाकक्ष बनाया गया था। यहाँ पर विचित्र घटना होती थी, जिसकी चर्चा देश-विदेशों के समाचार-पत्रों में हुई थी। इस पूजा-कक्ष में लकड़ी की एक छोटी सी अलमारी थी। यदि इस अलमारी में महात्माओं को संबोधित करते हुए पत्र रख दिए जाते थे, तो कुछ क्षण में गायब हो जाते थे और उनके स्थान पर तिब्बती कागज पर लिखे उनके उत्तर वहीं आ जाते थे। अनेक प्रकार की वस्तुएँ भी प्रकट होती थीं।

इन अलौकिक घटनाओं ने भारतीय योग-विद्या के प्रति लोगों का ध्यान विशेष रूप से आकर्षित किया।

दिव्य शक्ति से चित्र का उत्पादन

विलियम क्वेन जज नामक व्यक्ति श्रीमती ब्लावतस्की के चमत्कारों की ओर विशेष रूप से आकर्षित हुए। जज महोदय बहुत अच्छे कलाकार थे। उनकी दैवी चित्रकला में विशेष रुचि थी, अत: वह चित्रकला संबंधी कुछ चमत्कार देखना चाहते थे। उन्होंने मदाम ब्लावतस्की से दक्षिण भारत के बहुत पुराने संत तिरुवल्लुवर का चित्र योग शक्ति द्वारा प्रकट करने की इच्छा व्यक्त की। मदाम ने एक साधारण कागज लिया और उसे ब्लाटिंग पेपर के नीचे रख दिया। ब्लाटिंग पेपर पर गोलाई से हाथ रगड़ना प्रारंभ किया। कुछ क्षणों में हाथ हटा लिया और ब्लाटिंग पेपर को उठाया तो समाधि-मुद्रा में संत तिरुवल्लुवर का चित्र निकल आया। अमेरिका के एक विख्यात चित्रकार ने उस चित्र को देखकर कहा कि ऐसा सुंदर चित्र कोई मनुष्य नहीं बना सकता।

मदाम की अलौकिक शक्तियाँ

मदाम ब्लावतस्की के थियोसोफिकल कार्यों में ऑलकॉट महोदय पूर्ण रूप से योगदान कर रहे थे, लेकिन उनके मन में कुछ शंकाएँ थीं। उनकी बड़ी हार्दिक इच्छा थी कि मदाम के गुरु उनके समक्ष भी प्रकट हों। एक दिन रात्रि में ऑलकॉट साहब अपने कमरे में दरवाजा बंद किए कोई पुस्तक पढ़ रहे थे, उसी समय सफेद वस्त्रों तथा रेशमी पगड़ी में एक दिव्य व्यक्तित्त्व उनके समक्ष प्रकट हो गया। ऑलकॉट को समझने में देर न लगी कि मदाम जिन गुरुदेव की चर्चा किया करती! हैं, वे यही हैं। ऑलकॉट उनके चरणों में नत हुए। उन्होंने इनको आशीर्वाद दिया तथा बड़ी देर तक बातचीत हुई, फिर भी आलकाट को सब स्वप्न प्रतीत हो रहा था। यह बात गुरुदेव ने समझ ली थी, अत: चलते समय उन्होंने अपनी पगड़ी आलकाट को दे दी और ऑलकॉट के देखते-देखते वहीं गायब हो गए। इस प्रकार मदाम ने अपने गुरुदेव के द्वारा थियोसोफी के अनन्य भावी प्रचारक के विश्वास को पुष्ट करवाया। मदाम में दूसरे के मन में उठनेवाले विचारों को समझ लेने की असाधारण क्षमता थी।

एक दिन ऑलकॉट महोदय से मदाम ने एक पेंसिल माँगी। ऑलकॉट के मन में एक क्षुद्र विचार आया कि मदाम पेंसिल वापस नहीं करेंगी। मदाम ने उनके मन के भाव को तत्काल समझ लिया। उसी क्षण उन्होंने अपना हाथ ऊपर उठाया और

उनके हाथ में पेंसिलों का छोटा सा बंडल आ गया। ये पेंसिलें बिल्कुल वैसी ही थीं, जैसी ऑलकॉट की पेंसिलें थीं। ऑलकॉट को अपने क्षुद्र विचार के लिए बहुत ग्लानि हुई। ऑलकॉट को पुनर्जन्म और आत्माओं के संबंध में प्रत्यक्ष प्रमाण देने के लिए एक दिन उनके समक्ष ही कई मृत व्यक्तियों को सशरीर प्रकट करा दिया और उनसे बातचीत करा दी। एक दिन मदाम पिकनिक में गई थीं। वहाँ चाय के लिए एक प्याला कम हो गया था। मदाम ने तुरंत अन्य प्यालों की तरह एक प्याला योग-विद्या से उत्पन्न कर दिया। मदाम कई बार बीमार पड़ीं। हर बार डॉक्टर उन्हें असाध्य रोगी घोषित कर, उनकी मृत्यु की प्रतीक्षा करने लगते; लेकिन डॉक्टरों को बड़ा आश्चर्य होता, जब वह बिना किसी दवा के पूर्ण स्वस्थ हो जाती थीं। वास्तव में उनके जीवन की अवधि बहुत पहले समाप्त हो गई थी, लेकिन उनके शक्तिशाली गुरु उनको जीवन-दान देते रहते थे। अंत में 11 मई, 1891 को इंग्लैंड में वे समाधीलीन हो गईं।

मदाम ब्लावतस्की के विचारों तथा चमत्कारों की भौतिकवादी यूरोप और अमेरिका में बड़ी आलोचना हुई, विशेष रूप से ईसाई धर्म के पुरोहितों-प्रचारकों ने मदाम के विरुद्ध अनेक घृणित षड्यंत्र किए। वह भी चुप नहीं बैठीं। उन्होंने ईसाइयों की पोपलीला पर अपने लेखों द्वारा कठोर प्रहार किए। यद्यपि मदाम ब्लावतस्की ने ईसाई परिवार में ही जन्म लिया था, लेकिन उन्हें हिंदू धर्म की महानता और गंभीरता ने प्रभावित कर लिया था, इसलिए संसार की कोई शक्ति उनको अपने लक्ष्य से विचलित नहीं कर सकती थी।

महान् लेखिका

मदाम ब्लावतस्की ने वेद, उपनिषद्, पुराण, योगदर्शन आदि का गंभीर अध्ययन किया था। उनमें लिखने को असाधारण क्षमता थी। वह जीवनपर्यंत लेखन कार्य करती रहीं। उनकी दो पुस्तकों—'आसिस अनवेल्ड' तथा 'दि सीक्रेट डॉक्ट्रिन' ने चिंतन के क्षेत्र में क्रांति उत्पन्न कर दी थी। बड़े-बड़े वैज्ञानिक, विद्वान् और दार्शनिक मदाम के महान् पांडित्य से प्रभावित हुए थे। इन पुस्तकों में भारतीय अध्यात्म दर्शन की अपने ढंग से व्याख्या की गई। ये पुस्तकें सर्वप्रथम लगभग सौ वर्ष पूर्व प्रकाशित हुई थीं, लेकिन आज भी इनकी महत्ता में कोई कमी नहीं आई है। उक्त दो पुस्तकों के अतिरिक्त मदाम द्वारा लिखित साहित्य हजारों पृष्ठों में प्रकाशित हुआ है, जो युगों-युगों तक पठनीय बना रहेगा।

मदाम द्वारा स्थापित थियोसोफिकल सोसाइटी ने हिंदू-धर्म की अनन्य सेवा की

है। इसकी विभिन्न शाखाओं से गीता, उपनिषद्, योगदर्शन आदि पर अंग्रेजी में सैकड़ों ग्रंथ प्रकाशित हुए। इन ग्रंथों से पाश्चात्य जगत् ने सही ढंग से हिंदू-धर्म को जाना। इतना व्यवस्थित और संगठित कार्य भारत की कोई धार्मिक संस्था नहीं कर सकी। इस अभूतपूर्व सेवा के लिए प्रत्येक भारतीय मदाम और थियोसोफी का चिरऋणी रहेगा।

गांधीजी की प्रेरक ब्लावतस्की

महात्मा गांधी जब इंग्लैंड में बैरिस्टरी पढ़ रहे थे, उस समय तक उनके मन में हिंदू-धर्म के प्रति कोई आस्था नहीं थी। उन्हें ईसाई धर्म विशेष आकर्षित कर रहा था। संयोग से उन्हें मदाम ब्लावतस्की को दो अंग्रेज शिष्य मिल गए। उन्होंने गांधीजी को भगवद्गीता का अंग्रेजी अनुवाद पढ़ने को दिया। गांधीजी ने इसके पूर्व गीता नहीं पढ़ी थी, लेकिन इसके बाद गीता उनके जीवन-दर्शन का अनिवार्य अंग बन गई। गांधीजी मदाम ब्लावतस्की से मिले भी थे। उन्होंने गांधीजी को हिंदू-धर्मग्रंथ पढ़ने की सलाह दी थी। गांधीजी ने अपनी आत्मकथा में इस तथ्य को स्वीकार किया है। गांधीजी ने इंग्लैंड और अफ्रीका में थियोसोफी से संपर्क रखा था। निश्चित ही उनके आध्यात्मिक दृष्टिकोण के विकास में मदाम और थियोसोफी का बहुत बड़ा योगदान है।

कांग्रेस के संस्थापक श्री ए.ओ. ह्यूम भी मदाम ब्लावतस्की के भक्त थे। मदाम की प्रेरणा से ही उनके मन में भारत के प्रति रुचि उत्पन्न हुई थी। श्रीमती एनी बेसेंट मदाम की सर्वाधिक प्रिय शिष्या थीं। उन्होंने मदाम के विचारों और सिद्धांतों के प्रचार-प्रसार का अप्रतिम कार्य किया। मदाम के कारण ही उनके मन में भारत के उद्धार की भावना विकसित हुई। इनके अतिरिक्त मदाम ब्लावतस्की ने सहस्रों विदेशियों को हिंदू धर्म और भारत का भक्त बनाया तथा भारतवासियों में आत्मसम्मान की भावना का विकास किया।

मदाम एच.पी. ब्लावतस्की महान् सिद्ध संत थीं। उन्होंने भारतीय योग-विद्या का ज्ञान प्रत्यक्ष रूप से महान् ऋषियों से प्राप्त किया था तथा कठोर साधना के द्वारा उसे पुष्ट किया था। वह भारतीय अध्यात्म-विद्या की साक्षात् मूर्ति थीं। उनका ज्ञान अगाध और असीम था। उन्होंने प्राचीन भारतीय ब्रह्म-विद्या के उद्धार का अलौकिक कार्य किया। आज भारतीय संस्कृति और अध्यात्म के प्रति विदेशों में जो रुचि परिलक्षित होती है, उसमें सर्वाधिक योगदान मदाम और उनके द्वारा संस्थापित थियोसोफिकल सोसाइटी का है।

□

शिरडी के साईं बाबा

(1856-1918 ई.)

संसार के आधुनिक संतों में शिरडी के साईं बाबा का चरित्र अद्‌भुत है। उनमें अलौकिक शक्तियों का अनंत कोष था। यद्यपि उनका भौतिक शरीर सन् 1918 में ही छूट गया था, किंतु वह आज भी अपने भक्तों के समक्ष सशरीर प्रकट हो जाते हैं। उनकी समाधि शिरडी में है। वहाँ हजारों व्यक्ति नित्य पहुँचते हैं, जिनको अनेक अलौकिक अनुभव होते हैं। असंख्य लोगों का यह विश्वास है कि शिरडी के साईं बाबा ने ही पुट्टपार्ति के संसार प्रसिद्ध 'सत्य साईं' बाबा के रूप में जन्म लिया है।

शिरडी के साईं बाबा के प्रारंभिक जीवन काल के संबंध में बहुत कम प्रामाणिक तथ्य प्राप्त होते हैं। ऐसा कहा जाता है कि साईं बाबा का जन्म सन् 1856 में आंध्र प्रदेश के अहमदनगर जनपद के पथरी ग्राम में एक ब्राह्मण-परिवार में हुआ था। बाल्यावस्था में ही उनके माता-पिता का देहांत हो गया था। एक फकीर ने उनका पालन-पोषण किया। फकीर के देहांत के बाद वह सेल के वेनकुसा महाराज के पास बारह वर्ष तक रहे। वेनकुसा के देहांत के बाद लगभग बीस वर्ष की अवस्था में वह महाराष्ट्र के शिरडी कस्बे में आ गए और अपने जीवन के अंतिम समय तक यहीं रहे।

पानी से दीपक जले

जब युवक साईं बाबा शिरडी आए तो वे एक नीम के पेड़ के नीचे रहने लगे। उस समय वे किसी से अधिक बात नहीं करते थे। धार्मिक वृत्ति के लोग जो खाने-पीने को दे देते थे, उसी से संतोष कर लेते थे। कुछ समय बाद वह एक हिंदू मंदिर

में गए। मंदिर के संरक्षक ने उनको मुसलमान फकीर समझकर कह दिया कि यहाँ क्या करोगे, मसजिद में जाकर रहो। शिरडी में एक टूटी-फूटी अवस्था में छोटी सी मसजिद थी। युवा साईं बाबा वहीं रहने लगे। प्रारंभ में उनकी ओर किसी का विशेष ध्यान नहीं गया; क्योंकि वह किसी से विशेष संपर्क नहीं रखते थे। वे जहाँ रहते थे, वहाँ निरंतर आग जला करती थी। सुबह दो-चार घरों में भिक्षा माँगने चले जाते थे। उनकी एक विचित्र आदत थी। वह दुकानदारों से तेल माँगकर लाते थे और मसजिद में नित्य दीपावली की तरह दीपक जलाते थे। एक दिन दुकानदारों को मजाक सूझा। उन्होंने आपस में निश्चय किया कि इस युवा फकीर को आज तेल न दिया जाए, देखें क्या करता है? जब साईं बाबा तेल माँगने पहुँचे, तो सबने तेल देने से इनकार कर दिया। युवा साईं बाबा निर्विकार भाव से मसजिद लौट आए। कुछ दुकानदार जिज्ञासावश पीछे चले आए। बाबा ने एक बरतन में पानी लिया और सब दीपकों में वही पानी डाल दिया तथा दीपकों को जला दिया। देखनेवालों के आश्चर्य की सीमा न रही, क्योंकि सब दीपक पूर्ण प्रकाश के साथ जलने लगे। संभवत: साईं बाबा का शिरडी में यह पहला चमत्कार था। इसी से नगर के लोगों का ध्यान उनकी ओर आकर्षित हो गया और लोग उनका अलौकिक शक्तिसंपन्न संत के रूप में समादर करने लगे।

भ्रमित भक्त द्वारा आक्रमण

साईं बाबा का आचरण सांप्रदायिकता से परे था। वह हिंदू और मुसलमान दोनों के धर्मग्रंथों से उद्धरण देते थे और दोनों की व्याख्या करते थे। उनके पास आनेवाले भक्त सभी धर्मों के होते थे। वह उनकी धार्मिक परंपरा के अनुसार ही शिक्षा-दीक्षा देते थे, अत: हिंदू-मुसलमान उनका समान रूप से आदर करते थे। साईं बाबा को कभी किसी ने पढ़ते-लिखते नहीं देखा था, लेकिन शास्त्रों के जटिल-से-जटिल प्रश्नों का समाधान वे बड़ी सरलता से कर देते थे। साईं बाबा की व्याख्याएँ सुनकर बड़े-बड़े पंडित-मौलवी आश्चर्यचकित रह जाते थे। साईं बाबा हिंदू और मुसलमान, दोनों के धार्मिक पर्व बड़े उत्साह से मनाते थे। यद्यपि वह मसजिद में रहते थे, लेकिन हिंदू संतों की तरह धूनी जलाए रहते थे। हिंदुओं का हिंदू शास्त्रों के अनुसार मार्गदर्शन करते थे और मुसलमानों को मुसलिम साधना-पद्धति का बोध कराते थे।

एक मुसलमान साईं बाबा का बहुत भक्त था। वह नित्य बाबा के पास बैठकर रात में कुरान पढ़ता था। उसको यह बात अच्छी नहीं लगती थी कि हिंदू लोग वहाँ

आकर बाबा के सामने कीर्तन-भजन करें और बाबा हिंदुओं के देवी-देवताओं की चर्चा करें। उसने एक दिन बाबा से विरोध व्यक्त किया। बाबा ने मुसकराकर केवल इतना कहा, "सब अल्लाह का ही काम है।" उसने सोचा, 'यह काफिर है और मुसलमानों को धोखा दे रहा है।' एक दिन साईं बाबा शाम को टहलने निकले तो वह उनके पीछे एक गदा लेकर चला। जैसे ही वह पीछे से उन पर प्रहार करनेवाला था, बाबा ने मुड़कर देखा। दृष्टिमात्र से ही वह जमीन पर गिर पड़ा। उसमें इतनी शक्ति नहीं रह गई कि वह उठकर खड़ा हो सके। कुछ लोगों ने उसे उठाकर खड़ा किया। बाद में उसने क्षमा माँगी और उनका आशीर्वाद लेकर चला गया। इसी प्रकार मीरजमन नाम के मुसलिम भक्त के मन में आया कि हिंदू लोग साईं बाबा की पूजा करके उनको भ्रष्ट कर रहे हैं। अतः उसने तलवार दिखाते हुए साईं बाबा से कहा, "आप आज्ञा दीजिए तो इस तलवार से यहाँ आनेवाले हिंदुओं के गले काट दूँ।" बाबा ने उसे शांत करते हुए कहा, "हिंदुओं की गलती नहीं है। यदि हिंदू मेरी पूजा करते हैं तो इसके लिए मैं जिम्मेदार हूँ। यदि तुम किसी का गला काटना चाहते हो तो सबसे पहले मेरा गला काटो।"

मुसलमानों की तुलना में हिंदुओं में धार्मिक सहिष्णुता कुछ अधिक होती है। फिर भी कुछ ऐसे हिंदू थे, जो साईं बाबा को मुसलमान फकीर मानते थे और उनके समक्ष नतमस्तक नहीं होना चाहते थे। एक बार मेघा नाम के ब्राह्मण व्यक्ति से डिप्टी कलेक्टर एच.बी. साठे ने कह दिया कि साईं बाबा साक्षात् शंकर हैं। वह शिव भक्त था, अतः साईं बाबा के दर्शन करने शिरडी आया। जब वह मसजिद के द्वार पर पहुँचा तो उसे यह लगा कि यह मुसलमान फकीर है, इसके सामने नतमस्तक होना ठीक नहीं है। बाबा ने देख लिया था। वह बड़े जोर से चिल्लाए, "इस बदमाश को उठाकर फेंक दो।" इतना ही नहीं, दौड़कर उसका पीछा भी किया। मेघा बहुत क्रोधित होकर चला आया। एक वर्ष बाद उसके मन में साईं बाबा के दर्शन की अदम्य इच्छा हुई। वह बाबा के पास पहुँचा। उसने देखा कि फकीर नहीं, साक्षात् शंकर बैठे हुए हैं। इसके बाद वह जीवनपर्यंत साईं बाबा के पास रहा।

साईं बाबा के पास नित्य दूर-दूर से लोग आते थे। अधिकांश लोगों की सांसारिक समस्याएँ होती थीं। बाबा बिना किसी भेदभाव के सबकी समस्याओं का समाधान करते थे। वह आनेवालों से रुपया माँगते थे। इस प्रकार एक दिन में बहुत रुपया आ जाता था। यदि वह चाहते तो राजा-महाराजाओं की तरह रह सकते थे। लेकिन वह जीवन भर टूटी मसजिद में ही रहे और अति साधारण कपड़े पहनते

रहे। जितना रुपया दिन में आता था, सब रात तक बाँट देते थे। उनका कहना था कि फकीर के पास मृत्यु के समय कफन का पैसा नहीं रहना चाहिए। और ऐसा ही हुआ। बाबा के पास लाखों रुपया आया, लेकिन उन्होंने एक पैसा भी नहीं बचाया। जीवन के अंतिम समय तक वह भिक्षा माँगकर ही भोजन करते रहे। वह अपने फटे कपड़े स्वयं सिल लेते थे।

भक्तों से रुपया माँगने का एक रहस्य था। प्राय: वह मध्यम श्रेणी और निर्धन वर्ग के लोगों से ही पैसा माँगते थे। सदा देखा जाता था कि जिस व्यक्ति से पैसा माँगते थे, उसे बाद में दस गुना से अधिक धन प्राप्त हो जाता था या नौकरी में तरक्की हो जाती थी। इसलिए प्राय: लोग बाबा को धन देने में अपना सौभाग्य समझते थे। धन लेकर बाबा लोगों का कर्मक्षय भी करते थे।

भक्तों की विचित्र सहायता

बाबा महान् योगी थे। वह अपने आश्रम में बैठे रहते थे, किंतु भक्तों की पुकार पर सैकड़ों मील की दूरी पर कुछ ही क्षणों में प्रकट हो जाते थे और भक्त की सहायता करते थे। कभी साईं बाबा के रूप में प्रकट होते थे, कभी किसी साधु या पशु-पक्षी के रूप में पहुँचते थे। एक महिला कई दिन से आश्रम में ठहरी थी। एक दिन बाबा ने उससे अपने घर पंढरपुर जाने को कहा। महिला जब वहाँ पहुँची तो पता चला कि उसके पति ने नौकरी से त्याग-पत्र दे दिया है और बंबई चले गए हैं। वह महिला बहुत परेशान हुई; क्योंकि उसके पास इतने पैसे नहीं थे कि वह किसी व्यक्ति को लेकर बंबई जाती। इतने में एक साधु सामने आया और उससे परेशानी का कारण पूछा। फिर साधु ने कहा, "तुम्हारे पति धोध में हैं। किराए की चिंता न करो। ये तीन टिकट लो। दो आदमियों को साथ लेकर वहाँ चली जाओ।" इधर धोध में उसके पति अपने घर के बरामदे में बैठे चाय पी रहे थे। उनके सामने एक साधु पहुँचा और उनसे कहा, "तुम यहाँ बैठे हो, तुम्हारी पत्नी अमुक गाड़ी से आ रही है। अमुक नंबर के डिब्बे में है। उसको जाकर ले आओ।" महिला को पति के नए घर का पता नहीं था। पति को साधु की बात पर पूर्ण विश्वास नहीं हुआ, लेकिन निर्धारित समय पर वह स्टेशन पहुँच गया। जब गाड़ी आई तो साधु द्वारा बताए हुए डिब्बे से ही उनकी पत्नी उतरी। पति ने साधु की बात महिला को बताई। महिला ने साईं बाबा का चित्र दिखाया तो पति ने कहा कि यही साधु मुझे बताने आया था।

सन् 1909 की घटना है। श्री एस.बी. नाचने के बड़े भाई का ऑपरेशन था। उनके पिताजी बड़े भाई को लेकर बंबई गए थे। जिस दिन ऑपरेशन होना था, उस

दिन नाचने के घर में एक साधु आया। उसने रोटी माँगी। नाचने ने साधु को ठीक से भोजन करने के लिए घर पर आमंत्रित किया। थाली में परोसकर भोजन आया। भोजन-सामग्री देखकर साधु ने कहा, "भिंडी लाओ।" वास्तव में भिंडी घर में बनी अवश्य थी, लेकिन ठीक नहीं बन पाई थी, इसलिए थाली में परोसी नहीं गई थी। लेकिन जब साधु ने भिंडी माँगी तो दी गई। भोजन के बाद साधु ने कहा, "तुम्हारे भाई का ऑपरेशन है। सब ठीक हो जाएगा।" दूसरे दिन उनके पिता बंबई से वापस आए तो बताया कि ऑपरेशन ठीक हो गया। ठीक ऑपरेशन के बाद अस्पताल में एक साधु आया था, जिसने मरीज नाचने के बड़े भाई के पूरे शरीर पर हाथ फिराया और कहा था कि सब ठीक हो जाएगा। वास्तव में साधु के जाने के बाद उसको कोई कष्ट नहीं रहा। नाचने के बड़े भाई थोड़े दिनों में ही ठीक होकर घर वापस आ गए। कुछ दिनों बाद नाचने पूरे परिवार सहित शिरडी साईं बाबा के आश्रम में गए। इन लोगों की ओर संकेत करके बाबा ने अन्य उपस्थित व्यक्तियों से कहा, "मैं इन लोगों के घर गया। ये मुझे खाने को भिंडी नहीं दे रहे थे।" वे लोग तुरंत समझ गए कि घर में भिंडी माँगनेवाले साधु और अस्पताल में हाथ फिरानेवाले महात्मा और कोई और नहीं, बल्कि साईं बाबा ही थे।

जब बिल्ली का रूप धारण किया

एक ब्राह्मण को कोई रोग था। बाबा ने उनको दही और खट्टी चीजें खाने को मना किया। ब्राह्मण को दही बहुत प्रिय था, अतः बाबा के मना करने पर भी उन्होंने दही जमा दिया, लेकिन एक बिल्ली उस दही को खा गई। जो बचा, वह जूठा होने के कारण खाने योग्य नहीं रहा। दूसरे दिन ब्राह्मण महोदय ने दही को छींके में टाँग दिया। बिल्ली वहाँ भी पहुँच गई। ब्राह्मण को बहुत क्रोध आया। तीसरे दिन एक डंडा लेकर वह बिल्ली की ताक में बैठे। जैसे ही बिल्ली छींके पर पहुँची, उन्होंने जोर से डंडा मार दिया। बिल्ली भाग गई। दूसरे दिन ब्राह्मण साईं बाबा के पास गए तो देखा कि वह भक्तों से कंधे पर मालिश करा रहे हैं। ब्राह्मण को देखते ही कहा, "लोग दही खा-खाकर अपने को बीमार कर लेते हैं। यदि उनसे दही छीनो तो डंडे से मारते हैं।"

अंधे को आँखें

एक बार अंधी बुढ़िया बाबा के पास गई। उसने कहा, "आपको देखने की बड़ी इच्छा है।" कुछ क्षण में बुढ़िया देखने लगी। लेकिन जैसे ही वह मसजिद के बाहर गई, उसकी ज्योति समाप्त हो गई। साईं बाबा के अगणित अलौकिक

चमत्कार हैं! वह अपने भक्तों के लिए सबकुछ करने को तैयार रहते थे। वह अपनी अलौकिक योगशक्ति से प्रत्येक स्थिति में भक्त की सहायता करते थे।

देहत्याग के बाद भी सक्रिय

साईं बाबा कहा करते थे कि इस शरीर को छोड़ने के बाद भी मैं भक्तों की सहायता करता रहूँगा। उनका यह कथन अक्षरशः सत्य है। साईं बाबा का देहांत सन् 1918 में हुआ, लेकिन उसके बाद भी भक्तों के समक्ष प्रकट हो जाते हैं या किसी अन्य विधि से भक्त की सहायता कर देते हैं। मीना साहूकार नाम की महिला भक्त को संगीत में बड़ी रुचि थी। सन् 1950 में उनके गले में ऐसा कष्ट हो गया कि दस मिनट से अधिक गा ही नहीं पाती थीं। इस कष्ट से उनको हार्दिक दुःख हुआ। अनेक डॉक्टरों की चिकित्सा के बाद भी कोई सुधार नहीं हुआ। छह महीने बाद उन्हें शिरडी जाने का अवसर मिला। उन्होंने बाबा की समाधि के समक्ष बहुत दुःखी मन से अपने कष्ट-निवारण के लिए प्रार्थना की। समाधि से आकर वह वहीं ठहरी हुई एक सहेली से बातें करती रहीं। साढ़े सात बजे आश्रम की अतिथिशाला में आईं। वहाँ उनके लिए एक छोटा कमरा सुरक्षित कर दिया गया था। कमरे में उनका बिस्तर और अटैची थी तथा कोई सामान नहीं था। सब खिड़की-दरवाजे बंद थे। उन्होंने कपड़े बदलने के लिए साड़ी खोली। उनकी साड़ी से ही एक सफेद कागज की पुड़िया छिटककर गिर गई। पुड़िया को उठाकर देखा तो उसमें छह-सात सफेद गोलियाँ थीं। वह आश्चर्यचकित हुई। उन गोलियों को लेकर वह अपने सहेली के पास गई। सहेली साईं बाबा की परम भक्त थी। उसने साईं बाबा के अलौकिक कार्यों के अनेक अनुभव किए थे। उसने तत्काल समझ लिया कि बाबा का प्रसाद है। मीना साहूकार ने पूर्ण श्रद्धा से उन गोलियों को खा लिया। घर वापस जाने पर गले का कष्ट सदा के लिए समाप्त हो गया। वह पहले की तरह बिना किसी कष्ट के गाने लगीं।

साईं-भक्त डॉ. रुस्तमजी को तीन सौ रुपयों की सख्त जरूरत थी। उन्होंने स्वर्गीय साईं बाबा से प्रार्थना की। दो दिन बाद एक व्यक्ति उनके पास आया और तीन सौ रुपए जमा करते हुए कहा, "जब कभी आवश्यकता होगी, ले लूँगा।" रुस्तमजी ने कहा कि यदि अभी तुम्हारे रुपए खर्च हो जाएँ, तो तुमको आपत्ति तो नहीं होगी? उसने कहा कि कोई जल्दी नहीं है, आप अपना काम चला लीजिए। डॉ. रुस्तम का काम चल गया। कई महीने हो गए थे, एक दिन वही व्यक्ति उनकी दुकान के सामने दिखाई पड़ गया। डॉक्टर उसके पास गए और उसे तीन सौ रुपए

देने लगे। उस व्यक्ति ने कहा, "मैं आपको जानता नहीं। मैंने आपको कभी रुपए नहीं दिए।" इसके बाद वह व्यक्ति कभी दिखाई नहीं पड़ा।

भक्तों को आश्वासन

इस प्रकार असंख्य घटनाओं का उल्लेख हो सकता है। साईं बाबा ने अपने जीवन काल में कहा था—

"मैं इस पार्थिव शरीर को त्यागने के बाद भी सक्रिय और शक्तिसंपन्न रहूँगा।"

"मेरी समाधि मेरे भक्तों को आशीर्वाद देगी और उनकी आवश्यकताएँ पूरी करेगी।"

"मेरे अवशेष मेरी समाधि से बोलेंगे।"

"मैं उन लोगों के लिए सदा जीवित रहूँगा, जो मेरे पास आएँगे, मुझे समर्पित होंगे तथा मेरी शरण चाहेंगे।"

"यदि तुम मेरी सहायता और मार्गदर्शन चाहोगे तो मैं तत्काल तुम्हें दूँगा।"

"मेरे भक्तों के घर में किसी वस्तु का अभाव नहीं रहेगा।"

"मेरे भक्त मुझसे जो कुछ माँगते हैं, वही उनको इस आशा से देता हूँ कि वे वह माँगने लगेंगे, जो मैं उनको देना चाहता हूँ।"

"जो मुझे प्रेम करते हैं, मेरी आँख उन पर सदा लगी रहती है।"

"यह सदा ध्यान रखो कि तुम कुछ भी करो, कहीं भी रहो, मैं तुम्हारे सब कामों से परिचित रहता हूँ।"

"गुरु पर पूर्ण रूप से विश्वास करो। यही एकमात्र साधना है। गुरु ही परमेश्वर है।"

"मेरे नाम को जपो। मेरी शरण में आ जाओ।"

साईं बाबा जब शिरडी में गए थे, उस समय उनके पास केवल एक ईंट थी। वह ईंट उनके पास जीवन के अंतिम समय तक रही। देहांत के कुछ समय पूर्व वह ईंट स्वत: टूट गई थी। टूटी ईंट को देखकर बाबा ने कह दिया था कि अब देहत्याग का समय आ गया। इस घटना के कुछ दिन बाद ही 15 अक्तूबर, 1918 को बाबा ने अपना पार्थिव शरीर त्याग दिया था।

□

स्वामी विशुद्धानंद

(1853–1937 ई.)

भारतभूमि अनेक महान् संतों-महात्माओं की लीलाभूमि रही है। यहाँ के प्रत्येक प्रदेश में अद्भुत शक्तिसंपन्न संत हुए हैं, लेकिन आधुनिक युग में बंगाल प्रदेश विशेष सौभाग्यशाली रहा है। बंगाल के आधुनिक परम सिद्ध योगियों में परमहंस श्री विशुद्धानंदजी का स्थान अप्रतिम और अद्वितीय है। परमहंसजी असाधारण तपस्वी, अक्षय शक्तिसंपन्न योगी, धर्म जीवन के अनन्य प्रतिष्ठापक थे। अलौकिक शक्तियाँ उनकी इच्छामात्र से परिचालित होती थीं। जनसाधारण में ईश्वरी सत्ता के प्रति विश्वास उत्पन्न करने के लिए उन्होंने असंख्य भक्तों के समक्ष उन्मुक्त अलौकिक चमत्कार दिखाए। आश्चर्य की बात यह है कि परमहंसजी ने कई दशक पूर्व शरीर त्याग दिया था, लेकिन आज भी अपने भक्तों के समक्ष प्रकट हो जाते हैं और उनका मार्गदर्शन कर देते हैं। विश्वमान्य मनीषी तथा महान् योगी डॉ. गोपीनाथ कविराजजी परमहंसजी के ही शिष्य थे, जिन्होंने अपने हिंदी, अंग्रेजी, बांग्ला और संस्कृत ग्रंथों के द्वारा भारतीय अध्यात्म-विद्या तथा योगशास्त्र के प्रचार-प्रसार का अभूतपूर्व और ऐतिहासिक कार्य किया है।

बाल-जीवन की आश्चर्यजनक घटनाएँ

परमहंस श्री विशुद्धानंदजी का संपूर्ण जीवन अलौकिक योग-विभूतियों से परिपूर्ण है। उनका जन्म सन् 1853 में बंगाल के बर्दवान जिले के बंतुल नामक ग्राम में हुआ। जन्म के छह मास के पश्चात् ही उनके पिता का देहांत हो गया। विधवा माँ तथा चाचा-चाची के द्वारा उनका पालन-पोषण हुआ। ऐसा प्रतीत होता है कि बाल्यावस्था से ही उनको किसी अलौकिक शक्ति का संरक्षण प्राप्त था। उनका बचपन का नाम 'भोलानाथ' था।

भोलानाथ ने एक बार मिट्टी का शिवलिंग बनाया और उसकी पूजा करने लगे। इसी समय इनका एक साथी आया। उसने अपने पैर से शिवलिंग तोड़ दिया। भोलानाथ ने दुःखी होकर सहज भाव से कह दिया, "तुमने शिवलिंग तोड़ा है, तुम्हें शिवजी का साँप काटेगा।" उसी दिन उस लड़के को साँप ने काट लिया और वह मरणासन्न हो गया। भोलानाथ को जब यह ज्ञात हुआ, तो वह उसके पास गए और उसके शरीर पर हाथ फेरते हुए कहा, "भगवन्! मैंने तो केवल साँप काटने की बात कही थी, जीवन लेने के लिए नहीं कहा था।" अल्प समय में ही उस मृतप्राय बालक ने आँखें खोल दीं और कुछ घंटों में स्वस्थ हो गया।

एक बार उनके चाचा ने उनके लिए बहुत सुंदर रेशमी कुरता बनवाया। न जाने क्यों भोलानाथ ने खेल-खेल में उसके टुकड़े कर डाले। चाचा ने कुरते की यह दुर्दशा देखी तो वे इन पर अप्रसन्न हुए। भोलानाथ ने गंभीर होकर उन टुकड़ों को समेटकर मुट्ठी में ले लिया। कुछ क्षण पश्चात् उनको फेंका, तो पुनः पहले जैसा कुरता बन गया।

एक बार बालक भोलानाथ को किसी कारण से डाँट पड़ गई। इससे उनके मन को बहुत दुःख हुआ। उन्होंने सोचा, 'ऐसे जीने से तो मर जाना ही अच्छा है।' अतः वह पूजागृह से श्रीकृष्ण की एक मूर्ति लेकर एक गहरे तालाब में उतर गए। गहरे-से-गहरे स्थल पर घुसने पर भी बालक भोलानाथ के घुटनों से अधिक पानी नहीं रहता था। उनको तालाब में इस प्रकार कूदते देखकर घर और गाँव के लोग आश्चर्यचकित रह गए।

पागल कुत्ते का काटना और जीवन की महान् उपलब्धि

जब भोलानाथ की अवस्था पंद्रह वर्ष की थी तो उन्हें एक पागल कुत्ते ने काट लिया। इसका उनके शरीर पर बड़ा प्रभाव पड़ा। कलकत्ता के अच्छे-से-अच्छे डॉक्टरों ने चिकित्सा की, किंतु रोग नियंत्रण में आता नहीं प्रतीत हुआ। भोलानाथ जीवन से निराश हो गए और कलकत्ता में गंगा में डूबने के लिए पहुँचे। वहाँ उन्होंने अद्भुत दृश्य देखा। एक महात्मा गंगा में डुबकी लगाकर जब खड़े होते थे तो पानी खंभे की तरह उनके साथ उठता था। भोलानाथ डूबकर मरना भूल गए और यह अद्भुत दृश्य देखने में मग्न हो गए। कुछ देर में वह महात्मा इनकी ओर मुड़कर बोले, "बच्चा! इतना क्यों घबराते हो? दर्द होता है; हम अच्छा कर देंगे।" ऐसा कहकर महात्माजी ने भोलानाथ के सिर पर अपना हाथ फेरा। उनके हाथ के स्पर्श मात्र से भोलानाथ को ये अनुभव हुआ कि सिर पर बहुत भारी बर्फ का टुकड़ा

रखा हुआ है। इसके बाद सारे शारीरिक कष्ट दूर हो गए। रात में उन्होंने अपने को पूर्ण स्वस्थ और प्रसन्न अनुभव किया। अब भोलानाथ को उन महात्मा के प्रति विशेष आकर्षण हुआ। अतः प्रातःकाल वह उनसे पुनः मिले और अनुरोध किया, "आपने मुझे जीवनदान दिया है। मैं आपको छोड़ नहीं सकता। आप मुझे दीक्षा दीजिए और धर्म-जीवन का पथ-प्रदर्शन करिए।" इन महात्मा ने उन्हें एक आसन सिखाया, एक बीजमंत्र दिया और बोले, "बालक! हम तुम्हारे गुरु नहीं हैं। तुम इस आसन का अभ्यास करो और इस मंत्र का जप करो। इससे तुम्हारी देह की शुद्धि होगी। जो तुम्हारे गुरु हैं, वे कहीं और हैं। किसी दिन उनके द्वारा तुम्हारी मनोकामना पूर्ण होगी।"

आकाश मार्ग से हिमालय पहुँचना

कुछ समय पश्चात् यही महात्मा पुनः मिले। अब भोलानाथ के मन में अपने वास्तविक गुरु से मिलने की आकांक्षा बड़ी तीव्र हो चुकी थी। विशेष अनुरोध पर महात्मा इनको गुरु के पास ले जाने को तैयार हुए। इस यात्रा की प्रक्रिया बड़ी विचित्र थी। भोलानाथजी की आँखों में पट्टी बाँध दी और कहा, "मेरे कंधे पर हाथ रखकर पीछे-पीछे चले आओ।" ऐसा करने पर उन्हें स्पष्ट प्रतीत हुआ, वह पृथ्वी पर नहीं चल रहे, बल्कि किसी अलौकिक शक्ति के आकर्षण से आकाश मार्ग से उड़ रहे हैं। बहुत अल्प समय में वह हिमालय के दुर्गम स्थान में स्थित एक पुरातन योगाश्रम में पहुँच गए। यह आश्रम चारों ओर से पहाड़ियों से घिरा था। इसका विस्तार लगभग सात-आठ मील होगा। यहाँ सैकड़ों तथा हजारों वर्ष की अवस्था के योगी थे। यहीं पर भोलानाथ की योग-शिक्षा प्रारंभ हुई। बारह वर्ष में उन्होंने योग-विद्या तथा सूर्यविज्ञान पर अद्भुत अधिकार प्राप्त कर लिया। इसके बाद भोलानाथ चार वर्ष तक दंडी स्वामी रहे और चार वर्ष तक संन्यासी रहे। इन आठ वर्षों में उन्होंने संपूर्ण भारत का भ्रमण कर लौकिक ज्ञान प्राप्त किया। संन्यासी रूप में उनका नाम 'विशुद्धानंद' था।

स्वर्गीय पिता के दर्शन

तीर्थाटन और परिभ्रमण की अवस्था में वे बीच-बीच में बंगाल जाकर अपनी माता के दर्शन कर आते थे। वहाँ इनके बड़े भाई भूतनाथजी चिकित्सा व्यवसाय करते थे। भूतनाथजी अपने छोटे भाई के तप और ज्ञान का बड़ा आदर करते थे। एक बार भूतनाथजी बोले, "तुम बहुत बड़े योगी हो। यदि तुम मेरी एक इच्छा पूरी

कर दो तो मेरा जीवन धन्य हो जाए। मैं स्वर्गीय पिता के दर्शन करना चाहता हूँ।" भोलानाथ ने अपने भाई के विशेष आग्रह पर स्वर्गीय पिता के दर्शन करा दिए तथा पंद्रह मिनट तक बातचीत भी कराई।

अलौकिक शक्तियों का परिचय

चार वर्ष की संन्यास की अवधि समाप्त होने के बाद उनके गुरु का आदेश गृहस्थ जीवन व्यतीत करने का हुआ, अतः वर्दमान के गुष्करा ग्राम में उन्होंने चिकित्सा-व्यवसाय प्रारंभ किया। थोड़े समय में ही उनकी अलौकिक चिकित्सक के रूप में ख्याति फैल गई। ज्योतिष का भी कुछ काम करने लगे। धन विशेष रूप से आने लगा। गुरु-आदेश से विवाह भी करना पड़ा। इस गृहस्थ जीवन में भी उनकी साधना अबाध रूप से चलती रहती थी। सैकड़ों लोग आध्यात्मिक मार्गदर्शन के लिए भी आने लगे।

इन दिनों उनकी साधना-पद्धति के रहस्य को जानने के लिए कुछ लोगों के मन में जिज्ञासा हुई। एक दिन एक व्यक्ति इनके साधना-कक्ष में पहले से ही छिपकर बैठ गया। वे जब कक्ष में आए और आसन पर बैठे, तो वायु की गति अवरुद्ध हो गई। कुछ पलों में ही उस व्यक्ति को साँस लेने में कठिनाई अनुभव होने लगी। वह चीख पड़ा, "बाबा, बचाओ।" परमहंसजी ने वायु को पुनः संचालित कर दिया और उससे कहा, "किसी योगी के कक्ष में बिना उसकी अनुमति के प्रवेश न करना, नहीं तो संकट में पड़ जाओगे।" गुष्करा में परमहंसजी के निवास-स्थान में एक काला नाग रहता था। यह आने-जानेवालों को हानि नहीं पहुँचाता था। परमहंसजी जब पुकारते, तत्काल आ जाता था। जब साधना के कारण उनके शरीर का ताप बढ़ जाता था तो नाग को शरीर में लपेट लेते थे। इससे उनके शरीर की तपन कम हो जाती थी।

ब्रह्म तेज का प्रमाण

गुष्करा में अनेक लोग मार्गदर्शन या विचार-विमर्श के लिए आते थे। इनमें एक पुरोहित ब्राह्मण भी थे। इनको अपने ब्राह्मणत्व और शास्त्र-ज्ञान का अभिमान था। ये सज्जन अपने को परमहंसजी के समकक्ष समझते थे। एक दिन यह परमहंस के बराबर आकर बैठ गए। उस दिन परमहंसजी कुछ नहीं बोले। दूसरे दिन जब वह पुनः उसी प्रकार आकर बैठे, तो परमहंस ने उनसे भक्तों के साथ सामने आकर बैठने को कहा। इससे उन सज्जन ने अपने को अपमानित अनुभव किया। उन्होंने कहा, "आप

ब्राह्मण और मैं ब्राह्मण, आप ज्योतिषी और मैं ज्योतिषी, आपके भक्त हैं और मेरे भी यजमान हैं। इसके अतिरिक्त आपसे मैं उम्र में बड़ा हूँ। आपने मुझे अपने समकक्ष न बैठाकर अपमान किया है।" परमहंसजी ने कहा, "ब्राह्मण जन्म से नहीं होता है, कर्म से होता है, तेज से होता है, ज्ञान से होता है।" पुरोहितजी बोले, "अब वैसे तेजस्वी ब्राह्मण कहाँ हैं?" परमहंसजी ने कहा, "नहीं, आज भी ऐसे ब्राह्मण हैं।" इतना कहकर परमहंसजी ने उनकी ओर देखा, तो जो चादर वह ओढ़े हुए थे, वह जलने लगी। पुरोहितजी ने चादर फेंक दी। उस दिन से पुरोहितजी का भ्रम दूर हो गया।

अनंत शक्तियों के स्रोत

परमहंसजी में अनंत योग-शक्तियाँ थीं। उनके लिए कोई कार्य असंभव नहीं था। वह आकाशमार्ग से कहीं आ-जा सकते थे। दूर से दूर की घटनाओं को देख सकते थे। व्यक्ति को देखे बिना उसका भूत-भविष्य-वर्तमान लिखकर दे देते थे। सूर्य विज्ञान के द्वारा कुछ ही पलों में कोई वस्तु उत्पन्न कर देते थे, जो स्थायी बनी रहती थी। असाध्य रोगों को इच्छा मात्र से दूर कर देते थे। सच्चे भक्तों को भगवान् की अनुभूति करा देते थे। सहस्रों नास्तिक लोगों के जीवन को उन्होंने पूर्ण रूप से बदल दिया था।

सुगंधियों के चमत्कार

परमहंस श्री विशुद्धानंदजी सुगंधि बाबा के नाम से भी प्रसिद्ध थे। उनके शरीर से दिव्य सुगंधि निकला करती थी। गरमी के दिनों में उनका पसीना भी सुगंधित होता था। किसी भी फूल में किसी प्रकार की सुगंधि उत्पन्न कर देते थे और किसी फूल को अन्य फूल में एक क्षण में परिवर्तित कर देते थे। एक बार भक्तों ने भगवान् श्रीकृष्ण की देह से निकलनेवाली दिव्य गंध की चर्चा की। शास्त्रों में जैसी गंध का वर्णन था, ठीक वैसी ही गंध उन्होंने उत्पन्न कर दी। इतना ही नहीं, हथेली दबाकर उसी गंधयुक्त द्रव को एक बरतन में संचित कर दिया, जिसे भक्तगण लेकर गए। एक बार परमहंसजी एक उद्यान में बैठे थे, जहाँ विभिन्न प्रकार के फूल खिले हुए थे। बाबा के संकेत मात्र से सारे फूलों की सुगंधि समाप्त हो गई और ये विभिन्न प्रकार की सुगंधियाँ उनके हाथ के एक फूल में आ गईं। परमहंसजी दृश्य या अदृश्य रूप में किसी स्थान में उपस्थित होते थे तो वह स्थान कमल की दिव्य तथा मादक सुगंधि से भर जाता था। एक बार पचासों लोगों के समक्ष अपनी नाभि में डंठल सहित कमल-पुष्प उगा दिया था।

मस्तिष्क में शिवलिंग और शरीर में अनेक रत्न

परमहंसजी अपने मस्तक के अंदर शिवलिंग तथा 108 स्फटिक मणियों की माला पहने रहते थे। पूजा के समय मुख से निकाल लेते थे और पूजा के बाद फिर चढ़ा लेते थे। इसके अतिरिक्त इनकी देह में अनेक स्फटिक गोलक, हीरे, मोती आदि रखे रहते थे। कभी-कभी कोई अंग दबने से रोमकूपों से वस्तुएँ निकल पड़ती थीं। इनके निकलते या रखते समय उनके शरीर में कोई कष्ट नहीं होता था और न खून निकलता था। बड़े-बड़े डॉक्टरों और वैज्ञानिकों ने इस रहस्य के समझने का प्रयास किया था, किंतु समझ नहीं पाए थे।

अंग-विच्छेद

एक बार परमहंसजी ने अपने शरीर के समस्त अंगों को अलग कर दिया था। इसके बाद भी अदृश्य रूप में बोलकर अपने शिष्यों को समझाते भी रहे थे। इसके बाद समस्त अंगों को जोड़कर पूर्ववत् हो गए थे।

दूर रहते हुए भी भक्तों की सहायता

परमहंसजी के देश भर में भक्त और शिष्य बने। वह अपने भक्तों का विशेष ध्यान रखते हैं। यदि कोई भक्त संकट के समय उनका स्मरण करता था तो वह कहीं भी हों, प्रत्यक्ष या परोक्ष रूप से सहायता करते थे। एक बार पं. गोपीनाथ कविराजजी की पत्नी बहुत अस्वस्थ हो गईं। डॉक्टरों ने जवाब दे दिया। सहज भाव से परमहंसजी को स्मरण किया गया। परमहंसजी उपस्थित हुए और पत्नी रोगमुक्त हो गई। एक बार परमहंसजी भवानीपुर में थे। काशी में कविराजजी की पत्नी बहुत निर्बल थीं। बाथरूम जाने के लिए चलीं, लेकिन चक्कर आने के कारण गिरने लगीं। उसी समय परमहंसजी प्रकट हुए, उनको सहारा देकर कमरे तक पहुँचाया तथा दवा की एक शीशी भी दी। कुछ दिनों बाद जब कविराजजी परमहंसजी से मिले तो उन्होंने पूछा कि परमहंसजी ने काशी से 500 मील दूर रहकर भी पत्नी के समक्ष प्रकट होकर कैसे सहायता की? परमहंसजी ने कहा, "योगी का अर्थ है—अखंड सत्ता से नित्ययुक्त होना। वह देशकाल से अवरुद्ध नहीं होता है। मैं इसी शरीर से सर्वत्र, सर्वकाल वर्तमान रहता हूँ। फिर मेरे काशी पहुँचने की बात ही क्या है।" परमहंसजी के संबंध में ऐसी असंख्य घटनाओं का उल्लेख हो सकता है। 11 जुलाई, 1937 का कलकत्ता में वे समाधिलीन हो गए।

शरीर-त्याग के बाद भी सशरीर दर्शन

परमहंसजी को शरीर-त्याग किए हुए लगभग सत्तर वर्ष हो गए हैं, लेकिन आश्चर्य की बात है कि आज भी वह अनेक भक्तों को सशरीर दर्शन देते हैं। कविराजजी के शब्दों में, "लोकदृष्टि से तिरोहित होने पर भी अभी तक बाबा का व्यवहार पहले जैसा ही है। गुजरात के एक विशिष्ट भक्त, जिन्होंने जीवन काल में बाबा को कभी देखा भी नहीं था, अब तक उनका दर्शन पाते हैं। आज तक एकांत भक्ति से पुकारने पर वे प्रकट होते हुए देखे जाते हैं।

परमहंसजी के आश्रम

परमहंसजी ने अपने सांसारिक जीवन काल में बर्दवान, जगन्नाथ पुरी, पुरुलिया वंडुल, वाराणसी में आश्रमों की स्थापना की थी और अनेक लोगों को योग-शिक्षा प्रदान की थी। ये आश्रम अत्यधिक शक्तिसंपन्न हैं। इनमें रहकर सैकड़ों लोग साधना करते हैं। काशी के मलदहिया मोहल्ले में स्थित 'विशुद्धानंद कानन' विशेष महत्त्वपूर्ण है।

आध्यात्मिक दर्शन

परमहंस श्री विशुद्धानंदजी के आध्यात्मिक दर्शन का मुख्य आधार इस प्रकार है—

"प्रेम की गंभीरता में रसतत्त्व का आविर्भाव होता है। उससे करुणा, स्नेह, वात्सल्य आदि दिव्य गुणों की स्फूर्ति होकर अपने आप ही कार्य होता रहता है।" कर्तव्य-निष्ठा, संयमशीलता, उद्यम, अध्यवसाय, गुरुभक्ति और निर्भरता आदि गुणों के समन्वय से उनका जीवन योग मार्ग में अप्रविष्ट साधारण मनुष्य के लिए भी आदर्श है। परमहंसजी का प्रधान उपदेश यह है कि 'प्रेम के बिना भगवत्-प्राप्ति नहीं हो सकती। शुद्धभक्ति की परिणति से ही प्रेम का उदय होता है। जिस भक्त की दृष्टि स्वार्थ-साधन की ओर है, जिसकी जड़ में कामना का बीज है, वह कभी प्रेम के रूप में परिणत नहीं होती। वस्तुतः उसको भक्ति कहना ही उचित नहीं है। ऐसी भक्ति से तो यथासंभव दूर रहना ही साधक का कर्तव्य है। शुद्ध भक्ति के उदय के लिए ज्ञान का विकास आवश्यक है। केवल ग्रंथों के अध्ययन से जिस ज्ञान की प्राप्ति होती है, वह शुष्क ज्ञान है। उसे असली ज्ञान नहीं कहना चाहिए। यथार्थ ज्ञान का उद्‌भव चित्तशुद्धि हुए बिना नहीं होता और चित्तशुद्धि कर्म-सापेक्ष है। अतएव यथाविधि सद्‌गुरु के आदेश को सिर चढ़ाकर उनके दिखलाए हुए मार्ग से निष्ठा,

संयम और श्रद्धा के साथ अपने चरित्रबल को पवित्र बनाए रखते हुए, जो अग्रसर हो सकता है, उसको अवश्य ही असली ज्ञान प्राप्त होता है। इस कर्म को योगीगण योग कहते हैं। इसके विपरीत, अन्य कर्मों को योग नहीं कहा जाता और वे चित्तशुद्धि में सहायक नहीं होते। अतएव नीति और चरित्र-शुद्धि की ओर लक्ष्य रखकर सद्गुरु के उपदिष्ट मार्ग से निरंतर योगाभ्यास रूप दीर्घकालव्यापी कर्म कर सकने पर ही चित्तशुद्धि और आत्मज्ञान का विकास होता है। तब हृदय-ग्रंथि खुल जाती है और समस्त संशय छूट जाते हैं तथा जन्म-जन्मांतर की संचित कर्म-राशि का क्षय हो जाता है। इस अवस्था में अविद्या की आंशिक निवृत्ति के कारण उसी के अनुसार आत्मशक्ति का स्फुरण प्रारंभ हो जाता है। यही योगविभूति की सूचना है। इसके बाद परमात्मा के अहैतुक नित्य आकर्षण के प्रभाव से विशुद्ध जीव क्रमशः आगे बढ़ता हुआ उनके निकट पहुँचता रहता है और परम मंगलमय ऐश्वरिक विभूति का आस्वादन करता है। ज्ञान का परिपाक अथवा भक्ति का विकास इस एक ही भूमि के नामांतर हैं। इसके बाद आत्मसमर्पण के पूर्ण होते ही प्रेम का आविर्भाव होता है। यही भगवत्-प्राप्ति की सूचना है। पूर्ण साधना-मार्ग के किसी भी अंश की उपेक्षा करने से काम नहीं चलता। अवस्था और अधिकार भेद से सभी की उपकारिता है, अतएव साधना-मार्ग का मूलमंत्र ही कर्म है। कर्म या पुरुषार्थ का आश्रय लेते ही दैवबल अपने आप आ जाता है। तब फिर भगवान् के अनुग्रह के लिए प्रार्थना की आवश्यकता नहीं रहती। अवश्य ही पूर्व जन्म के कर्म-फल से किसी-किसी की प्रथम अवस्था में ही उन्नत भाव का विकास देखने में आता है। परंतु इससे सिद्धांत में कोई व्यतिक्रम नहीं होता। इतनी बात याद रखनी चाहिए कि भगवान् की इच्छा मूल है। अतएव कर्म को मूल बताने पर भी प्रकारांतर से कर्म के मूल में भी उन्हीं का अनुग्रह होता है, इसमें कोई संदेह नहीं है। परंतु अज्ञान अवस्था में अनुग्रह की अनुभूति नहीं होती, इसलिए आत्माभिमान प्रबल रहता है। अतएव कर्म के ही भाव को प्रबल मानकर चलना पड़ता है। ज्ञान का उदय होने पर यह बात समझ में आ जाती है कि समस्त विश्व ही उनकी लीला है, अर्थात् उनकी इच्छाशक्ति का खेल है। जीव केवल इस अभिनय का निष्क्रिय द्रष्टामात्र है।”

□

गजानन महाराज

(अज्ञात—1910 ई.)

महाराष्ट्र के बुलढाना जिले में शेगाँव नामक एक स्टेशन है। स्टेशन से कुछ दूर एक अति विशाल मंदिर है। इस मंदिर का इतना अधिक महत्त्व है कि नित्य हजारों लोग देश के विभिन्न भागों से यहाँ पहुँचते हैं। इस मंदिर में महान् योगी और संत श्री गजानन महाराजजी की समाधि है। यह समाधि विलक्षण रूप से शक्तिसंपन्न है। जो व्यक्ति यहाँ श्रद्धाभाव से प्रार्थना करता है, उसकी मनोकामना पूर्ण होती है। लाखों व्यक्ति प्रतिवर्ष अपनी भौतिक और आध्यात्मिक समस्याओं के समाधान के लिए इस परम पुनीत और जागृत् समाधि पर पहुँचते हैं।

शेगाँव के संत का अभ्युदय

श्रीगजानन महाराजजी के जन्म-स्थान, परिवार आदि के संबंध में कोई विवरण किसी को ज्ञात नहीं है। वह 23 फरवरी, 1878 में अचानक शेगाँव में प्रकट हुए थे। वहाँ के लोगों ने उनके महान् व्यक्तित्व को समझ लिया और उनका आदर करने लगे, अत: वह जीवन के अंतिम क्षणों तक वहीं बने रहे।

गजानन महाराजजी के शेगाँव में प्रथम बार प्रकट होने की रोचक कहानी

शेगाँव के देवीदास नामक व्यक्ति ने एक विशाल भोज का आयोजन किया था, जिसमें हजारों निर्धनों, भिक्षुओं और साधुओं को भी भोजन दिया जा रहा था। खाने के बाद जो पत्तल फेंके जा रहे थे, उनमें खाने से बची हुई बहुत सी खाद्य-सामग्री भी फेंक दी जाती थी। एक सुंदर, तेजस्वी, किंतु नितांत नग्न युवक उन जूठे पत्तलों से चावल बीन-बीनकर निर्विकार भाव से खा रहा था। अधिकांश लोगों ने

उसे पागल समझा, लेकिन बंकटलाल अग्रवाल तथा दामोदर कुलकर्णी नामक दो व्यक्तियों ने इस युवक को देखकर समझ लिया कि यह कोई असाधारण व्यक्ति है, अत: बंकटलाल एक थाल में भोजन सजाकर ले आए और युवक के सामने रख दिया। उसने सब खाने की वस्तुएँ एक में मिला दीं और किसी प्रकार जल्दी-जल्दी खाने लगा। तब तक बंकटलाल पानी लेने के लिए घर के अंदर गए। पानी लेकर लौटे तो देखा कि युवक जानवरों के पानी पीनेवाली चरही में पानी पी रहा है। बंकटलाल ने कहा, "वह पानी पीने योग्य नहीं है। यह लीजिए शुद्ध जल।" युवक ने कहा, "सारे चराचर विश्व में वह व्याप्त है। वहाँ शुद्ध-अशुद्ध का कोई भेद नहीं है। पानी भी ईश्वर है और पीनेवाला भी वही है।" इतना कहकर वह युवक बड़ी तेजी से कहीं चला गया।

नाले में तुंबा डूबेगा

इस घटना के बाद बंकटलाल की स्थिति विचित्र हो गई। उन्हें चारों ओर वही युवक दिखाई पड़ता। उनके मन में उस युवक के दर्शन करने की अजब बेचैनी होने लगी। उनका खाना-पीना कम हो गया। वह उस युवक परमहंस की खोज में निकल पड़े। एक दिन वह एक शिव मंदिर में पहुँचे, जहाँ कथा-कीर्तन हो रहा था। बड़ी भीड़ थी। यहीं पर सबसे पीछे वही युवक बैठा था। बंकटलाल उसे देखते ही युवक के पैरों पर गिर पड़े। फिर पूछा, "महाराज, कुछ खाने को लाऊँ?" युवक ने कहा, "तुम्हें जरूरत हो तो ले आओ।" बंकटलाल पास के घर से रोटी माँग लाया। युवक प्रेम से खाने लगा तथा कहा, "जरा तुंबा भर पानी ले आओ। सामने छोटा सा नाला है, उससे ही पानी लाओ।" जिससे पानी लाने को कहा था, उसका नाम पीतांबर था। पीतांबर ने कहा, "महाराज, नाले में पानी गंदा और थोड़ा है। उसमें तुंबा डूब नहीं सकता।" युवक संत ने कहा, "मैं जो कह रहा हूँ, वही करो।" पीतांबर को पूर्ण विश्वास था कि तुंबा डूबेगा नहीं; लेकिन वह आज्ञा-पालन के लिए चला गया। उसने जैसे ही तुंबे को नाले में डाला, वह डूब गया। इतना ही नहीं, नाले का पानी गंदा था, लेकिन तुंबे का पानी बिल्कुल स्वच्छ था। पानी पीकर सब लोग मंदिर में हो रही भागवत् की कथा सुनने लगे। कथावाचक पंडितजी भागवत के ग्याहरवें स्कंध का पूर्वार्ध समझा रहे थे। अचानक युवक संत ने इस स्कंध का उत्तरार्ध बोल दिया। युवक की वाणी में बड़ा दिव्य ओज था। पंडितजी और समस्त श्रोता विशेष रूप से प्रभावित हुए। पंडितजी ने उपस्थित लोगों से कहा, "शेगाँव अब शेगाँव नहीं रहा, यह पंढरपुर हो गया। शेगाँव के लोगों, इस अमोल निधि को सँभालकर रखो।"

सब लोग इस युवक की ओर आकर्षित हो गए तथा श्रद्धा-भक्ति व्यक्त करने लगे। शेगाँववासियों का प्रेम देखकर युवक संत ने शेगाँव को अपना प्रमुख लीला-केंद्र बना लिया। यही युवक आगे चलकर महान् सिद्ध योगी गजानन महाराज के नाम से जगन्प्रसिद्ध हुआ।

स्वामी की कृपा से घोड़े की प्रकृति में परिवर्तन

कथावाचक पंडितजी के पास एक घोड़ा था, जो बड़ा चंचल और उद्दंड था। पंडितजी रात में कई बार उठकर उसको देखते थे। एक रात को उन्होंने कई बार उठकर दूर से देखा तो उन्होंने उसे पूर्ण शांत पाया। उनको कुछ आश्चर्य हुआ। वह घोड़े के पास गए। उन्होंने देखा कि उस उद्दंड घोड़े के चारों पैरों के बीच एक व्यक्ति सोया हुआ है। यह थे गजानन महाराज। पंडितजी को समझते देर नहीं लगी कि गजानन महाराज की कृपा से घोड़े का स्वभाव बदल गया है। वह स्वामीजी के चरणों में मस्तक रखकर बोले, "स्वामीजी, आप धन्य हैं। यह घोड़ा शेर के समान भयानक था, जो आपकी कृपा से गाय के समान सीधा हो गया।"

पंडितजी दूर-दूर तक कथा कहने जाते थे। वह अपनी कथाओं में गजानन महाराज की अलौकिकता के बारे में भी बताने लगे, अत: गजानन महाराज के दर्शन के लिए शेगाँव में भीड़ लगने लगी।

गजानन महाराज का विलक्षण स्वभाव

गजानन स्वामीजी का आचरण बहुत विलक्षण था। उनके निकटतम लोग भी उनके रहस्य को समझ नहीं पाते थे। कभी अपने में वे हँसते, कभी बड़बड़ाते और कभी रोषपूर्ण मुद्रा बनाकर लोगों को देखते। कभी किसी व्यक्ति के गले में हाथ डालकर घंटों घूमते और कभी इतना तेज भागते कि किसी की पकड़ में न आते। कई-कई दिन गायब भी रहते। सोने, खाने आदि का कोई नियम नहीं था। जमीन या कीचड़ में कहीं भी सो जाते थे। जिसने जो कुछ दे दिया, खा लिया करते थे। काशी का एक गोसाईं स्वामाजी के दर्शन के लिए शेगाँव आया था। भीड़भाड़ के कारण वह स्वामीजी से बात करने का अवसर नहीं पा रहा था। उसके मन में इच्छा थी कि वह स्वामीजी को गाँजे की चिलम पिलाए। एक दिन स्वामीजी बोले कि एक व्यक्ति आठ दिन से यहाँ पड़ा है, लेकिन मेरे पास नहीं आता। यदि उसमें साहस नहीं है, तो यहाँ आया क्यों? यह सुनकर गोसाईं दौड़कर स्वामीजी के चरणों में गिर पड़ा। उसके आश्चर्य की सीमा न रही, जब स्वामीजी चिलम पीने लगे। गोसाईं

गाँजा पिलाना चाहता था, अत: उसने प्रार्थना की। स्वामी गाँजा नहीं पीते थे, लेकिन उस भक्त की इच्छापूर्ति के लिए गाँजा पीना स्वीकार कर लिया। उस दिन से उनको गाँजा पिलाने की प्रथा चल पड़ी। स्वामीजी के चिलम पीने की विशेषता यह थी कि चिलम में राख तक नहीं बचती थी। जब कोई भक्त बीमार पड़ता तो वह उसे ठीक करने के लिए स्वयं बीमार पड़ जाते थे। कभी-कभी किसी भक्त को मारने भी लगते थे; लेकिन भक्त को चोट नहीं लगती थी। जो मार सह लेते थे, उनके पाप क्षय हो जाते थे तथा भावी संकट दूर हो जाते थे।

योगबल से अग्नि प्रज्वलित

स्वामीजी शेगाँव में बच्चों से बातें कर रहे थे कि चिलम पीने की इच्छा हुई। पास में सुनार का घर था। स्वामीजी ने उसी के यहाँ से आग लाने को कहा। सुनार चिढ़कर आग माँगनेवाले लड़के से बोला, "तंबाकू पीकर फालतू घूमनेवाले को तुम साधु कहते हो। अगर बहुत बड़ा साधु है तो अग्नि स्वयं क्यों नहीं पैदा कर लेता?" आग माँगनेवाला लड़का वापस लौट आया और उसने स्वामीजी से सुनार की बात कह दी। स्वामीजी ने एक व्यक्ति को एक छोटी लकड़ी चिलम के ऊपर पकड़ने को कहा। जैसे ही चिलम के ऊपर लकड़ी रखी गई, उसमें अग्नि प्रकट हो गई और तंबाकू जलने लगी। अक्षय तृतीया का दिन था। सुनार के यहाँ दावत थी। उसने विशेष प्रकार के व्यंजन बनवाए थे। उनमें कीड़े रेंगने लगे। वह सब खाने लायक नहीं रहा। सुनार घबरा गया। वह दौड़ा हुआ स्वामीजी के पास गया और उनके चरणों में गिरकर क्षमा माँगने लगा। स्वामीजी ने कहा कि जाकर देखो, सब ठीक है। सुनार घर गया तो उसे सब खाद्य पदार्थ ठीक मिले।

सूखे कुएँ में जल-प्लावन

स्वामीजी एक गाँव जा रहे थे। गरमी के दिन थे। उनको बहुत प्यास लगी। भास्कर पाटिल नामक किसान खेत में काम करता दिखाई पड़ा। उसके पास एक घड़ा पानी रखा था। उन्होंने उस पाटिल से कहा, "पानी पिलाने से बड़ा पुण्य होता है, थोड़ा पानी पिला दो, मैं बहुत प्यासा हूँ।" पाटिल बहुत नाराज होकर बोला, "तुम नंगे गाँव-गाँव घूमते रहते हो, मुफ्त में खाते फिरते हो, कोई काम नहीं करते हो। तुम्हें पानी पिलाने से कौन पुण्य मिलेगा? तुम जाओ, तुम्हें पानी नहीं मिलेगा। मुझे यह दिन भर चलाना है।" पास ही एक सूखा कुआँ था। स्वामीजी उसी ओर चल पड़े। पाटिल चिल्लाकर बोला, "अरे मूर्ख, उस ओर क्यों जा रहा है? वह

कुआँ वर्षों से सूखा पड़ा है।" स्वामीजी ने उसकी बात पर ध्यान नहीं दिया और कुएँ की जगत पर बैठकर भजन करने लगे। थोड़ी देर में कुएँ के अंदर आवाज हुई और फव्वारा फूट पड़ा। स्वामीजी उसी का पानी पीने लगे। पाटिल आश्चर्यचकित हो गया। उसकी समझ में आ गया कि यह नंगा कोई महान् सिद्ध योगी है। वह अपने अभद्र व्यवहार के लिए बार-बार क्षमा माँगने लगा। आसपास के गाँवों में इस घटना की खबर फैल गई। सैकड़ों लोग जुट गए। स्वामीजी की कृपा से उस क्षेत्र की पानी की समस्या का समाधान हो गया।

स्वामीजी की विलक्षण परीक्षा

शेगाँव में एक पाटिल परिवार का प्रभुत्व था। पाटिल छह भाई थे—खंडू, गणपति, नारायण, मारुति, हरि और कृष्णजी। इन्हें धन और बल का बड़ा घमंड था। किसी को कुछ नहीं समझते थे। साधु-संतों का भी आदर नहीं करते थे। स्वामीजी का गाँववाले सम्मान करते थे, इससे उनको बहुत चिढ़ होती थी। वे प्रायः स्वामीजी को अपशब्द कहा करते थे। हरि पाटिल पहलवानी करता था। एक दिन वह स्वामीजी के पास आया और हाथ पकड़कर बोला, "चल उठ, मेरे साथ कुश्ती लड़। यदि जीतेगा तो तुझे इनाम दूँगा।" स्वामीजी कुश्ती लड़ने को राजी हो गए। वह अखाड़े में जाकर बैठ गए तथा हरि से बोले, "तुम बड़े पहलवान हो! पहले मुझे उठाकर खड़ा कर दो, फिर कुश्ती लड़ेंगे।" वह तुरंत हाथ पकड़कर उठाने लगा; किंतु वह स्वामीजी को एक सूत भी नहीं हिला पाया। तब स्वामीजी के समक्ष पूर्ण पराजित और लज्जित होकर उसी दिन से उनका परमभक्त हो गया। हरि की भक्ति उसके अन्य भाइयों को ठीक नहीं लगी। एक दिन वे कुछ मोटे गन्ने लेकर स्वामीजी के पास पहुँचे और बोले, "क्यों रे पागल! क्या तुम्हारी गन्ना खाने की इच्छा है! अगर है तो तुम्हें हमारी एक शर्त माननी होगी। इन गन्नों से तुम्हारे शरीर पर प्रहार करेंगे। अगर तुम्हारी देह पर चोट के निशान नहीं उभरेंगे तो तुमको योगी मानेंगे।" स्वामीजी कुछ नहीं बोले तो उन लोगों ने मौन को स्वीकृति मान लिया और गन्नों से स्वामीजी पर जोर-जोर से प्रहार करने लगे। स्वामीजी पूर्ण रूप से निश्चल बैठे रहे। जब पच्चीसों प्रहारों का एक भी निशान उनके शरीर पर नहीं पड़ा तो उन्होंने आश्चर्यचकित होकर मारना बंद कर दिया। अब स्वामीजी ने हँसकर कहा, "तुम लोग मारकर थक गए होगे। हम तुमको गन्ने का रस पिलाएँगे।" उन्होंने एक बरतन मँगाया और गन्नों को केवल हाथ से इस प्रकार ऐंठा कि सब रस निकलकर बरतन में आ गया। स्वामीजी की उदारता और

योगशक्ति देखकर पाटिल बंधु आश्चर्यचकित रह गए। उस दिन से उन दुष्ट पाटिल बंधुओं का हृदय परिवर्तित हो गया। वे सब स्वामीजी के भक्त हो गए। हरि पाटिल ने शेगाँव में श्री गजानन स्वामी संस्थान की स्थापना की। यह संस्थान आज जनता का बड़ा कल्याण कर रहा है।

आत्मा की अनश्वरता का प्रत्यक्ष प्रमाण

कुछ साधु शेगाँव में आकर ठहरे। उनके गुरु भी साथ थे। वे कथा कहते थे और अपने को बहुत ऊँचा साधु समझते थे। उन्होंने गाँववालों से कहा कि इस नंगे पागल की सेवा करने से क्या लाभ? सच्चे साधुओं की सेवा करने से पुण्य प्राप्त होगा। पाटिल बंधुओं में से एक ने उनके खाने-पीने की व्यवस्था कर दी। शाम को उनके गुरु ने कथा प्रारंभ की। स्वामीजी इस स्थल के पास ही अपनी चारपाई पर बैठे रहे। कथावाचक ने 'नैनं छिन्दति' श्लोक की व्याख्या करते हुए कहा कि आत्मा को अग्नि भी नष्ट नहीं करती, शरीर का मोह व्यर्थ है। इसी समय स्वामीजी की चिलम से चिनगारी उड़कर चारपाई पर गिरी और चारपाई जलने लगी। स्वामीजी न चारपाई से हटे और न किसी को आग बुझाने दी। जब चारपाई काफी जल गई तो उन्होंने साधुओं के गुरु से जलती चारपाई पर अपने साथ बैठने को कहा; लेकिन वह राजी नहीं हुए। जब पूरी चारपाई जल गई तो स्वामीजी उससे उठकर खड़े हो गए। जली चारपाई तुरंत जमीन पर गिर पड़ी। साधुओं के गुरु और उनके साधु स्वामीजी के चरणों में गिर पड़े। साधुओं ने स्वीकार किया कि वह पेट के लिए साधु बने हैं। उन्हें अध्यात्म और योग का कुछ अनुभव नहीं है।

अगाध पांडित्य और विलक्षण स्मरण-शक्ति

स्वामीजी खंडू पाटिल के घर पर सो रहे थे। उसी समय कुछ तैलंगी ब्राह्मण पाटिल के घर पर कुछ धन प्राप्त करने की आशा से आए। वे जोर-जोर से वेद पाठ करने लगे। उनसे कुछ गलती हो गई। स्वामीजी सोते से उठकर बैठ गए और ब्राह्मणों से बोले, "तुम लोग इस प्रकार वेद-विद्या को गिराओ नहीं। तुम कैसे वेद-पाठी हो, जो पेट पालने के लिए वेद-विद्या का उपयोग कर रहे हो। यह मोक्षदायी विद्या है।" इतना कहकर वे स्वयं वेदमंत्रों को सस्वर बोलने लगे। उपस्थित लोग उनके पांडित्य-पक्ष से परिचित नहीं थे। उनका वेदमंत्रों का शुद्ध उच्चारण और स्मरण-शक्ति देखकर लोग आश्चर्यचकित रह गए।

तिलक का 'गीता रहस्य' और सूखी रोटी

अकोला नगर में शिवाजी-जयंती मनाई जा रही थी। उसमें एक दिन अन्य विद्वानों के साथ बाल गंगाधर तिलकजी का भी भाषण होनेवाला था। शिवाजी के गुरु समर्थ रामदासजी थे, इसलिए किसी संत से सभा की अध्यक्षता कराने का विचार किया गया। आयोजकों में से कुछ लोगों ने तुरंत गजानन स्वामीजी का नाम प्रस्तावित किया; लेकिन कुछ लोगों ने यह कहकर विरोध किया कि स्वामीजी किसी समय गड़बड़ कर सकते हैं, अतः वह सभा के लिए उपयुक्त नहीं रहेंगे। अधिकांश लोग स्वामीजी के पक्ष में थे, अतः तत्कालीन प्रसिद्ध वकील दादा साहब खांडे स्वामीजी को आमंत्रित करने के लिए भेजे गए। स्वामीजी ने उनको देखते ही कहा, "हम तुम्हारी सभा में आएँगे, पागल के समान व्यवहार नहीं करेंगे, किसी के साथ मारपीट नहीं करेंगे और न किसी का अपमान करेंगे। राष्ट्रोद्धार करने के लिए बाल गंगाधर तिलक के समान महापुरुष फिर कभी न होगा।" खांडे साहब तथा उनके साथी आश्चर्यचकित रह गए कि अकोला में हुई बातों को स्वामीजी ने कैसे जान लिया?

स्वामीजी यथासमय अकोला की सभा में पहुँचे। तिलकजी का अभूतपूर्व ओजस्वी भाषण हुआ। उन्होंने भाषण में कुछ ऐसी बातें कहीं, जो अंग्रेज सरकार के विरुद्ध थीं। स्वामीजी ने तिलकजी से कहा, "इस प्रकार का भाषण देने से तुम्हें हथकड़ियाँ पड़ेंगी।" उस समय तो सभा सानंद संपन्न हो गई; लेकिन कुछ समय बाद तिलकजी को गिरफ्तार कर लिया गया और उन पर मुकदमा चलाया गया। तिलकजी के एक भक्त कोल्हटकर इस संकट से मुक्ति दिलाने के लिए प्रार्थना करने स्वामीजी के पास गए। स्वामीजी उस समय सो रहे थे। तीन दिन और तीन रात जागे ही नहीं। कोल्हटकर प्रतीक्षा करते रहे। जब स्वामीजी जागे तो उन्होंने तिलकजी के छुटकारे की समस्या उनके सामने रखी। गंभीरतापूर्वक स्वामीजी ने कहा, "उनका विधि लिखित वैसा ही था। जो हुआ, सो ठीक हुआ। तुम उन्हें छुड़वाने की कोशिश न करो, उनके द्वारा एक महान् कार्य सिद्ध होनेवाला है। जाओ, यह रोटी उन्हें खिला दो।" यह कहकर स्वामीजी ने एक बासी रोटी दे दी। कोल्हटकर बड़ी श्रद्धा से वह रोटी लेकर तिलकजी के पास गए। तिलकजी की स्वामीजी पर असीम आस्था थी, अतः उन्होंने वह सूखी रोटी चबा-चबाकर खा ली। तिलकजी को छह साल की सजा हुई। बर्मा के मांडले जेल में रखे गए। वहाँ पर उन्हें एकांत चिंतन, अध्ययन, लेखन के लिए बहुत समय मिला, अतः उन्होंने

'गीता' पर विश्वविख्यात भाष्य गीता-रहस्य लिखा। इस ग्रंथ ने उनके व्यक्तित्व की श्रीवृद्धि में अमित योगदान किया।

शरीर-त्याग के बाद भी सशरीर दर्शन

स्वामीजी ने अपने शरीर-त्याग का संकेत बहुत पहले दे दिया था। 8 सितंबर, 1910 ई. को गणेश चतुर्थी के महोत्सव के लिए शेगाँव के आश्रम में सहस्रों भक्त एकत्र हुए थे। उन्होंने प्रिय शिष्य बालाभाऊ का हाथ पकड़ा तथा उसे अपने आसन पर बिठाकर कहा, "आज वह दिन है, जब इस पार्थिव देह का तुम लोग विसर्जन करोगे। इसमें जरा भी शोक नहीं करना चाहिए। मैं गया हूँ, ऐसा कभी मत सोचो, अपनी भक्ति में अंतर कदापि न आने दो, मैं अहर्निश यहीं पर हूँ।" इसके बाद अपने योगबल से उन्होंने प्राण त्याग दिए। अलौकिक लीला हुई। दूर-दूर के भक्तों को स्वामीजी ने स्वप्न के द्वारा अपनी समाधि की सूचना दे दी। भक्तों ने बड़ी श्रद्धा से उनकी समाधि का निर्माण कराया। आज शेगाँव का वह समाधि-मंदिर लाखों व्यक्तियों का श्रद्धा-केंद्र है।

स्वामीजी आज भी भक्तों के लिए साक्षात् रूप से जीवित हैं। प्राय: भक्तों के समक्ष सशरीर प्रकट हो जाते हैं। समाधि पर प्रार्थना निवेदित करनेवाले व्यक्तियों की समस्या का विलक्षण रूप से समाधान होता है। इस प्रसंग में लाखों व्यक्तियों के अलौकिक संस्मरण हैं।

□

नागा महाराज

(अज्ञात—1936 ई.)

भारत के महान् योगियों और संतों में नागा निरंकारीजी का चरित्र और व्यक्तित्व विशेष विलक्षण, असाधारण, अलौकिक, असीम शक्तिसंपन्न, अनंत उदार था। नागा महाराजजी में जैसी अद्‌भुत योग-शक्तियाँ थीं, उनसे वह विपुल लौकिक यश, अर्थ और सम्मान अर्जित कर सकते थे; लेकिन सच्चे संत की भाँति उन्होंने अपने को सदा गुप्त रखा, प्रचार और आडंबर से अपने को सदा मुक्त रखा। यद्यपि उनको भौतिक शरीर छोड़े हुए बहुत दिन हो चुके हैं; फिर भी सहस्रों भक्त आराध्य देव के रूप में उनकी उपासना करते हैं। अनेक सौभाग्यशाली स्त्री-पुरुष आज भी उनके सशरीर प्रत्यक्ष दर्शन प्राप्त करते हैं तथा स्वप्न आदि अप्रत्यक्ष माध्यमों से निर्देशन प्राप्त करके लौकिक-पारलौकिक समस्याओं का समाधान करते हैं। नागा महाराज जैसे कठोर तपस्वी, सिद्ध संत, परम दयालु महापुरुष, समदर्शी समाजसेवी इस धरती पर बहुत कम अवतरित होते हैं।

अनिश्चित जीवन-यात्रा

नागा महाराजजी किसी व्यक्ति के विगत और भावी जन्मों का विवरण बड़ी सरलता से व्यक्त कर देते थे। वह प्राय: अपने विगत जन्मों का हाल भी बताया करते थे; लेकिन ये तथ्य किसी को ठीक-ठीक ज्ञात नहीं थे कि वे इस जन्म में किस स्थान, किस परिवार तथा किस समय में उत्पन्न हुए थे। उनके प्रारंभिक जीवन का कोई विस्तृत विवरण किसी को भी नहीं प्राप्त हो सका है। केवल इतना ज्ञात हुआ है कि उनका जन्म पंजाब के किसी राज-परिवार में हुआ था। पिता मुगलों के साथ युद्ध करते हुए वीरगति को प्राप्त हुए थे तथा माता सती हो गई थीं, अत:

बाल्यावस्था में ही वे एक संन्यासी के आश्रम में रहने लगे थे। कुछ समय बाद वह यह आश्रम छोड़कर अकेले ही विचरण करने लगे थे तथा उग्र साधना में लग गए थे। कुछ वर्षों उनकी विचित्र अवस्था रही थी। वह किसी एक दिशा की ओर निरुद्देश्य चल देते थे और महीनों उसी दिशा में चलते रहते थे। एक बार इसी स्थिति में पैदल चलते हुए चीन तक पहुँच गए थे। नागा महाराजजी ने अपनी इस यायावरी दशा में भारत, बर्मा, तिब्बत, चीन आदि अनेक भूभागों का पर्यटन किया था। जब कभी मौज में होते थे, तो अपनी इन साहसिक यात्राओं का विवरण अपने भक्तों को सुनाया करते थे, कतिपय अज्ञात कारणों से वह जीवन के अंतिम वर्षों में भ्रमण करते हुए उत्तर प्रदेश के फतेहपुर जिले के असोथर ग्राम में आ गए थे।

बारह वर्षों का कठोर तप

नागा महाराज ने असोथर के जंगलों में बारह वर्ष मौन रहकर कठोर तप किया था। प्रत्येक ऋतु में वे पूर्ण नग्न रहते थे। प्रारंभ में लोग इनको पागल समझते थे; लेकिन बाद में जब कुछ विवेकी लोगों ने इनके वास्तविक व्यक्तित्व को पहचान लिया, तो धीरे-धीरे भक्तों की भीड़ लगने लगी। उस समय वे पीड़ित लोगों को अपनी धूनी की राख उठाकर दे देते थे और इसी से लोगों का कल्याण हो जाता था। बारह वर्षों बाद जब उन्होंने मौन तोड़ा तो प्रारंभ में वे अपनी ओर से कुछ नहीं बोलते थे। जो कोई कुछ बोलता था, उसे दोहरा देते थे। उनके इस अभ्यास से बच्चों का बड़ा मनोरंजन होता था, अतः बच्चे उनको घेरे रहते थे और उनको बच्चों के साथ खेलने में बड़ा आनंद आता था। बच्चे उनको प्रायः बस्ती में ले जाते थे। बस्ती के लोग दूध, मिष्टान्न, भोजन आदि से उनका स्वागत करते थे। वे अपने साथ के बच्चों को खिलाकर खाते थे। इन दिनों उनको चाहे जितनी मात्रा में खिला दिया जाता था, वे खा लेते थे। लेकिन उनकी पाचनशक्ति पर विपरीत प्रभाव नहीं पड़ता था। बालकों के साथ खेलते-खेलते कभी-कभी कुछ चमत्कार भी दिखा देते थे। जैसे बालक चारों ओर से घेरकर खड़े हो जाते थे और कहते थे कि जाने नहीं देंगे। लेकिन नागा बाबा सबके देखते-देखते गायब हो जाते थे और वहीं दूसरे स्थान में प्रकट हो जाते थे।

भक्तों द्वारा बंदी

नागा महाराज एक गाँव से दूसरे गाँव में विचरण किया करते थे। कभी-कभी विचित्र प्रकार के भक्त भी मिल जाते थे। एक बार कुछ भक्तों ने उनको एक कमरे

में बंद कर दिया और बाहर से ताला लगा दिया। उन लोगों की इच्छा थी कि बाबा गाँव छोड़कर न जाएँ। कमरे में ताला लगा रहा और बाहर लोग पहरा देते रहे; लेकिन नागा महाराज कमरे से गायब हो गए और उसी समय दूसरे गाँव के भक्त के यहाँ प्रकट हो गए। एक बार नागा महाराज रामदुलारी नामक महिला भक्त के साथ फतेहतुर से इलाहाबाद गए। दस-बारह दिन बाद भी वह महिला उनको जाने नहीं दे रही थी। एक दिन वह महिला एक दस-बारह साल के बच्चे तथा नागा बाबा के साथ गंगा स्नान करने गई। यह लड़का फतेहपुर का था। वह भी अपने घर जाना चाहता था। बाबा ने लड़के का हाथ पकड़कर त्रिवेणी में डुबकी लगाई और फिर ऊपर आए ही नहीं। महिला यह विचित्र लीला देखकर भयभीत हो गई। उसने समझा, बाबा बालक सहित डूब गए। महिला बहुत दुःखी और परेशान होकर अपने घर लौट गई। दूसरे दिन वे फतेहपुर पहुँच गए थे। उस बालक का नाम अर्जुन था।

अलौकिक शक्तिसंपन्न

नागा महाराजजी पूर्ण रूप से समदर्शी थे। धनी-निर्धन, विद्वान्-मूर्ख, बालक-वृद्ध, सब पर समान रूप से कृपा करते थे। उनके पास पहुँचनेवाले व्यक्ति अनेक प्रकार की प्रवृत्तियों के होते थे। वह यथासंभव सबको सद्मार्ग की ओर अग्रसर करने का प्रयास करते थे और सबकी सहायता करते थे। अधिकांश लोग सांसारिक समस्याओं के समाधान के लिए उनसे प्रार्थना करते थे। नागा महाराज पूर्ण निःस्पृह भाव से इन दुःखी-जनों का कष्ट निवारण करते थे। रोगों से पीड़ित व्यक्तियों की संख्या उनके दर्शनार्थियों में सबसे अधिक होती थी। बाबा प्राय: अपनी धूनी की राख दे देते थे और उसी से बड़े-बड़े असाध्य रोगी पूर्ण स्वस्थ हो जाते थे। कभी-कभी वह विचित्र विधि से चिकित्सा करते थे। एक बार एक व्यक्ति को अपच की बीमारी हो गई। उसकी पाचनशक्ति इतनी निर्बल हो गई कि उसे साबूदाना भी नहीं पचता था। वह नागा महाराज के पास गया। उन्होंने अपने सामने उसे भरपेट रोटी-दाल खिलाया, उसे सबकुछ हजम हो गया। उस दिन से वह उदर-व्याधि से पूर्ण रूप से मुक्त हो गया। अमरनाथ नामक व्यक्ति को जूड़ी के साथ तीव्र ज्वर आता था। बाबा ने उसके वस्त्र बदलवाए और उसे भरपेट पूड़ी, साग, आचार, दूध आदि खिलाया। दूसरे दिन अमरनाथ ज्वरमुक्त हो गया, लेकिन बाबा को ज्वर आ गया। बाबा कुछ घंटों में बिना किसी औषधि के स्वस्थ हो गए। कभी-कभी नागा बाबा विकट ज्वर के रोगियों को तालाब में स्नान कराकर ही स्वस्थ कर देते थे। एक बार फतेहपुर के एक परिवार में पहुँच गए। वहाँ क्षय रोग से पीड़ित एक महिला थी। बाबा ने जंगल

की एक सामान्य जड़ी पीसकर खिलाने को दे दी। महिला कुछ दिनों में पूर्ण स्वस्थ हो गई। बाद में क्षय रोग पीड़ित एक अन्य व्यक्ति को यही जड़ी दी गई, तो कोई लाभ नहीं हुआ। वास्तव में नागा महाराज संकल्प-सिद्ध व्यक्ति थे। जड़ी या उपचार आदि तो माध्यम मात्र थे। वास्तविक शक्ति उनके संकल्प में होती थी। जिसको जो कह देते थे, वह हो जाता था। अनेक संतानहीन स्त्रियों को उन्होंने आशीर्वाद दिया और उनके संतानें हुईं।

भक्त की रक्षा के लिए गरलपान

नागा महाराज अपने भक्तों के लिए स्वयं कष्ट सहन करने में कभी संकोच नहीं करते थे। एक बार कानपुर के बरईगढ़ ग्राम की भक्त महिला ने आत्महत्या के लिए संखिया लेकर रख लिया। बाबा ने अपनी दिव्य शक्ति से इस रहस्य को जान लिया। बाबा उसके घर गए और जहाँ संखिया रखा था, उसे उठाकर चल दिए। उनके साथ बच्चे थे। बच्चों ने मीठी चीज समझकर छीनने का प्रयास किया; अतः बाबा ने पूरा संखिया स्वयं खा लिया। इसके विष से उन्हें कई दिन तक खून के दस्त होते रहे। विष के प्रभाव को दूर करने के लिए वह तीन दिन तक नहर के पानी में पड़े रहे। बाद में जब भक्तों ने पूछा कि आपने इतना विष क्यों खा लिया तो बाबा ने बड़ी सहजता से उत्तर दिया, "कोई दूसरा न खा ले, इसलिए हमने ही खा लिया।"

हरिद्वार में डूबना, फतेहपुर में प्रकट होना

कभी-कभी नागा महाराज अज्ञात कारणों से अपने जीवन को संकट में डाल देते थे। एक बार वह कुछ भक्तों के साथ ऋषिकेश में लक्ष्मण झूला पार कर रहे थे। लक्ष्मण झूले के नीचे गंगाजी बहुत गहरी हैं तथा प्रवाह भी बहुत तीव्र है। नागा बाबा के मन में न जाने क्या विचार आया कि वह पुल से छलाँग लगाकर गंगाजी में कूद गए। भक्त लोग बड़ी देर तक देखते रहे, लेकिन बाबा जल के ऊपर नहीं आए। भक्तों ने समझा कि बाबाजी ने जलसमाधि ले ली, लेकिन जब वह अपने गाँव वापस आए, तो उन्होंने नागा बाबा को अपने गाँव में पाया। एक बार नागा बाबा बच्चों के साथ खेलते हुए यमुना नदी के किनारे पहुँच गए। यमुना का प्रबल प्रवाह था। वे एक ऊँची कगार पर खड़े थे। कुछ शैतान बच्चों ने उनको धक्का दे दिया। यद्यपि वे चाहते तो न गिरते; लेकिन बच्चों के मनोरंजन के लिए गिर गए। बहते हुए कई मील चले गए और बाद में फिर उसी गाँव में आ गए। बच्चों के प्रति किसी प्रकार का आक्रोश या क्षोभ नहीं व्यक्त किया। नागा महाराज में क्षमाशीलता

और सहिष्णुता असाधारण थी। वह कहा करते थे, "साधु फकीर को मुरदे की तरह अपनी बुराई, निद्रा तथा लोकापवाद सुनकर मौन रहना चाहिए। बदले की इच्छा न करके शांत-गंभीर होकर किसी के द्वारा आनेवाले दुःखदायी प्रयोगों को सह लेना चाहिए। क्योंकि ऐसा करने से शक्ति मिलती है और शांति भंग नहीं होती, दुष्कर्मों का अंत हो जाता है।"

त्रिकालदर्शी सिद्ध संत

नागा महाराज त्रिकालदर्शी थे। वह किसी व्यक्ति का भूत, भविष्य और वर्तमान बड़े सहज ढंग से बता देते थे। इस संबंध में उनकी अनंत कथाएँ हैं। वह प्रायः भक्तों को आनेवाले संकटों के संबंध में सावधान कर देते थे। इन संकटों से बचने के उपाय भी बता देते थे। कभी-कभी भक्तों के संकट अपने ऊपर ले लेते थे अथवा अप्रत्यक्ष रूप से सहायता पहुँचा देते थे। एक बार वे भक्तों के साथ कानपुर के जाजमऊ नामक स्थान में गंगा-स्नान करने गए। स्नान के बाद रेत में बैठकर भोजन कर रहे थे। भोजन करते हुए अचानक बोल पड़े, "बच गया।" भक्तों के पूछने पर संक्षेप में बताया कि अमुक भक्त प्रयाग में संगम में डूबने से बच गया। बाद में उन्हीं भक्त द्वारा ज्ञात हुआ कि उन भक्त की नाव संगम में भँवर में फँस गई थी और डूबनेवाली थी, लेकिन भक्तों ने नागा बाबा का सच्चे हृदय से स्मरण किया और उन्हें तुरंत अनुभव हुआ कि किसी ने नाव को जोर का धक्का देकर भँवर से निकाल दिया। इस प्रकार नागा बाबा दूर बैठे हुए भी अपनी दिव्य-दृष्टि और योगशक्ति से भक्तों की सहायता करते रहते थे।

व्यक्तित्व में गोपनीयता

नागा महाराज अपने विराट् व्यक्तित्व को गुप्त रखने में विशेष निपुण थे। वह सदा नग्न रहते थे। मितभाषी थे। उनको किसी ने कभी पढ़ते-लिखते नहीं देखा था, लेकिन कभी-कभी वह योग और वेदांत के जटिल-से-जटिल ग्रंथ की बड़ी सरलता से व्याख्या कर देते थे, जिसे सुनकर बड़े-बड़े विद्वान् आश्चर्यचकित रह जाते थे। वास्तव में नागा बाबा ने आध्यात्मिक ज्ञान को पुस्तकों या पंडितों से सीखा नहीं था, अपितु तप और साधना द्वारा प्रत्यक्ष अनुभव किया था। धर्मग्रंथों में विभिन्न लोकों का वर्णन मिलता है। नागा बाबा इन लोकों का आँखों देखा वर्णन सुनाया करते थे। अंतरिक्ष में सूक्ष्म शरीर में विचरण करनेवाली अनेक आत्माओं से उनका संपर्क रहता था, जिनके द्वारा उनको अनेक रहस्यपूर्ण और गूढ़ बातों का ज्ञान होता रहता

था। संक्षेप में नागा बाबा में अगाध ज्ञान और असीम शक्ति थी, लेकिन वह अपनी क्षमता का प्रदर्शन नहीं करते थे। केवल लोककल्याण के लिए स्वार्थ-रहित भाव से कभी-कभी अपनी शक्ति का सदुपयोग कर लेते थे।

देहावसान के बाद भक्तों का मार्ग-निर्देशन

नागा महाराज भक्तों को प्रायः स्वप्न के द्वारा मार्गदर्शन करते थे। इस संबंध में उनके शिष्यों के असंख्य संस्मरण हैं। नागा महाराज के शिष्यों—पथिकजी, रतननिधि महाराज आदि—ने स्वप्न संबंधी अनेक संस्मरण लिपिबद्ध किए हैं। नागा बाबा अपने भक्तों को स्वप्न में जो कुछ बताते हैं, वह शत-प्रतिशत सत्य होता है। नागा बाबा के भक्तों का पूर्ण विश्वास है कि जो बाबा को सच्चे हृदय से स्मरण करता है, बाबा उसकी सहायता आज भी करते हैं।

जीवन का अंतिम अध्याय

नागा महाराज अज्ञात कारणों से जीवन के अंतिम वर्षों में कानपुर जिले के पाली ग्राम में आकर रहने लगे थे। यहाँ आसपास अगनित भक्त थे, किंतु एक संत्रस्त क्षत्रिय परिवार पर इनकी विशेष कृपा थी। इस परिवार के ठाकुर राम प्रताप सिंह तथा उनकी विधवा माताजी को नागा महाराजजी की सेवा का विशेष सौभाग्य प्राप्त हुआ था।

नागा महाराजजी ने पाली में रहकर अगणित दीन-दुःखियों का कल्याण किया था तथा अनेक लोगों को आध्यात्मिक मार्ग की ओर अग्रसर किया था। इस कारण ही पाली एक पवित्र स्थान बन गया है।

नागा महाराज ने अपने देहावसान की सूचना बहुत पहले अपने भक्तों को दे दी थी। पाली ग्राम में 27 नवंबर, 1936 को उन्होंने अपनी इच्छा से खड़े-खड़े प्राण विसर्जित कर दिए थे। उनके भक्तों ने पाली ग्राम में उनकी भव्य समाधि का निर्माण कराया है। यहाँ प्रतिवर्ष बड़ा भारी मेला लगता है, जिसमें देश के विभिन्न भागों के संत-महात्मा और भक्त सम्मिलित होते हैं। नागा बाबा के जीवन पर उनके विख्यात शिष्य श्री पथिकजी महाराज ने एक पुस्तक का प्रकाशन भी किया है। कुछ अन्य छोटी पुस्तिकाएँ और लेख भी प्रकाशित हुए हैं।

□

योगी गंभीरनाथ

(अज्ञात — 1918 ई.)

भारत के महान् सिद्ध योगियों में गुरु गोरखनाथ का स्थान विशिष्ट है। योग के प्रतिष्ठापकों में महर्षि पतंजलि के बाद गोरखनाथजी का ही नाम आता है। उनके द्वारा नौवीं शताब्दी में संस्थापित योग के नाथ संप्रदाय की परंपरा अविच्छिन्न रूप से आज तक चली आ रही है। नेपाल, बंगाल और उत्तर भारत में नाथ संप्रदाय के अगनित अनुयायी हैं। योगी गोरखनाथजी केवल सिद्ध संत ही नहीं थे, अपितु बहुत बड़े विद्वान् भी थे। उन्होंने हिंदी-संस्कृत में योगशास्त्र के अनेक ग्रंथ लिखे थे, जो आज भी साधकों के लिए मार्ग-निर्देशक का काम करते हैं। भारत के विभिन्न भागों में उनके मठ हैं। उत्तर भारत में गोरखपुर में एक मठ है, जिसे संपूर्ण भारत में बहुत महत्त्व प्राप्त है। ऐसा माना जाता है कि इस स्थान पर गुरु गोरखनाथजी ने तपस्या की थी। इस सिद्ध पीठ के महंत-पद पर अनेक सिद्ध योगी समासीन हुए हैं, जिनमें गुरु गंभीरनाथजी का नाम विशेष उल्लेखनीय है। उच्च कोटि के संतों का विश्वास है कि नाथ संप्रदाय की संत-परंपरा में विगत सात-आठ सौ वर्षों में गंभीरनाथजी जैसे परम सिद्ध योगी का प्रादुर्भाव नहीं हुआ।

श्मशान के प्रति आकर्षण

योगिवर गंभीरनाथजी की जन्मतिथि का निश्चित ज्ञान किसी को नहीं है। उनका देहावसान 21 मार्च, 1918 को गोरखपुर में हुआ था। उनका जन्म कश्मीर के एक संपन्न परिवार में हुआ था। वहाँ पर उच्च शिक्षा की व्यवस्था नहीं थी, अत: वे प्रारंभिक शिक्षा समाप्त करके गायन-वादन की ओर उन्मुख हो गए। उन्होंने सितार-वादन पर अच्छा अधिकार कर लिया था। उनके गाँव के बाहर नदी तट पर

श्मशान-भूमि थी। वहाँ पर अनेक योगी-संन्यासी आया करते थे। बाल्यावस्था में उनको श्मशान-भूमि की शांति विशेष आकर्षित करती थी। वे घंटों यहाँ बैठे रहते थे। जो साधु-संन्यासी यहाँ आते थे, उनकी सेवा करते थे और उनके प्रवचन पूर्ण मनोयोग से सुनते थे। इस सत्संग के फलस्वरूप उनके मन में गुरु प्राप्त करने की उत्कट इच्छा उत्पन्न हुई। गाँव के श्मशान में आए हुए एक वृद्ध योगी से वह विशेष प्रभावित हुए, अतः उनसे दीक्षा प्रदान करने के लिए अनुरोध किया। लेकिन उन्होंने उत्तर दिया, "बेटा, मुझसे तुम्हें दीक्षा नहीं प्राप्त होगी। तुम्हारे गुरु हैं, गोरखनाथ मठ के महंत बाबा गोपालनाथ। इस सिद्ध योगी के चरणों का तुम आश्रय ग्रहण करो।" तरुण गंभीरनाथ को जैसे कुबेर का कोष मिल गया। वह यथाशीघ्र गोपालनाथजी के चरणों में उपस्थित हो गए। गोपालनाथजी ने अपनी दिव्य-दृष्टि से गंभीरनाथजी की भावी संभावनाओं को आत्मसात् कर लिया तथा प्रसन्नतापूर्वक उनको अपना शिष्य बनाना स्वीकार कर लिया। गंभीरनाथजी ने आश्रम में रहकर अनेक जटिल क्रियाओं पर अधिकार प्राप्त किया। तरुण अवस्था में ही संन्यास ग्रहण कर लिया। गंभीरनाथजी के मन में योग और अध्यात्म की उच्चतम अवस्था प्राप्त करने की प्रबल आकांक्षा थी। इसके लिए एकांत स्थान में कठोर तप की आवश्यकता थी। गोरखपुर के मठ में तपस्या के लिए उपयुक्त शांति नहीं थी, क्योंकि वहाँ भक्तों का आना-जाना बहुत अधिक रहता था। अतः वह अपने गुरु गोपालनाथजी की आज्ञा लेकर तप के लिए निकल पड़े और काशी पहुँचे। वहाँ गंगा तट पर एकांत में रहकर कई वर्षों तक तप किया। इसके बाद प्रयाग में झूँसी स्थान में एक गुफा में निवास कर कठोर साधना की। फिर नर्मदा नदी की परिक्रमा का व्रत संपन्न किया। कुछ समय गोरखपुर में रहे और पुनः तप के लिए गया के ब्रह्मयोनि पर्वत पर आ गए। यहाँ पर कपिलधारा नामक निर्जन स्थान में एक कुटी में साधनारत हो गए। कहते हैं कि महात्मा बुद्ध और चैतन्य ने यहीं सिद्धि प्राप्त की थी। इस स्थान पर उन्होंने बारह वर्षों तक तप किया तथा असीम शक्तियों से संपन्न हो गए। इस अवधि में जनसंपर्क से पूर्ण उदासीन रहे। कुछ उच्च कोटि के साधकों और संतों से कभी-कभी अवश्य मिल लेते थे। इसके कारण ही गंभीरनाथजी की ख्याति देश के कोने-कोने में पहुँच गई। अगणित भक्तगण उनकी ओर आकर्षित होने लगे।

इसी समय गंभीरनाथजी को समाचार प्राप्त हुआ कि गोरखपुर के मंदिर की व्यवस्था ठीक नहीं चल रही है। संप्रदाय के शुभचिंतकों के विशेष आग्रह पर वह सन् 1906 में मठ में आ गए और यहाँ की व्यवस्था का संचालन करने लगे।

हिंसक जीवों की अहिंसा

बाबा गंभीरनाथजी में इतना तेज था कि हिंसक जीव-जंतु भी उनके समक्ष नतमस्तक हो जाते थे। वे जब गोरखपुर में रहते थे, तो उनके पास मठ में एक बाघ रहता था। वह पूर्ण रूप से अहिंसक था। आने-जानेवाले उसे देखकर डरते थे, इसलिए उसे पिंजरे में बंद रखा जाता था; लेकिन कभी-कभी सेवकों की असावधानी से वह पिंजरे से बाहर आ जाता था, तो भी किसी को हानि नहीं पहुँचाता था। बाबा उसका कान पकड़ लेते थे और बकरी की तरह लेकर चल देते थे। वह बिना किसी प्रतिरोध के उनके साथ चल देता था और पिंजरे में बंद हो जाता था। गंभीरनाथजी जब गया के कपिलधारा नामक स्थान में तप करते थे, तो एक भयंकर बाघ उनके पास नित्य आता था और उनकी परिक्रमा करके चला जाता था। अनेक बार यह बाघ भक्तजनों की उपस्थिति में भी आ जाता था और शांत भाव से बाबा के दर्शन करके चला जाता था। एक काला नाग भी बाबा की परिक्रमा करने आता था।

एक बार कुंभ मेले में नागाओं ने दंगा कर दिया और मारपीट करने लगे। ये नागा चिमटे थामे बाबा की कुटिया की ओर झपटे। बाबा ने हाथ उठाकर कहा, "बाबा, शांत हो जाओ, शांत हो जाओ।" नागा क्षण भर में शांत हो गए। योगिवर बाबा गंभीरनाथजी में अहिंसा भाव का अद्‍भुत विकास हो चुका था। गया का एक पंडा पागल हो गया था। वह साधु-संन्यासियों पर भी आक्रमण कर देता था। एक दिन कपिलधारा में आकर साधुओं को परेशान करने लगा। बाबा ने उनके दो तमाचे लगा दिए, उस दिन से उसकी हिंसक वृत्ति समाप्त हो गई और उसका पागलपन दूर हो गया।

सूक्ष्म शरीर से भ्रमण

गोरखपुर गवर्नमेंट स्कूल के तत्कालीन प्रधानाध्यापक अघोरनाथ चट्टोपाध्याय तथा एक अन्य शिक्षक बाबा के दर्शन करने गए, तो उन्होंने देखा कि एक भद्र वृद्ध महिला बाबा के पैर पकड़कर रो रही थी। उसका पुत्र इंग्लैंड बैरिस्टरी पढ़ने गया था। चार माह से उसका कोई पत्र नहीं आया था। महिला द्वारा भेजे गए पत्रों का उत्तर नहीं आ रहा था। वृद्धा अपने पुत्र का समाचार न पाकर बहुत व्याकुल थी। उसको पूर्ण विश्वास था कि यदि बाबा इच्छा करें तो कुछ ही क्षणों में उसके पुत्र का समाचार मिल सकता है। वृद्धा के अनुनय-विनय पर बाबा कुछ समय के लिए अपने कमरे में गए और वापस आकर बोले, "आगामी सोमवार को तुम्हारा पुत्र

गोरखपुर आ जाएगा। इस समय वह पानी के जहाज पर है। उसके लिए कोई चिंता न करो।" ठीक सोमवार के दिन वृद्धा का पुत्र गोरखपुर आ गया। जब चट्टोपाध्याय ने उस युवक को बाबा से मिलाया तो उसने बताया कि यही साधु उसे जहाज पर मिले थे और पाँच मिनट तक बातचीत की थी। अनुमानतः चालीस मिनट में बाबा गोरखपुर से जहाज पर पहुँचे, उस युवक के समाचार लिया और पुनः गोरखपुर में आ गए। अनेक अवसरों पर भक्तों ने उनकी इस शक्ति का परिचय प्राप्त किया था।

बाबा गंभीरनाथजी एक बार अपने भक्तों के आग्रह पर कलकत्ता गए थे। उन दिनों वहाँ एक ऐसे योगी की बड़ी चर्चा थी, जो अपने भक्तों की इच्छा करने पर सूक्ष्म शरीर से कहीं भी उपस्थित हो सकता था। गंभीरनाथजी के एक शिष्य इस योगी की ओर विशेष आकर्षित हुए और एक दिन उन्होंने उस योगी का मन-ही-मन आह्वान किया। फलतः वह योगी उनके समक्ष प्रकट हो गए और गंभीरनाथजी के उस शिष्य से दीक्षा लेने का आग्रह करने लगे। शिष्य गंभीरनाथजी से दीक्षा ले चुका था, इसलिए वह इस योगी से दीक्षा नहीं लेना चाहता था। वह बड़े संकट की स्थिति में था। इसी समय गंभीरनाथजी की तेजदीप्त मूर्ति प्रकट हुई और उस योगी को तीक्ष्ण दृष्टि से देखने लगी। उस समय उनकी आँखों से स्फुलिंग निकलकर योगी के शरीर में प्रवेश कर रहे थे। कुछ ही क्षणों में वह योगी बाबा को प्रणाम करके लोप हो गया और बाबाजी भी अंतर्धान हो गए। उसी समय शिष्य उस स्थान पर पहुँचे, जहाँ बाबा ठहरे हुए थे। बाबा के चरणों में मस्तक रखकर क्षमा माँगी। दयासागर बाबा ने उसको क्षमा कर दिया।

प्रेतात्मा की दीक्षा

एक पति-पत्नी साथ-साथ गंभीरनाथजी से दीक्षा लेना चाहते थे। दुर्भाग्य से पत्नी का देहांत हो गया। बाद में पति दीक्षा लेने के उद्देश्य से बाबाजी के पास उपस्थित हुआ। उसने बाबा से हाथ जोड़कर कहा, "मेरी पत्नी की बड़ी अभिलाषा थी कि वह मेरे साथ मिलकर आपसे दीक्षा-मंत्र ले। आज के इस शुभ अनुष्ठान के अवसर पर उसकी अपूर्ण अभिलाषा पूर्ण हो और उस पर भी गुरुकृपा हो।" गंभीरनाथजी ने पहले इस कार्य को असंभव बताया; लेकिन जब उस व्यक्ति ने बहुत हठ किया तो बाबा ने उसकी प्रार्थना स्वीकार कर ली। दीक्षा के लिए दो आसन बिछाए गए। यथासमय उसकी पत्नी आसन पर प्रकट हुई और दोनों को साथ-साथ दीक्षा दी गई।

स्वप्न में निर्देश

बंगाल के कुमिल्ला नामक स्थान के एक डॉ. परम आस्तिक व्यक्ति थे। एक दिन उन्होंने स्वप्न देखा कि एक सिद्ध योगी ने उन्हें एक अपरिचित मंदिर में दीक्षा प्रदान की। डॉक्टर इस स्वप्न का आशय नहीं समझ सके। एक दिन उनकी प्रसिद्ध संत विजयकृष्ण गोस्वामी से भेंट हुई। डॉक्टर ने उन्हें अपना स्वप्न बताया। गोस्वामीजी ने कहा कि योगी, जो स्वप्न में मिले हैं, वह गंभीरनाथजी हैं और मंदिर गोरखपुर का गोरखनाथजी का मंदिर है। तुमको शीघ्र ही उनके पास पहुँचना चाहिए।

डॉक्टर कुछ ही दिनों में गोरखपुर पहुँचे तो उनको बड़ा आश्चर्य हुआ, क्योंकि गंभीरनाथजी और मंदिर को देखते ही ऐसा प्रतीत हुआ कि उनके स्वप्न को ही साकार कर दिया गया है। दीक्षा प्राप्त करने के बाद डॉक्टर ने जब स्वप्न का विवरण बताया, तो बाबा ने कहा, "बेटा, तुम्हारा संस्कार था तथा तुम्हारे साथ में मेरा पूर्व जन्म का संबंध भी था।" ऐसी घटनाएँ अनेक व्यक्तियों के साथ घटी थीं।

करुणा की अपूर्व मूर्ति

बाबा गंभीरनाथ जब कपिलधारा में तप कर रहे थे, उस समय एक दिन उनकी कुटिया के सामने चोर आए। चोरों को देखकर उनके दो शिष्य उनको पकड़ना चाहते थे। बाबा ने शिष्यों से कहा, "कुटिया के दरवाजे खोल दो। चोर जो कुछ चाहें ले लें।" चोरों के घर में खाने को एक दाना भी नहीं था, इसलिए विवश होकर चोरी करने गए थे, अत: उन्होंने खाने-पीने की थोड़ी सामग्री बाँध ली। जब जाने लगे तो बाबा ने कहा, "बेटा, सचमुच तुम अभावग्रस्त हो। दु:ख में पड़कर ही यह सब दुष्कर्म कर रहे हो, यह मैं समझ रहा हूँ। फिर दस-पंद्रह दिनों बाद आना। उस दिन भी आज की तरह कुछ चीजें मिलेंगी। लेकिन तुम लोगों पर अत्याचार मत करो।" बाबा के इस व्यवहार से चोरों का हृदय परिवर्तित हो गया और उन्होंने चोरी का काम छोड़ दिया।

आश्रम के कुत्ते उनके पास लिपटकर बैठने में सुख का अनुभव करते थे। कभी-कभी भक्तगण इन कुत्तों को भगाने का प्रयास करते थे, लेकिन बाबा उनको मना कर देते थे। रात में चूहे खटपट करते थे तो बाबा बिस्तर से उठकर उन्हें रोटी के टुकड़े खिलाते थे।

कोई दु:खी व्यक्ति उनके पास पहुँच जाता था तो उसके कष्ट-निवारण के लिए यथासंभव पूर्ण प्रयास करते थे। बाबाजी का नियम था कि वह किसी के घर नहीं जाते थे। जब वह देश में भ्रमण कर रहे थे, तो महाराणा उदयपुर आदि ने महल

में ले जाने का बहुत प्रयास किया था; परंतु वह अपने नियम से विचलित नहीं हुए थे। एक बार गया में उनका सेवक बीमार पड़ा। सेवक की इच्छा थी कि बाबा अंतिम समय में दर्शन दें। बाबा अपने नियम के कारण उसके घर जा नहीं सके। एक दिन समाचार मिला कि उस सेवक का देहांत हो गया है। यह सुनते ही बाबा उसके घर की ओर चल पड़े। वहाँ पहुँचकर कमंडल का जल उसके शरीर पर छिड़का, जिससे उसके शरीर में चेतना पुनः आ गई। इसके बाद वह सेवक पुनः सेवा में लग गया। इस प्रकार जो सौभाग्य राजा-महाराजाओं को प्राप्त नहीं हुआ, वह अकिंचन सेवक को प्राप्त हुआ।

प्रसिद्ध योगी स्वामी प्रणवानंद ने गोरखपुर में बाबा से दीक्षा ली थी। प्रारंभ में उनको निर्जन स्थान में तप करने का आदेश हुआ था, अतः आसपास के जंगलों में ध्यान करने के लिए चले जाते थे। उनको स्वयं खाने-पीने की चिंता नहीं रहती थी; लेकिन बाबा सदा उनके लिए चिंतित रहते थे। वह भक्तों को भेजकर प्रणवानंद की खोज कराते थे तथा खाना खिलाने की व्यवस्था करते थे। कुछ समय बाद बाबा ने उनको काशी में तप करने के लिए भेज दिया। प्रणवानंदजी गंगा किनारे एक खँडहर में रहकर साधना करने लगे। बड़ी कठोर साधना थी। कभी-कभी उनका मन विचलित होने लगता था। बाबा गंभीरनाथजी उनकी स्थिति को अपनी दिव्य-दृष्टि से देखते रहते थे। ऐसे अवसरों पर बाबा प्रणवानंद के समक्ष कुछ क्षणों के लिए प्रकट हो जाते तथा उनके सिर और पीठ पर दिव्य हाथ फिराकर शक्ति का संचार कर देते थे, क्लांति को दूर कर देते थे तथा मन की चंचलता को समाप्त कर देते थे। इसके बाद प्रणवानंद और अधिक मनोयोग से साधनारत हो जाते थे।

सृष्टि-स्थिति-प्रलय की क्षमता

बाबा गंभीरनाथ अत्यंत सरल, शांत और उदार संत थे। उनमें असीम शक्तियाँ और योग-विभूतियाँ थीं। साधारण व्यक्ति उनकी महत्ता को नहीं समझ पाते थे, क्योंकि वह अपनी शक्तियों को अधिक-से-अधिक गुप्त रखते थे; लेकिन उच्च कोटि के योगियों की दृष्टि से नहीं बच पाते थे। यही कारण था कि उस समय के बड़े-बड़े योगी बड़ी श्रद्धा से उनके पास पहुँचते थे। विजयकृष्ण गोस्वामी बंगाल के बहुत बड़े संत थे। बंगाल के सुशिक्षित समाज में उनका बड़ा आदर था। गोस्वामीजी अपने शिष्यों से कहा करते थे, "बाबा गंभीरनाथजी क्षण भर में सृष्टि-स्थिति-प्रलय करने में समर्थ हैं। ऐश्वर्य भाव से सिद्धि लाभ करने के बाद अब उन्होंने माधुर्यभाव में डुबकी लगाई है। बाबा प्रेमिक और शक्तिसंपन्न महात्मा हैं। हिमालय के नीचे

इस प्रकार का कोई सिद्ध-महात्मा नहीं देखा जाता है। पहाड़ पर बाघ, साँप आदि कितने ही हिंसक जंतु हैं; किंतु बाबा की शक्ति से मुग्ध होकर कोई उन्हें हानि नहीं पहुँचाता था।" एक समय में विजयकृष्ण गोस्वामीजी ने गया के कपिलधारा नामक स्थान से कुछ दूर पर कुछ दिनों के लिए निवास किया था। गंभीरनाथ उन दिनों कपिलधारा में तप कर रहे थे। वह कभी-कभी मध्यरात्रि में सितार-वादन के साथ भजन गाते थे। गोस्वामी विजयकृष्ण भजन सुनते ही बिस्तर से उठकर हिंसक जंतुओं से भरपूर मार्ग को पार करके अकेले भागते हुए गंभीरनाथजी की कुटिया में आ जाते थे। घंटे दो घंटे उस अलौकिक संगीत को सुनकर वापस लौट जाते थे। गोस्वामीजी के शिष्यों ने लिखा है कि वे गंभीरनाथजी का संगीत सुनकर उन्मत्त से हो जाते थे। ऐसा था बाबा गंभीरनाथजी के व्यक्तित्व का अदम्य आकर्षण।

स्वामी प्रणवानंदजी ने अपने व्यक्तिगत अनुभव के आधार पर कहा है कि गंभीरनाथजी जैसे योग-ऐश्वर्यशाली महापुरुष कहाँ हैं? उनके इंगित मात्र से सूर्य-चंद्र अपने स्थान से गिर सकते थे। उनके वास्तविक स्वरूप को कितने लोगों ने पहचाना?

बाबा गंभीरनाथजी ने हठयोग, राजयोग और लययोग का समन्वय किया था, योग की अनंत शक्ति को प्रत्यक्ष रूप में प्रदर्शित किया था, अगणित जिज्ञासुओं का मार्गदर्शन किया था। अपने शरीर त्याग की निश्चित तिथि पहले से ही सूचित कर दी थी। सन् 1918 में उन्होंने स्वेच्छा से शरीर त्याग किया था। बाबाजी की समाधि गोरखपुर में बनी हुई है, जो असंख्य लोगों को आज भी आनंद और प्रेरणा प्रदान करती है।

□

एनी बेसेंट

(1847–1933 ई.)

श्रीमती एनी बेसेंट विश्व-इतिहास की अद्‍भुत व्यक्तित्व हैं, भारतीय अध्यात्म के विस्तृत गगन में जाज्वल्यमान नक्षत्र हैं; मानव-कल्याण के कर्ताओं में अप्रतिम कर्मठ चरित्र हैं, सत्य के उपासकों में अग्रिम पंक्ति की अधिकारिणी हैं तथा ब्रह्मज्ञान के प्रसारकों में अनंत वंदनीय हैं। श्रीमती एनी बेसेंट का बहुमुखी व्यक्तित्व था—ओजस्वी वक्ता, तेजस्वी लेखिका, तपस्वी साधिका, मनस्वी ज्ञानोपासिका, क्रांतिकारी समाजचेता, संघर्षशील राजनैतिक नेता आदि अनेक सार्थक विशेषणों से उन्हें विभूषित किया जाता है। यद्यपि उन्होंने अगणित लौकिक कार्य किए; किंतु मूल रूप से उनकी आत्मा महान् भारतीय संत के गुणों से समलंकृत थी, प्राचीन भारतीय शाश्वत आदर्शों से संपृक्त थी और अदम्य भारत-प्रेम से ओतप्रोत थी। वे कहा करती थीं कि जब मैं बाहर से भारत आती हूँ और बंबई के समुद्र-तट पर उतरती हूँ तो मुझे असीम आनंद की अनुभूति होती है; यह प्रतीत होता है कि मैं अपनी मातृभूमि में और अपने लोगों के बीच आ गई। यद्यपि वे जन्म से विदेशी थीं; लेकिन भारतीय अध्यात्म-विद्या की शाश्वत संचेतना, सुचिंतित संरचना, सार्वभौम संवेदना ने उन्हें भारतभूमि से अविच्छिन्न रूप से आबद्ध कर दिया था। पूर्व जन्म के संस्कारों ने उन्हें भारतीय देवी के पद पर प्रतिष्ठित कर दिया था और इस जन्म के पुनीत कार्यों ने उन्हें भारतीय संस्कृति की उन्नायक और उद्धारक होने का गौरव प्रदान किया था।

जीवन-संघर्ष की एक करुण कथा

श्रीमती एनी बेसेंट का जन्म 1 अक्तूबर, 1847 में लंदन के एक अंग्रेज परिवार में हुआ था। आपकी अवस्था जब पाँच वर्ष की थी तो पिता का देहांत हो

गया था। धर्मपरायण माता ने उनका पालन-पोषण किया। एनी बेसेंट प्रारंभ से ही प्रखर बुद्धि की बालिका थीं। धर्म के प्रति उनमें अदम्य आस्था थी। बीस वर्ष की अवस्था में उनका विवाह एक अधेड़ पादरी से हुआ। अनेक कारणों से यह विवाह सफल नहीं रहा। उनके पति ने उन पर अनेक अमानुषिक अत्याचार किए। एक दिन उन्होंने आत्महत्या का निर्णय कर लिया और विष को मुँह में डालने को उद्यत हुईं। इसी समय इनके कानों में एक स्पष्ट आवाज आई, "ओ कायर, ओ कायर, तुम शहीद होने के सपने देखा करती थीं; लेकिन तुम्हारे लिए कष्टपूर्ण जीवन के कुछ वर्ष व्यतीत करना संभव नहीं हो रहा है!" यह वाणी इतनी प्रभावपूर्ण और स्नेहयुक्त थी कि उन्होंने विष तत्काल फेंक दिया और उनके निराश जीवन में एक आशा का संचार हो गया। कुछ समय बाद विवाह-विच्छेद हो गया और कष्टों से मुक्ति मिल गई।

नास्तिक से आस्तिक

युवा एनी बेसेंट ने आत्मनिर्भर बनने के प्रयास प्रारंभ किए। सन् 1879 में 32 वर्ष की अवस्था में उन्होंने लंदन विश्वविद्यालय की मैट्रिक परीक्षा तथा सन् 1881 में इंटर परीक्षा उत्तीर्ण की। विज्ञान के विषय लेकर बी.एस-सी. डिग्री के लिए कॉलेज में प्रवेश लिया और दो वर्ष अध्ययन किया; लेकिन एक अध्यापक के अप्रसन्न होने के कारण परीक्षा नहीं दे सकीं। इसके बाद वे कई क्षेत्रों में भटकीं। पहले विज्ञान की लोकप्रिय वक्ता के रूप में कार्य प्रारंभ किया, फिर राजनीति की ओर उन्मुख हुईं। प्रसिद्ध नाटककार जॉर्ज बर्नार्ड शॉ के साथ फेबियन सोसाइटी में काम किया तथा श्रमिकों के नेता के रूप में सक्रिय रहीं। विख्यात नास्तिक विचारक ब्रेडला के साथ स्वतंत्र चिंतन का प्रचार भी किया। इस अवधि में उनका लेखन व्यक्तित्व भी विकसित होता रहा। लेकिन इन सब क्रियाकलापों से उनकी आत्मा को संतोष नहीं हो रहा था। आध्यात्मिक ज्ञान की दृष्टि से उनको ईसाई धर्म अपूर्ण और आडंबरयुक्त प्रतीत होता था तथा लौकिक जीवन उनको बाँध नहीं पाता था। किसी उच्च और उदात्त तत्त्व की खोज में उनके मन-प्राण व्याकुल हो रहे थे।

अलौकिक वाणी का संकेत

एक दिन श्रीमती एनी बेसेंट 'नेशनल रिफॉर्मर' पत्रिका के कार्यालय में अकेली बैठी सोच रही थीं कि धर्म, दर्शन, विज्ञान आदि विविध क्षेत्रों में भटकने के बाद सत्य की उपलब्धि का मार्ग नहीं प्राप्त हो रहा है और ऐसा प्रतीत होता है कि

यह जीवन व्यर्थ ही जाएगा। यद्यपि इस समय उनको यश और धन का अभाव नहीं था; लेकिन फिर भी वे घोर निराशा और भग्नाशा से आक्रांत थीं। इसी समय उनको एक वाणी सुनने को मिली, "क्या तुम सत्य की उपलब्धि के लिए अपना सर्वस्व परित्याग करने को तत्पर हो?" उन्होंने तुरंत उत्तर दिया, "हाँ, देवता!" यद्यपि उनको यह ज्ञान नहीं था कि कौन बोला; लेकिन फिर भी यह ठीक-ठीक अनुभव हुआ कि यह वही वाणी थी, जो उन्होंने आत्महत्या के निश्चय के समय सुनी थी। इस घटना से पुनः उनके जीवन में एक नई आशा का संचार हुआ।

अद्‌भुत गुरु से साक्षात्कार

इसके कुछ ही दिन बाद 'रिव्यू ऑफ रिव्यूज' के संपादक श्री डब्ल्यू.टी. स्टीड ने भारतीय अध्यात्म-विद्या की महान् पंडिता श्रीमती मदाम ब्लावतस्की की नई पुस्तक 'सीक्रेट डॉक्ट्रिन' (गुप्त सिद्धांत) एनी बेसेंट को समीक्षा करने को दी। यह पुस्तक बहुत मोटी और गंभीर थी, लेकिन एनी बेसेंट बड़ी रुचि से पूरी पुस्तक पढ़ गईं। उनको ऐसा अनुभव हुआ कि जिस तत्त्व की खोज में वे वर्षों से भटक रही थीं, वह सब इसमें मिल गया। मदाम ब्लावतस्की उस समय लंदन में ही थीं, अतः वे उनसे मिलने के लिए उनके पास पहुँच गईं। जैसे ही एनी बेसेंट को मदाम ब्लावतस्की ने देखा, तुरंत बोलीं, "मेरी प्यारी श्रीमती बेसेंट, मैं दीर्घकाल से तुम्हें देखने को इच्छुक थी।" मदाम के दिव्य नेत्रों और भव्य व्यक्तित्व ने एनी बेसेंट के संपूर्ण स्नायुतंत्र को झंकृत कर दिया, चंचल मस्तिष्क और हृदय को अभिनव शांति प्रदान कर दी तथा उनमें नव्य चेतना और ऊर्जा प्रवाहित कर दी। एनी बेसेंट बहुत बातें करने आई थीं; लेकिन उनके समस्त प्रश्नों का समाधान सा हो गया। मदाम ने दृष्टिपात मात्र से उनके समग्र व्यक्तित्व को रूपांतरित कर दिया था। एनी बेसेंट उस दिन बिना अधिक बात किए घर वापस आ गईं। उस रात में उन्हें अद्‌भुत अनुभव हुए।

अविचल आस्था, असीम श्रद्धा

कुछ दिनों के बाद एनी बेसेंट ने मदाम ब्लावतस्की द्वारा स्थापित थियोसोफिकल सोसाइटी की सदस्यता प्राप्त करने की इच्छा व्यक्त की। उस दिनों सोसाइटी पर ईसाइयों द्वारा बड़े घृणित आक्रमण हो रहे थे। कुछ दुष्ट व्यक्तियों ने एक पुस्तक छापी थी, जिसमें अनेक मिथ्या आरोप लगाए गए थे। मदाम ने वही पुस्तक एनी बेसेंट को पढ़ने को दे दी। पूरी पुस्तक पढ़कर पुनः वे मदाम के पास

आईं; लेकिन पुस्तक का विपरीत प्रभाव नहीं पड़ा। उन्होंने पुस्तक फेंक दी और मदाम के चरणों में झुककर निवेदन किया, "क्या आप मुझे अपने शिष्य के रूप में स्वीकार करेंगी और मुझे इस बात का गौरव प्रदान करेंगी कि संसार के समक्ष मैं आपको अपना गुरु घोषित कर सकूँ?" मदाम ने अपना वरदहस्त उनके सिर पर रखते हुए कहा, "तुम एक दिव्यात्मा हो। गुरुदेव तुम पर कृपा करें।"

महान् उत्तरदायित्व

मदाम की शिष्या बनने के कुछ दिनों बाद ही एनी बेसेंट को अलौकिक अनुभव होने लगे। प्राचीन भारतीय ऋषियों से संपर्क होने लगा। इसी समय उनको ज्ञात हुआ कि आत्महत्या के निश्चय के समय तथा 'नेशनल रिफॉर्मर' के कार्यालय में जो दिव्य वाणी सुनने को मिली थी, वह मदाम ब्लावतस्की के भारतीय गुरु की थी। एनी बेसेंट को भारतीय योग-विद्या के अनेक रहस्य ज्ञात हुए। उनकी आध्यात्मिक प्रगति बड़ी द्रुतगति से प्रारंभ हो गई। एनी बेसेंट ने पूर्ण मनोयोग से थियोसोफी का कार्य प्रारंभ कर दिया। उनकी भाषण-कला लेखन-क्षमता तथा संगठन-कुशलता से सोसाइटी का कार्य बहुत अच्छा चलने लगा। सन् 1891 में मदाम का देहांत हो गया। जिस प्रकार से परमहंस रामकृष्ण देव ने अपनी संपूर्ण आध्यात्मिक शक्ति विवेकानंदजी को हस्तांतरित कर दी थी, उसी प्रकार मदाम ने आध्यात्मिक उपलब्धियाँ एनी बेसेंट में निहित कर दीं। सन् 1907 में वे 'थियोसोफिकल सोसाइटी' की अध्यक्षा हो गईं। इसके बाद उनका संपूर्ण जीवन भारतीय ब्रह्म-विद्या के प्रचार-प्रसार के लिए अर्पित हो गया। सन् 1933 में वे समाधिलीन हो गईं।

भारत के प्रति अगाध प्रेम

श्रीमती एनी बेसेंट सर्वप्रथम 19 नवंबर, 1893 में भारतभूमि में पधारीं। यह देश, यहाँ की संस्कृति, यहाँ के लोग उन्हें पूर्ण परिचित से लगे। वे कहा करती थीं कि इस जन्म के पूर्व वे कई बार भारत में जन्म ले चुकी थीं। पूर्व जन्मों की स्मृति और संस्कारों के कारण उन्हें भारतभूमि ही अपनी मातृभूमि प्रतीत होती थी। उनका पूर्ण विश्वास था कि संसार का मार्गदर्शन भारत ही कर सकता है, इसलिए वे भारत की सर्वांगीण प्रगति के लिए जीवनपर्यंत प्रयत्नशील रहीं। उनके भारत की स्वतंत्रता, शिक्षा प्रसार, सामाजिक सुधार तथा आध्यात्मिक विकास के लिए किए गए कार्य अविस्मरणीय हैं।

एनी बेसेंट को भारतीय परंपराओं से अगाध प्रेम था। वे हिंदुओं की तरह पीढ़े पर बैठकर हाथ से भोजन करती थीं। साड़ी पहनती थीं। योगासन और संध्या-पूजन करती थीं। यद्यपि उन्होंने विधिवत् संस्कृत नहीं पढ़ी थी; लेकिन गीता, उपनिषद् आदि धर्मग्रंथों की ऐसी सुंदर व्याख्या करती थीं कि बड़े-बड़े हिंदू पंडित आश्चर्यचकित रह जाते थे। महान् दार्शनिक डॉ. भगवान दास, महात्मा गांधी, ज्ञानेंद्रनाथ चक्रवर्ती, पं. मदनमोहन मालवीय, तिलक आदि उनका बड़ा आदर करते थे। भारत के अनेक सिद्ध-संतों और महात्माओं से उनका प्रत्यक्ष संपर्क था। उन्हें स्वयं अनेक सिद्धियाँ प्राप्त थीं।

योग-विद्या का वैज्ञानिक अध्ययन में उपयोग

एनी बेसेंट ने योग-विद्या का उपयोग वैज्ञानिक अनुसंधानों के लिए भी किया था। उन्होंने सी.डब्ल्यू. लीडबीटर के साथ अणु के रहस्यों का अध्ययन किया था। भौतिक विज्ञान की खोज के पूर्व अणु के संबंध में जो तथ्य उन्होंने योगबल से उद्घाटित कर दिए थे, उनकी पुष्टि बाद में विज्ञान द्वारा की गई। उन्होंने इस संबंध में कई पुस्तकें भी लिखी थीं।

भारतीय ब्रह्म-विद्या की अनन्य प्रचारिका

श्रीमती एनी बेसेंट के काल में अंग्रेजी सभ्यता का प्रभाव बहुत बढ़ा हुआ था। अधिकांश सुशिक्षित भारतीय अपने प्राचीन गौरव की उपेक्षा करने में गर्व का अनुभव करते थे। उन्हें अपना धर्म और अध्यात्म त्याज्य प्रतीत होता था। अतः ऐसा सोचा गया कि यदि उनको उनके प्राचीन गौरव का बोध करा दिया जाए, तो नीचे के लोग सरलता से इनका अनुकरण करने लगेंगे। अतः उन्होंने अपने भाषणों, लेखों, पुस्तकों, पत्रों और संगठनों के द्वारा अंग्रेजियत से आक्रांत और दिग्भ्रमित लोगों में भारतीय चेतना के पुनर्जागरण का अभियान प्रारंभ किया। चूँकि वे स्वयं विदेशी थीं तथा उनके अनेक शिष्य और सहयोगी भी विदेशी थे, अतः भारतवासियों का ध्यान उनकी ओर सरलता से आकर्षित हुआ। सहस्रों उच्च शिक्षा प्राप्त व्यक्ति उनके आंदोलन में सम्मिलित हुए और उनको बड़ा उदार सहयोग प्राप्त हुआ। उनके इस आध्यात्मिक आंदोलन का प्रभाव केवल भारत पर ही नहीं पड़ा, अपितु विश्व के अनेक देशों में भारतीय ब्रह्म-विद्या के प्रति असाधारण अभिरुचि उत्पन्न हो गई। संसार के विभिन्न भागों में थियोसोफिकल सोसाइटी की शाखाएँ खुल गईं।

अद्‌भुत लेखिका

श्रीमती एनी बेसेंट ने भारतीय अध्यात्म-विद्या की सेवा अनेक प्रकार से की थी; किंतु लेखनी के माध्यम से जो कार्य उन्होंने किया, वह सदा अविस्मरणीय रहेगा। श्रीमती एनी बेसेंट ने 326 कृतियाँ स्वयं लिखीं। 25 कृतियाँ दूसरे विद्वानों के सहयोग से लिखीं। 21 कृतियाँ तथा 12 पत्रों का संपादन किया। 6 पुस्तकों का अनुवाद किया। इतना विशाल लेखन-कार्य कोई दैवी शक्तिसंपन्न व्यक्ति ही कर सकता था। इनमें से अधिकांश मानव-कल्याण या भारत से संबंधित हैं। उनकी इन पुस्तकों में मुख्य रूप से 'ए फ्रेगमेंट ऑफ ऑटोबायोग्राफी', 'व्हाई आई बिकेम थियोसोफिस्ट', 'दि ऐन्सिएंट विज्डम', 'दि डॉक्ट्रिन ऑफ दि हार्ट', 'सनातन धर्म', 'ऐन इंट्रोडक्शन टू योग', 'मेन्स लाइफ इन दिस ऐंड अदर वर्ल्ड्र्स', 'मेमोरीज ऑफ दि पास्ट लाइव्ज' आदि विशेष पठनीय हैं।

उदात्त विचार

श्रीमती एनी बेसेंट का हिंदू धर्म का अध्ययन बहुत गंभीर था। वे कहती थीं, "चालीस वर्षों के गंभीर चिंतन के बाद मैं कह रही हूँ कि विश्व के सभी धर्मों में हिंदू धर्म से बढ़कर पूर्ण वैज्ञानिक दर्शनयुक्त एवं आध्यात्मिकता से परिपूर्ण धर्म दूसरा और कोई नहीं है।" देवी एनी बेसेंट ने निराश भारतवासियों को बोध कराया, "भारत और हिंदुत्व की रक्षा भारतवासी और हिंदू ही कर सकते हैं। हम बाहरी लोग चाहे कितनी भी प्रशंसा करें; किंतु आपका उद्धार आपके ही हाथ है। आप किसी प्रकार के भ्रम में न रहें। हिंदुत्व के बिना भारत के सामने कोई भविष्य नहीं है। हिंदुत्व ही वह मिट्टी है, जिसमें भारतवर्ष का मूल गड़ा हुआ है। यदि यह मिट्टी हटाई गई तो भारत रूपी वृक्ष सूख जाएगा। भारत में प्रश्रय पानेवाले अनेक धर्म हैं, अनेक जातियाँ हैं, किंतु इनमें से किसी की भी शिरा भारत के अतीत तक नहीं पहुँची है। इनमें यह शक्ति नहीं है कि वे भारत को एक राष्ट्र के रूप में जीवित रख सकें। इनमें से प्रत्येक भारत से विलीन हो जाए, तब भी भारत रहेगा; किंतु यदि हिंदुत्व विलीन हो गया, तो क्या शेष रहेगा ? भारत के इतिहास को देखिए, उसके साहित्य-कला और स्मारकों को देखिए, सब पर स्पष्ट रूप से हिंदुत्व अंकित है।"

□

माँ सारदा

(1853–1920 ई.)

परमहंस श्रीरामकृष्णजी की पत्नी सारदा देवी के संबंध में स्वामी विवेकानंदजी ने अपने एक गुरुभाई को लिखा था, "···माँ (श्री सारदा देवी) क्या हैं, तुम कुछ समझ न सके, अभी तक तुममें से कोई भी न समझ सका; धीरे-धीरे समझ सकोगे। मेरी आँख खुल गई है, दिन-पर-दिन सब समझता जा रहा हूँ। नाराज न होना, सचमुच तुममें से किसी ने भी अभी तक माँ को नहीं समझा।" परमहंसजी ने उनके संबंध में स्पष्ट कहा था, "वह सारदा है, सरस्वती है। ज्ञान देने के लिए आई है।···यह मेरी शक्ति है।" श्रीरामकृष्ण के अंतरंग पार्षद स्वामी प्रेमानंदजी ने लिखा है—"वे माँ शक्तिस्वरूपिणी हैं न, इसलिए उनमें छिपाने की शक्ति भी असीम है। श्रीरागकृष्ण प्रयत्न करने पर भी अपने विराट् व्यक्तित्व को छिपाने में सफल नहीं होते थे, उनकी आंतरिक दशा का बाह्य प्रकाश हो ही जाता था। पर माँ जब भावाविष्ट होती हैं, उस समय क्या किसी को कुछ पता लगता है?" बांग्ला के प्रख्यात कवि और नाट्याचार्य श्री गिरीशजी ने कहा था, "तुम लोग क्या ऐसी धारणा कर सकते हो कि ग्रामीण महिला के रूप में साक्षात् जगदंबा तुम्हारे सामने खड़ी हैं? ऐसी कल्पना करना क्या तुम लोगों के लिए संभव है कि महामाया साधारण रमणी की भाँति सारे घर-गृहस्थी का कामकाज कर रही हैं? पर वे ही तो जगज्जननी हैं, महामाया हैं, महाशक्तिस्वरूपिणी हैं; सारे जीवों की मुक्ति और मातृत्व का आदर्श स्थापित करने के लिए उनका आविर्भाव हुआ है।" अगणित प्रबुद्ध व्यक्तियों ने माँ सारदाजी के संबंध में इसी प्रकार के विचार व्यक्त किए हैं। वास्तव में वह जन्म से परम-शक्तिसंपन्न देवी थीं। उनमें असीम योग विभूतियाँ सन्निहित थीं। परमहंस श्रीरामकृष्णजी के देह-त्याग के बाद उनके कार्य को श्रीमाँ ने ही आगे बढ़ाया था।

श्रीरामकृष्ण मिशन की स्थापना उन्हीं के संरक्षण में हुई थी तथा उनके भक्तों और शिष्यों को एक सूत्र में आबद्ध करने का अभूतपूर्व कार्य उन्हीं के आदर्श व्यक्तित्व द्वारा हुआ था।

बाल्यावस्था में दैवी शक्ति द्वारा सहायता

श्री सारदा देवी का जन्म 22 दिसंबर, 1853 को बंगाल के बांकुड़ा जिले के जयरामवाटी ग्राम में हुआ था। उनके पिता पं. रामचंद्र मुखर्जी बड़े भक्त थे और उनकी माता श्यामसुंदरीजी निष्ठावान साधिका थीं। इनका जीवन अत्यंत सरल था। परिवार की आर्थिक स्थिति अच्छी नहीं थी, लेकिन ये पति-पत्नी दूसरों की सहायता मुक्त हृदय से करते थे। सारदा देवी की शिक्षा नहीं हुई; क्योंकि उस समय गाँव जयरामवाटी में लड़कियों की शिक्षा की व्यवस्था नहीं थी। इसके अतिरिक्त उनके माता-पिता लड़कियों को पढ़ाने-लिखाने के पक्ष में नहीं थे। सारदा देवी बाल्यावस्था से ही अपने माता-पिता के कार्यों में सहयोग देने लगी थीं। वह कभी-कभी गायों के लिए घास काटने के लिए खेतों में जाया करती थीं। उस समय एक छोटी बालिका के रूप में एक देवमूर्ति उनकी सहायता किया करती थी। उन्होंने स्वयं एक बार कहा था, "छुटपन में देखती थी, मेरी उम्र की एक लड़की सदा मेरे साथ रहकर मेरे सभी कामों में सहायता किया करती है। मेरे साथ खेला-कूदा करती है। दूसरे किसी के आने पर मैं उसे देख न पाती थी। दस-ग्यारह वर्ष की उम्र तक ऐसा होता रहा।"

अद्भुत विवाह—शिव और शक्ति का मिलन

श्रीरामकृष्णजी ने प्रारंभ में दक्षिणेश्वर में अत्यंत कठोर साधना की थी। उस समय वह दिव्योन्माद की अवस्था में रहते थे और प्राय: 'माँ-माँ' चिल्लाकर रोते थे। सामान्य लोगों ने उनको पागल समझ लिया था। उनके परिवार के लोगों ने इनको इनकी माता के पास पहुँचा दिया। यहाँ पर आकर इनका मन कुछ शांत हुआ। श्रीरामकृष्णजी एक दिन पास के गाँव शीहड़ में धार्मिक प्रवचन-कीर्तन सुनने के लिए गए थे। शीहड़ गाँव में माँ सारदा का ननिहाल था। उस समय वह अपनी माता के साथ वहाँ गई थीं। धार्मिक प्रवचन-कीर्तन में वह अपनी माता के साथ उपस्थित हुई थीं। सारदा देवी की अवस्था केवल पाँच वर्ष की थी। कुछ महिलाओं ने विनोद में इनसे पूछा, "विवाह करेगी? बता, इतने लोगों में तू किसे पसंद करती है?" बालिका सारदा ने पास में बैठे हुए भावमग्न श्रीरामकृष्ण की ओर दोनों हाथों संकेत कर दिया। उस दिन यह बात हँसी-मजाक में उड़ गई।

कुछ दिनों बाद श्रीरामकृष्ण की माता ने सोचा कि यदि रामकृष्ण का विवाह कर दिया जाए, तो संभवत: उसके वैराग्य और उन्माद में अवश्य सुधार हो जाएगा। इस निश्चय के अनुसार उनके लिए लड़की की खोज होने लगी; किंतु लोग उनको पागल समझते थे, इसलिए कोई अपनी पुत्री का विवाह उनसे करने को तैयार नहीं होता था। जब श्रीरामकृष्ण को अपने विवाह संबंधी बात मालूम हुई, तो उन्होंने स्वयं कहा, "इधर-उधर ढूँढ़ना बेकार है। जयरामवाटी में रामचंद्र मुखर्जी के घर पर पत्नी रखी हुई है। वहाँ जाकर देखो।" यह बात विचित्र थी। क्योंकि उस समय श्रीरामकृष्ण की अवस्था 24 वर्ष की थी और रामचंद्र मुखर्जी की लड़की सारदा देवी की अवस्था केवल 6 वर्ष की थी। अज्ञात दैवी प्रेरणा से दोनों परिवार इस विचित्र विवाह के लिए राजी हो गए और विवाह संपन्न हो गया। स्वामी अपूर्वानंद ने लिखा है—"वास्तव में श्रीरामकृष्ण देव, श्री सारदा देवीजी का जो मिलन हुआ था, उसका नाम 'विवाह' नहीं हो सकता। वह तो दैहिक-संबंध रहित दो पवित्र आत्माओं का मिलन है। उनमें न तो दैहिक सुख संस्पर्श है और न प्रजनन की कोई आकांक्षा ही।" जीवनपर्यंत इस दंपती ने अखंड ब्रह्मचर्य का पालन किया और वैवाहिक जीवन का अद्भुत आदर्श उपस्थित किया।

अलौकिक शक्ति द्वारा सहायता

विवाह के कुछ समय बाद श्रीरामकृष्णजी दक्षिणेश्वर चले आए। श्री सारदा देवी विवाह के बाद कुछ दिन ससुराल में रहकर अपने पिता के घर आ गई थीं। जब वह 13 वर्ष की हुईं तो पुन: कुछ समय के लिए ससुराल आईं। यहाँ पर उन्हें स्नान करने के लिए गाँव की सीमा पर स्थित तालाब में जाना पड़ता था। वहाँ अकेले जाने में लज्जा अनुभव होती थी, अत: वह अपने घर के दरवाजे पर खड़ी रहती थीं। जब अन्य स्त्रियाँ या लड़कियाँ मिल जाती थीं, तब वह जाती थीं। प्राय: नित्य आठ लड़कियाँ उनके दरवाजे के सामने से निकलती थीं, जो बड़े प्रेम से उनको अपने साथ तालाब पर ले जाती थीं। चार लड़कियाँ उनके आगे और चार पीछे हो जाती थीं। वे नहाने के बाद उनको घर तक पहुँचा जाती थीं। बाद में सारदा को पता चला कि वे गाँव की लड़कियाँ नहीं थीं, बल्कि किसी अलौकिक शक्ति का परिणाम थीं।

अलौकिक दांपत्य जीवन

श्रीरामकृष्ण दक्षिणेश्वर में कुछ अस्वस्थ हो गए। यह समाचार श्री सारदा देवी को प्राप्त हुआ, तो वह पति की सेवा करने के लिए अपने पिता के साथ

दक्षिणेश्वर पहुँच गईं। श्रीरामकृष्ण ने प्रसन्न हृदय से स्वागत किया। श्रीरामकृष्णजी दिन में भक्तों से घिरे रहते थे और रात में ध्यान-समाधि में निमग्न रहते थे। फिर भी सारदा देवी प्रसन्न मन से उनकी सेवा करती थीं। एक दिन रात में श्रीरामकृष्ण ने एकांत में अपनी पत्नी से पूछा, "क्या तुम मुझे संसार में खींचने के लिए आई हो?" श्रीमाँ ने दृढ़ता से कहा, "नहीं तो, मैं तुमको संसार में भला क्यों खींचने चली? मैं तो तुमको इष्टप्राप्ति में सहयोग देने आई हूँ।" यह उत्तर एक 19 वर्षीया ग्रामीण अपढ़ युवती का था। इससे श्रीमाँ की दैहिक और मानसिक स्थिति का पता चलता है। एक बार श्रीरामकृष्ण की चरण-सेवा करते हुए श्रीमाँ ने पूछा, "अच्छा, तुम मुझे किस दृष्टि से देखते हो!" श्रीरामकृष्णजी ने निस्संकोच भाव से उत्तर दिया, "जो माँ मंदिर में विद्यमान हैं, उन्होंने इस नश्वर शरीर को जन्म दिया है और वही इस समय यहाँ हैं तथा वे ही मेरे पैर दबा रही हैं। वास्तव में मैं साक्षात् आनंदमयी के रूप में तुम्हें देखता हूँ।" इतने महान् आदर्श को लेकर उन दो विभूतियों ने एक-दूसरे को स्वीकार किया था। निश्चित ही यह शिव और शक्ति का मिलन था।

'अग्नि-परीक्षा' का अप्रतिम उदाहरण

श्रीरामकृष्ण ने अद्भुत प्रयोग किया। दक्षिणेश्वर में आठ महीने तक वे सपत्नीक कमरे में अगल-बगल सोए। दोनों पूर्ण स्वस्थ और समर्थ थे; किंतु दोनों के मन में किसी प्रकार का शारीरिक-मानसिक विकार नहीं उत्पन्न हुआ। एक दिन रामकृष्ण ने स्वयं से पूछा, "रे मन! सच-सच बता, तू सांसारिक भोग चाहता है, या भगवान् को? यदि स्त्री-शरीर चाहता है तो ले, यह तेरे सामने है, ग्रहण कर।" इस प्रकार का विचार करके ज्यों ही उन्होंने अपनी पत्नी का शरीर स्पर्श करने के लिए हाथ बढ़ाया, त्यों ही उनको समाधि लग गई। उस रात उनको अखंड समाधि लगी रही। श्रीरामकृष्णजी ने अपनी अग्नि-परिक्षा के लिए यह प्रयोग किया था और इस परीक्षा में दोनों पूर्ण सफल रहे थे। बाद में रामकृष्णजी ने श्री सारदा देवी का विधिपूर्वक षोडशी-पूजन किया था। इस पूजन के बाद श्रीमाँ के मन में किसी प्रकार का गर्व नहीं आया था। वह पहले की तरह पति, सास और भक्तों की सेवा करती रही थीं। स्वामी अद्भुतानंदजी ने कहा था, "माँ को पहचानना क्या साधारण बात है? माँ कौन हैं, यह एकमात्र ठाकुर ने पहचाना था। ठाकुर ने उनकी पूजा की थी। इसी से समझ लो। और कुछ-कुछ विवेकानंदजी ने जाना था।"

श्रीमाँ की अवज्ञा का फल

दक्षिणेश्वर में श्रीरामकृष्ण अधिकांशत: भाव-समाधि में रहते थे। उनको अपने शरीर को सँभालने का होश नहीं रहता था। उनका एक भानजा हृदयराम साथ रहता था। वही उनकी देखभाल करता था। वह रामकृष्णजी की सेवा करता था, किंतु श्रीमाँ को एक अत्यंत साधारण ग्रामीण स्त्री से अधिक नहीं समझता था। एक बार श्रीमाँ कुछ दिनों के लिए अपने पिता के घर चली गईं। कुछ दिनों के बाद अपने माता-पिता के साथ दक्षिणेश्वर आईं। उनको देखते ही हृदयराम आदेशात्मक स्वर में बोला, "तुम लोग क्यों आए? यहाँ आने का क्या मतलब?" उसका यह ढंग श्रीमाँ के पिता को बहुत बुरा लगा और वह सबको लेकर अपने गाँव वापस चले गए। श्रीमाँ को भी इस घटना से बहुत दु:ख हुआ, किंतु उन्होंने कुछ कहा नहीं। इस घटना के बाद श्रीरामकृष्णजी ने हृदयराम को सावधान किया कि वह श्रीमाँ की अवज्ञा न करे, नहीं तो उसका बहुत बड़ा अनिष्ट हो जाएगा। लेकिन उसकी समझ में कुछ नहीं आया। वह 25 वर्षों से मंदिर में काम कर रहा था, किंतु एक गंभीर अपराध में मंदिर से सदा के लिए निकाल दिया गया।

जन्मसिद्ध श्रीमाँ की कठोर साधना

श्रीमाँ जन्म से सिद्ध थीं, फिर भी रामकृष्ण परमहंसजी के निर्देशन में साधना की गूढ़ क्रियाओं का अभ्यास किया था और भक्तों के मार्गदर्शन के लिए स्वयं कठोर साधना करती थीं। तीन बजे प्रात: उठकर ध्यान के लिए बैठ जाती थीं। इसके अतिरिक्त दिन में घर-गृहस्थी का काम करते हुए उनका अखंड जप चला करता था। वह भावसमाधि की स्थिति में नित्य पहुँचती थीं, लेकिन उनकी साधना की उच्च अवस्था का ज्ञान बहुत कम लोगों को हो पाता था। उनको नित्य बहुत काम करना पड़ता था, फिर भी वह अपने ध्यान-भजन के क्रम को कभी भंग नहीं होने देती थीं।

त्यागमयी श्रीमाँ

श्रीरामकृष्ण परमहंसजी के सैकड़ों भक्त हो गए थे। उनके एक संकेत पर अनेक सुख-सुविधाओं के साधन जुट सकते थे; किंतु श्रीमाँ ने प्रसन्नतापूर्वक गरीबी को स्वीकार कर रखा था। उनके मन में लौकिक सुख-भोग की इच्छा भी नहीं उत्पन्न होती थी। एक दिन एक मारवाड़ी ने श्रीरामकृष्णजी को दस हजार रुपए देने की इच्छा व्यक्त की थी। उन्होंने बहुत कड़े शब्दों में उसके इस प्रस्ताव को अस्वीकार कर दिया। तब उस मारवाड़ी ने श्रीमाँ के नाम उस धनराशि को जमा कर देने का प्रस्ताव किया।

श्रीरामकृष्णजी ने श्रीमाँ की परीक्षा लेने की दृष्टि से उनको बुलाकर कहा, "देखो, यह रुपया देना चाहता है। मेरे मना करने पर अब यह तुम्हारे नाम से जमा करना चाहता है। तुम उसे ले लो न। तुम्हारा क्या कहना है?" सुनते ही श्रीमाँ बोलीं, "यह कैसे होगा? रुपया नहीं लिया जा सकता। मेरे लेने से तुम्हारा लेना हुआ, क्योंकि उन रुपयों को लेने पर तुम्हारी सेवा और अन्यान्य आवश्यक कार्यों में खर्च किए बिना नहीं रह सकती। त्याग के लिए लोग तुम्हारी श्रद्धा-भक्ति करते हैं, इसलिए रुपया किसी हालत में नहीं लिया जा सकता।" अद्‌भुत त्याग था यह श्रीमाँ का।

देहत्याग के बाद श्रीरामकृष्ण द्वारा श्रीमाँ का निर्देशन

श्रीरामकृष्णजी के देहत्याग के बाद श्रीमाँ ने कभी अपने को अकेला नहीं अनुभव किया; क्योंकि वह प्रायः सशरीर प्रत्यक्ष प्रकट होकर उनकी सहायता करते थे। श्रीमाँ ने स्वयं कहा था, "जब ठाकुर चले गए, तब पहले मुझे डर लगता था। बाद में उनके दर्शन मिलते रहे। धीरे-धीरे सब डर दूर हो गया।" श्रीरामकृष्ण के शरीर छोड़ने के बाद श्रीमाँ तीर्थयात्रा के लिए निकल पड़ी थीं। रेलगाड़ी से वृंदावन जाते समय वह सो गईं और उनका एक हाथ खिड़की के बाहर लटक गया। हाथ में रक्षा-कवच बँधा था, जो सोने का था। श्रीरामकृष्ण ने खिड़की से अंदर सिर डालकर श्रीमाँ को जगाया और कहा, "देखो हाथ में कवच है, उसका ध्यान रखना, कहीं खो न जाए।" श्रीमाँ ने उसे खोलकर बक्से में रख लिया। वृंदावन में श्रीमाँ को श्रीरामकृष्ण की एक महिला भक्त मिल गई। जब दोनों पास-पास बैठीं तो श्रीरामकृष्ण का स्मरण करके रोने लगीं। एक दिन श्रीरामकृष्ण ने श्रीमाँ के समक्ष प्रकट होकर कहा, "भला तुम लोग इतनी रोती क्यों हो! मैं तो यहीं हूँ; गया कहाँ हूँ। यह तो मानो एक कमरे से दूसरे कमरे में जाना भर है।" श्रीरामकृष्ण ने अपने जीवन काल में एक भक्त योगेन को दीक्षा नहीं दी थी, अतः उन्होंने श्रीमाँ को दर्शन देकर योगेन को दीक्षा देने के लिए कहा तथा मंत्र भी बता दिया। श्रीमाँ ने इसे अपना मानसिक विकार समझा, अतः इस बात पर ध्यान नहीं दिया। अतः श्रीरामकृष्ण दो दिन लगातार प्रकट हुए तथा स्पष्ट निर्देश दे गए। इतना ही नहीं, योगेन के समक्ष भी प्रकट हुए और उनको श्रीमाँ से दीक्षा लेने का आदेश दिया।

श्रीमाँ को श्रीरामकृष्ण के भक्तों, शिष्यों तथा परिवार के लोगों की बड़ी चिंता रहती थी। कुछ लोग उनका यह मोह देखकर उनकी सिद्धि के संबंध में संदेह करने लगे थे। योगेन की माँ श्रीरामकृष्ण की परम भक्त थीं। श्रीरामकृष्णजी के देहावसान के बाद उनके मन में विचार आया, "कहाँ ठाकुर और कहाँ माँ! ठाकुर

(श्रीरामकृष्ण) ऐसे त्यागी थे, और माँ तो घोर संसारी दिखती हैं। भाई, भतीजे और भतीजियों को लेकर व्यस्त हैं।" एक दिन योगेन की माँ गंगा किनारे ध्यान कर रही थीं। अचानक श्रीरामकृष्ण प्रकट हो गए और कहने लगे, "गंगा में क्या उतरा रहा है?" योगेन की माँ ने देखा कि नाड़ियों से लिपटा हुआ एक नवजात शिशु पानी में उतराता चला जा रहा है। उसको दिखाते हुए श्रीरामकृष्ण ने कहा, "क्या गंगा इससे अपवित्र होती हैं? उसे क्या किसी प्रकार का स्पर्श-दोष होता है? उसे ('श्रीमाँ को') भी इसी प्रकार जानना। उस पर कभी संदेह न करना। उसे और इसे (अपने को दिखाते हुए) अभिन्न समझना।" ऐसी महान् महिमा-मंडित थीं श्रीमाँ।

विनम्रता तथा सेवा-भावना

श्रीमाँ में असीम करुणा, अनंत सेवाभावना, असामान्य विनम्रता थी। अपने भक्तों के लिए स्वयं अपने हाथ से भोजन बनाती थीं तथा उनको पहले खिलाकर ही स्वयं भोजन करती थीं। भक्तों के जूठे पत्तल स्वयं उठाती थीं तथा जूठे बरतन प्रेम से साफ करती थीं। लोगों के मना करने पर कहती थीं, "मैं इनकी माँ जो हूँ। यदि माँ इनके कामों को नहीं करेगी तो और कौन करेगा?" स्वामी प्रेमानंद ने लिखा है—"राजराजेश्वरी (श्रीमाँ) स्वयं अपनी इच्छा से भिखारिन बनकर घर लीप रही हैं, बरतन माँज रही हैं, चावल चुन रही हैं, यहाँ तक कि भक्त संतानों की जूठन तक उठा रही हैं। गृहस्थों को गार्हस्थ्य धर्म की शिक्षा देने के लिए माँ इतने कष्ट उठा रही हैं। उनमें असीम धैर्य है, अपार करुणा है और सर्वोपरि है नितांत निरभिमानता।" उनके विचार अत्यंत स्पष्ट और उदात्त थे। उन्होंने कहा था, "मनुष्य पहले अपने मन को दोषी बनाकर फिर दूसरों के दोष देखता है। दूसरों के दोष देखने से उस दूसरे का क्या बिगड़ता है? अपनी ही हानि होती है। बचपन से मेरा यह अभ्यास था कि मैं किसी के दोष नहीं देख सकती थी। मेरे लिए जो इतना सा भी करता, उसी को लेकर मैं उसे याद रखने का प्रयत्न करती हूँ। मनुष्य का दोष क्यों देखना! दूसरे के दोष देखना क्या ठीक है? मैंने वह नहीं सीखा। क्षमा ही तपस्या है।" वह कातर भाव से भगवान् के सामने प्रार्थना करती थीं, "हे देव, मेरी दोष दृष्टि दूर कर दो। मैं कभी भी किसी के दोष न देखूँ।"

महान् उदार श्रीमाँ

श्रीरामकृष्ण के देह-त्याग के बाद अगणित लोग कष्ट-निवारण और आध्यात्मिक मार्गदर्शन के लिए श्रीमाँ के पास आने लगे थे। श्रीरामकृष्ण सबको

दीक्षा नहीं देते थे, लेकिन श्रीमाँ किसी को निराश नहीं करती थीं। दीक्षा देने में गुरु को शिष्य का पाप लेना पड़ता है। इससे श्रीमाँ को शारीरिक कष्ट होता था, फिर भी वह अनवरत दीक्षा-दान के क्रम को भंग नहीं करती थीं। एक बार एक राजनैतिक बंदी पुलिस की नजरबंदी से छूटते ही श्रीमाँ के पास दीक्षा प्राप्त करने के उद्‌देश्य से पहुँच गया। उस समय पुलिस आश्रम पर कड़ी नजर रखती थी। संध्या का समय था। वह युवक रात में वहीं रुकना चाहता था। पुलिस के भय से आश्रम के अध्यक्ष उसे वहाँ रुकने नहीं देना चाहते थे। श्रीमाँ ने उस युवक के ठहरने की व्यवस्था पास के एक गाँव में की। दूसरे दिन एक काम से कहीं जा रही थीं। मार्ग में वह युवक मिल गया। वहीं पर पुआल का ढेर पड़ा था। श्रीमाँ ने उससे थोड़ा पुआल लेकर जमीन पर बिछवाया। एक गिलास पानी मँगाकर उस युवक को वहीं दीक्षा दे दी। वह युवक पूर्ण आनंद की स्थिति में वहाँ से चला गया। एक बार श्रीमाँ स्टेशन पर गाड़ी आने की प्रतीक्षा कर रही थीं। एक कुली जाने कहाँ से दौड़ता हुआ आया और श्रीमाँ के चरणों में लोटने लगा। रोते-रोते उसने कहा, "तुम मेरी जानकी माई हो, तुम्हें मैं कितने दिनों से खोज रहा हूँ।" संभवतः स्वप्न में उसने श्रीमाँ को देखा था। श्रीमाँ ने उसे एक फूल ले आने को कहा। फूल ले आने पर उसे वहीं मंत्र दे दिया।

माँ सारदा का गुरुभाव अनोखा था। वह अपने भक्तों को पुत्र के समान प्रेम करती थीं। उनके पास जाति और धर्म का कोई भेदभाव नहीं था। विवेकानंदजी की विदेशी शिष्या भगिनी निवेदिता की श्रीमाँ पर अपार श्रद्धा थी। श्रीमाँ शुद्ध सनातनी महिला थीं। सामान्य रूप से वह हिंदुओं के शुद्धता-पवित्रता संबंधी समस्त नियमों का कठोरतापूर्वक पालन करती थीं, लेकिन अपने शिष्यों और भक्तों के लिए इन नियमों को भंग करने में संकोच नहीं करती थीं। एक बार भगिनी निवेदिता ने श्रीमाँ के साथ खाने का आग्रह किया। माँ ने उनकी इच्छा तत्काल पूर्ण कर दी। एक हरिजन बालक माँ के दर्शन के लिए आया। छोटी जाति का होने से वह दूर गुमसुम बैठा था। माँ ने यह जानते हुए कि वह छोटी जाति का है, फिर भी अपने पास बुलाया। वह जाति के भेद के संबंध में कहती थीं, "जाति भेद केवल एक उपाय से मिट सकता है। वह उपाय है भक्ति। भक्ति से अस्पृश्य जाति भी शुद्ध हो सकती है। चांडाल भी भक्त होने पर चांडाल नहीं रह जाता है। चैतन्य देव ने चांडाल तक को आलिंगन किया था।" अमजद नामक एक मुसलमान उनके घर कुछ काम करने आया। वह डकैत के रूप में कुख्यात था। माँ ने उसे प्रेमपूर्वक भोजन कराया। अनेक सेवकों और शिष्यों के होते हुए भी उन्होंने उस स्थान को अपने हाथ से साफ

किया, जहाँ उसने खाया था। कुछ भक्तों ने माँ के इस कार्य पर आपत्ति की, तो उन्होंने कहा, "जिस प्रकार स्वामी सारदानंद मेरा लड़का है, वैसा ही यह अमजद भी है।" माँ के एक भक्त ने कोई अनुचित कार्य किया। इस पर कुछ विशिष्ट भक्तों ने माँ से अनुरोध किया कि उस भक्त को माँ अपने मंडल से निकाल दें। माँ ने कहा, "यदि मेरी संतान अपने को धूल-कीचड़ में सान ले तो उसे धो-पोंछकर मुझी को तो गोद में उठाना होगा।"

एक भिखारिन लड़की भक्ति-भाव से माँ के पास आती थी। एक दिन भिक्षा में उसे अमरूद मिला था। उसने माँ को वह अमरूद भेंट करने की इच्छा व्यक्त की। माँ ने सहर्ष उसका अमरूद स्वीकार कर लिया और कहा, "यह अमरूद बहुत अच्छा है। मैं जरूर खाऊँगी। भिक्षा की चीज बहुत पवित्र होती है। ठाकुर (रामकृष्ण परमहंस) भिक्षान्न बहुत पसंद करते थे।" जब कोई भक्त गरमी के दिनों में उनके पास आता तो स्वयं अपने हाथ से उसके ऊपर पंखा झलने लगती थीं। उसके खाने-पीने की व्यवस्था अपने हाथ से करती थीं। यहाँ तक कि शिष्यों की गंदी चादरें, तकिए के गिलाफ बिना किसी के जाने धोकर रख देती थीं। माँ अपने शिष्यों को साधना के कठोर नियमों में नहीं बाँधती थीं। शिष्य की परिस्थितियों और क्षमता को ध्यान में रखते हुए साधना की व्यवस्था करती थीं; लेकिन अपने शिष्यों के लिए स्वयं कठिन साधना करती थीं। अपने भक्तों की छोटी सी कठिनाई के लिए विकल हो जाती थीं। एक बार बेलूड़ मठ में तीन दिन कालीपूजा का समारोह आयोजित किया गया। तीनों दिन बहुत वर्षा हुई। भक्तों की संख्या अधिक थी। उनको खुले स्थान में ही सुविधा से भोजन कराया जा सकता था, अतः वह भक्तों के लिए भोजन के समय ध्यान पर बैठ जाती थीं। उनके बैठते ही पानी रुक जाता था। भक्त लोग आनंद से भोजन कर लेते थे। माँ का शरीर पूर्ण शुद्ध-पवित्र था। यदि कोई असात्त्विक प्रवृत्ति का व्यक्ति उनके पैर छूता था तो उनके पैरों में जलन होने लगती थी। उनके कष्ट को देखते हुए उनके शिष्य नहीं चाहते थे कि सब लोग उनके चरणों का स्पर्श करें। लेकिन माँ शिष्यों के उस निषेध को नहीं मानती थीं। पापी से पापी व्यक्ति को भी चरण स्पर्श की अनुमति दे देती थीं। वह स्वयं कहती थीं, "दयावश होकर मुझे मंत्र देना पड़ता है। दीक्षा के लिए व्याकुल होकर यदि कोई रोने लगता है तो उसे देखकर मुझे दया आती है। कृपा के वश हो मैं मंत्र दे बैठती हूँ। नहीं तो मुझे क्या लाभ? दीक्षा देने से शिष्य का पाप लेना पड़ता है। सोचती हूँ, शरीर तो एक दिन जाएगा ही, तो इनका कुछ भला ही हो जाए।"

जो श्रीमाँ की शरण में आ जाता था, उसके कष्टों का निवारण अवश्य हो जाता था। वह प्रायः अपने शिष्यों से कहा करती थीं, "डर किस बात का बेटा, सदा यह ध्यान रखना कि ठाकुर तुम्हारे पीछे हैं, मैं हूँ, मुझ माँ के रहते भय क्या ?" माँ सारदा श्रीरामकृष्ण परमहंस देव के कार्य में सहयोग देने आई थीं। उन्होंने पूर्ण सफलता के साथ उनके अपूर्ण कार्य को पूरा किया। श्रीरामकृष्ण मिशन का विश्वव्यापी संगठन और सेवा-कार्य श्रीमाँ के आशीर्वाद के द्वारा ही संपन्न हुआ। स्वामी विवेकानंदजी तथा उनके सहयोगी श्रीमाँ की आज्ञा-अनुमति लेकर ही कोई कार्य करते थे। यद्यपि श्रीमाँ ने 20 जुलाई, सन् 1920 में अपना पार्थिव शरीर छोड़ दिया था, लेकिन उनकी भक्त-मंडली में आज भी उनकी उपस्थिति अनुभव की जाती है। देश-विदेश में उनके अगणित भक्त उनकी नित्य आराधना करते हैं तथा आध्यात्मिक क्षेत्र में मार्गदर्शन प्राप्त करते हैं। श्रीमाँ ने अपने अंतिम समय में भक्तों से कहा था, "ठाकुर हैं, मैं हूँ, फिर भय कैसा ? पर एक बात कहती हूँ—यदि शांति चाहो तो किसी का दोष मत देखना, दोष देखना अपना। संसार को अपना लेना सीखो। कोई पराया नहीं है, यह सारी दुनिया तुम्हारी अपनी है।"

□

स्वामी विवेकानंद

(1863–1902 ई.)

पाश्चात्य विदुषी भगिनी क्रिश्चियन (निवेदिता) ने कहा है, "विवेकानंद की कोई तुलना नहीं हो सकती। वे स्वयं अपने वर्ग के हैं। वे एक दूसरे स्तर के हैं, न कि सांसारिक स्तर के। वे एक भास्वर सत्ता हैं, जो एक सुनिर्दिष्ट प्रयोजन के लिए दूसरे एक उच्चतर मंडल से इस मर्त्यभूमि पर अवतरित हुए हैं। कोई शायद जान सकता था कि वे यहाँ दीर्घकाल तक नहीं ठहरेंगे। धन्य है वह देश, जिसने उनको जन्म दिया है; धन्य हैं वे मनुष्य, जो उस समय पृथ्वी पर जीवित थे; और धन्य हैं वे कुछ लोग—धन्य, धन्य, धन्य—जिन्हें उनके पादपद्मों में बैठने का सौभाग्य मिला।"

जन्म-सिद्ध योगी का पृथ्वी-मंडल पर आगमन

स्वामी विवेकानंदजी केवल समाज-सुधारक या धर्म-प्रचारक नहीं थे और न उनके विराट् व्यक्तित्व का विकास किन्हीं विशेष परिस्थितियों के कारण हुआ था। वस्तुतः वे जन्मसिद्ध ऋषि थे। विशेष उद्देश्य की पूर्ति के लिए वे इस पृथ्वी मंडल पर अवतरित हुए थे। भगिनी क्रिश्चियन ने इसी तथ्य की ओर संकेत किया है। परमहंस श्रीरामकृष्ण देव ने स्पष्ट शब्दों में तरुण नरेंद्र (विवेकानंद) से कहा था, "हे प्रभो! मैं जानता हूँ कि तुम वही प्राचीन ऋषि नररूपी नारायण हो, प्राणियों की दुर्गति निवारणार्थ पुनः देह धारण की है।" श्रीरामकृष्णदेव ने कई बार इस तथ्य की पुष्टि की थी कि विवेकानंद असाधारण शक्तिसंपन्न जन्मजात संत, भक्त और योगी हैं।

स्वामी विवेकानंद का जन्म सन् 1863 में भक्तिभाव से पूर्ण परिवार में हुआ था। उनके पितामह श्री दुर्गाचरणदत्त पच्चीस वर्ष की ही अवस्था में संन्यासी हो

गए थे। पिता श्री विश्वनाथदत्त ऐसे त्यागी नहीं थे; लेकिन विवेकानंदजी की माताजी परम आस्तिक थीं। उन्होंने शिवजी की विशेष आराधना की थी, जिसके फलस्वरूप विवेकानंदजी जैसा महान् तेजस्वी पुत्र उनको प्राप्त हुआ था।

विवेकानंदजी बाल्यावस्था में बहुत चंचल और नटखट थे। किसी के नियंत्रण में नहीं रहते थे। उनकी माता भुवनेश्वरी देवी कभी-कभी खीजकर कहती थीं, "कितना सिर टेककर शिव के समीप एक लड़के की याचना की थी; किंतु उन्होंने भेज दिया एक भूत।" लेकिन पढ़ने-लिखने में वे अत्यंत कुशाग्रबुद्धि थे। जो कुछ एक बार सुन लेते थे, कंठस्थ हो जाता था।

बाल्यावस्था में ही ध्यान-सिद्ध

बालक नरेंद्र को बाल्यावस्था से ही धर्म के प्रति एक अज्ञात आकर्षण था। वे एकांत स्थान में बैठकर ईश्वर-चिंतन या ध्यान करते थे। एक दिन वे ध्यान कर रहे थे, उसी समय एक काला नाग उनके बगल में आकर बैठ गया, लेकिन उन्हें कुछ ज्ञात नहीं हुआ। कुछ बालकों ने साँप को देख लिया तो चिल्ला पड़े। फिर भी उनका ध्यान भंग नहीं हुआ। घर के लोग आ गए। सभी विस्मित और भयभीत थे। नाग देवता कुछ क्षणों में स्वयं चले गए। नरेंद्र बचपन में जब सोने के लिए आँखें बंद करते तो ज्योतिर्मय बिंदु (प्रकाश का गोला) भृकुटियों के मध्य में दिखाई पड़ता। यह बिंदु अनेक वर्ण में परिवर्तित होकर फट जाता था और चारों ओर प्रकाश फैल जाता था। यह स्थिति दीर्घकाल तक ध्यान करनेवाले साधकों को बड़ी कठिनाई से प्राप्त होती है। बाद में रामकृष्ण परमहंसजी ने बताया था कि यह ध्यान-सिद्ध का लक्षण है। इस प्रकार बालक नरेंद्र जन्म से ही ध्यान-सिद्ध थे। एक दिन वे कमरा बंद करके ध्यान कर रहे थे। अकस्मात् मुंडित मस्तक एक सौम्य शांत ज्योतिर्मय पुरुष दंड-कमंडलु हाथ में लिये हुए सामने खड़े होकर बोलने को कुछ उद्यत हुए; किंतु प्रशांत मूर्ति को कुछ क्षण देखते ही नरेंद्र भय से विस्मित होकर कमरे के बाहर चले गए। बहुत दिनों बाद श्रीरामकृष्णदेव से जब उन्होंने इस घटना का उल्लेख किया तो उन्होंने बताया कि वह बुद्ध भगवान् थे, आशीर्वाद देने के लिए प्रकट हुए थे।

परमहंसजी का अलौकिक संस्पर्श

नरेंद्र पूर्ण मनोयोग से शिक्षा प्राप्ति की ओर अग्रसर हुए। संस्कृत और अंग्रेजी भाषा पर अच्छा अधिकार प्राप्त कर दर्शनशास्त्र के अच्छे-से-अच्छे ग्रंथों का

अध्ययन कर डाला। अब उनके मन में धर्मतत्त्व का व्यावहारिक ज्ञान प्राप्त करने को उत्कट इच्छा उत्पन्न हुई। उस समय कलकत्ता में ब्रह्मसमाजी श्री केशवचंद्र सेन की बड़ी प्रतिष्ठा थी। पढ़े-लिखे लोग उनकी ओर विशेष आकर्षित हो रहे थे। नरेंद्र भी ब्रह्म समाज के सदस्य हो गए, किंतु वहाँ अधिक दिन नहीं रह सके। नवंबर 1881 में उनको प्रथम बार श्रीरामकृष्ण के दर्शन हुए। वे विशेष रूप से प्रभावित तो नहीं हुए; लेकिन उनके मन में परमहंसजी के प्रति अज्ञात आकर्षण अवश्य उत्पन्न हो गया। जब नरेंद्र तीसरी बार परमहंसजी के पास गए तो उनके मन में पर्याप्त संदेह था। सर्वज्ञ परमहंसजी उनके मन के भावों को अच्छी तरह समझ रहे थे। सामान्य बातचीत के बीच में ही श्रीरामकृष्ण ने अपने दाहिने पैर से नरेंद्र का शरीर छू दिया। नरेंद्र ने अनुभव किया कि क्षण भर में संपूर्ण वस्तु जगत् न जाने किस वस्तु में विलीन होता जा रहा है। सारे विश्व के साथ नरेंद्र का अहं भी किसी एक शून्य की ओर दौड़ता जा रहा है। नरेंद्र को ऐसा लगने लगा कि क्या मृत्यु निकट आ रही है। नरेंद्र भयाक्रांत होकर चिल्ला पड़े, "अजी, तुमने मुझे क्या कर दिया? मेरे माता-पिता जो हैं।" परमहंसजी खूब जोर से हँसे और नरेंद्र की छाती पर हाथ रखते हुए कहा, "तो अभी ठहरो। एक बारगी का काम नहीं, समय पर होगा।" इसके बाद नरेंद्र की स्थिति सामान्य हो गई।

जन्मजात ब्रह्मज्ञानी

जब चौथी बार नरेंद्र श्रीरामकृष्ण के पास गए तो पर्याप्त सचेत थे। आत्मरक्षा की दृष्टि से अपनी विचार-शक्ति को काफी जाग्रत् कर रखा था; लेकिन इस बार भी जैसे ही परमहंसजी ने उनको स्पर्श किया, नरेंद्र की बाह्य चेतना लुप्त हो गई। इसी अवस्था में परमहंस ने मन-ही-मन में कुछ प्रश्न पूछे और नरेंद्र ने मुखर रूप से उत्तर दिए। परमहंसजी ने अपने शिष्यों से कहा था, "जब वह उस अवस्था में था, तब मैंने उससे अनेक प्रश्न पूछे। मैंने उससे पूछा कि वह पहले कौन था, अब उसकी क्या अवस्था है, इस पृथ्वी पर उसका क्या लक्ष्य है और वह कब तक जीवित रहेगा? मैंने उसके बारे में जो कुछ देखा व अनुमान किया था, इन उत्तरों से उसकी पुष्टि हो गई। ये चीजें गोपनीय हैं; किंतु मुझे मालूम हो गया कि वह एक ऋषि है, जिसे पूर्ण सिद्धिप्राप्त है और ध्यान की शक्ति पर उसका पूरा अधिकार है और जिस दिन वह अपने सच्चे स्वरूप को जान जाएगा, वह अपनी इच्छा से ही शरीर-त्याग कर देगा।" यह थी तरुण नरेंद्र की आध्यात्मिक स्थिति। श्रीरामकृष्ण देव प्राय: लोगों से कहा करते थे, "यह लड़का जो देख रहे हैं, जन्म से ही ब्रह्मज्ञानी

है। इसके जैसे लड़के नित्य सिद्ध की श्रेणी के हैं। ये कभी कामिनी-कांचन की माया में नहीं बँधते।" श्रीरामकृष्ण उन्हें कभी शुक देव, कभी नारायण ऋषि कहा करते थे। स्वामी योगानंद ने कहा था, "स्वामीजी में ऋषि की समाधि-तृष्णा, शुक देव की माया-शून्यता, शंकराचार्य का ज्ञान, नारद की भक्ति, सब एकत्र सम्मिलित हुए थे।" इसलिए श्रीरामकृष्ण उनके विभिन्न भावों को देखते हुए उन्हें अलग-अलग समय अलग-अलग नामों से पुकारते थे।

मूर्तिपूजा पर विश्वास तथा काली का दर्शन

नरेंद्र श्रीरामकृष्ण की महान् तेजस्विता से शनैः-शनैः प्रभावित तो हो रहे थे; लेकिन पूर्ण समर्पण का भाव उनमें नहीं उत्पन्न हो रहा था। उनके संबंध में नरेंद्र के मन में अनेक प्रश्न उठा करते थे। त्रिकालज्ञ श्रीरामकृष्ण उनकी शंकाओं का सप्रमाण समाधान करते रहते थे। नरेंद्र को मूर्तिपूजा अर्थात् सगुण उपासना पर विश्वास नहीं था। वे पत्थर और धातु की मूर्तियों को पूजना आडंबर समझते थे। श्रीरामकृष्ण दिन-रात काली माँ का ही नाम लेते रहते थे। नरेंद्र स्पष्ट रूप से अपने मन के भाव उनके समक्ष व्यक्त भी कर देते थे। एक दिन रामकृष्ण ने नरेंद्र को स्पर्श कर दिया, जिससे कई दिन तक उनको सर्वत्र भगवान् ही दिखाई पड़ते रहे। कई दिन तक उनको उन्मादी के जैसी स्थिति रही। जब वे श्रीरामकृष्ण के समीप आए तो उनकी स्वाभाविक स्थिति हुई। इसी प्रकार एक बार वे घोर आर्थिक संकट से संत्रस्त होकर श्रीरामकृष्णजी की शरण में गए और कहा, "महाराज, मेरी माँ और भाई-बहनों को दो जून खाने को अन्न मिल सके, इसके लिए आप अपनी काली माँ से कुछ अनुरोध कर दीजिए।" श्रीरामकृष्ण ने कहा, "मैं माँ से कभी कुछ नहीं माँगता। फिर भी तुम लोगों का भला हो, इसके लिए एक बार अनुरोध किया था। पर तू तो माँ को मानता ही नहीं, इसलिए माँ तेरी बात पर कुछ ध्यान नहीं देतीं।" मूर्तिपूजा विरोधी नरेंद्र निरुत्तर थे। श्रीरामकृष्ण ने पुनः कहा, "माँ की कृपा के बिना कुछ न होगा। अच्छा, आज मंगलवार है। मैं कहता हूँ कि आज रात में काली मंदिर में जाकर माँ को प्रणाम करके तू जो कुछ माँगेगा, माँ तुझे वही देगी।" नरेंद्र संभवतः परीक्षा करने की ही दृष्टि से काली मंदिर में गए। वहाँ जो कुछ देखा, सब आश्चर्यजनक था। जगदंबा के भुवन मोहन रूप से मंदिर आलोकित है। सामने प्रस्तर की प्रतिमा नहीं, सजीव माँ हाथ फैलाकर असीम दया के साथ स्नेहपूर्ण स्मित कर रही थीं। नरेंद्र भक्ति-विह्वलचित्त से प्रार्थना करने लगे, "माँ! विवेक दो, ज्ञान दो, भक्ति दो। माता, तुम्हारी कृपा से सदा ही तुम्हें देख सकूँ।" उन्होंने सांसारिक

सुख, धन, वैभव कुछ नहीं माँगा। श्रीरामकृष्ण ने उन्हें पुनः सांसारिक सुख माँगने के लिए भेजा, लेकिन इस बार भी वे ज्ञान, वैराग्य माँगकर लौट आए। तब तीसरी बार भेजा; लेकिन जन्म सिद्ध नरेंद्र ज्ञान-वैराग्य के अतिरिक्त कुछ नहीं माँग सके। तब श्रीरामकृष्ण ने कहा, "तू जब माँग न सका, तो तेरे भाग्य में सांसारिक सुख ही नहीं है। फिर भी तुम लोगों को सूखी रोटी और मोटे वस्त्रों की कमी नहीं रहेगी।" कुछ ही दिनों में नरेंद्र के परिवार का अभाव कम हो गया। नरेंद्र के जीवन में असाधारण आध्यात्मिक परिवर्तन होने लगा। नरेंद्र अनन्यचित्त होकर श्री गुरुदेव द्वारा प्रदर्शित उपाय से साधन के मार्ग पर द्रुतगति से अग्रसर होने लगे। फलस्वरूप उनको अनेक अद्‌भुत अनुभूतियाँ हुईं और उनमें अनेक शक्तियाँ संचित हो गईं।

संदेह का निवारण

अनेक प्रकार के अनुभवों के बाद भी नरेंद्र के मन में कुछ संदेह थे। श्रीरामकृष्ण का अंतिम समय आ गया था। नरेंद्र उनकी चारपाई के पास बैठे थे। अचानक उनके मन में प्रश्न उठा, "इन्होंने तो अनेक बार अपने को भगवान् का अवतार कहकर परिचय दिया है। अभी इस समय कह दें कि मैं भगवान् हूँ, तभी विश्वास करूँगा।" श्रीरामकृष्ण गले के रोग से भयंकर रूप से पीड़ित थे; लेकिन नरेंद्र के मन के भावों को तत्काल पकड़ लिया और उनकी ओर मुँह फेरकर कहा, "अभी भी तुम्हें ज्ञान नहीं हुआ। सत्य कह रहा हूँ कि जो राम, जो कृष्ण, वही इस समय इस शरीर में रामकृष्ण हैं—यह तुम्हारे वेदांत के दृष्टिकोण से नहीं।" नरेंद्र सविस्मय अश्रु विसर्जन करने लगे। इस प्रकार युक्तिपूर्वक रामकृष्ण परमहंस ने धीरे-धीरे नरेंद्र के व्यक्तित्व का उद्‌घाटन किया था तथा उनको एक महान् कार्य के लिए तैयार किया था। श्रीरामकृष्ण ने अपनी समस्त साधना का फल अपने सर्वाधिक योग्य शिष्य श्री नरेंद्र में संचारित कर दिया था। एक दिन कहा था, "बेटा, आज तुम्हें सर्वस्व देकर मैं फकीर बन गया हूँ।"

युग-निर्माण के कार्य का शुभारंभ

श्रीरामकृष्ण देव का देहावसान 15 अगस्त, 1886 को हुआ था। उन्होंने देहावसान के कुछ दिन पूर्व कहा था, "नरेंद्र, मेरे ये सब लड़के हैं। तू सदा से बुद्धिमान और शक्तिमान है, उनकी रक्षा करना और उनको सत्पथ पर चलाना। मैं शीघ्र ही देहत्याग करूँगा।" अत: रामकृष्ण परमहंस के देहावसान के बाद उन पर बहुत दायित्व आ गया। उन्होंने श्रीरामकृष्ण संघ तथा मठ की स्थापना की। कठोर

तप-साधना का कार्य प्रारंभ हुआ। उस समय अनेक प्रकार के अभाव थे; किंतु नरेंद्र के तेजस्वी नेतृत्व में रामकृष्ण के अनेक शिष्य, कुमार संन्यासीगण अपने आध्यात्मिक लक्ष्य की ओर द्रुतगति से अग्रसर होने लगे। पाश्चात्य दर्शनशास्त्र के ज्ञाता संदेहवादी नरेंद्र ने लगातार छह वर्षों तक श्रीगुरुदेव के साथ तर्क किया था। पर आज उनमें यह कैसा अद्भुत परिवर्तन है। आज वे संन्यासी हैं, रामकृष्ण संघ के नेता हैं। गुरुदेव के पवित्र जीवन के उज्ज्वल प्रकाश में आज सनातन धर्म उनकी दिव्य-दृष्टि में महिमामय है, उदार है, सार्वभौमिक है। आज वेद उनके लिए अपौरुषेय हैं, आप्त वाक्य हैं, नित्य वर्तमान सत्य हैं। उपनिषद् के कल्याणप्रद सत्यों का गूढ़ अर्थ आज श्रीरामकृष्ण के जीवन के आलोक में उनके लिए सहज बोधगम्य है। इस प्रकार स्वामी विवेकानंदजी ने नए युग के निर्माण का शुभारंभ किया। इन नए संन्यासियों को हतोत्साहित करनेवाले बहुत लोग थे; लेकिन विवेकानंदजी की दिव्य वाणी उनमें अधिक उत्साह का संचार कर देती थी। वे कहते थे, "यदि हम ईश्वर का साक्षात्कार नहीं कर सके तो क्या इंद्रियों के दास होकर जीवन बिताएँगे? क्या हम संन्यास के महिमामय आदर्श से भ्रष्ट हो जाएँगे। शरीर नष्ट हो जाए, सर्वस्व चला जाए, हम उद्‌देश्य को नहीं छोड़ेंगे। क्या हम रामकृष्ण की संतान नहीं हैं?" ऐसा दृढ़ भाव था स्वामी विवेकानंदजी में।

देहावसान के बाद भी श्रीरामकृष्ण के दर्शन

श्रीरामकृष्ण के देहावसान के बाद उनके शिष्यों को उनका अभाव बहुत दुःखी करता था। एक रात को विवेकानंदजी टहल रहे थे। साथ में उनके गुरुभाई थे। विवेकानंदजी को सामने ज्योतिर्मय रामकृष्ण परमहंस दिखाई पड़े। पहले उन्हें अपनी आँखों पर विश्वास नहीं हुआ, लेकिन साथ टहल रहे गुरुभाई सविस्मय कह उठे, "नरेन! देख, देख।" विवेकानंदजी को विश्वास हो गया कि गुरुदेव स्थूल शरीर के नष्ट हो जाने पर भी शाश्वत ज्योतिर्मय देह से दर्शन देने के लिए आए हैं। इसके बाद अनेक अवसरों पर श्रीरामकृष्णजी ने अपने शिष्य विवेकानंद को दर्शन दिए। एक बार विवेकानंदजी उत्तर प्रदेश के गाजीपुर नगर के विख्यात योगी पवहारी बाबा से निर्विकल्प समाधि की शिक्षा लेना चाहते थे। यदि वे निर्विकल्प समाधि सीख जाते तो पूर्ण परमहंस हो जाते और संगठन तथा धर्म-प्रचार का कार्य न कर सकते। अतः जिस रात्रि को पवहारी बाबा के यहाँ जाने लगे, उसी समय इनका कमरा दिव्य आलोक से भर गया और सामने श्रीरामकृष्ण खड़े थे। उनके नेत्रों में करुणा और व्यथापूर्ण भर्त्सना थी। विवेकानंद को यह अपने मस्तिष्क का भ्रम प्रतीत हुआ। अतः

अगले बीस दिन तक नित्य अर्धरात्रि में पवहारी बाबा के पास जाने को तैयार होते रहे और प्रत्येक रात्रि को श्रीरामकृष्ण उनके समक्ष उपस्थित हो जाते। अंतिम दिन वे (विवेकानंद) भूमि में लोटकर आर्त स्वर में बोल उठे, "नहीं प्रभो! मैं और किसी के पास नहीं जाऊँगा। हे रामकृष्ण! तुम ही एकमात्र मेरे आराध्य हो। मैं तुम्हारा ही दास हूँ।" इस प्रकार श्रीरामकृष्ण देहावसान के बाद भी स्वामी विवेकानंद का मार्गदर्शन करते थे। इसके अतिरिक्त, श्रीरामकृष्ण की धर्मपत्नी श्रीमती सारदा देवी भी थीं। विवेकानंदजी उनका परमहंसजी की तरह समादर करते थे और उनकी आज्ञा से सब कार्य करते थे। विवेकानंदजी उनको जीती-जागती दुर्गा के रूप में देखा करते थे। वे कहा करते थे, "माँ के जीवन की अपूर्ण विशिष्टता कौन समझ सका है? कोई भी नहीं, किंतु धीरे-धीरे सब जान सकेंगे।"

श्रीरामकृष्ण ने अपने जीवन काल में उपदेश देते हुए विवेकानंदजी से कहा था कि मनुष्य तीन बातें निरंतर पालन करने के लिए प्रयत्नशील रहे—नाम में रुचि, जीवों की सेवा तथा वैष्णवों की सेवा। जो नाम है, वही ईश्वर है। नाम नामी का अभेद समझकर सर्वदा अनुराग के साथ नाम लेना। भक्त और भगवान्, कृष्ण और वैष्णव का अभेद समझकर सर्वदा साधु-भक्तगणों के प्रति श्रद्धा व्यक्त करना। इस बात की हृदय में धारणा करके सभी जीवों की सेवा करना। यह सुनकर विवेकानंदजी को अपने जीवन का लक्ष्य प्राप्त हो गया था। उन्होंने अपने गुरु भाई से कहा था, "ठाकुर की वाणी में आज कैसा आलोक दिखाई पड़ा। ठाकुर ने आज भावावेश में जो कहा, उससे यह समझ में आया कि वन के वेदांत को घर में लाया जा सकता है। जो हो, भगवान् ने कभी अवसर दिया, तो आज जो सुना है, उस अद्भुत सत्य का संसार में सर्वत्र प्रचार करूँगा।" उन्होंने अपने इस संकल्प को पूर्ण सफलतापूर्वक साकार किया।

विश्व-विजय के लिए प्रस्थान

सन् 1886 से 1898 तक विवेकानंद और अन्य साथियों ने वराहनगर स्थित मठ में श्रीरामकृष्ण संघ के निर्माण और तप में व्यतीत किया। अब विवेकानंदजी के मन में पर्यटन की इच्छा प्रबल हुई, अत: वे भारत के प्रमुख स्थानों की यात्रा करने लगे। लगभग चार-पाँच वर्षों में भारत के समस्त प्रमुख भूभागों और तीर्थस्थानों की यात्रा कर डाली। इस प्रकार भारतमाता के वास्तविक स्वरूप को आत्मसात् कर लिया। सहस्रों व्यक्तियों ने उनके तेजस्वी व्यक्तित्व का परिचय प्राप्त किया। सैकड़ों लोग उनके भक्त और शिष्य भी बने। 11 सितंबर, 1893 में अमेरिका के शिकागो

नगर में विश्व धर्म सम्मेलन हो रहा था। अनेक भक्तों ने स्वामीजी से उस सम्मेलन में भाग लेने के लिए आग्रह किया। अत: 31 मई, 1883 को वे अमेरिका के लिए प्रस्थान कर गए।

महिमा-मंडित व्यक्तित्व का अपूर्व उद्घाटन

साधनहीन स्वामीजी को वहाँ बड़ी कठिनाइयों का सामना करना पड़ा। किसी प्रकार उनको उस महासभा में बोलने का अवसर मिला। उन्होंने अपने दिव्य संभाषण से श्रोताओं को सर्वाधिक प्रभावित किया। श्रीमती एनी बेसेंट उस सभा में उपस्थित थीं। उन्होंने बाद में एक लेख में लिखा था, "महिमामय मूर्ति, गैरिक वस्त्र से विभूषित, शिकागो नगर के धूमिल धूसर वक्ष पर भारतीय सूर्य की तरह दीप्तिमान, उन्नत शिर, मर्मभेदी दृष्टिपूर्ण आँखें, चंचल होंठ, मनोहर अंगभंगी—धर्म महासभा के प्रतिनिधियों के लिए निर्दिष्ट कमरे में स्वामी विवेकानंद मेरी आँखों में प्रथम इसी रूप में प्रतिभाव हुए थे। स्वामीजी सभा मंच पर खड़े हुए। दूसरे शक्तिमान, प्रतिभासंपन्न प्रतिनिधियों ने यद्यपि अपने संदेश को सुंदर रूप में व्यक्त किया था, परंतु इस अप्रतिद्वंद्वी, प्राच्य प्रचारक की अतुलनीय आध्यात्मिक वार्त्ता की महिमा के सामने वे सभी निश्चय ही अवनत हो गए थे। उनके कंठ से निकला हुआ प्रत्येक झनकारमय शब्द आग्रहान्वित मंत्रमुग्ध जैसे विराट् जनसमूह के मानस-पट पर दृढ़ रूप से अंकित हो गया था।" 'न्यूयॉर्क हेराल्ड' पत्र ने लिखा था, "शिकागो धर्म महासभा में विवेकानंद ही सर्वश्रेष्ठ व्यक्ति हैं। उनका भाषण सुनकर ऐसा लगता है कि धर्ममार्ग में इस प्रकार के समुन्नत राष्ट्र भारतवर्ष में हमारे धर्म-प्रचारकों को भेजना दुर्बुद्धि मात्र है।" एक अन्य पत्र में लिखा था—"वे वास्तव में एक महापुरुष, उदार, सरल और ज्ञानी हैं। वे हमारे देश के धुरंधर विद्वानों से गुण-गौरव में कहीं उच्च हैं।"

इस सम्मेलन के भाषण से स्वामी विवेकानंद के महान् व्यक्तित्व की प्रतिष्ठा संपूर्ण विश्व में हो गई। अमेरिका की अनेक संस्थाओं और विश्वविद्यालयों में उनको भाषण देने के लिए आमंत्रित किया गया। लगभग चार वर्ष वे अमेरिका और यूरोप में परिभ्रमण करते हुए हिंदू धर्म का प्रचार करते रहे। सहस्रों व्यक्तियों को प्रभावित किया तथा सैकड़ों शिष्य बनाए। जनवरी 1897 में वे भारत आए। भारत में उनका विराट् स्वागत-अभिनंदन हुआ। सभी वर्ग के लोगों ने उनकी महानता को मुक्त कंठ से स्वीकार किया।

विदेश यात्रा से स्वामीजी को भारत में श्रीरामकृष्ण मिशन की स्थापना के लिए

पर्याप्त आर्थिक सहायता प्राप्त हुई। भारत में भी लोग आर्थिक सहायता देने के लिए आगे बढ़े। त्यागी और कर्मठ व्यक्तियों का भी सहयोग प्राप्त हुआ। विदेशी महिला श्रीमती ओलिबुल के सौजन्य से बेलूड़ मठ की जमीन खरीदी गई। सन् 1899 में यह भवन बनकर तैयार हुआ। सन् 1899 में ही वे पुनः अमेरिका यात्रा पर गए। वहाँ से दिसंबर 1900 में अपने देश भारत लौटे।

शरीर-त्याग

इतने वर्ष कठोर परिश्रम करने के कारण उनका स्वास्थ्य बहुत खराब हो चुका था। भारत में आकर विश्राम और उपचार से सुधार हुआ। विश्व को आंदोलित करनेवाले इस महापुरुष में आकस्मिक परिवर्तन हुआ। अब वे अंतर्मुखी हो गए। उनका स्वास्थ्य पर्याप्त ठीक था, लेकिन अचानक सन् 1902 ई. में उन्होंने शरीर-त्याग कर दिया। वास्तव में उनका इस जीवन का कार्य पूर्ण हो चुका था। उन्होंने स्वेच्छा से शरीर-त्याग किया था। देहावसान के कुछ दिन पूर्व पंचांग मँगाकर देह-त्याग के लिए तिथि निश्चित की थी। उसी दिन ध्यान करते हुए शरीर छोड़ा था। यह महान् योगी का लक्षण है। इच्छा-मृत्यु साधारण मनुष्यों के लिए संभव नहीं है।

विवेकानंद अपने असीम तेज और अद्‌भुत प्रतिभा से श्रीरामकृष्ण मिशन के रूप में ऐसी दीपशिखा प्रज्वलित कर गए थे, जो अखंड और अबाध रूप से आज भी देशवासियों का पथ अलोकित कर रही है, जिसके त्यागी-तपस्वी संन्यासियों का संसार भर में विशेष समादर है।

प्रेरणा के अक्षय स्रोत

विवेकानंद के महान् व्यक्तित्व और विशाल कृतित्व का मूल्यांकन मानव बुद्धि और क्षमता से परे है। उनके प्रकट या दृश्य कार्य की तुलना में अदृश्य कार्य बहुत अधिक है। उस समय सनातन हिंदू धर्म जीर्ण-शीर्ण हो रहा था तथा उस पर अनेक दिशाओं से आक्रमण हो रहे थे। विवेकानंदजी सनातन धर्म के उद्‌धारक और परिष्कारक के रूप में आए। उन्होंने अपने दिव्य तेज और अपौरुषेय वाणी से सनातन धर्म के विरोधियों पर वज्रसम प्रहार किया। प्राचीन परंपराओं, धर्मशास्त्रों, योग आदि को सुसंस्कृत रूप में प्रस्तुत किया तथा असंख्य लोगों के भ्रमों का उन्मूलन किया। स्वामी विवेकानंद ज्ञानयोग, कर्मयोग और भक्तियोग के समन्वित स्वरूप थे।

विवेकानंदजी के विचार 'विवेकानंद साहित्य' नाम से दस खंडों में अद्वैत

आश्रम, कलकत्ता–14 से प्रकाशित हुए हैं। इन पुस्तकों में अध्यात्म और योग संबंधी प्रचुर सामग्री है। साधकों के मार्गदर्शन के लिए उनकी पुस्तकें अत्यंत सहज बोधगम्य तथा व्यावहारिक हैं, इसलिए विवेकानंद साहित्य विश्व में सर्वाधिक लोकप्रिय है। निश्चित ही स्वामी विवेकानंदजी का व्यक्तित्व और कृतित्व अनंतकाल तक प्रेरणा का स्रोत रहेगा।

□

स्वामी पुरुषोत्तमानंद

(1879-1961 ई.)

भारत में अनेक ऐसे महान् संत हुए हैं, जिनमें अनंत शक्तियाँ भी थीं, असीम सिद्धियाँ भी थीं, अनुपम तेजस्विता थी, फिर भी ये महापुरुष अपने को अधिक-से-अधिक गुप्त रखते थे, विज्ञापन की दुनिया से दूर रहते थे तथा यश-सम्मान आदि के सम्मोहनों से अपने को मुक्त रखते थे। इनके लिए ब्रह्मानंद की उपलब्धि ही प्रथम और अंतिम कार्य होता था। यों भारत के प्रत्येक भूभाग में ऐसी विभूतियों का निवास रहा है, लेकिन पुनीत हिमालय इनको विशेष आकर्षित करता रहा है। वहाँ का सुरम्य प्राकृतिक पर्यावरण और स्वर्गीय शांतिदायक परिवेश इनकी साधना के लिए विशेष अनुकूल सिद्ध हुआ है। हिमालय की इस महान् सिद्ध संत-परंपरा में स्वामी पुरुषोत्तमानंदजी महाराज का नाम विशेष उल्लेखनीय है।

भाग्य-चक्र की शक्ति

स्वामी पुरुषोत्तमानंदजी का जन्म 23 नवंबर, 1879 में केरल राज्य के तिरुवल्ल नामक स्थान में हुआ था। उनकी माता का नाम पार्वती अम्मा तथा पिता का नाम श्री नारायण नायर था। उनकी माता परमभक्त महिला थीं। उनका बचपन का नाम नीलकंठ था। नीलकंठ प्रारंभ से ही शांत, संतोषी और सुसंस्कारवान बालक थे। उनकी प्रारंभिक शिक्षा अबाध रूप से चली। सदा अच्छे अंकों में परीक्षा उत्तीर्ण होते रहे। वे उच्च शिक्षा प्राप्त करके माता-पिता को सुख देने के लिए विशेष इच्छुक थे; लेकिन दैवी विधान कुछ और ही था। नीलकंठ ने जब कोट्टायम के सी.एम.एस. कॉलेज में प्रवेश लिया, तब भाग्यचक्र ने अपना कार्य प्रारंभ कर दिया। इस समय नीलकंठ छात्रावास में रहते थे। अचानक उनके पैर में दर्द प्रारंभ हुआ।

चिकित्सकों ने पर्याप्त उपचार किया; किंतु कोई लाभ नहीं हुआ। विवश होकर नीलकंठ पढ़ाई छोड़कर माता-पिता के पास चले गए।

अहित में हित

प्राय: कहा जाता है कि भगवान् जो करता है, अच्छा ही करता है। नीलकंठ के प्रसंग में यह उक्ति पूर्ण सार्थक प्रतीत होती है। नीलकंठ की चिकित्सा घर पर प्रारंभ हुई और यह चिकित्सा पाँच वर्ष तक चली। इस अस्वस्थता की अवधि में माता-पिता अपने पुत्र को श्रीमद्भागवत तथा अन्य धार्मिक ग्रंथ पढ़कर सुनाया करते थे। धार्मिक तत्त्व-चिंतन में नीलकंठ को बहुत रस आने लगा। उनके मन में संस्कृत भाषा का ज्ञान प्राप्त करने की इच्छा उत्पन्न हुई, जिससे संस्कृत भाषा के आध्यात्मिक ग्रंथों को मूल रूप से स्वयं पढ़ सकें। अत: रोग-शैया पर ही उन्होंने संस्कृत का अध्ययन प्रारंभ कर दिया और अल्प अवधि में ही संस्कृत भाषा पर अच्छा अधिकार कर लिया। ऐसा प्रतीत होता है कि यह सब भावी जीवन की तैयारी हो रही थी।

भगवान् की शरण में

नीलकंठ की पाँच वर्ष तक चिकित्सा हुई। लाभ अवश्य हुआ; लेकिन रोग से पूर्ण रूप से मुक्ति नहीं हुई। नीलकंठ ने ट्रावनकोर के प्रसिद्ध तीर्थ गुरुवायूर का नाम सुन रखा था। इस तीर्थ के संबंध में लोगों का विश्वास है कि यदि वहाँ कोई व्यक्ति पूर्ण मनोयोग से प्रार्थना करता है तो उसका किसी भी प्रकार का कष्ट हो, अवश्य दूर हो जाता है। नीलकंठ ने अपने मन में निश्चय कर लिया कि भगवान् गुरुवायूर की शरण में जाने से ही इस व्याधि से मुक्ति मिलेगी, अत: एक रात को वे मामूली कपड़े और कुछ रुपए लेकर वहाँ के लिए चल पड़े। यद्यपि वे पैर की पीड़ा के कारण अधिक पैदल चलने में असमर्थ थे; लेकिन उनको भगवान् पर पूर्ण भरोसा था। उनका विश्वास सत्य सिद्ध हुआ। उन्हें मार्ग में अहेतुक सहायताएँ प्राप्त हुईं और वे गुरुवायूर भगवान् की शरण में पहुँच गए। यहाँ उन्होंने विधिपूर्वक पूजा-आराधना प्रारंभ कर दी। सौभाग्य से उनका शारीरिक कष्ट कम होने लगा और एक दिन उन्होंने अनुभव किया कि पैर की पीड़ा पूर्ण रूप से शांत हो गई है।

पाद-पीड़ा से नीलकंठ के महान् आध्यात्मिक जीवन का शुभारंभ हुआ। गुरुवायूर मंदिर में रहकर उनके हृदय में ईश्वर के प्रति अविचल श्रद्धा का विकास हो गया। वे स्वस्थ होकर अपने घर वापस आ गए। माता-पिता तथा चाचा को बड़ी

प्रसन्नता हुई। पाँच वर्षों के व्यवधान के पश्चात् माता-पिता की इच्छानुसार नीलकंठ ने कॉलेज में पुनः प्रवेश लिया। वे उच्च शिक्षा प्राप्त करके अच्छी नौकरी प्राप्त करने की योजना बना रहे थे, जिससे अपने माता-पिता को सुखी-संतुष्ट कर सकें; लेकिन ईश्वर उनके लिए दूसरा ही मार्ग प्रशस्त कर रहा था। वे प्रथम वर्ष परीक्षा में अनुत्तीर्ण हो गए। दूसरे वर्ष प्राइवेट परीक्षा देने की तैयारी करने लगे, लेकिन परीक्षा के समय अस्वस्थ हो गए और परीक्षा नहीं दे सके। नीलकंठ ने पढ़ाई का विचार त्याग दिया और पुनः भगवान् गुरुवायूर की शरण में पहुँच गए। पाँच-छह मास वहाँ रहे।

वैराग्य का उदय

जब स्वस्थ और सानंद वे घर वापस आए, तो घटना-चक्र ने एक विचित्र मोड़ लिया। यहाँ आते ही उनके पिताजी का स्वर्गवास हो गया। इसके कुछ समय बाद माताजी का भी देहांत हो गया। परिवार के एक सक्रिय सदस्य चाचाजी की मृत्यु इन दोनों से पूर्व ही हो चुकी थी। अब नीलकंठ के अलौकिक बंधन के सारे सूत्र टूट गए। माता-पिता की सेवा का मोह ही उनको घर की ओर आकर्षित करता था। जब वे नहीं रहे तो नीलकंठ पूर्ण कार्य अर्थात् आध्यात्मिक साधना की ओर पूर्ण रूप से उन्मुख हो गए। नीलकंठ के मन में विचार आया कि उदर पूर्ति के लिए कुछ काम अवश्य कर लेना चाहिए। अतः एक छोटे विद्यालय में अध्यापन का कार्य प्रारंभ कर दिया, लेकिन यह कार्य अधिक दिनों तक नहीं चल सका। अस्वस्थता के कारण इसे भी छोड़ना पड़ा।

अब नीलकंठ को पूर्ण विश्वास हो गया कि उसका जन्म लौकिक या भौतिक सफलताओं के लिए नहीं हुआ, अतः उन्होंने अपने को पूर्ण रूप से भगवान् की कृपा पर छोड़ दिया। अब दिन रात का अधिकांश समय जप, ध्यान, धर्मग्रंथों के अध्ययन-अनुशीलन में लगाने लगे। इन दिनों नीलकंठ का सर्वाधिक प्रिय ग्रंथ श्रीमद्भागवत था। वे भागवत की व्याख्या बहुत अच्छी करते थे, अतः अनेक सुशिक्षित लोग उनकी ओर आकर्षित होने लगे।

श्रीरामकृष्ण मिशन से संपर्क

तिरुवल्ल में एक मुंशिफ एम.आर. पिल्लई थे। वे परमहंस रामकृष्णजी के परम भक्त थे। पिल्लईजी एक 'श्रीरामकृष्ण संघ' चलाते थे, जिसमें प्रायः धर्मचर्चा, भजन, कीर्तन, ध्यान आदि होता था। इस संघ के सदस्य नीलकंठ के परिचित थे।

इन्हीं की प्रेरणा से नीलकंठ भी संघ की बैठकों में जाने लगे। कुछ दिनों में वे संघ के सर्वाधिक महत्त्वपूर्ण व्यक्ति हो गए तथा संघ के अध्यक्ष बना दिए गए। एक बार यह निश्चय किया गया कि श्रीरामकृष्ण परमहंसजी के शिष्य के संपर्क में आया जाए। उन दिनों रामकृष्णजी के शिष्य स्वामी निर्मलानंदजी बेंगलुरु स्थित 'रामकृष्ण मिशन' के अध्यक्ष थे। नीलकंठ अपने अन्य साथियों के साथ स्वामी निर्मलानंदजी के संपर्क में आए तथा विशेष रूप से प्रभावित हुए। इन्हीं की प्रेरणा से तिरुवल्ल में श्रीरामकृष्ण आश्रम की स्थापना की गई। इस आश्रम के संचालन का दायित्व नीलकंठ को प्राप्त हुआ। वे इस आश्रम को पूर्ण उत्साह और कौशल से संचालित करने लगे। यहाँ प्रतिवर्ष श्रीरामकृष्णजी की जयंती आयोजित की जाती थी, जिसमें स्वामी निर्मलानंदजी पधारते थे।

इन दिनों नीलकंठ ध्यान-भजन की अपेक्षा आश्रम के निर्माण-विकास में अधिक समय लगाते थे। स्वामी निर्मलानंदजी एक बार आश्रम में पधारे थे। उन्होंने नीलकंठ की दिनचर्या ध्यान से देखी थी। अत: एक दिन कठोर मुद्रा में कहा, "यह क्या है ? तुम भक्त बनने का अभिनय करते हो। तुम झूठे भक्त हो। सच्चे भक्त बनो। तुम पत्थर और लकड़ी के आश्रम की इतनी चिंता क्यों करते हो ? अपने हृदय में आश्रम बनाओ और वहीं गुरु महाराज (रामकृष्ण) को प्रतिष्ठित करो।" इसी प्रकार अनेक ऐसे अवसर आए, जब स्वामी निर्मलानंदजी ने नीलकंठ का मार्गदर्शन किया।

मंत्र-दीक्षा और संन्यास

सन् 1916 में नीलकंठ को रामकृष्णजी के परमप्रिय शिष्य स्वामी ब्रह्मानंदजी से मंत्र-दीक्षा प्राप्त हुई। सन् 1923 में उनको संन्यास प्रदान किया गया। इस समय उनका नाम पुरुषोत्तमानंद पुरी हुआ। सन् 1913 से 1923 तक उन्होंने विभिन्न आश्रमों का संचालन किया, अनेक तीर्थों की यात्रा की, कठोर तप तथा अध्ययन किया, अनेक श्रेष्ठ संत पुरुषों के संपर्क में आए। उनके मन में वैराग्य की भावना का पूर्ण विकास हो चुका था तथा उनके हृदय में सत्य का प्रत्यक्ष साक्षात्कार करने की अदम्य आकांक्षा उत्पन्न हो गई थी। अब उन्हें आश्रम-संचालन का कार्य अपने मार्ग में बाधक प्रतीत होता था। अत: उन्होंने रामकृष्ण मिशन के दायित्वों से अपने को मुक्त कर लिया तथा तीर्थ-भ्रमण के लिए निकल पड़े।

वसिष्ठ गुहा में तप

उत्तर भारत के समस्त तीर्थों के दर्शन करते हुए ऋषिकेश पहुँचे। यह

स्थान उन्हें तप के लिए सर्वाधिक उपयुक्त प्रतीत हुआ। अतः उन्होंने दक्षिण को नमस्कार करके ऋषिकेश को अपना केंद्र बना लिया और जीवन के अंतिम समय तक यहीं रहे।

स्वामी पुरुषोत्तमानंदजी ने हिमालय के समस्त तीर्थस्थानों के दर्शन किए, लेकिन उनको तप के लिए ऋषिकेश से 23 कि.मी. दूर बदरीनाथ मार्ग पर, गंगाजी के तट पर स्थित वसिष्ठ गुहा सर्वाधिक उपयुक्त स्थान प्रतीत हुआ। ऐसी मान्यता है कि प्राचीन काल में वसिष्ठ मुनि ने यहीं तपस्या की थी। जब स्वामीजी प्रारंभ में यहाँ आए तो यह गुफा घोर जंगल में थी। जंगली जानवर—शेर, तेंदुए आदि—यहाँ घूमा करते थे। साँप-बिच्छू आदि गुफा के अंदर भी विचरण करते थे। वर्षा ऋतु में गंगाजी का जल भी इसमें प्रवेश कर जाता था, लेकिन भगवान् पर पूर्ण रूप से आश्रित स्वामीजी इन सब बाधाओं से कभी चिंतित नहीं हुए। धीरे-धीरे स्वामीजी के तप का ऐसा व्यापक प्रभाव हुआ कि भारत ही नहीं, विदेश के लोग भी इस गुफा की ओर आकर्षित होने लगे तथा यह गुफा असंख्य भक्तों का प्रेरणास्रोत बन गई।

महापुरुषों द्वारा समादर

यद्यपि स्वामी पुरुषोत्तमानंदजी महाराज ने कोई संगठन नहीं बनाया, विज्ञान के आधुनिक साधनों का उपयोग नहीं किया तथा दुर्गम स्थान को अपना निवास बनाया; फिर भी देश-विदेश की अनेक विभूतियाँ उनके दर्शन के लिए पहुँचती थीं। देश के महान् नेता और विख्यात लेखक श्री के.एम. मुंशी स्वामीजी के दर्शनों के लिए गुफा में पहुँचे थे और विशेष प्रभावित हुए थे। श्री मुंशी ने 'भवन्स जर्नल' में स्वामीजी पर एक लेख भी लिखा था। दक्षिण के विश्वविख्यात अलौकिक संत सत्य साईं बाबा स्वामीजी के दर्शन के लिए गुफा में पधारे थे। साईं बाबा ने योगबल से तत्काल बहुमूल्य हार उत्पन्न करके स्वामीजी को पहनाया था। नेपाल नरेश सपत्नीक आए थे तथा स्वामीजी को नेपाल में राजकीय अतिथि के रूप में कुछ दिन रखा भी था। सुप्रसिद्ध योगी स्वामी शिवानंदजी उनका विशेष समादर करते थे। स्वामीजी के शिष्यों में अनेक आई.सी.एस. अधिकारी, विश्वविद्यालयों के प्राध्यापक, डॉक्टर, वकील आदि थे।

अमेरिकी वैज्ञानिकों द्वारा परीक्षण

एक बार ऋषिकेश में अमेरिकी वैज्ञानिकों का दल आया था, जो अपने यंत्रों द्वारा ध्यान और समाधि की अवस्था का अध्ययन करना चाहता था। ऋषिकेश में

सैकड़ों स्वामी-संन्यासी रहते हैं। लेकिन कोई साधक या सिद्ध ध्यान की अवस्था में यंत्रों द्वारा परीक्षा कराने को तैयार नहीं हुआ था। केवल स्वामी पुरुषोत्तमानंदजी तथा स्वामी राम 'हिमालय' ने परीक्षा के लिए स्वीकृति दी थी। वैज्ञानिकों ने जब परीक्षा की, तो उनको बड़ा आश्चर्य हुआ था; क्योंकि जो परिणाम निकले थे, उनसे विज्ञान के अनेक प्रतिष्ठित सिद्धांतों का खंडन होता था।

असीम आध्यात्मिक शक्ति

स्वामी पुरुषोत्तमानंदजी महाराज काम, क्रोध, लोभ, मोह आदि वासनाओं पर पूर्ण विजय प्राप्त कर चुके थे। सांसारिक प्रलोभन उनको कभी विचलित नहीं कर सके। वे सत्-चित-आनंद के साक्षात् स्वरूप थे। वे मितभाषी थे तथा अनावश्यक संभाषण नहीं करते थे। शिष्यों-भक्तों को अधिक उपदेश नहीं देते थे, उनमें इतनी अधिक आध्यात्मिक शक्ति थी कि जो जिज्ञासु उनके निकट पहुँच जाता था, वह आनंद की असाधारण स्थिति को प्राप्त कर लेता था, उसकी शंकाएँ स्वतः समाधित हो जाती थीं, उसके दुःखों का अंत हो जाता था और उसको अनिर्वचनीय शांति प्राप्त हो जाती थी।

ईश्वर पर अखंड विश्वास

स्वामीजी पूर्ण रूप से ईश्वर पर आश्रित व्यक्ति थे। उन्होंने किसी से माँगना बहुत पहले छोड़ दिया था, लेकिन उनकी आवश्यकताएँ पूरी होती रहती थीं। आश्रम में जो व्यक्ति आते थे, सबका भोजन आदि से स्वागत होता था। उनके आश्रम के आसपास हिंस्र जीव-जंतु रहते थे; लेकिन कभी कोई दुर्घटना नहीं हुई। वे बड़े-से-बड़े कष्ट के निवारण के लिए दैवी शक्ति का सहारा लेते थे और ईश्वर उनकी विचित्र रीति से सहायता करता था। एक बार उन्होंने शारीरिक व्याधि के कारण आत्महत्या का निश्चय किया। जैसे ही वे गंगा में कूदने को तैयार हुए, उनके कानों में स्पष्ट आवाज आई कि अमुक डॉक्टर के पास जाओ। जब उन्होंने पता लगाया, तो उस नाम का डॉक्टर मिल गया और उसने उनको स्वस्थ कर दिया। स्वामीजी के जीवन में दैवी सहायता की असंख्य घटनाएँ हैं। वस्तुतः स्वामीजी का जीवन इस बात का प्रत्यक्ष उदाहरण है कि यदि मनुष्य वासनाओं का त्याग करके भगवान् पर पूर्ण आश्रित हो जाए, तो भगवान् उसके कल्याण की संपूर्ण व्यवस्था करते हैं।

ध्यान-पद्धति

स्वामीजी कहते थे कि भगवान् के प्रति भक्ति होनी चाहिए। ईश्वर के प्रति सच्चा प्रेम ही व्यक्ति को उच्च अवस्था तक पहुँचा सकेगा। जब तक व्यक्ति में भक्ति नहीं होगी, तब तक वह हृदय और आत्मा से ईश्वर को प्रेम नहीं कर सकता। प्रत्येक समस्या परमात्मा पर छोड़ दो, केवल उससे प्रेम करो। उसके स्मरण के लिए ही जियो। शेष सब वह संपन्न करेगा। दिन में दो बार जप करना चाहिए। जब तक जप द्वारा मन की चंचलता को रोका नहीं जाएगा, तब तक ध्यान सफल नहीं होगा। स्वामीजी कहते थे कि महान् व्यक्ति वही है, जिसकी आवश्यकताएँ कुछ नहीं हैं। ध्यान की विधि बताते हुए उन्होंने कहा कि मस्तिष्क में शून्य उत्पन्न करो। जब संपूर्ण भौतिकता को निकाल बाहर करोगे तो आध्यात्मिकता स्वयं प्रवेश कर जाएगी। यदि ईश्वर पर पूर्ण रूप से आश्रित हो जाओ तो वह तुम्हारी समस्त वास्तविक आवश्यकताएँ पूर्ण कर देगा। कोई धार्मिक कार्य—जप, ध्यान, दान आदि—बिना आस्था और विश्वास के किया जाता है तो उससे कोई लाभ नहीं होता है।

इच्छा-मृत्यु

स्वामीजी की इच्छा-मृत्यु हुई थी। उन्होंने अपने शिष्यों को पहले से ही सूचित कर दिया था। पत्रा देखकर स्वर्गारोहण के लिए शुभ तिथि का चयन किया था। यह दिन था महाशिवरात्रि, सोमवार, 13 फरवरी, 1961। मृत्यु के दिन स्वामीजी ने स्नान किया और शिष्यों को गीता तथा दुर्गासप्तशती के पाठ का आदेश दिया था।

स्मारक

वसिष्ठ गुहा में स्वामीजी की स्मृति में स्मारक का निर्माण हुआ। यहाँ का आश्रम भक्तों और शिष्यों के प्रयास से आज भी व्यवस्थित रूप से चलता है। अनेक व्यक्ति आज भी इस तपोभूमि से प्रेरणा प्राप्त करते हैं।

□

स्वामी शिवानंद

(1887–1963 ई.)

महान् तपस्वी संत स्वामी चिदानंदजी ने ब्रह्मलीन परम पावन स्वामी शिवानंद सरस्वतीजी के संबंध में लिखा है—"ऋषिकेश हिमालय के पुण्यशील मनीषी एवं संतश्री स्वामी शिवानंदजी महाराज आधुनिक आध्यात्मिक जगत् में सर्वत्र विख्यात हैं। वे बीसवीं सदी के विगत पचास वर्षों में अपने समय के उन महापुरुषों में से एक हैं, जिन्होंने संसार के अनेक देशों के लाखों लोगों के हृदयों में आध्यात्मिक जागृति उत्पन्न की। विश्व भर के अनेक जिज्ञासु इनके आभारी हैं। उनके लिए वे एक कृपालु शिक्षक, महान् सद्गुरु और अनुपम व करुणामय संत हैं। उन्होंने आध्यात्मिक प्रकाश प्रकाशित कर विभिन्न क्षेत्रों के लोगों को शांति तथा आनंद प्रदान किया। उनका चित्ताकर्षक देदीप्यमान व्यक्तित्व भद्रता, निस्स्वार्थता और सार्वभौमिक प्रेम से दीप्त है, जिसके कारण ऋषिकेश के सन्निकट पावन गंगातट पर अवस्थित सुंदर आध्यात्मिक कुटीर पर आधुनिक संसार की दशों दिशाओं से उत्कृष्ट जिज्ञासु और भक्त वैसे ही आकृष्ट हुए हैं, जैसे पूर्ण विकसित कमल-पुष्प पर मधुमक्खियाँ आकर्षित होती हैं। आधुनिक भारत का यह संत जगत् को प्रकाशित करनेवाला प्राची दिशा का प्रकाश था। उनके देश ने उन्हें मुनियों, पुण्यात्माओं, संतों और ऋषियों की इस पुण्यभूमि में जन्म लेनेवाले उच्च कोटि के आध्यात्मिक मार्ग-प्रदर्शकों में से एक महान् संत माना है। उन्होंने अपनी आजीवन सेवाओं से वैदिक धर्म को पुनर्जीवित किया। योग-वेदांत की आध्यात्मिक विद्या भारत के सिद्ध संत और योगी का प्रभावशाली प्रचार किया, जो वर्तमान शती में अद्वितीय तथा विशिष्ट मानी गई है।"

महान् वंश-परंपरा की महान् संतान

संस्कृत के महान् विद्वानों में 'श्री अप्पय दीक्षितार' का नाम अग्रगण्य है। उन्होंने संस्कृत भाषा के लगभग 104 ग्रंथों की रचना की थी, जिनमें अनेक ग्रंथ वेदांत और अध्यात्म के भी थे। स्वामी शिवानंदजी का जन्म इसी महान् कुल में 8 सितंबर, 1887 को हुआ था। उनके पिता का नाम श्री ए.पी.एस. ऐंगु अय्यर तथा माता का नाम श्रीमती पार्वती अम्माल था। स्वामी शिवानंदजी का पारिवारिक नाम कुप्पू स्वामी था। उनकी प्रारंभिक शिक्षा जन्मस्थान पट्टामडाई के हाई स्कूल में हुई थी। मैट्रिक की परीक्षा पट्टियापुरम् के हाई स्कूल से उत्तीर्ण की थी। उनकी चिकित्सा-क्षेत्र में विशेष रुचि थी; अतः उन्होंने मेडिकल कॉलेज में प्रवेश किया। कई वर्षों के कठोर परिश्रम के बाद मेडिकल परीक्षा भी सम्मानपूर्वक उत्तीर्ण कर ली। अज्ञात प्रेरणा से वे मलाया चले गए। वहाँ उनको कई विख्यात अंग्रेज डॉक्टरों के साथ काम करने का सुअवसर प्राप्त हुआ। वे वहाँ बहुत अधिक लोकप्रिय हो गए तथा पर्याप्त धन अर्जन करने लगे; किंतु यह वैभव पूर्ण जीवन उनको विशेष आकर्षित न कर सका।

त्याग और सेवा की जन्मजात वृत्ति

सन् 1923 में वह सर्वस्व त्यागकर सिंगापुर छोड़कर काशी आ गए और परिव्राजक का जीवन स्वीकार कर लिया। उनको आध्यात्मिक गुरु की आवश्यकता थी, अतः तीर्थाटन करने लगे। भ्रमण करते हुए वे ऋषिकेश पहुँचे। यहाँ परगहंस स्वामी विश्वानंद सरस्वती के पवित्र हाथों से गंगा के किनारे 1 जून, 1924 को संन्यास-दीक्षा ग्रहण की। उनका मत है कि प्रारंभ में वैयक्तिक गुरु की आवश्यकता है। ईश्वर-प्राप्ति के मार्ग को वही दिखला सकता है। वह आपके मार्ग की बाधाओं और प्रलोभनों को दूर करेगा। आप आत्म ज्ञान प्राप्त साधु-महात्माओं के वाक्यों में अटूट श्रद्धा एवं विश्वास रखकर ही आध्यात्मिक मार्ग में प्रगति कर सकते हैं, अतः स्वामी शिवानंदजी अपने गुरु के निर्देशन में ऋषिकेश में कठोर तप करने लगे।

तपकाल की दिनचर्या

तपस्याकाल की दिनचर्या के संबंध में स्वामीजी ने स्वयं लिखा है— "महात्माओं के गंभीर अध्ययन से मेरी आँखें खुल गईं तथा ठीक मार्ग में तीव्र तथा उग्र साधना के लिए मुझे प्रेरणा मिली। मैंने अंतर से बल तथा पथ-प्रदर्शन प्राप्त किया। मैंने अपनी सारी शक्ति अध्ययन, सेवा तथा साधना में लगा दी। रोगियों,

गरीबों तथा महात्माओं की सेवा करने से हृदय शुद्ध होता है। इससे अहंकार, स्वार्थ, घृणा, लोभ, काम, क्रोध, द्वेष आदि दुर्गुणों का नाश होता है। मैंने उत्तम स्वास्थ्य बनाए रखने के लिए आसन, प्राणायाम, मुद्रा तथा बंध के अभ्यास किए। मैं सरल जीवन, उच्च विचार, लघु आहार, गंभीर अध्ययन, मौन, ध्यान तथा नियमित प्रार्थना पर विशेष ध्यान देता था। मैं एकांत-प्रेमी था तथा मौनव्रत किया करता था। मैं किसी के साथ व्यर्थ की बात पसंद नहीं करता था। मैं कुछ महात्माओं के संपर्क में था, किंतु कभी विवाद अथवा बहस में नहीं पड़ता था। आत्म-विश्लेषण और आत्म-निरीक्षण ही मेरे पथ-प्रदर्शक थे।"

जिज्ञासुओं का मार्गदर्शन

स्वामीजी के त्याग और तप के प्रभाव से विभिन्न वर्गों के लोग आकर्षित होने लगे। वे इन जिज्ञासुओं का यथाशक्ति मार्गदर्शन करते थे। देश के विभिन्न भागों से उनको प्रवचन देने के लिए आमंत्रण आने लगे। उन्होंने देश के विभिन्न नगरों और तीर्थस्थानों की यात्रा की। अल्पकाल में ही उनकी ख्याति देश-विदेश में फैल गई। सैकड़ों भक्त और जिज्ञासु ऋषिकेश पहुँचने लगे। प्रशिक्षण-कार्य को व्यवस्थित रूप देने के लिए सन् 1936 में स्वामीजी ने 'दिव्य जीवन संघ' (डिवाइन लाइफ सोसाइटी) नामक संस्था की स्थापना की। कुछ ही वर्षों में इस संस्था की तीन सौ शाखाएँ विश्व के प्रमुख नगरों में स्थापित हो गईं। इस संस्था के माध्यम से सैकड़ों त्यागी नवयुवक आध्यात्मिक प्रचार-कार्य में संलग्न हो गए। संस्था की गतिविधियाँ अति विस्तृत हो गईं। स्वामीजी ने हजारों व्यक्तियों को संन्यास-दीक्षा प्रदान की। अनेक लोग साधना संबंधी प्रशिक्षण प्राप्त करने के लिए कुछ समय तक आश्रम में रहते। वे स्वामीजी की व्यक्तिगत देखरेख में द्रुतगति से प्रगति करते थे।

स्वामीजी अपने को अत्यंत साधारण साधक घोषित करते थे। उन्होंने एक साधक को लिखा था, "मैं तो साधारण साधु हूँ। मैं आपकी अधिक सहायता करने में समर्थ नहीं हो सकता।" लेकिन उनकी असाधारण, अलौकिक शक्तियाँ छिपी न रह सकीं। देश-विदेश के सैकड़ों साधकों को उनके महान् तेज की प्रत्यक्ष अनुभूतियाँ होने लगीं। स्वामी ओंकारानंदजी ने लिखा है—"यह शिवानंद क्या हैं, जो ऋषिकेश के अपने आश्रम से कहीं गए नहीं, फिर भी डरबन के अस्पताल में पड़े एक मरीज के बिस्तर के बगल में सशरीर खड़े देखे गए? इन्हीं शिवानंद के आश्रम से भेजी गई भभूत ने किसी का सिरदर्द दूर किया, किसी की असाध्य कब्जियत ठीक कर दी और अंतिम साँस लेनेवाले रोगी को जीवन-दान दे दिया। यह शिवानंद कौन

है, जो एक समय में जिनेवा के भक्त के समक्ष उपस्थित होता है तथा उसी समय कुआलालंपुर में दूसरे भक्त को दर्शन देता है?"

अलौकिक संचार-प्रणाली

स्वामीजी अपने भक्तों को बहुत प्रेम करते थे। संसार के किसी कोने में रहनेवाला भक्त जब उनको हृदय से स्मरण करता था, तो निश्चित ही उसको किसी-न-किसी रूप में प्रत्युत्तर प्राप्त होता था। कभी स्वप्न में, कभी ध्यान में, कभी प्रत्यक्ष उपस्थित होकर, कभी पत्र द्वारा, कभी किसी व्यक्ति के माध्यम से उसकी सहायता अवश्य करते थे। श्रीमती मधु निष्ठावान भक्त थीं। स्वामीजी ने आकस्मिक रूप से मार्ग में दर्शन देकर कृतार्थ किया। दूसरे दिन वह स्वामीजी के चित्र के समक्ष प्रार्थना कर रही थीं। उसी समय उनके मन में आया कि स्वामीजी ने दीक्षा नहीं दी है, मेरा कल्याण कैसे होगा? उसी समय उन्हें स्पष्ट ध्वनि सुनाई पड़ी कि कल जल के साथ तुमको आशीर्वाद दिया था। फिर गीता का श्लोक सुनाई पड़ा। इसी समय उनके कमरे का दरवाजा खुला और स्वामीजी ने सितार लिये हुए कमरे में प्रवेश किया। स्वामीजी ने श्रीमती मधु को मंत्र-दीक्षा दी तथा तत्काल विलीन हो गए। 10 फरवरी को श्रीमती मधु के पति श्री सुमंत प्रसाद त्रिवेदी पूजन कर रहे थे। उसी समय कोई दैवी व्यक्तित्व प्रकट हुआ। उसने संदेश दिया कि गुरु महाराज साढ़े बारह बजे घर पर पधारेंगे। ठीक साढ़े बारह पर घर के दरवाजे अपने आप खुल गए और स्वामीजी अपने शिष्य के साथ उपस्थित हो गए। इस परिवार को अनेक बार ऐसा सौभाग्य प्राप्त हुआ।

विदेशी महिला के अद्‌भुत अनुभव

जर्मनी की कैथोलिक ईसाई महिला फ्रॉऊ वालिंसकी ने स्वामी शिवानंदजी के संबंध में अपने अद्‌भुत अनुभव पत्रों में प्रकाशित कराए थे। वालिंसकी के पति पुलिस अधिकारी थे तथा उनके दो लड़के थे। इस परिवार के समस्त सदस्यों के जीवन को स्वामीजी ने बड़ी अलौकिक रीति से निर्देशित किया था। श्रीमती वालिंसकी ने लिखा है, "प्रतिदिन प्रातःकाल शिवानंदजी मुझे जगाते थे। उन्होंने मेरे जीवन की अनेक समस्याओं को सुलझाया है।" एक दिन वालिंसकी को एक स्पष्ट आवाज सुनाई पड़ी, "क्या तुम मेरी शिष्या बनोगी?" उसने कहा, "हाँ!" उस आवाज ने भारत प्रस्थान करने के लिए आदेश दिया। यद्यपि वालिंसकी किसी स्थिति में उस समय भारत नहीं आ सकती थीं; लेकिन कुछ दिनों में विचित्र ढंग से

समस्त परिस्थितियाँ अनुकूल हो गईं और कुछ ही दिनों में स्वामीजी के चरणों के निकट पहुँच गईं। कालांतर में वह स्वामीजी की सुयोग्य शिष्या सिद्ध हुईं। उन्होंने स्वामीजी के संबंध में जर्मन भाषा में कई पुस्तकें लिखीं।

सुदूर देश में प्रत्यक्ष दर्शन

जर्मनी की एक अन्य महिला शिवानंद सारदा ने लिखा है—"बड़े दिन के अवसर पर एक अदृश्य आवाज सुनी। इसके बाद अदृश्य आवाज के माध्यम से हिमालय के महान् योगी से संपर्क होने लगा। हजारों मील दूर रहते हुए भी स्वामीजी ने तीन वर्ष तक मुझे प्रशिक्षण प्रदान किया। मैं प्रतिक्षण उनकी उपस्थिति अनुभव करती थी।" जर्मनी के ही योगी श्री आत्मानंद ने जर्मन भाषा में एक पत्रिका का प्रकाशन किया था। उसकी एक प्रति स्वामीजी को भेजी। जिस समय स्वामीजी को पत्रिका प्राप्त हुई, उसी समय जर्मनी में आत्मानंद को स्वामीजी का प्रत्यक्ष दर्शन हुआ। ऑस्ट्रेलिया के एस.ई. विल्सन ने स्वामीजी को एक पत्र लिखा था, "रविवार की रात्रि को आप मेरे समक्ष प्रकट हुए। आपके नेत्र विशाल, उज्ज्वल और तेजोमय थे। वे प्रत्यक्ष रूप से मेरे शरीर में प्रवेश कर रहे थे। जब मैं प्रगाढ़ ध्यान की स्थिति में था तो आप मेरे कमरे में प्रकट हुए और मेरी कुरसी के निकट आ खड़े हुए। आपने अपना हाथ मूलाधार चक्र से ऊपर की ओर बढ़ाया। मेरे सभी चक्रों में शक्ति का संचार हो गया। जैसे ही मैं आपके चित्र की ओर ध्यान केंद्रित करता हूँ, मुझे शक्ति प्राप्त होती है।"

अलौकिक शक्ति द्वारा रोग-निवारण

स्वामी शिवानंदजी महाराज में रोग-निवारण की असाधारण और अलौकिक क्षमता थी। देश-विदेश के भक्त कष्ट के समय उनको स्मरण करते थे और चामत्कारिक रीति से लाभान्वित होते थे। श्री सच्चिदानंद सिन्हा के मित्र का एक मात्र पौत्र भयंकर रूप से अस्वस्थ हुआ। सिन्हाजी बच्चे के निकट बैठकर प्रार्थना करने लगे। उन्होंने वहाँ स्वामीजी को प्रकट होते देखा। उन्होंने बालक को कुछ क्षण के लिए गोद में लिया और फिर अंतर्धान हो गए। अचेत बालक ने आँखें खोल दीं। एक ही दिन में बालक नीरोग हो गया। दिल्ली के प्रो. ओमप्रकाश शर्मा जब बी.ए. में पढ़ते थे और परीक्षा निकट थी तो बहुत अस्वस्थ हो गए। स्थिति निराशाजनक हो गई। इसी समय पोस्टमैन ने दरवाजा खटखटाया और स्वामी शिवानंदजी द्वारा भेजा गया एक पैकेट दिया, जिसमें तुलसीदल, विभूति और कुमकुम था। प्रो. ओमप्रकाश शर्मा की माताजी ने तत्काल विभूति पानी में घोलकर उनके मुख में डाल दी। उन्होंने

कुछ ही क्षणों में आँखें खोल दीं और कुछ दिनों में पूर्ण स्वस्थ हो गए। परीक्षा में बैठे और उत्तीर्ण हो गए।

दक्षिणी अफ्रीका के डरबन नगर के श्री वी. श्रीनिवासन का पुत्र बहुत रुग्ण था। उसको किसी दवा से लाभ नहीं हो रहा था। अंत में उन्होंने पुत्र को स्वामीजी का प्रसाद दिया। लड़का पूर्ण स्वस्थ हो गया। लखनऊ के श्री छेदीलाल ने भूल से विष खा लिया। उनको कै-दस्त शुरू हो गए। इसी समय उनको अदृश्य आदेश प्राप्त हुआ कि चरणामृत लो। उन्होंने चरणामृत लिया। कष्ट दूर हो गया। सुबह वे पूर्ण स्वस्थ हो गए।

ऐसे सहस्रों उदाहरण हैं, जिनमें स्वामी शिवानंदजी महाराज ने असाध्य रोगों से पीड़ित भक्तों को केवल आशीर्वाद या विभूति अथवा चरणामृत मात्र से ठीक कर दिया।

भक्तों की समस्याओं का चामत्कारिक समाधान

स्वामीजी अपने भक्तों के लिए असीम कष्ट सहते थे तथा उन पर अनंत कृपा करते थे। हजारों मील दूर रहनेवाले भक्तों की साधना में सहायता करना कभी नहीं भूलते थे। अनेक साधकों को उन्होंने स्वप्न के द्वारा योग की शिक्षा प्रदान की थी। अनेक लोगों को अदृश्य आवाज के द्वारा संदेश देकर आनेवाले संकट के प्रति सावधान कर देते थे अथवा समुचित सलाह दे देते थे। डॉ. सुशील विज्ञानी जप के लिए रुद्राक्ष की माला चाहते थे। उनका मन माला के लिए उद्विग्न था। उसी दिन एक बाबा उनके पास आया और उसने उनको एक रुद्राक्ष की माला भेंट की। वीरभानु सिंह राठौर ने स्वामीजी की पुस्तक पढ़ी। उनके मन में स्वामीजी के दर्शन और आश्रम देखने की तीव्र इच्छा हुई। उसी रात वह स्वप्न में आश्रम पहुँच गए, स्वामीजी के दर्शन किए। अहमदाबाद के मनु प्रसाद त्रिवेदी ने लिखा है कि योग पटेल नामक महिला की साड़ी में आग लग गई और उसे मालूम नहीं था। स्वामीजी साक्षात् प्रकट हुए और उससे आग बुझाने के लिए कहा। एक भक्त को दूर देहात बैलगाड़ी से जाना था। रास्ते में डाकुओं का भय था। स्वामीजी बैल पर बैठे तथा हाथ में त्रिशूल लिये प्रकट हुए। वह भक्त बिना किसी संकट के अपने गंतव्य तक पहुँच गया।

स्वामीजी का महान् कृतित्व

स्वामीजी ने अपने भक्तों के मार्गदर्शन के लिए सैकड़ों लेख और पचासों

पुस्तकें लिखी हैं, जो विश्व की अनेक भाषाओं में प्रकाशित हुई हैं, जिससे लाखों निराश और पथभ्रष्ट लोगों का कल्याण हुआ है। 'जीवन में सफलता का रहस्य', 'विद्यार्थी जीवन में सफलता', 'दैनिक जीवन में योग', 'मन का रहस्य और उसका नियमन', 'योग के सरल सोपान', 'योगासन', 'हठयोग', 'कर्मयोग का अभ्यास', 'भक्ति योग का अभ्यास', 'वेदांत का अभ्यास', 'राजयोग का अभ्यास', 'कुंडलिनी का अभ्यास', 'उपनिषदों के संवाद', 'जप योग साधना', 'ब्रह्मचर्य साधना', 'रामायण-सार' आदि अनेक ग्रंथ स्वामी शिवानंदजी ने लिखे। स्वामीजी का सदा यह लक्ष्य रहा है कि आध्यात्मिक ज्ञान साधारण-से-साधारण मानसिक बौद्धिक स्तर वाले व्यक्ति को सुलभ हो। अतः उन्होंने अपने ग्रंथों में सरल भाषा और सुबोध शैली का अनुसरण किया। स्वामीजी की पुस्तकें लाखों पाठकों में अत्यधिक लोकप्रिय हुई हैं। ये समस्त पुस्तकें दिव्य जीवन संघ, पो. शिवानंद नगर, जिला-टिहरी गढ़वाल, उत्तराखंड से प्राप्त हो सकती हैं।

स्वामीजी के अमूल्य उपदेश

स्वामी शिवानंदजी कहते हैं कि पार्थिव जीवन का लक्ष्य सत्-चित्-आनंद की परमानंद स्थिति की अनुभूति है। जीवन का उद्देश्य मन की निम्न वृत्तियों को विजित करना, सीमाओं से ऊपर उठना और खोए हुए दिव्यत्व को पुनः प्राप्त करना है।

सत्य और असत्य को विवेक से जानो। सत्यानुसंधान के लिए उत्कट जिज्ञासा उत्पन्न करो। मिथ्या प्रलोभनों से अपने को मुक्त करो। अपनी इंद्रियों और आवेगों को नियंत्रण में रखो। सभी परिस्थितियों में संतुष्ट और प्रसन्न रहो। सांसारिक दुःखों और अपूर्णताओं को सतत स्मरण करो। भगवत् साक्षात्कार प्राप्त संतों को सदा स्मरण करो। एक निश्चित उद्देश्य सम्मुख रखो, उत्तम विचारों की पृष्ठभूमि में जीवन का निर्धारित समुचित कार्यक्रम बनाओ।

निश्चित भित्ति पर आध्यात्मिक जीवन का निर्माण कीजिए। ईश्वर-कृपा तथा चरित्र-बल ही पक्की नींव है। आपके लिए विफलता है ही नहीं। आपके मार्ग पर आलोक है। सबकुछ प्रकाशमान है। ईश्वर-साक्षात्कार कैसे?

ईश्वर-साक्षात्कर के लिए तीन बातें आवश्यक हैं—

1. **ईश्वर का सतत स्मरण**—प्रारंभ में कुछ त्रुटि अवश्य होगी; परंतु बारंबार के अभ्यास से आप शनैः-शनैः सतत स्मरण बनाए रख सकेंगे।
2. **सद्गुणों का अर्जन**—सारे सद्गुणों में अहिंसा, सत्य तथा ब्रह्मचर्य सर्वोपरि हैं। यदि आप में एक भी गुण प्रतिष्ठित है तो अन्य सारे सद्गुण

स्वत: आपके पास आ जाएँगे। वृत्तियों का निरीक्षण कीजिए। मन, वाणी तथा कर्म से शुद्ध बनिए।

3. **सारे कामों का अध्यात्मीकरण**—मान लीजिए कि आप ईश्वर के हाथों में निमित्त मात्र हैं तथा सारी इंद्रियाँ उसी की हैं। इस मंत्र का जप कीजिए, "मैं तेरा हूँ, सब तेरा है, तेरी ही इच्छा होगी।" इस भाव में स्थित होने का अभ्यास कीजिए—"मैं ईश्वर के हाथों में एक यंत्र हूँ।"

जप बहुत प्रभावशाली साधना है। प्रतिज्ञा कीजिए कि मैं नित्यप्रति इतने माला जप करूँगा। उतनी संख्या पूर्ण किए बिना आसन से न उठिए। इससे संकल्प बढ़ेगा तथा आप सुगमतापूर्वक मन पर नियंत्रण कर सकेंगे।

अपने गुरु से मंत्र-दीक्षा लीजिए। यदि गुरु मिलने में कठिनाई हो तो अपने इष्ट देवता की प्रार्थना कीजिए और किसी विशेष यंत्र का जप प्रारंभ कर दीजिए।

स्वामी शिवानंदजी ने साधना के व्यावहारिक पक्ष पर बहुत विस्तारपूर्वक लिखा है। इसके अतिरिक्त उनके द्वारा स्थापित आश्रमों में योग-साधना की व्यावहारिक शिक्षा प्रदान की जाती है। ऋषिकेश से लक्ष्मण-झूला जाते हुए, गंगाजी के पावन तट पर स्थित शिवानंद आश्रम प्रधान केंद्र है। देश-विदेश के सहस्रों साधक प्रति वर्ष यहाँ आते हैं तथा यहाँ के वरिष्ठ संन्यासियों के संरक्षण में रहकर साधना संबंधी व्यावहारिक मार्गदर्शन प्राप्त करते हैं। लगभग दो सौ व्यक्ति यहाँ की विभिन्न प्रकार की गतिविधियों में स्थायी रूप से योगदान करते हैं। आश्रम का अपना प्रेस है, जहाँ ढाई सौ से अधिक पुस्तकें प्रकाशित हो चुकी हैं। अंग्रेजी में 'डिवाइन लाइफ' तथा हिंदी में 'योग-वेदांत' नामक मासिक-पत्र प्रकाशित होते हैं। यद्यपि स्वामी शिवानंदजी 14 जुलाई, 1963 को अपना पार्थिव शरीर त्यागकर ब्रह्मलीन हुए थे, लेकिन उनके द्वारा स्थापित आश्रम पूर्ण व्यवस्थित रूप से सक्रिय है तथा मानवता की सतत सेवा कर रहा है।

□

महर्षि रमण

(1879-1950 ई.)

भारत का दक्षिण प्रदेश सिद्ध संतों के लिए विशेष विख्यात है। प्राचीन काल से ही यहाँ महान् विभूतियों का आविर्भाव होता रहा है। यहाँ के आधुनिक युग के अनेक संतों में महर्षि रमण का विशिष्टतम स्थान है। उन्होंने अपनी कृच्छ्र साधना, सरलता और अपार तेजस्विता से भारत ही नहीं, संसार के विभिन्न भागों के जिज्ञासुओं को आकर्षित किया तथा उनको आत्मानुसंधान का सहज मार्ग दिखाया। प्रसिद्ध राजनेता और सूक्ष्म अध्यात्म तत्त्वचिंतक चक्रवर्ती राजगोपालाचार्य ने कहा था, "श्री रमण महर्षि ने हमारे ही जीवन काल में अपने पवित्र तपोबल से भारतीय ज्ञानज्योति को संसार के सामने उज्ज्वल कर दिया, जिससे भिन्न-भिन्न देशों के शिष्य लोग भी नतमस्तक होकर महर्षि की मुक्त कंठ से प्रशंसा करने लगे।" इंग्लैंड के प्रसिद्ध पत्रकार पॉल ब्रंटन ने लिखा—"श्री महर्षि का भक्तों को मदद पहुँचाने का तरीका ही निराला है। कोई अव्यक्त, मूक, स्थिर, निर्वाणप्रद और शांतिकर स्पंद लहरियाँ उनसे उमड़कर संतप्त हृदयों को प्लावित कर देती हैं। यह असंभव ही है कि उनसे संसर्ग रखें और अंतरंग से भर न जाएँ, उनसे आध्यात्मिक ज्योतिश्चक्र की एक कौंधने वाली किरण से मानसिक जगत् चमक न उठे। महर्षि की आँखें दिव्य ज्योति से दिव्य तारों जैसी जगमगाती हैं। जहाँ तक मुझे याद है, अब तक कहीं भी आर्य ऋषियों की शायद इस अंतिम संतान की आँखों का सा तेज और किसी में नहीं पाया है।"

अरुणांचल का अलौकिक आकर्षण

महर्षि का अवतार 30 दिसंबर, 1879 में तमिलनाडु के एक छोटे कस्बे 'तिरूच्चुषि' में हुआ था। यह कस्बा प्रसिद्ध तीर्थस्थान मदुराई से तीस मील दूर

है। उनके पिता सुंदरम् अय्यर कस्बे के अच्छे वकील थे। उनका बचपन का नाम वेंकटरमन था। उनकी शिक्षा अधिक नहीं हो पाई; क्योंकि पढ़ने-लिखने में उनका मन नहीं लगता था। इसके लिए उनको घरवालों की डाँट भी सहनी पड़ती थी। उनका स्वास्थ्य अच्छा था; लेकिन एक दिन उनको मृत्यु के भय ने आक्रांत कर लिया। इस भय ने आपको आत्मचिंतन के लिए विवश किया, जिसके फलस्वरूप अलौकिक अनुभव और ज्ञान प्राप्त हुआ। इस दिन से उनको सांसारिक जीवन के प्रति वैराग्य उत्पन्न हो गया। अतः पढ़ाई छोड़कर अरुणाचल पर्वत की ओर चल पड़े।

अरुणांचल दक्षिण का कैलाश कहा जाता है। भूगर्भवेत्ताओं के अनुसार यह पर्वत हिमालय से भी पुराना है। 'स्कंद पुराण' में कहा गया है कि अरुणांचल पृथ्वी का हृदय है तथा सब तीर्थों और सब पुण्यस्थलों में श्रेष्ठ है। महर्षि को बचपन से ही अरुणांचल के प्रति अज्ञात आकर्षण था। अरुणांचल का नाम लेते ही शरीर में विद्युत् का संचार होने लगता था। वे बचपन से शरीर छोड़ने (1950 ई.) तक अरुणांचल में रहे—इतना प्रिय था उनको यह स्थान। महर्षि ने इसके संबंध में 'अरुणांचल एक' नाम से एक गीत भी लिखा था, जिसकी कुछ पंक्तियाँ इस प्रकार हैं—

"ऐ मर्त्य सावधान! इस पहाड़ में कोई ऐसी विचित्र शक्ति है, जो जीवन में उथल-पुथल मचा देती है। देखने में तो यह अचल है, जड़ पहाड़ है, तो भी यह संसृति का मेटनहार है। इसके कामकाज बुद्धि से परे हैं, मर्म भरे हैं!"

इसी दिव्य पर्वत पर रहकर बालक वेंकटरमन ने अपना कठोर तप प्रारंभ किया। कुछ समय बाद घरवालों को इनका पता लगा। वे इनको लेने आए, लेकिन बाल तपस्वी अपने व्रत से विचलित नहीं हुआ।

तप-काल में अनेक बाधाएँ आईं, अनेक कष्ट सहन करने पड़े; किंतु उनकी साधना अबाध रूप से चलती रही। धीरे-धीरे भक्तगण आकर्षित होने लगे और आश्रम की स्थापना हुई।

स्वप्न में संदेश

सन् 1911 में एफ.एच. हंफ्रीज नामक अंग्रेज का भारत आगमन हुआ। उनकी नियुक्ति पुलिस विभाग में हुई। पुलिस के अधिकारियों को स्थानीय भाषा सीखना अनिवार्य था। अतः एक मुंशी से तेलुगु सीख रहे थे। एक दिन उन्होंने मुंशी से पूछा, "तुम किसी महात्मा को जानते हो?" मुंशी ने संकोच में नकारात्मक उत्तर दे दिया; क्योंकि अधिकांश अंग्रेज हिंदू संत-महात्माओं को आदर की दृष्टि से नहीं देखते थे। दूसरे दिन हंफ्रीज ने मुंशी से कहा, "जब मैं इंग्लैंड से भारत आया तो बंबई में सख्त

बीमार पड़ गया, अतः अस्पताल में दो महीने पड़ा रहा। वहाँ पर पड़े-पड़े बेल्लोर (जहाँ से उसे काम करना था) का ध्यान किया, तो मैंने सबसे पहले तुमको देखा। कल मुझे स्वप्न में एक महात्मा के दर्शन हुए, जो तुम्हारे गुरु हैं, फिर तुमने उस दिन कैसे कह दिया कि तुम किसी महात्मा को नहीं जानते हो?" मुंशी कुछ महात्माओं के चित्र ले आया और हंफ्रीज के सामने रख दिए। हंफ्रीज ने उन अनेक चित्रों में से एक चित्र उठाते हुए कहा, "इन्हीं को मैंने स्वप्न में देखा था। शायद यही तुम्हारे गुरु हैं।" मुंशी ने स्वीकार किया। वास्तव में यह चित्र मुंशी के गुरु काव्यकांत गणपति शास्त्री का था। शास्त्रीजी महर्षि रमण के शिष्य थे। मुंशीजी और शास्त्रीजी दोनों प्रायः महर्षिजी के पास जाया करते थे।

हंफ्रीज फिर अस्वस्थ हो गए, अतः बेल्लोर से ऊटकमंड जाना पड़ा। वहाँ से उन्होंने एक पत्र में मुंशी को लिखा, "मुझे स्वप्न में एक महात्मा के दर्शन हुए हैं, जिनके लिए आदेश दिया है।" हंफ्रीज स्वस्थ होकर बेल्लोर आ गए और मुंशीजी से तेलुगु पढ़ने लगे। एक दिन उन्होंने पेंसिल से एक चित्र बनाया। इसमें गुफा के द्वार पर महात्मा खड़े थे। उन्होंने कहा, "यह स्थान स्वप्न में देखा है। क्या वास्तव में कोई ऐसा स्थान है?" मुंशी ने बताया, "यह विरूपाक्ष गुफा का चित्र है। गुफा के द्वार पर खड़े संत महर्षि रमण प्रतीत होते हैं।" कुछ ही दिनों में हंफ्रीज गणपति शास्त्री और मुंशीजी के साथ महर्षि रमण के दर्शन करने गए और मंत्रमुग्ध हो गए। उन्होंने लिखा, "महर्षि की शिष्टता, शालीनता, आत्मनियंत्रण तथा आत्मविश्वास की शांत शक्ति वर्णनातीत है।" इसके बाद दो बार महर्षि के पास गए और प्रत्येक बार उन्हें असाधारण अनुभव हुए तथा असीम आनंद प्राप्त हुआ। हंफ्रीज ने वे अनुभव इंग्लैंड की एक पत्रिका में प्रकाशित कराए, जिनके द्वारा पाश्चात्य जगत् के अनेक लोग महर्षि की ओर आकर्षित हुए।

महर्षि के विदेशी भक्तों में पॉल ब्रंटन का नाम अग्रगण्य है। ब्रंटन एक सफल पत्रकार थे; लेकिन उनकी रुचि थियोसोफी और आत्मविद्या में थी। भारत के ऋषि-मुनियों के प्रति उनके मन में बड़ा आकर्षण था। अतः सन् 1930 में वे भारत आ गए। यहाँ उन्होंने पारसी मसीहा मेहर बाबा, बाबाजान (मेहर बाबा की गुरु), हठयोगी ब्रह्मयोगी ब्रह्मसुखानंद, राजगोपाला स्वामी आदि से मिलकर चिंगलपेट में काँचिपीठ के शंकराचार्य के दर्शन किए। उन्होंने शंकराचार्यजी से आध्यात्मिक मार्गदर्शन के लिए निवेदन किया; किंतु उन्होंने महर्षि रमण के पास जाने का निर्देश किया और उनके एक साथी को अलग से बता दिया कि ब्रंटन महर्षि के दर्शन

करके भारत-भ्रमण के लिए चल पड़ेंगे और अनेक स्थानों में भटककर अंत में पुनः महर्षि के चरणों में लौट आएँगे। वहीं पर उनको आत्म-ज्ञान प्राप्त होगा; क्योंकि उनके निर्धारित गुरु महर्षि रमण ही हैं। बाद में ऐसा ही हुआ।

ब्रंटन ने भारत के अधिकांश तीर्थस्थानों का भ्रमण किया तथा उस समय के समस्त प्रसिद्ध महात्माओं से मिले। जब वे महर्षि के पास फिर आए, तो उनकी समस्त जिज्ञासाएँ शांत हुईं, अलौकिक अनुभव हुए और भारतीय आत्मविद्या का संतोषजनक ज्ञान हुआ। उन्होंने महर्षि के जीवन और कार्यों पर तीन पुस्तकें लिखीं, जो संसार भर में बहुत लोकप्रिय हुईं। पुस्तकों के नाम इस प्रकार हैं—1. 'मेसेज फ्रॉम अरुणांचल', 2. 'दि सीक्रेट पाथ' तथा 3. 'ए सर्च इन सीक्रेट इंडिया'। प्रथम दो पुस्तकें पूर्ण रूप से महर्षिजी के संबंध में हैं और अंतिम पुस्तक का थोड़ा अंश श्री रमणजी से संबंधित है। इसका 'गुप्त भारत की खोज' के नाम से हिंदी रूपांतर भी प्रकाशित हो गया है।

स्पेन के एक सेनाधिकारी ए.डब्ल्यू. चेडविक ब्रंटन की पुस्तक 'ए सर्च इन सीक्रेट इंडिया' में महर्षि रमण के संबंध में पढ़कर इतना प्रभावित हुए कि वे अपना देश छोड़कर भारत आ गए और स्थायी रूप से रमण आश्रम में ही रहने लगे।

महर्षि के विचारों का संकलन

महर्षि ने बड़े-बड़े ग्रंथ नहीं लिखे हैं। उनके भक्तों और शिष्यों ने उनके उपदेशों को पुस्तकाकार प्रकाशित किया है। इन उपदेशों का एक-एक शब्द उनकी वैयक्तिक अनुभूति पर आधारित है, इसलिए ये आध्यात्मिक जिज्ञासुओं के लिए विशेष महत्त्वपूर्ण हैं। यों महर्षि के विचारों और कार्यों के संबंध में पच्चीसों ग्रंथ लिखे गए हैं।

आत्म-साक्षात्कार सबके लिए संभव

महर्षि के अनुसार आध्यात्मिक अनुभूति का सर्वोच्च लक्ष्य आत्म-साक्षात्कार या आत्मानुसंधान है। विवाहित हो, चाहे अविवाहित, मनुष्य आत्म-साक्षात्कार अवश्य कर सकता है—

"तुम ऐसा क्यों समझते हो कि तुम गृहस्थ हो? तुम चाहे गृहस्थी चलाओ या घर-बार छोड़कर वन में जाओ, तुम्हारा मन तुम्हारा पीछा नहीं छोड़ेगा। अहं ही सब विचारों का मूल है। वही शरीर और संसार की सृष्टि करता है और तुम में यह विचार भर देता है कि तुम गृहस्थ हो। तुम संन्यासी बनो तो इतना अंतर होगा कि 'मैं

गृहस्थ हूँ' के स्थान पर तुम में यह विचार आ जाएगा कि 'मैं संन्यासी हूँ।' घर के वातावरण के बदले वन का वातावरण आ जाता है। उससे मानसिक विघ्न दूर नहीं होंगे। नया वातावरण पाकर वे और भी बढ़ जाएँगे, इसलिए स्थान बदलने से कोई लाभ नहीं होगा। एकमात्र विघ्न मन है। घर में रहो, चाहे वन में; इस मन को जीतना आवश्यक है। एकांतता मनुष्य के मन में है, मन की एक वृत्ति मात्र है। सांसारिक वस्तुओं में आसक्त मनुष्य एकांत सेवन नहीं कर सकता। चाहे जहाँ रहे, अनासक्त मनुष्य सदा एकांत का सेवन करता है।"

आत्मानुभूति कैसे ?

आत्मानुभूति या आत्म-साक्षात्कार बाहर की वस्तु नहीं है कि उसकी पुनः प्राप्ति हो सके। वह तो पहले ही से विद्यमान है। 'मैंने अभी आत्मानुभूति नहीं की', इस आशय वाले भाव को मन से निकाल देना चाहिए।

महर्षि कहते हैं—"निश्चलता या शांति ही आत्मानुभूति है। एक पल भी ऐसा नहीं है, जब आत्मा विद्यमान न हो। जब तक संदेह हो या 'मैंने नहीं जाना' का भाव बना रहता है, तब तक वैसे संदेह या उस प्रकार के विचार को मन से निकाल देने का प्रयत्न करते रहना चाहिए। बात यह है कि मनुष्य अपनी आनंदमय दशा से अपरिचित है। बीच में अज्ञान आकर आनंदमय विशुद्ध आत्मा पर परदा डाल देता है। यह अज्ञान रूपी परदा, जो मिथ्या ज्ञान है, उसे दूर करने का प्रयत्न करते रहना चाहिए। शरीर, मन आदि को आत्मा मानना भूल है। इसलिए मन से मिथ्या विचार को हटाना जरूरी है।

समस्त कष्टों का कारण अहंकार

मनुष्य के दुःखों का कारण बाह्य जगत् नहीं है। वह अहंकार के रूप में मनुष्य के अंदर ही है। मनुष्य स्वयं अपने ऊपर उपाधियाँ लादता रहता है और फिर उनसे छूटने का व्यर्थ प्रयास करता है। सभी दुःखों का कारण अहंकार है। उसी से सभी आपदाएँ बढ़ती रहती हैं। यदि मनुष्य अहंकार को नष्ट कर दे, उसको जला डाले तो वह मुक्त हो जाएगा। यदि अहंकार को जगह दी जाएगी तो वह विघ्न-बाधाएँ उत्पन्न करेगा। यदि अहंवृत्ति के जन्मस्थान या मूल स्थान की खोज की जाए तो अहंकार नष्ट हो जाता है। यह अभ्यास से संभव हो जाता है। आत्मा का आभास ही अहंकार है। जब वह पूर्णतः लीन या नष्ट हो जाता है, तब सत्य-आत्मा चारों ओर पूर्ण निर्विशेष रह जाता है। आत्मविचार से समस्त क्लेशों का अंत हो जाता है।

सच्चा त्याग—विश्व-प्रेम

भगवान् सदा मनुष्य के साथ और उसके अंदर हैं। मनुष्य के अंदर की आत्मा ही भगवान् है। इसको प्राप्त करने के लिए संसार या घर-बार त्यागने की आवश्यकता नहीं है। कामनाओं, विषयों और आसक्तियों का त्याग सच्चा त्याग है। जो सचमुच त्याग करता है, वह संसार में वस्तुतः समा जाता है। उसका प्रेम इतना बड़ा, विशाल बन जाता है कि उसमें सारे विश्व का समावेश हो जाता है। जिन महापुरुषों ने संसार का त्याग किया है, उन लोगों ने अपने कुटुंब के प्रति असंतोष होने के कारण संन्यास धारण नहीं किया, बल्कि समस्त मानव-जाति और सब प्राणियों के प्रति उदार और विशाल प्रेम होने के कारण किया।

महर्षि रमण पूर्ण आत्मजयी, निष्काम सिद्धयोगी, तत्त्वदृष्टा और समदर्शी थे। काव्यकंठ गणपति मुनि के अनुसार—"वे शक्तिमान होते हुए भी शांत, भक्त होते हुए भी मदरहित, रागरहित होते हुए भी सबसे प्रेम करनेवाले, देवांश होते हुए भी नम्र चेष्टा वाले थे।"

□

संत जलाराम

(1856–1880 ई.)

भारत की पवित्र भूमि में अगणित दिव्य शक्तिसंपन्न संतों ने जन्म लेकर इस देश के निवासियों का असीम कल्याण किया है। इनमें अनेक संतों के जीवन से हम सुपरिचित हैं; लेकिन ऐसे संतों की संख्या बहुत अधिक है, जिन्होंने अपना कार्यक्षेत्र बहुत सीमित रखा तथा प्रचार–प्रसार से बहुत दूर रहे। संत श्री जलारामजी ऐसे ही महान् महात्मा थे। उन्होंने अपने कठोर तप, अनन्य त्याग, असीम सेवाभाव से अनेक अलौकिक शक्तियाँ प्राप्त कर ली थीं, जिनसे असंख्य दुःखी और अभाव–ग्रस्त लोगों का कल्याण किया था। यद्यपि संत जलारामजी का भौतिक शरीर अब नहीं है, लेकिन उनकी समाधि आज भी लोगों की आशा–आकांक्षाओं का केंद्र है।

सौराष्ट्र में जूनागढ़ के निकट बीरपुर नामक स्थान है। यहीं पर श्री जलारामजी की समाधि बनी हुई है। यह समाधि असाधारण चमत्कारी मानी जाती है। असंख्य लोगों का विश्वास और अनुभव है कि जो व्यक्ति इस पवित्र स्थान पर पूर्ण श्रद्धा और भक्ति से प्रार्थना करता है, उसके कष्टों का निवारण अवश्य हो जाता है तथा उसकी प्रार्थना अवश्य सुनी जाती है। अतः सहस्रों भक्त यहाँ पहुँचते हैं। जलारामजी ने अपने जीवन काल में यहाँ निःशुल्क भोजन वितरित करने की व्यवस्था की थी। यह व्यवस्था अबाध रूप से आज भी चली आ रही है। प्रत्येक व्यक्ति को बिना किसी भेदभाव के निःशुल्क भोजन प्राप्त होता है। इस व्यवस्था में प्रचुर धन व्यय होता है। यह धन या खाद्य–सामग्री बिना माँगे ही यहाँ पहुँचती रहती है। देश के विभिन्न भागों से अनेक उदार, भक्त और दानी लोग यहाँ के लिए अन्न और धन भेजने में अपना परम सौभाग्य समझते हैं।

श्री जलारामजी का जन्म संवत् 1856, कार्तिक शुक्ल पक्ष, सप्तमी, सोमवार के दिन सौराष्ट्र के बीरपुर नामक गाँव में हुआ था। यह स्थान जूनागढ़ से थोड़ी दूर है तथा गोंडल के निकट है। उनके पिता का नाम प्रधान ठक्कर तथा माता का नाम राजबाई था। उनके पिताजी छोटे व्यापारी थे; लेकिन अपनी नैतिकता और धर्मनिष्ठा के कारण समाज में उनका विशेष सम्मान था। राजबाई भक्त महिला थीं। साधु-महात्माओं का स्वागत करने में उनको विशेष आनंद मिलता था। याचक उनके दरवाजे से विमुख कभी नहीं लौटता था। परिवार में सदा भक्ति और ज्ञान का वातावरण बना रहता था।

एक बार अयोध्या के प्रसिद्ध संत रघुबीर दासजी कई महात्माओं के साथ बीरपुर पहुँचे और प्रधान ठक्करजी के घर ठहरे। राजबाई ने उनका हृदय से स्वागत किया। उन्होंने राजबाई को आशीर्वाद देते हुए कहा, "तुम्हारे यहाँ एक पुत्र का जन्म होगा, जो बड़ा तेजस्वी, निष्ठावान और भगवान् का भक्त होगा, जिसकी कीर्ति सारे देश में फैलेगी।" रघुबीर दासजी की भविष्यवाणी सत्य सिद्ध हुई। कुछ समय बाद राजबाई के एक पुत्र का जन्म हुआ। वही आगे चलकर 'संत जलाराम' के नाम से विख्यात हुआ। जलाराम बाल्यावस्था से ही असाधारण थे। उनको भगवान् के प्रति विशेष आकर्षण था। वह घंटों देव-प्रतिमा के समक्ष पूर्ण भक्ति-भाव से निश्चल बैठे रहते थे। उनका प्रत्येक आचरण प्रेम, करुणा और विनम्रता से युक्त होता था। प्रत्येक व्यक्ति उनको देखकर आकर्षित और प्रभावित होता था। अनेक लोग कहा करते थे कि यह बालक बड़ा होने पर असाधारण महापुरुष होगा। प्रधान ठक्कर के घर में संत-महात्मा प्राय: आते थे। वे सब जलाराम को देखकर विशेष प्रसन्न होते थे तथा अनंत आशीर्वाद देते थे।

वास्तव में जलारामजी पूर्व जन्म के उच्चकोटि के कोई संत या ऋषि थे। लोककल्याण और धर्म के प्रचार के लिए उन्होंने राजबाई के गर्भ से जन्म लिया था। उच्च कोटि के संत-महात्मा उनके वास्तविक स्वरूप को आत्मसात् कर लेते थे, अत: उनका विशेष आदर करते थे। एक बार एक अपरिचित महात्मा प्रधान ठक्कर के घर आए। परिवार के नियम के अनुसार जलाराम की माताजी ने महात्माजी से पूछा, "महाराज, मैं आपकी क्या सेवा करूँ?" महात्माजी ने कहा, "मुझे कुछ नहीं चाहिए। मैं केवल तेरे छोटे पुत्र को देखना चाहता हूँ।" राजबाई आश्चर्य में पड़ गईं। उनकी समझ में नहीं आया कि यह अपरिचित साधु उनके पुत्र को क्यों देखना चाहता है? उन्होंने कहा, "आप बहुत दूर से आए हैं। थके हुए हैं। भोजन-विश्राम

कर लीजिए, फिर मेरे पुत्र जलाराम को देख लीजिएगा।" बहुत आग्रह करने पर भी उसने जल तक लेना स्वीकार नहीं किया तथा जलाराम को देखने के लिए हठ करता रहा। विवश होकर राजबाई ने जलाराम को बुलाया। साधु उनको देखते ही अत्यंत प्रसन्न हो गया। उसने जलाराम के सिर पर अपना हाथ रखा और पूछा, "तुमने मुझे पहचाना?" आश्चर्यजनक घटना हुई। जलारामजी को पूर्व जन्म की समस्त घटनाएँ स्मरण हो आईं। उन्होंने साधु को भली प्रकार पहचान लिया। वास्तव में वह कोई सिद्ध संत थे। जलारामजी को इस जीवन का कर्तव्य-बोध कराने तथा अलौकिक शक्ति प्रदान करने आए थे। संत के स्पर्श मात्र से उनमें प्रभुभक्ति के विषय में सच्चा ज्ञान उदय हो गया। उस दिन से जलारामजी के आचरण में असाधारण परिवर्तन होने लगा। यद्यपि वह अभी बाल्यावस्था में ही थे, लेकिन उनके विचारों और वाणी में असहज प्रौढ़ता परिलक्षित होने लगी। उनका प्रत्येक क्षण ईश्वर की आराधना में व्यतीत होने लगा। उनका प्रत्येक आचरण प्रभुमय हो गया।

जलाराम जब विवाह योग्य हुए, तो उनके पिता ने उनका विवाह तय कर दिया। यह समाचार सुनकर उन्होंने अपने पिता से कहा, "मुझे विवाह करना पसंद नहीं है, क्योंकि मेरा मन संसार में नहीं लगता। मुझे ईश्वर-भक्ति में तथा संतों के समागम में आनंद आता है।" पिता ने कहा, "संन्यास आश्रम से गृहस्थ आश्रम का कम महत्त्व नहीं है। मनुष्य गृहस्थ बनकर भी आत्म-कल्याण कर सकता है। जिसका मन वैराग्य-भावना से भरा है, उसके लिए संन्यास आश्रम और गृहस्थ आश्रम दोनों समान होते हैं। उसका वैराग्य सच्चा वैराग्य होता है, उसका व्यवहार आत्ममुक्ति के लिए होता है। संसार में रहते हुए भी संसार से अनासक्त रहनेवाला मनुष्य सच्चा संन्यासी बन सकता है।" पिता की बात पर विचार करके जलाराम ने निश्चय किया कि गृहस्थाश्रम में रहकर भी संन्यास आश्रम के आदर्शों का पालन करेंगे। काम, क्रोध, लोभ, मोह आदि तामसिक प्रवृत्तियों को जीवन में प्रवेश नहीं करने देंगे।

पिता की आज्ञा मानकर उन्होंने विवाह करना स्वीकार कर लिया। वीरबाई नामक कन्या से उनका विवाह हो गया। वह अत्यंत सुशील, धर्मनिष्ठ, संस्कारवान महिला थीं। पति के धर्माचरण में वह पूर्ण सहयोग प्रदान करती थीं।

जलारामजी अपने पिता की दुकान में बैठते थे। परिवार के पालन-पोषण का वही स्रोत था, लेकिन जलारामजी का मन उसमें नहीं लगता था। उनका अधिक समय भजन, कीर्तन, पूजन और साधु-संतों की सेवा में व्यतीत होता था। उनकी

दुकान पर यदि कोई साधु-संत आ जाता, तो वह उसकी आवश्यकता की वस्तुएँ निःशुल्क भेंट कर देते थे। उनकी यह प्रवृत्ति देखकर पास-पड़ोस के दुकानदारों ने उनके पिता से शिकायत की। पिता पर इन शिकायतों का प्रभाव हुआ तथा उन्होंने जलाराम को अलग कर दिया। जलारामजी के चाचा बालजी भाई उनको बहुत प्रेम करते थे। चाचा ने उनको अपनी दुकान में बुला लिया और इस प्रकार जलारामजी के संकट का अंत हो गया; लेकिन यहाँ भी उनकी दानवृत्ति उनके लिए कष्ट का कारण बन गई। उनकी दृढ़ धारणा थी कि याचक खाली हाथ नहीं लौटना चाहिए। वह अपने चाचा की दुकान में भी अपनी दान वृत्ति रोक नहीं पाते थे, अतः साधु, संतों और दुःखियों की भीड़ उनकी दुकान पर लगी रहती।

एक दिन जलारामजी ने सुबह अपनी दुकान खोली और साफ करने लगे। इसी समय एक साधु आया। उसने कहा, "हम मथुरा से आ रहे हैं। हमारा विचार गिरनार और प्रभासपट्टन जाने का है? हम बारह साधु हैं। यदि हमारे भोजन का प्रबंध हो जाए तो अच्छा हो। हमें बगलवाले दुकानदार ने बताया है कि यहाँ भक्त जलाराम की दुकान है। वह आप लोगों की आशा पूर्ण करेगा। ऐसा सुनकर हम तुम्हारे पास आए हैं।" जलारामजी ने कहा, "इसमें क्या बड़ी बात है, महाराज! जीवन में फिर ऐसा अवसर कब प्राप्त होगा। आप निश्चिंत रहिए, मैं सबकुछ व्यवस्था करता हूँ।" जलरामजी ने तुरंत घी, गुड़, आटा, दाल, कपड़ा, अपनी दुकान से निकाला। एक साधु सामान माँगने आया था, बाकी सब स्नान पूजन के लिए गए थे। सामान इतना अधिक हो गया था कि वह एक साधु उसे उठा नहीं सकता था। अतः जलारामजी स्वयं वह सामान अपने सिर पर रखकर पहुँचाने चले। यह दृश्य बगल का दुकानदार देख रहा था। अब वह अपनी दुकान से उठकर चाचा के पास गया और सब हाल कह दिया। चाचा क्रोध में घर से आए और जलाराम का पीछा किया। जलाराम को देखते ही चिल्लाकर बोले, "जलिया, खड़ा रह! आज तेरी खबर लेता हूँ। मेरी दुकान लुटाकर मुझे भिखमँगा बनाएगा?" जलाराम समझ गए कि आज खैर नहीं है। मन-ही-मन भगवान् से प्रार्थना करने लगे। निकट आकर उन्होंने गठरी की ओर संकेत करके कहा, "सच बोल, इसमें क्या है?" जलाराम ने उत्तर दिया, "कंडे।" गठरी खोली गई, तो सचमुच उसमें से कंडे निकले। अब लोटे की ओर संकेत करके पूछा तो जलाराम ने कहा, "पानी।" देखने पर उसमें पानी ही निकला, यद्यपि दुकान से उसमें घी लिया गया था। शिकायत करनेवाला दुकानदार बड़े आश्चर्य में था। उसने जलाराम के चाचा से कहा, "मेरे मन में शंका है कि जो कुछ हमने

देखा है, वह सब साधु का चमत्कार है। उसने नजरबंदी से सबकुछ कर दिया है। मैंने अपनी आँखों से जलाराम को दुकान से सामान लेकर गठरी में बाँधते तथा लोटे में घी भरते देखा था। थान से दस गज कपड़ा भी फाड़ा था। चलिए, अब तो साधु नहीं हैं। थान को नापा जाए।" थान नापा गया, लेकिन उसमें एक इंच भी कपड़ा कम नहीं था। शिकायत करनेवाला दुकानदार बहुत लज्जित हुआ। अन्य दुकानदारों ने उसे बहुत डाँटा। इस घटना का जलाराम पर विशेष प्रभाव पड़ा। उनका भगवान् और उनकी आकस्मिक सहायता पर अगाध विश्वास हो गया। अब उनका मन एक क्षण भी संसार के कामों में न लगने लगा। दिन-रात भक्तिभाव में लीन रहने लगे।

जलारामजी की उदासीनता देखकर एक दिन उनके चाचा ने पूछा, "जलाराम, तू इस तरह उदासीन और गंभीर होकर क्यों बैठा रहता है? तेरा मन कहाँ खोया-खोया रहता है?" जलाराम ने कहा, "चाचाजी, मेरा मन दुकान के कामकाज में नहीं लगता है। मेरी इच्छा तीर्थयात्रा करने की है, लेकिन आपकी आज्ञा के बिना दुकान कैसे छोड़ सकता हूँ।" चाचा ने तीर्थयात्रा की कठिनाइयों के संबंध में बहुत समझाया; लेकिन जलाराम ने कहा, "आप सब ठीक कहते हैं, पर मेरा मन तो तीर्थधामों में अटक रहा है। यदि आप आज्ञा दें तो बहुत अच्छा होगा। मैं आपका सदा ऋणी रहूँगा। मुझ पर इतनी कृपा कीजिए।" चाचा उदार और धार्मिक थे। उन्होंने जलाराम को तीर्थयात्रा की आज्ञा दे दी। जलाराम लगभग दो साल तीर्थों में भ्रमण करते रहे। अनेक पवित्र स्थानों के दर्शन किए तथा उच्च कोटि के महात्माओं का सत्संग प्राप्त किया। उनकी भक्ति-भावना का और अधिक विकास हुआ तथा जीवन और अधिक वैराग्यमय हो गया।

तीर्थयात्रा से वापस आने पर दुकानदारी करने की उनमें इच्छा न रही। उनको स्पष्ट अनुभव होने लगा कि दुकानदारी और भगवान् की आराधना, दोनों साथ-साथ नहीं चल सकेंगे। सांसारिक कार्यों से अपने को मुक्त कर लेना ही अधिक उचित है। भगवान् की कृपा और दया का उनको पूर्ण भरोसा हो गया था। उन्हें विश्वास हो गया था कि अपने को पूर्ण रूप से भगवान् की भक्ति में अर्पित कर देने से भगवान् भक्त की शरीर-रक्षा की स्वयं चिंता करते हैं। वह अपने माता-पिता और चाचा-चाची से अलग हो चुके थे। पास में कोई धन-संपत्ति नहीं थी। नित्य के भोजन और अतिथियों के स्वागत-सत्कार के लिए कुछ पैसों की आवश्यकता थी ही। भिक्षा और दान पर आश्रित रहना उचित नहीं समझते थे, अतः उन्होंने खेतों पर मजदूरी करना उचित समझा। कठोर परिश्रम से उपार्जित धन से उदरपूर्ति करना अधिक श्रेयस्कर प्रतीत हुआ। जलाराम और उनकी पत्नी दोनों खेतों में काम करते थे। इस कार्य के लिए

उन्हें अन्न प्राप्त होता था। वे दोनों प्राणी स्वयं बहुत त्यागमय जीवन व्यतीत करते थे, अत: मजदूरी से प्राप्त अन्न बच जाता था। धीरे-धीरे यह संचित किया हुआ अन्न लगभग अस्सी मन हो गया। जलाराम के मन में विचार आया कि इस अन्न से साधुओं और गरीबों के लिए स्थायी भंडारा चला दिया जाए। यद्यपि अस्सी मन अन्न भंडारे के लिए बहुत अधिक न था; लेकिन उनके मन में दृढ़ विश्वास था कि आगे भगवान् अवश्य पूरा करेंगे। अत: बिना किसी की सहायता या आश्वासन के संवत् 1871, माघ शुक्ल द्वितीया से उन्होंने भंडारे का श्रीगणेश कर दिया। जलारामजी की पतिव्रता पत्नी इस पुण्य कार्य में तन-मन से योगदान करने लगीं।

जलारामजी के भंडारों में नित्य साधु, संत, भिक्षुक तथा गरीब लोग भोजन पाते थे। एक दिन एक उच्च कोटि के संत वहाँ आ गए। इस गरीब युवक की त्याग और दानवृत्ति देखकर अत्यंत प्रसन्न हुए। उन्होंने जलारामजी से कहा, "बेटा, तुम्हारी नि:स्पृह जनकल्याण कामना को देखकर मैं तुमसे बहुत प्रसन्न हूँ। मैं तुम्हें लालजी की मूर्ति भेंट देता हूँ। घर में इसकी स्थापना करके सदा पूजा करना। तुम्हारे ऊपर किसी प्रकार की आपत्ति नहीं आएगी। इस मूर्ति की स्थापना के बाद उसी स्थान पर हनुमानजी की मूर्ति प्रकट होगी। उसकी भी स्थापना करना। मेरा आशीर्वाद है कि तुम्हारा भंडारे का शुरू किया हुआ कार्य सदा चलता रहेगा।"

जलरामजी ने एक छोटा सा मंदिर बनाकर साधु की दी हुई मूर्ति स्थापित की। तीन दिन बाद वहीं पर हनुमानजी की सुंदर प्रतिमा प्रकट हुई। इस घटना से जनता में जलरामजी के प्रति विशेष श्रद्धा उत्पन्न हुई और भंडारा व्यवस्थित रूप से चलने लगा। जलारामजी भंडारे में सहायता करने के लिए किसी से नहीं कहते थे, लेकिन लोग अपनी इच्छा से अन्न-धन अर्पित करने लगे। वीरपुर के राजा ने दो सौ बीघा जमीन दान में दे दी। जूनागढ़, गोइल आदि के शासकों ने अपने राज्यों में आश्रम स्थापित करने के लिए जलारामजी को आमंत्रित किया, किंतु जलारामजी ने स्वीकार नहीं किया। उनको कहला दिया, "मैं तो राम का सेवक हूँ। मुझे आश्रम या जमीन नहीं चाहिए। मुझे तो अपने घर पर अपनी रोटियों में, आधी रोटी अतिथियों को खिलाने में भगवान् की सेवा का सा आनंद आता है।"

एक दिन संत जलाराम अपने आश्रम में भजन कर रहे थे। कुछ साधु भंडारे में भोजन कर रहे थे। एक अत्यंत वृद्ध साधु जलारामजी के पास आए। उन्होंने साधु से भोजन के लिए आग्रह किया, लेकिन उन्होंने इनकार कर दिया। जलारामजी के विशेष आग्रह पर भी साधु भोजन करने के लिए राजी नहीं हुए। अंत में जलाराम ने कहा, "महाराज, कुछ तो सेवा का अवसर प्रदान करिए।" वृद्ध साधु ने कहा, "मैं

जो कुछ माँगूँ, तू देगा?" जलारामजी ने कहा, "महाराज, यदि आप मेरा सिर माँगेंगे, तो भी मिलेगा।" साधु ने कहा, "तू देख रहा है कि मैं कितना वृद्ध हूँ। चल-फिर नहीं सकता हूँ, आँखों से दिखाई नहीं पड़ता। कोई सेवा-सहायता करनेवाला नहीं है। यदि तू अपनी पत्नी को मेरी सेवा के लिए दे सके तो मेरा कष्ट कुछ कम हो सकता है। यही मेरी अंतिम इच्छा है। बोल, दे सकेगा अपनी पत्नी मुझे?" जलाराम ने पूर्ण प्रसन्नता के साथ कहा, "यह कौन सी बड़ी बात है? साधु-संतों की सेवा करना गृहस्थों का सच्चा धर्म है।" जलाराम ने अपनी पत्नी को बुलाया और कहा, "यह साधु वृद्ध हो गए हैं। इनको सेवा के लिए स्त्री की आवश्यकता है। क्या तुम इनके साथ जा सकती हो?" पत्नी ने कहा, "इनती सी बात के लिए मुझसे पूछने की क्या आवश्यकता थी? पति की आज्ञा का पालन करना मेरा परम धर्म है। मैं संत की सेवा के लिए सहर्ष साथ जाऊँगी।"

बहुत लोगों को जलाराम की बात उचित नहीं प्रतीत हुई। कई लोगों ने उसको समझाया भी; लेकिन जलारामजी ने उत्तर दिया, "यदि अपनी दृष्टि सच्ची है, यदि अपनी नीति और सदाचार की भावना सच्ची है तो इस अनमोल अवसर को नहीं खोना चाहिए। वृद्धावस्था में जर्जर साधु की सेवा का इससे अच्छा अवसर फिर नहीं मिलेगा। मुझे अपनी पत्नी पर पूरा विश्वास है।" जलारामजी की पत्नी वीरबाई साधु के साथ विदा हो गईं। गाँव के लोगों ने जलाराम की इस विचित्र साधु-सेवा को आश्चर्यचकित होकर देखा।

साधु वीरबाई के साथ चलकर साबरमती के तट पर पहुँचकर रुक गए। साधु ने कहा, "तुम यहीं बैठो। मैं शौच कर्म करके आता हूँ। इस झोली और डंडे को सँभालकर रखना।" थोड़ी देर बाद आकाशवाणी हुई, "मैं तेरी सतीत्व की भावना से अत्यंत प्रसन्न हुआ। अब वापस घर जाओ। मेरे झोले और डंडे की आश्रम में स्थापना करना।" वीरबाई घर वापस आ गई। गाँव के लोगों को जलाराम और वीरबाई की भक्ति पर असीम श्रद्धा उत्पन्न हो गई।

संत श्री जलाराम में अनेक दिव्य अलौकिक शक्तियाँ उत्पन्न हो गई थीं। सबसे विचित्र बात यह थी कि उनके भंडारों में भोजन की कमी कभी नहीं होती थी, खानेवाले चाहे जितने व्यक्ति पहुँच जाएँ। एक बार वे जयपुर पहुँचे। वहाँ तीस-चालीस व्यक्तियों के भोजन की व्यवस्था थी, लेकिन तीन-चार सौ व्यक्ति एकत्र हो गए। जलारामजी ने दूध के एक छोटे से बरतन से उपस्थित व्यक्तियों को एक-एक सेर दूध देना प्रारंभ किया। चार सौ व्यक्ति उस छोटे से बरतन में भरे दूध से तृप्त हो गए। एक बार एक राज्य के एक सौ पचास सिपाही उनके पास पहुँचे। जलाराम

केवल एक टोकरी से डेढ़ सौ सिपाहियों को दो-दो लडडू दे दिए। फिर भी टोकरी भरी ही रही। राजकोट के अंग्रेज पोलिटिकल एजेंट को जलाराम के चमत्कार का पता लगा। वह परीक्षा लेने के लिए अपने नब्बे व्यक्तियों के साथ अचानक जलाराम के आश्रम में पहुँच गया और तत्काल सबके लिए खाना माँगने लगा। जलारामजी ने सबको एक पंक्ति में बैठाकर एक साथ भोजन करा दिया।

जलाराम के पास अनेक रोगी बिना दवा के ठीक हो जाते थे। कई मृत व्यक्तियों को उन्होंने जीवन-दान दिया था और अंधों का अंधापन दूर किया था। लेकिन जब कोई उनको धन्यवाद देता था तो वे कहते थे, "मेरे गुण नहीं, ऊपर वाले के गाओ। हम सब समान हैं। मिट्टी के पुतले हैं।" यदि कोई रोग दूर करने का उपाय पूछता, तो कहते, "अरे भाई, रोग मिटानेवाला मैं कौन होता हूँ। लेकिन तुम एक काम करो—राम की पूजा करो, साधुओं को भोजन कराओ। मैं चमत्कारी पुरुष नहीं हूँ। मैं तो राम का नाम जानता हूँ।"

जलारामजी ने उस समय के प्रसिद्ध महात्मा भोजलराम से दीक्षा ली थी।

जलारामजी केवल अपने गुरु का ही आदर नहीं करते थे, अपितु गुरु के गाँव के प्रत्येक व्यक्ति का विशेष सम्मान करते थे। एक बार उनके गुरु के गाँव का एक व्यक्ति चोरी में पकड़ा गया। राजा ने उसे जेल में डाल दिया। जलारामजी ने जब सुना तो उनको बहुत कष्ट हुआ। वे राजा के पास गए और चोर को छोड़ने के लिए आग्रह किए। चोर बहुत कुख्यात था, अतः राजा किसी स्थिति में छोड़ने को तैयार न था। इधर जलाराम से अपने गुरु के गाँव के व्यक्ति के कष्ट की स्थिति देखते नहीं बन रही थी। उन्होंने अपनी पगड़ी राजा के सिर पर रखकर कहा, "मैं चोर की जगह जेल में रहने को तैयार हूँ, लेकिन चोर को छोड़ दीजिए।" राजा जलारामजी का बहुत सम्मान करता था। वह जलारामजी की गुरुश्रद्धा, दया-भावना और त्यागवृत्ति देखकर द्रवित हो गया और उसने चोर को छोड़ दिया।

जलारामजी का जीवन सेवा, त्याग और भक्ति का अनुकरणीय उदाहरण है। उन्होंने शुद्ध और सरल मन से भगवान् की भक्ति करके असीम शक्ति प्राप्त कर ली थी। सन् 1880 में वे समाधिलीन हो गए। यद्यपि उनको शरीर त्याग किए हुए लगभग सौ वर्ष हो चुके हैं, लेकिन लाखों लोग उनके अस्तित्व का अनुभव आज भी करते हैं। जो व्यक्ति उनकी समाधि पर शुद्ध मन से जाता है, उसकी समस्या का समाधान अवश्य होता है।

□

स्वामी युक्तेश्वर गिरि

(1885–1936 ई.)

काशी के महान् योगी श्री श्यामाचरण लाहिड़ी महाशय आधुनिक युग में क्रियायोग के प्रवर्तक और प्रचारक माने गए हैं। उनके अनेक सुयोग्य योगी शिष्य हुए, जिनमें श्री युक्तेश्वर गिरि का नाम विशेष स्मरणीय है। गिरिजी उच्च कोटि के साधक थे, सच्चे संत थे। उनको योग–संबंधी विविध प्रकार की सिद्धियाँ सहज ही प्राप्त थीं। उनके शिष्य उनको साक्षात् ईश्वर के रूप में मानते थे। श्री युक्तेश्वरजी जीवनपर्यंत प्रचार–प्रसार से बहुत दूर रहे। यद्यपि उनका अध्यात्म–विद्या का ज्ञान अगाध था, उनकी अनुभूतियाँ अलौकिक थीं, उनकी वाणी में असामान्य तेज था, फिर भी वह अंतर्मुखी रहे, अपने भक्तों और शिष्यों की मंडली बहुत सीमित रखी तथा आत्मानुबंधन के अतिरिक्त संसार के किसी अन्य कार्य को अंगीकार नहीं किया।

महापुरुष का त्यागपूर्ण जीवन

श्री युक्तेश्वर गिरि का जन्म 10 मई, 1885 को बंगाल के एक कस्बे श्रीरामपुर के एक संपन्न परिवार में हुआ था। उन्होंने विश्वविद्यालय की कोई उच्च उपाधि तो नहीं प्राप्त की थी, लेकिन स्वाध्याय से उच्च स्तरीय ज्ञान अर्जित किया था। संस्कृत, बांग्ला, अंग्रेजी तथा हिंदी भाषाओं पर अधिकार था। युवावस्था में उनका विवाह हुआ था, संतान के रूप में केवल एक पुत्री थी। प्रौढ़ावस्था में उनकी पत्नी का देहांत हो गया था, इसके बाद उन्होंने संन्यास ले लिया था। उनके आध्यात्मिक गुरु महान् योगी श्री श्यामाचरण लाहिड़ी थे। लाहिड़ी महाशय आधुनिक युग में लुप्त क्रियायोग के आविष्कारक और प्रचारक थे। श्री युक्तेश्वरजी का खाने–कमाने

की कला के प्रति आकर्षण नहीं रहा। बाल्यावस्था से ही आध्यात्मिक कार्यों के प्रति एक प्रकार का सम्मोहन था। अत: उन्होंने जीवन भर अपनी आवश्यकताएँ अत्यधिक सीमित रखीं। पैतृक संपत्ति की अल्प आय से ही अपना जीवन-निर्वाह करते रहे तथा जीवन के अंतिम समय अपनी संपूर्ण पैतृक संपत्ति आध्यात्मिक कार्यों के लिए अर्पित कर दी थी। श्रीरामपुर और जगन्नाथपुरी में अपने निजी धन से ही आश्रमों की स्थापना की थी, जिनमें अनेक व्यक्तियों ने आध्यात्मिक प्रशिक्षण प्राप्त करने का सौभाग्य पाया था।

श्री युक्तेश्वरजी के यशस्वी कार्य

श्री युक्तेश्वरजी ने 'गीता' पर अद्भुत टीका लिखी थी, जिसकी विद्वानों और संतों ने मुक्त कंठ से सराहना की थी। वे समस्त धर्मों का समान रूप से आदर करते थे। ईसाई धर्म और हिंदू धर्म के तुलनात्मक अध्ययन पर 'कैवल्य दर्शनम्' नाम से बहुत सुंदर पुस्तक लिखी थी। संस्कृत भाषा में मौलिक काव्य-सृजन भी किया था। उनके महत्त्वपूर्ण कार्यों में परमहंस श्री योगानंदजी जैसे महान् योगी शिष्यों के निर्माण का कार्य विशेष उल्लेखनीय है। स्वामी विवेकानंदजी के बाद योगानंदजी ही पश्चिमी देशों में गए और भारतीय योग-विद्या के प्रचार-प्रसार का स्तुत्य कार्य किया। श्री युक्तेश्वर महाराज की प्रेरणा से ही श्री योगानंदजी ने भारत में 'योगदा सत्संग सोसाइटी' तथा अमेरिका में 'सेल्फ रियलाइजेशन फेलोशिप' की स्थापना की थी। इन दोनों संस्थाओं द्वारा संचालित भारत और विदेशों में अनेक योगकेंद्र आज भी सफलतापूर्वक योग-प्रचार का कार्य कर रहे हैं। इन संस्थाओं ने पूर्व और पश्चिम के बीच आध्यात्मिक सौमनस्य के विकास तथा दोनों के सर्वोत्तम विशिष्ट पक्षों के आदान-प्रदान का अत्यंत अनुकरणीय कार्य किया है।

योग मर्मज्ञ वेट्स का अभिमत

ऑक्सफोर्ड विश्वविद्यालय के प्रोफेसर तथा तिब्बती योग-विद्या के विश्वविख्यात विद्वान्, योग-संबंधी अनेक ग्रंथों के प्रणेता जी.डब्ल्यू.आई. ईवान्स वेट्स ने श्री युक्तेश्वरजी से भारत में साक्षात्कार किया था तथा उनके दिव्य व्यक्तित्व और असीम ज्ञान से विशेष रूप से प्रभावित हुए थे। वेट्स ने लिखा है—"बंगाल की खाड़ी के तट पर उड़ीसा के पुरी शहर में श्री युक्तेश्वरजी से मेरी भेंट हुई थी। श्री युक्तेश्वरजी का स्वभाव कोमल और वाणी मृदु थी। उनकी उपस्थिति सुखद थी और अपने शिष्यों द्वारा अनायास आदर-प्रदान के वे वस्तुत: योग्य थे। जो कोई भी

श्री युक्तेश्वरजी से परिचित था, भले ही वह किसी भी समाज-समुदाय का क्यों न हो, उन्हें अत्यंत आदर की दृष्टि से देखता था।"

सूक्ष्म शरीर का सृजन

श्री युक्तेश्वरजी को अनेक अलौकिक सिद्धियाँ प्राप्त थीं। यद्यपि वह इन शक्तियों का प्रदर्शन नहीं करते थे; लेकिन भक्तों और शिष्यों के समक्ष ये सिद्धियाँ प्रायः प्रत्यक्ष हो जाती थीं। एक बार वह श्रीरामपुर से कलकत्ता गए थे। वहाँ से उन्होंने अपने श्रीरामपुर आश्रम के शिष्यों को लिखा कि अमुक तारीख को वह 9 बजे रात को श्रीरामपुर स्टेशन पर पहुँचेंगे। कुछ अनिवार्य बाधा के कारण चलने के कुछ समय पूर्व उनको अपना कार्यक्रम परिवर्तित करना पड़ा। अब वह 9 बजे न पहुँचकर 10 बजे स्टेशन पहुँचने वाले थे। शिष्यों को इस परिवर्तन की सूचना देने का कोई भौतिक साधन नहीं था। अतः आत्मशक्ति या योगशक्ति का उपयोग करते हुए उन्होंने श्रीरामपुर के शिष्य को संदेश दिया कि वह दस बजे पहुँच रहे हैं। उस शिष्य ने अन्य शिष्यों से कहा कि स्वामीजी 9 बजे की गाड़ी से नहीं आएँगे; लेकिन दूसरा शिष्य इस मानसिक संदेश को स्वीकार करने को तैयार नहीं हुआ। वह लिखित पत्र के अनुसार 8 बजे स्टेशन पहुँचा, लेकिन वह नहीं आए। इधर जो शिष्य आश्रम में रह गया था, उसके मन में अंतर्द्वंद्व उत्पन्न हुआ। उसी समय उसकी खिड़की के सींकचों में प्रकाश सा प्रतीत हुआ और यह प्रकाश स्वामी युक्तेश्वर की आकृति में रूपांतरित हो गया। शिष्य मुकुंद को संदेह हुआ कि वह स्वप्न देख रहा है। लेकिन जब उसने झुककर पैर छुए और बात की तो उसके भ्रम का निवारण हुआ। श्री युक्तेश्वर ने कहा कि मैं 10 बजे की गाड़ी से आ रहा हूँ। मेरे आगे एक बालक चाँदी का कलश लिये गाड़ी से उतरेगा। इतना कहने के बाद कुछ घड़घड़ाहट की ध्वनि हुई और वे अदृश्य हो गए। वह शिष्य 10 बजे स्टेशन पहुँचा। ठीक समय पर गाड़ी आई। एक डिब्बे से चाँदी का कलश लिये बालक उतरा। उसके पीछे युक्तेश्वरजी उतरे।

भविष्यदृष्टा और जीवन-रक्षक योगी

एक बार एक पशु-चिकित्सक स्वामीजी के आश्रम में पहुँचे। वह सज्जन नास्तिक थे। इनको आध्यात्मिक शक्तियों पर बिल्कुल विश्वास न था। वह कुछ देर वार्त्तालाप करने के बाद चले गए। उनके जाने के पश्चात् श्री युक्तेश्वरजी ने शिष्य से कहा कि इस मुरदे को यहाँ क्यों ले आए? यह भयंकर रूप से रोगग्रस्त है और कुछ

दिनों में ही इसके शरीर का अंत हो जाएगा। कुछ समय बाद वह डॉक्टर अस्वस्थ हो गया। डॉक्टरों ने उसे असाध्य रोगी घोषित कर दिया। यह व्यक्ति स्वामीजी के भक्त बालक का पिता था। उस बालक तथा अन्य शिष्यों ने स्वामीजी से उस व्यक्ति की प्राणरक्षा के लिए प्रार्थना की। स्वामीजी ने कहा कि यह रोगमुक्त हो तो जाएगा; लेकिन इसे मांस-मदिरा का पूर्ण परित्याग करना होगा। यदि वह स्वस्थ होने के बाद मांस आदि का सेवन पुन: करेगा तो छह माह से अधिक जीवित नहीं रहेगा। स्वामीजी ने उस रोगी को पहनने के लिए एक कड़ा दिया। उस कड़े को पहनने से वह पशु-चिकित्सक कुछ दिनों में ही पूर्ण स्वस्थ हो गया। उसकी चिकित्सा करनेवाले डॉक्टरों को असीम आश्चर्य हुआ, लेकिन वह पशु-चिकित्सक स्वस्थ होने पर भी श्री युक्तेश्वरजी की योगशक्ति पर विश्वास नहीं कर सका। उसने खान-पान संबंधी निषेधों का ठीक से पालन नहीं किया। वह उन्मुक्त रूप से मांस-मदिरा का सेवन करने लगा तथा युक्तेश्वरजी की आलोचना करने लगा, लेकिन छह महीने की अवधि समाप्त होते ही उसकी जीवन-लीला का अंत हो गया।

रोग के निदान और निवारण की अलौकिक विधि

श्री युक्तेश्वरजी के परमप्रिय शिष्य मुकुंदजी पूर्ण स्वस्थ थे, लेकिन स्वामीजी ने उनसे कहा, "मुकुंद, तुम्हारे ऊपर शीघ्र ही ग्रहों की कुदृष्टि पड़नेवाली है; पर भय रखने की आवश्यकता नहीं है। तुम्हारी रक्षा होगी। एक मास के भीतर ही तुम्हें यकृत रोग पैदा होनेवाला है, जिससे तुम्हें कष्ट भोगना पड़ेगा। विधि-लेख के अनुसार यह रोग छह मास तक चलनेवाला है, पर कड़ा धारण करने से तुम्हारे कष्टभोग की अवधि घटकर चौबीस दिन रह जाएगी।" इस बात के तीसवें दिन मुकुंद के यकृत में पीड़ा प्रारंभ हुई। तेईस दिन तक वह भयंकर कष्ट से पीड़ित रहे, चौबीसवें दिन उनका भय समाप्त हो गया। वह युक्तेश्वरजी की शरण में पहुँचे। स्वामीजी ने मुकुंद से कहा, "तुम कहते हो कि तुम्हें पीड़ा है और मैं कहता हूँ कि तुम्हें कोई पीड़ा नहीं है। यह परस्पर विरोधी स्थिति कैसे संभव है?" यह कहकर उन्होंने प्रश्नसूचक दृष्टि से उन्हें देखा। मुकुंद आश्चर्यचकित हो गए, क्योंकि इसी क्षण उनकी पीड़ा का अंत हो गया। वह जिस रोग के कारण चौबीस दिनों तक चैन से बैठ नहीं सके थे, वह रोग एक क्षण में ही ऐसा अदृश्य हुआ था कि मानो रोग कभी हुआ ही नहीं था। मुकुंद श्री युक्तेश्वरजी की चमत्कार-शक्ति से अभिभूत हो गए।

विपत्ति से शिष्य की रक्षा

एक बार मुकुंद तथा कुछ अन्य शिष्य कश्मीर यात्रा के लिए तैयार हुए। टिकट आ गए। वे लोग श्री युक्तेश्वरजी से भी चलने के लिए आग्रह करने लगे। किसी अज्ञात कारणवश वह चलने को राजी नहीं हो रहे थे। चूँकि सब तैयारी हो चुकी थी, अतः वे युक्तेश्वरजी को छोड़कर जाने लगे। उन्होंने शिष्यों का उत्साह देखकर रोका नहीं, केवल इतना कहा कि गाड़ी छूटने में बहुत देर है, इसलिए मुकुंद को छोड़कर शेष लोग सामान लेकर स्टेशन चलें; मुकुंद यथासमय स्टेशन पहुँच जाएगा। अन्य शिष्य स्टेशन चले गए, मुकुंद उनके पास रह गए। थोड़ी देर में मुकुंद के पेट में असह्य वेदना होने लगी। कै और दस्त होने लगे। स्थिति मरणासन्न हो गई। युक्तेश्वरजी ने अविचलित भाव से मुकुंद का सिर अपनी जाँघ पर रख लिया और कहा, "बोलो तो, यदि तुम इस समय अपने मित्रों के साथ स्टेशन पर होते, तो क्या होता! मुझे इस विचित्र प्रकार से तुम्हारी सँभाल करनी पड़ी।" कुछ क्षणों में ही मुकुंद का कष्ट दूर होने लगा। जब तक डॉक्टर आया, तब तक रोग शांत हो चुका था। उसने देखकर बताया कि मुकुंद को एशियाटिक कालरा हो गया था, जिससे बचने का बहुत कम अवसर रहता है। बिना किसी चिकित्सा के रोग शांत हो जाने पर वह आश्चर्य कर रहा था। मुकुंद के यथासमय स्टेशन पर न पहुँचने पर उनके मित्र वहाँ से वापस आ गए। यहाँ पर उनकी अवस्था देखकर सबको बोध हो गया कि युक्तेश्वरजी उस समय कश्मीर जाने के लिए क्यों तैयार नहीं हो रहे थे। केवल दो दिन में मुकुंद पूर्ण स्वस्थ हो गए। इसके बाद युक्तेश्वरजी सहर्ष अपने शिष्यों के साथ कश्मीर-यात्रा पर गए। इस यात्रा में शिष्यों को युक्तेश्वरजी की अनेक अलौकिक शक्तियों के प्रत्यक्ष अनुभव हुए। इस महान् संत ने विविध प्रकार की भविष्यवाणियों से अपने भक्तों को आनंदित किया।

महावतार बाबाजी से साक्षात्कार

योग-मार्ग में जरा-मरण पर विजय प्राप्त करने की विलक्षण विधियाँ हैं। अनेक योगियों का कहना है कि हिमालय में हजारों वर्ष की अवस्था वाले योगी आज भी हैं। ऐसे प्राचीन काल के योगियों में बाबाजी नाम के महान् योगी की विशेष चर्चा हुई है। बाबाजी की आयु बहुत अधिक है; लेकिन शरीर से वे पूर्ण युवा लगते हैं। वह अपने शिष्यों के साथ हिमालय में विचरण किया करते हैं। उनमें अनंत शक्तियाँ हैं। वह किसी भी क्षण दूर से दूर स्थान में एक पल में पहुँच सकते हैं। वह कुछ चुने हुए भक्तों के समक्ष सशरीर प्रकट होते हैं तथा उन्हीं के माध्यम

से समाज में आध्यात्मिक ज्योति को प्रज्वलित रखने का कार्य दीर्घकाल से कर रहे हैं। आधुनिक युग में क्रियायोग का उद्घाटन बाबाजी के द्वारा ही हुआ। उन्होंने श्री युक्तेश्वरजी के गुरु श्री श्यामाचरण लाहिड़ी को क्रियायोग की दीक्षा दी थी। यह महान् योगी बाबाजी विशेष पुण्यात्माओं को ही दर्शन देते हैं। श्री युक्तेश्वरजी उन परम सौभाग्यशाली संतों में थे, जिनके समक्ष बाबाजी ने प्रकट होकर उपदेश दिया था। बाबाजी ने प्रयाग के कुंभ मेले में युक्तेश्वरजी को खोज लिया था। उस समय युक्तेश्वरजी ने संन्यास की दीक्षा नहीं ली थी; लेकिन बाबाजी ने उनके भविष्य को देखते हुए 'स्वामी' कहकर संबोधित किया था तथा यह कहा था, "स्वामीजी, भविष्य में पूर्व और पश्चिम के बीच सौमनस्यपूर्ण आदान-प्रदान में आपको योगदान करना है। कुछ वर्षों पश्चात् मैं आपके पास एक शिष्य भेजूँगा, जिसको आप पश्चिम में योग-प्रचार के लिए प्रशिक्षित कर सकते हैं। वहाँ के अनेक धर्म-पिपासुओं की आकुल आत्माओं के स्पंदन बाढ़ की भाँति मेरे पास पहुँच रहे हैं। मैं स्पष्ट देख रहा हूँ कि अमेरिका और यूरोप में भावी संतों की आत्माएँ प्रतीक्षा कर रही हैं कि कोई उन्हें जगाए।" बाबाजी की यह भविष्यवाणी अक्षरश: सत्य सिद्ध हुई। श्री युक्तेश्वरजी के पास मुकुंद नामक शिष्य आकस्मिक रूप से आए थे। श्री युक्तेश्वरजी ने मुकुंद का एक योगी के रूप में निर्माण बड़े परिश्रम और प्रेम से किया तथा सन् 1920 में उनको योग-प्रचार के लिए अमेरिका भेजा। वह योगानंद नाम से विश्वविख्यात हुए। उन्होंने लगभग बत्तीस वर्ष वहाँ रहकर भारतीय योग-विद्या का प्रचार किया। आज तो पश्चिम में लोग योग के लिए पागल हो रहे हैं। योग-प्रसार की द्रुतगति को देखते हुए ऐसा प्रतीत हो रहा है कि निकट भविष्य में पश्चिम योगक्षेत्र में भारत से आगे बढ़ जाएगा। इस अभूतपूर्व आध्यात्मिक आंदोलन में बाबाजी की प्रेरणा तथा युक्तेश्वरजी की निष्ठा का विशेष योगदान है।

कुंभ मेले के बाद भी महागुरु बाबाजी ने कई बार युक्तेश्वरजी को प्रत्यक्ष दर्शन दिए थे। युक्तेश्वरजी के समग्र जीवन को देखने से स्पष्ट होता है कि उनका जन्म बाबाजी के क्रियायोग संबंधी संदेश के प्रचार-प्रसार के लिए ही हुआ था। उन्होंने इस महान् कार्य को पूर्ण मनोयोग से सफलतापूर्वक संपन्न भी किया।

क्रियायोग की विशेषता और महत्ता

क्रियायोग योग की प्राचीन जटिल पद्धति ने एक सुनिश्चित प्रणाली पर जोर देते हुए प्रथम बार सभी मनुष्यों के लिए योग का द्वार खोल दिया। क्रियायोग की पद्धति से योगमार्ग सर्वसाधारण के लिए सरल, प्रत्यक्ष, फलदायी और सुबोध हो

गया। क्रियायोग के प्रवर्तकों ने भिक्षापात्र लेकर घूमने के आदर्श को प्रोत्साहन नहीं दिया; अपितु उन्होंने इस बात पर जोर दिया कि योगी को अपनी जीविका स्वयं उपार्जित करनी चाहिए, कठिनाइयों से दबे समाज पर बोझ नहीं बनना चाहिए और अपने घर के एकांत कोने में बैठकर साधना करनी चाहिए। युक्तेश्वरजी के गुरु लाहिड़ी महाशय एक गृहस्थ थे और गृहस्थ जीवन में रहते हुए भी 'योगावतार' के पद से विभूषित हुए।

क्रियायोग कोई नया योग-मार्ग नहीं। यह अति प्राचीन है। यह गीता तथा पतंजलि योगसूत्र पर आधारित है। महावतार बाबाजी ने क्रियायोग की शिक्षा देने के लिए लाहिड़ी महाशय को अधिकृत किया था। बाद में लाहिड़ी महाशय ने अपने कुछ शिष्यों को क्रियायोग की शिक्षा प्रदान करने का अधिकार प्रदान किया। अब क्रियायोग के साधकों की संख्या बहुत अधिक है। केवल गुरुजनों द्वारा अधिकृत व्यक्ति ही इस योग की शिक्षा दे सकते हैं। जो लोग क्रियायोग की दीक्षा लेना चाहें अथवा इस संबंध में विस्तृत जानकारी चाहें, वे 'योगदा सत्संग सोसाइटी ऑफ इंडिया, योगदा शाखा मठ, ओल्ड हजारी बाग रोड, राँची-834001, झारखंड' से पत्र-व्यवहार कर सकते हैं। इस संस्था द्वारा पत्र-व्यवहार से भी क्रिया योग की शिक्षा दी जाती है।

शरीर-त्याग के बाद पुनरुत्थान या शरीर की सृष्टि

ज्ञानावतार श्री युक्तेश्वरजी ने सन् 1936 में अपने शरीर का स्वेच्छा से त्याग किया। यद्यपि उनके परम प्रिय शिष्य योगानंदजी भारत में ही थे, लेकिन किसी अज्ञात कारण से शरीर त्याग के समय उनको अपने पास नहीं रहने दिया था। जब योगानंदजी रेल में यात्रा कर रहे थे, उस समय उनके डिब्बे में क्षण भर के लिए प्रकट होकर देहत्याग की सूचना दी थी और फिर अदृश्य हो गए थे। श्री योगानंदजी को इस बात का बहुत खेद था कि वह अपने महान् गुरु के अंतिम समय उनके पास रहने का सुअवसर न प्राप्त कर सके। वह बहुत खिन्न मन से अमेरिका जाने के लिए बंबई गए। वहाँ वह एक होटल में ठहरे हुए थे। 19 जून, 1936 को तीन बजे उनका कमरा अलौकिक प्रकाश से भर गया। कुछ ही पल में श्री युक्तेश्वरजी सशरीर उनके समक्ष खड़े मुसकरा रहे थे। योगानंदजी को अपनी आँखों पर विश्वास नहीं हुआ, क्योंकि कुछ ही दिन पूर्व उनके निर्जीव शरीर को समाधि दी गई थी। यद्यपि योगानंदजी ने उनको आलिंगनपाश में आबद्ध कर लिया, किंतु उनकी बुद्धि को विश्वास नहीं हो रहा था। अत: युक्तेश्वरजी ने उनके भ्रम का निवारण करते

हुए कहा, "हाँ, मेरे बच्चे, मैं वही हूँ। यह रक्त-मांस का शरीर है। यद्यपि यह मेरी दृष्टि में सूक्ष्म है, तथापि तुम्हारी दृष्टि में यह भौतिक शरीर ही है। मैंने महाव्योम परमाणुओं से ठीक उसी प्रकार के नए शरीर की सृष्टि की है, जिस प्रकार के शरीर को तुमने पुरीधाम में बालुका के नीचे समाधि दी थी। सत्य तो यह है कि मृतावस्था से मैं पुनरुत्थित हुआ हूँ, पर इस पृथ्वी पर नहीं, अपितु सूक्ष्म जगत् में! इस पृथ्वी की तुलना में वहाँ के अधिवासी मेरे उच्चादर्श के अधिक अनुरूप हैं।" इसके बाद तो युक्तेश्वरजी ने अपने प्रिय शिष्य से बहुत देर तक बात की। मृत्यु के बाद के जीवन के संबंध में अनेक रहस्यपूर्ण तथ्यों का उद्घाटन किया। अंत में उन्होंने कहा, "मेरे बच्चे, जब कभी निर्विकल्प समाधि में प्रविष्ट होकर तुम मेरा आह्वान करोगे, तब मैं रक्त-मांस का शरीर धारण कर उसी प्रकार तुम्हारे पास पहुँच जाऊँगा, जिस प्रकार आज पहुँचा हूँ।" इतना कहकर वे अदृश्य हो गए। युक्तेश्वरजी ने देहत्याग के बाद केवल योगानंदजी को दर्शन नहीं दिए थे, अपितु अन्य अनेक भक्तों को भी यह दुर्लभ सौभाग्य प्राप्त हुआ था। क्रियायोग के साधकों को पूर्ण विश्वास है कि श्री युक्तेश्वरजी आज भी क्रियायोग के साधकों का मार्गदर्शन करते हैं तथा सच्चे भक्तों को सशरीर दर्शन देते हैं।

□

उड़िया बाबा

(1875–1948 ई.)

पूज्यपाद उड़िया बाबा आधुनिक भारत के महान् संतों में थे। उनका वैराग्य अनुपम था, उनकी साधना असीम थी, उनकी सिद्धियाँ अलौकिक थीं। प्रसिद्ध संत अखंडानंद सरस्वती ने उनके संबंध में अपना व्यक्तिगत अनुभव लिखा है—"हमारी दृष्टि में तो उनका सबसे बड़ा चमत्कार था कि वे सभी से प्रेम करते थे, सभी को अपना मानते थे और हम में से प्रत्येक व्यक्ति यही समझता था कि उनकी सबसे बड़ी कृपा उसी पर है। यद्यपि उनके समीपवर्ती लोगों के रुचि, स्वभाव, साधन एवं विचारों में बहुत अधिक भेद था, तथापि वे सभी को अपने जान पड़ते थे। वे भक्त के लिए भक्त, ज्ञानी के लिए ज्ञानी, कर्मी के लिए कर्मी और योगी के लिए योगी थे। श्रीराम भक्त उन्हें राम रूप में देखते थे, श्रीकृष्ण भक्त कृष्ण रूप में और शैवों को उन्होंने शिव रूप में दर्शन दिए थे। उड़िया बाबा सच्चे अर्थों में परमहंस थे। उनके शरीर को कोई चुपके से उठा ले जाता। कोई उनके पेट पर सिर रखकर सो जाता। कोई पूजा करता, कोई झूला झुलाता। कोई कृष्ण कहता, कोई राम कहता, कोई शिव कहता। उन्होंने स्वयं किसी को न कभी प्रेरणा दी कि ऐसा कहो या ऐसा मानो और न तो किसी को निषेध ही किया। लोगों ने गालियाँ भी दीं और स्तुतियाँ भी कीं। पूजा–प्रतिष्ठा भी हुई और अपमान–तिरस्कार भी हुआ। फूल–माला भी चढ़ा और गंड़ासा भी। यह सब औरों की दृष्टि में था, अज्ञानियों की दृष्टि में था, उनकी दृष्टि में कुछ नहीं। ज्यों के त्यों अविचल, निर्विकार। उड़िया बाबा उच्च कोटि के ज्ञानी भी थे। भारत में बड़े–बड़े महात्मा–संत उनके पास मार्गदर्शन के लिए आते थे तथा साक्षात् ब्रह्म के रूप में उनका समादर करते थे। माँ आनंदमयी उनका बड़ा आदर करती थीं। वे बाबा की प्रत्येक सुख–सुविधा का सदा ध्यान करती थीं। माँ के अनेक शिष्य बाबा के परम भक्तों में थे।

महर्षि का उदय

उड़िया बाबा का जन्म उड़ीसा प्रदेश के सुविख्यात तीर्थधाम जगन्नाथपुरी में विक्रम संवत् 1932 (सन् 1875) में हुआ था। उनके वंशज पुरी के राजा के राजगुरु थे। दीर्घकाल से उनके परिवार में साधना की परंपरा चली आ रही थी। उनके पिता का नाग वैद्यनाथ मिश्र था। बाबा का बचपन का नाम आर्तत्राण मिश्र था। वे बाल्यावस्था से ही विशेष गंभीर थे। खेलकूद में उनकी कोई रुचि नहीं थी। यदि उनको कोई पीटता था तो वे बिना किसी विरोध के सहन कर लेते थे। आँखें बंद किए घंटों चुपचाप बैठे रहना बहुत अच्छा लगता था। बारह वर्ष की अवस्था तक उन्होंने घर पर ही पढ़ाई की। घर के लोगों की इच्छा इनको अधिक पढ़ाने की नहीं थी; लेकिन बालक आर्तत्राण अधिक शिक्षा प्राप्त करना चाहते थे। अत: वह घर से चुपचाप भाग गए और बाल्याबेड़ा की सुप्रसिद्ध संस्कृत पाठशाला में पाँच वर्ष अध्ययन किया तथा संस्कृत की 'काव्यतीर्थ' परीक्षा उत्तीर्ण की।

बालक आर्तत्राण को बाल्यावस्था से ही धर्म और अध्यात्म में विशेष रुचि थी। छात्र जीवन में एक बार रासलीला देखने का अवसर मिला। भगवान् श्रीकृष्ण की लीला देखकर इनको समाधि लग गई। यह समाधि तीन दिन बाद भंग हुई। उस समय लोगों ने यह समझा कि इनको कोई रोग हो गया है।

पढ़ाई समाप्त करने के बाद वह अपने घर आ गए। यहाँ उनका मन नहीं लगता था। इनका मन कठोर साधना करने के लिए व्याकुल हो रहा था। इसी बीच उड़ीसा में भयंकर अकाल पड़ा। हजारों लोग भूख से तड़पकर मरने लगे। इनके मन में प्रेरणा हुई कि देवी की आराधना करके ऐसा अक्षय पात्र प्राप्त किया जाए, जिसका अन्न कभी समाप्त न हो। इस पात्र से भूखे लोगों को तृप्त किया जाए। इस उद्देश्य की पूर्ति के लिए वह असम के सुप्रसिद्ध कामाख्या देवी के मंदिर को चल पड़े। वहाँ पहुँचकर देवी का अनुष्ठान प्रारंभ कर दिया। देवी का दर्शन हुआ; लेकिन आपके मन में विचार आया कि सकाम अनुष्ठान ठीक नहीं होता। देवी-देवता की आराधना निष्काम भाव से करनी चाहिए। अत: वे कई तीर्थों की यात्रा करके घर आ गए। घर के लोग उनका विवाह करना चाहते थे; किंतु ज्योतिषियों के अनुसार उनकी आयु केवल बत्तीस वर्ष की थी, इसलिए घरवालों को विवाह का विचार त्यागना पड़ा। आर्तत्राणजी को इससे बड़ी प्रसन्नता हुई। एक दिन वह पुन: घर से निकल पड़े और केवल बाईस वर्ष की अवस्था में पुरी के शंकराचार्य से दीक्षा ले ली। अब उनका पूरा समय साधना में लगने लगा।

सिद्ध गुरु की खोज

ब्रह्मचारी वासुदेव स्वरूप ने पुरी के शंकराचार्य से दीक्षा अवश्य ले ली थी, लेकिन उनके मन को पूर्ण संतोष नहीं हो रहा था। वह किसी सिद्ध गुरु के पास पहुँचना चाहते थे। अतः गुरु की खोज में निकल पड़े। वह भारत के लगभग सभी तीर्थस्थानों में गए। अनेक संत-महात्मा मिले, उनके त्याग और ज्ञान से विशेष प्रभावित हुए; लेकिन उनकी कल्पना का गुरु नहीं मिल सका। कुछ महंतों ने उनको मठाधीश भी बनाना चाहा; लेकिन यह सब बंधन प्रतीत हुआ। उनका आडंबर, प्रचार आदि में मन नहीं लगता था।

सिद्ध गुरु तो नहीं मिला; लेकिन भारत के समस्त तीर्थों की यात्रा हो गई, उच्च कोटि के अनेक संतों के दर्शन हो गए तथा साधना का अच्छा अवसर मिल गया।

बत्तीस वर्ष की अवस्था में विचार आया कि ज्योतिषियों के अनुसार बत्तीस वर्ष में मृत्यु हो जाएगी। अच्छा हो कि मृत्यु के पहले संन्यास ले लिया जाए। अतः पुरी के शंकराचार्य से ही उन्होंने संन्यास ग्रहण कर लिया। अब उनका नाम 'दंडी स्वामी श्री पूर्णानंद तीर्थ' हो गया। शंकराचार्य की हार्दिक इच्छा थी कि वे शंकराचार्य की गद्दी सँभालें; किंतु यह आकर्षण उनको रोक न सका। वे पुनः पर्यटन के लिए निकल पड़े। चूँकि बाबा अपने संबंध में विशेष कुछ नहीं बताते थे; अतः लोग इनको 'उड़िया बाबा' कहने लगे और यही नाम सर्वाधिक लोकप्रिय हो गया।

कठोर साधना का परिणाम

इसके बाद उड़िया बाबा ने अत्यंत कठोर तपस्या की। सवारी पर नहीं चढ़ते थे। किसी से कुछ माँगते नहीं थे। जिस दिन कोई अपनी इच्छा से खिला देता था, खा लेते थे। इस व्रत के कारण प्रायः कई-कई दिन भूखे भी रहना पड़ता था। कोई सामान उनके पास रहता नहीं था। जाड़ा, गरमी, बरसात बिना वस्त्र के ही काट देते थे। दिन और रात में सोते नहीं थे। प्रतिक्षण ब्रह्म-चिंतन में लीन रहते थे। वर्षों उनकी ऐसी कठोर साधना चलती रहती। फलतः योग की अनेक शक्तियाँ और सिद्धियाँ उनमें आ गईं। बड़े-बड़े सिद्ध महात्मा उनकी ओर आकर्षित होने लगे। भक्त मंडली भी जुटने लगी तथा उनकी प्रसिद्धि चारों दिशाओं में फैलने लगी। जहाँ भीड़ अधिक होने लगती तथा मान-सम्मान अधिक होने लगता, वहाँ अधिक समय नहीं रुकते। जो व्यक्ति सच्चे जिज्ञासु होते, उनका मार्गदर्शन अवश्य करते। जो व्यक्ति एक बार बाबा के संपर्क में आ जाता था, उसका निश्चित हृदय-परिवर्तन हो जाता था। सैकड़ों दुष्ट और पापी उनकी कृपा से सत्कर्म की ओर अग्रसर हुए।

उड़िया बाबा को वृंदावन बहुत प्रिय था। संवत् 1994 में उन्होंने वहाँ 'श्रीकृष्ण आश्रम' की स्थापना की थी। इसके बाद वह अधिकांशत: वहीं रहे। इस आश्रम में कीर्तन, भजन, सत्संग निरंतर होता रहता था। विशेष अवसरों पर भोज का भी आयोजन होता था। बाबा इस बात का विशेष ध्यान रखते थे कि आश्रम में आया हुआ कोई व्यक्ति भूखा न रह जाए।

साधना का रहस्य

बाबा अपने भक्तों को साधना के सूक्ष्म-से-सूक्ष्म रहस्यों का बोध कराते थे। कभी-कभी दूर के भक्तों को स्वप्न या ध्यान में उपस्थित होकर साधना की जटिल क्रियाएँ समझा देते थे। बाबा का कहना था कि साधक के लिए आसन की स्थिरता और चित्त की निस्संकल्पता परम आवश्यक है। उनका मत था कि शरीर में भारीपन कफ के कारण होता है। पित्त बढ़ जाने से शरीर हलका हो जाता है। आसन और प्राण के स्थिर हो जाने पर शरीर में बिजली उत्पन्न होती है। पित्त की गरमी ही बिजली है। यदि शरीर से कोई क्रिया की जाती है तो बिजली निकल जाती है। बिजली रोकने से शरीर निरोग हो जाता है। बाबा आसन स्थिर करने पर विशेष जोर देते थे। हर काम करते हुए बैठने का जब प्रसंग आए तो स्थिर आसन से ही बैठे। जब तक दुखने न लगे, तब तक आसन को न बदले। कुछ दिन के अभ्यास से आसन स्थिर हो जाएगा। आसन स्थिर होने से प्राण स्थिर होना संभव होता है। प्राण के स्थिर होने से सब विकार स्वत: शांत हो जाते हैं। भूख-प्यास की बाधा समाप्त हो जाती है। मल-मूत्र कम हो जाते हैं, कफ शुद्ध हो जाता है। ब्रह्मचर्य का अपने आप पालन होने लगता है। मन, शरीर और वाणी का घनिष्ठ संबंध है। तीनों में एक के भी चंचल होने पर शेष दोनों भी चंचल हो जाते हैं। अत: तीनों को स्थिर करने का प्रयत्न करें। वाणी से व्यर्थ न बोलें और मन से व्यर्थ का चिंतन न करें।

भगवत्-प्राप्ति के साधन

उड़िया बाबा के अनुसार भगवत्-प्राप्ति के मुख्य पाँच साधन हैं—1. सहनशीलता का अभ्यास, 2. समय व्यर्थ न गँवाना, 3. पदार्थ पास होते हुए भी भोग की इच्छा न करना, 4. निरंतर इष्टदेव का चिंतन करना, 5. सदैव सद्गुरु की शरण ग्रहण करना। बाबा अपने भक्तों से कहते थे कि विश्वास करो, श्री मंगलमय श्री हरि निरंतर तुम्हारे साथ खेल रहे हैं। दु:खी क्यों होते हो? दु:खी होना अपने को अविश्वास की स्थिति में डालना है। सारी परिस्थितियों के रचयिता ईश्वर हैं। जिस प्रभु ने तुम्हें पैदा किया है, जिस प्रभु ने तुम्हारी जीवन-रक्षा के लिए नाना प्रकार

की वस्तुओं की सृष्टि की है, वे ही प्रभु तुम्हें योग बुद्धि भी प्रदान करेंगे। किंतु आवश्यकता है सर्वतोभावेन अपने को उनके ऊपर छोड़ देने की न्योछावर कर देने की। अपनी सारी अहंता और ममता को उन्हीं के चरणों में रख दो। अहंता और ममता, दोनों ही बंधन हैं। बंधन में क्यों पड़े हो?

जप की असीम शक्ति

उड़िया बाबा का कहना है कि जप सबसे कठिन कर्म है। ज्ञान और ध्यान से भी कठिन जप है। लोग ज्ञान की बातें तो रात-दिन करते हैं; किंतु उन्हें जप करना कठिन है। सब प्रकार की बातें छोड़कर निरंतर एक ही मंत्र जपते रहना साधारण बात नहीं है। जप में बड़ी विलक्षण शक्ति होती है। अधिक जप करने से शरीर के परमाणु मंत्राकार हो जाते हैं। जब पास बैठने से ही दूसरे व्यक्ति की जप में प्रवृत्ति हो जाती है, तब समझो कि जप का नाम जपसिद्ध हुआ। जप करनेवाले व्यक्ति से कोई पाप हो जाए, तो उसे शास्त्रोक्त प्रायश्चित्त की आवश्यकता नहीं है। वह केवल जप से दूर हो जाएगा।

हठयोग के संबंध में बाबा का मत

"पहले मैंने असम और भूटान आदि प्रांतों में हठयोगियों की बहुत खोज की थी। मुझे जिस किसी प्रसिद्ध हठयोगी का पता लगता, उसी के पास जाता और उसकी सेवा कर उसके अनुभव का पता लगाने का प्रयत्न करता। मैंने ऐसे कई हठयोगी देखे हैं, जिन्हें तीन-तीन, चार-चार घंटे की समाधि होती थी। परंतु उनकी वास्तविक स्थिति का पता लगाने पर यही विदित हुआ कि उनमें से किसी को भी निर्विकल्प समाधि सिद्ध नहीं हुई है। हाँ, सविकल्प समाधि में उनकी स्थिति अवश्य थी। इसके सिवाय मैंने प्रायः सभी हठयोगियों को रोगी पाया। हठयोगी का मुख्य लक्षण वीर्य की पुष्टि है। परंतु मैंने अधिकांश हठयोगियों को वीर्य संबंधी रोगों से ग्रस्त पाया है। किसी को मूत्र कृच्छ्र, किसी को स्वप्नदोष और किसी को किसी अन्य रोग के चंगुल में फँसे देखा है। इससे मेरी यह धारणा हो गई है कि वर्तमान काल हठयोग के अनुकूल नहीं है। इस समय हठयोग द्वारा पूर्णता प्राप्त करना प्रायः सर्वथा असंभव है।

"इसका यह अभिप्राय नहीं है कि हठयोग का मार्ग ही भ्रमपूर्ण है और उससे किसी भी समय पूर्णता नहीं प्राप्त होती थी। इस समय का जो विपरीत परिणाम होता है, उसके मुख्य कारण यह हैं—

1. हठयोगी का वीर्य शुद्ध होना चाहिए और इसका इस समय प्राय: सर्वथा अभाव है।
2. हठयोगी का अभ्यास सहन करने योग्य बल प्राय: नहीं देखा जाता।
3. सिद्ध हठयोगी गुरु का मिलना भी दुष्कर है।

"इसके सिवा ध्यान और वैराग्य की कमी होने के कारण आधुनिक हठयोगी प्राय: अर्थलोलुप और चंचल प्रकृति के देखे जाते हैं। उनके जाल में फँसकर मैंने बहुत से साधकों के जीवन नष्ट होते देखे हैं। इसलिए मेरा विचार है कि अपने कल्याण की इच्छावालों को इस ओर प्रवृत्त नहीं होना चाहिए।"

"इस प्रकार बहुत से हठयोगियों से निराश होने पर मुझे एक ऐसे महात्मा मिले, जिनको ध्यान-योग द्वारा निर्विकल्प समाधि सिद्ध थी। उनके संसर्ग से मुझे यह अनुभव हुआ कि सिद्धासन और शाम्भवी मुद्रा के द्वारा पूर्ण स्थिति प्राप्त की जा सकती है। इसके सिवा यह मार्ग सर्वथा सरल और निरापद है। इसके सिवा भगवद्भजन, नाम, संकीर्तन और जप के द्वारा भी भावसमाधि होते देखी गई है। यह मार्ग सर्वसाधारण के लिए बहुत उपयोगी है। परंतु ऐसे भावुक साधकों में भी विचार की कमी होने के बाद प्राय: आंतरिक क्रोध और लोभादि दोष देखे गए हैं। इसलिए इस मार्ग का अनुसरण करनेवालों को भी विचार की बहुत आवश्यकता है। तभी वे भगवद्भक्ति से पूरा लाभ उठा सकेंगे।"

जीवन-लीला का अंत

संवत् 2005 (सन् 1948) की चैत्र, कृष्ण चतुर्दशी थी। उड़िया बाबा वृंदावन के आश्रम में भागवती कथा सुना रहे थे। लगभग पच्चीस भक्त पास में बैठे हुए थे। इसी समय अर्ध-विक्षिप्त सा ठाकुरदास नामक व्यक्ति पीछे से आया और गँड़ासे से उड़िया बाबा के सिर पर तीन वार किए। बाबा के सिर पर चार इंच गहरा घाव था। बाबा अविचल भाव से बैठे रहे। जब लोग भाग-दौड़ करने लगे, तो उन्होंने सहज भाव से पूछा, "क्या हो रहा है?" फिर प्रणव का उच्चारण करके नेत्र बंद कर लिये और जीवन-लीला समाप्त कर दी।

□

परमहंस योगानंद

(1893–1952 ई.)

विदेशों में भारतीय योग-विद्या का सुव्यवस्थित प्रचार-प्रसार करनेवाले प्रभावशाली योगियों में परमहंस श्री योगानंदजी का नाम विशेष स्मरणीय है। स्वामी विवेकानंदजी के पश्चात् अनेक योगी विदेश गए थे; लेकिन स्वामी योगानंदजी ने अपना संपूर्ण जीवन पश्चिम में योग-प्रचार के लिए अर्पित कर दिया था। आज भी उनके द्वारा स्थापित सैकड़ों योगकेंद्र विदेशों में सुव्यवस्थित रूप से चल रहे हैं तथा अगणित लोग उनके द्वारा प्रतिपादित योग-पद्धति से साधना कर रहे हैं। योगानंदजी जन्मजात संत थे। उनका तप-त्याग अद्भुत था, महान् सिद्ध संतों की उन पर असीम कृपा थी तथा उनकी संगठन-क्षमता असाधारण थी। सन् 1920 में अपने महान् गुरु श्री युक्तेश्वरजी के आदेश पर योग-प्रचार के लिए वह अमेरिका गए और जीवन के अंतिम क्षणों तक वहाँ क्रियाशील रहे।

स्वामी योगानंद का जन्म उत्तर प्रदेश के गोरखपुर नगर में 5 जनवरी, 1893 को हुआ था। उनका बचपन का नाम मुकुंदलाल घोष था। उनकी माँ पूर्ण रूप से धार्मिक महिला थीं; किंतु उनके पिता भगवतीचरण घोष प्रारंभ में धर्म के प्रति उदासीन थे। एक बार उनके एक सहायक कर्मचारी अविनाश बाबू ने एक सप्ताह की छुट्टी माँगी, जिसे योगानंदजी के पिताजी ने अस्वीकार कर दिया। अविनाश बाबू छुट्टी लेकर अपने गुरु के दर्शन के लिए काशी जाना चाहते थे। भगवतीचरणजी का मत था कि नौकरी पूर्ण मनोयोग से करनी चाहिए, धार्मिक कार्यों में व्यर्थ समय नहीं नष्ट करना चाहिए। इससे अविनाश बाबू बहुत दुःखी थे। एक दिन मार्ग में भगवतीचरणजी को अविनाश बाबू मिल गए। दोनों टहलते-टहलते जंगल की ओर चले गए। भगवती बाबू धर्म की निरर्थकता संबंधी अपना

दृष्टिकोण अविनाश बाबू को समझा रहे थे; लेकिन अविनाश बाबू बार-बार यही कह रहे थे कि मैं अपने गुरुदेव लाहिड़ी महाशय के दर्शन के बिना जीवित नहीं रह सकता। भगवती बाबू को यह पागलपन प्रतीत होता था। इसी बीच अचानक इन दोनों व्यक्तियों के सामने लाहिड़ी महाशय प्रकट हो गए और कठोर स्वर में बोले, "भगवती, तुम अपने कर्मचारी के प्रति अत्यंत कठोर हो।" वह जिस रहस्यपूर्ण ढंग से जंगल में प्रकट हुए थे, उसी रहस्यपूर्ण ढंग से अदृश्य भी हो गए। भगवती बाबू इस घटना से विशेष प्रभावित हुए। उन्होंने न केवल अविनाश बाबू की छुट्टी स्वीकृत कर दी, बल्कि स्वयं अपनी पत्नी के साथ लाहिड़ी महाशय के दर्शन करने काशी गए और उनके शिष्य हो गए। यह घटना मुकुंद घोष अर्थात् योगानंदजी के जन्म के पूर्व की है। जब योगानंदजी का जन्म हुआ, उस समय उनके परिवार का वातावरण पूर्ण रूप से धार्मिक था तथा वहाँ महान् योगी लाहिड़ी महाशय की आराधना पूर्ण निष्ठा के साथ होती थी। उनके माता-पिता क्रियायोग की दीक्षा के अनुसार योग-साधना करते थे।

योगी की कृपा से जीवन-दान

योगानंदजी के घर में लाहिड़ी महाशय का एक सुंदर चित्र था। बाल्यावस्था से वह चित्र उनको विशेष आकर्षित करता था। जब वह एकांत में उस चित्र पर ध्यान केंद्रित करते थे, तो उन्हें ऐसा अनुभव होता था कि वह चित्र फ्रेम से निकलकर उनके पास आकर बैठ जाता और जब वह चरण छूने का प्रयास करते थे तो वह पुनः फ्रेम गें चला जाता था। एक बार योगानंदजी हैजे से पीड़ित हो गए। डॉक्टरों ने अपनी असमर्थता प्रकट कर दी। इस स्थिति में इनकी माता ने लाहिड़ी महाशय का चित्र सामने रखकर इनसे प्रार्थना करने को कहा। योगानंदजी ने जैसे ही चित्र पर ध्यान लगाया, उन्हें आँखों को चकाचौंध कर देनेवाला प्रकाश अनुभव हुआ। इस प्रकाश ने उनके शरीर को आच्छादित कर लिया। उसी क्षण उनके रोग के समस्त लक्षण समाप्त हो गए और उनमें इतनी शक्ति आ गई कि उन्होंने उठकर अपनी माता के पैर छुए।

विलक्षण शक्ति का संचार

योगानंदजी में बचपन से ही विलक्षण शक्ति का संचार हो गया था। एक बार वह अपनी बहन से पढ़ रहे थे। बहन के पैर में एक फोड़ा हो गया था। वह उसी समय उसमें एक मरहम लगाने लगी। योगानंदजी ने वह मरहम लेकर अपनी बाँ

में लगा लिया। उनकी बहन ने कहा, "तुम निरोग बाँह पर दवा क्यों लगा रहे हो ?" योगानंद ने कहा, "देखो दीदी, मुझे ऐसा प्रतीत होता है कि कल मुझे इस स्थान पर फोड़ा होगा। जिस जगह फोड़ा होनेवाला है, उसी जगह पर तुम्हारा मरहम लगाकर मैं उसकी परख कर रहा हूँ।" बहन को उसकी बात पर विश्वास नहीं हुआ। योगानंद ने पुनः दृढ़ निश्चय के साथ कहा, "कल प्रातःकाल मेरी बाँह पर ठीक इसी जगह एक खासा बड़ा फोड़ा निकल आएगा और तुम्हारा फोड़ा सूजकर वर्तमान आकार से दोगुना हो जाएगा।" दूसरे दिन ठीक ऐसा ही हुआ।

ईश्वर के प्रति अगाध निष्ठा

योगानंदजी के मन में यह दृढ़ विश्वास हो गया था कि सच्चे मन से प्रार्थना करने पर ईश्वर अवश्य ध्यान देता है। बचपन में उन्होंने प्रार्थना-बल से अनेक असंभव कार्य संभव कर दिए थे। योगानंद जब शिशु थे तो उनकी माँ उन्हें लाहिड़ी महाशय के पास ले गई थीं। लाहिड़ी महाशय ने उनको गोद में बैठाकर कहा था कि यह बालक एक महान् योगी होगा। उनकी भविष्यवाणी पूर्ण रूप से सत्य निकली। योगानंद के हृदय में बचपन से ही ईश्वर-दर्शन की तीव्र आकांक्षा उत्पन्न हो गई थी। उन्होंने तरुणावस्था में ही दो बार हिमालय भाग जाने का प्रयास किया था। उनका पढ़ने-लिखने में मन नहीं लगता था; लेकिन अपने पिताजी के आग्रह पर किसी प्रकार बी.ए. तक शिक्षा प्राप्त कर ली थी। लेकिन छात्र-जीवन में भी उनकी आध्यात्मिक साधना गंभीर रूप से चलती रही थी और भावी योगी जीवन की तैयारी होती रही थी।

गुरुदेव का साक्षात्कार और योगाभ्यास

योगानंदजी हाई स्कूल परीक्षा उत्तीर्ण करके अपने पिता से आज्ञा लेकर काशी के एक आश्रम में आ गए; लेकिन इस आश्रम का वातावरण ठीक नहीं था। इनका मन दुःखी रहने लगा। एक दिन काशी की सड़क पर जा रहे थे। उन्हें दूर खड़े एक साधु दिखाई पड़े। योगानंद उनकी ओर ऐसे आकर्षित हुए कि चुंबकीय शक्ति की तरह उनकी ओर खिंचे चले गए। साधु बिना बोले चलने लगे और योगानंद उनके पीछे-पीछे चले गए। एक आश्रम में पहुँचकर वह आनंद-कंपित स्वर में बोले, "ओ मेरे प्रिय, तुम मेरे पास आ गए। मैं कितने वर्षों से तुम्हारी प्रतीक्षा कर रहा था।" ये साधु लाहिड़ी महाशय के परम प्रिय शिष्य युक्तेश्वरजी थे। योगानंदजी को विश्वास हो गया कि यही मेरे वास्तविक आध्यात्मिक गुरु हैं। युक्तेश्वरजी ने

भविष्यवाणी की कि तीन दिन के अंदर तुम कलकत्ता वापस चले जाओगे। बाद में ऐसा ही हुआ। युक्तेश्वरजी का आश्रम कलकत्ता के पास श्रीरामपुर में था। कुछ दिन बाद योगानंदजी युक्तेश्वरजी के आश्रम में रहने लगे और उनके निरीक्षण में योग-साधना करने लगे। युक्तेश्वरजी महान् क्रियायोगी, सिद्ध संत थे। उनके निर्देशन में योगानंदजी की असाधारण आध्यात्मिक उन्नति हुई है। सन् 1914 में योगानंदजी ने श्रीरामपुर आश्रम में संन्यास ग्रहण किया और सन् 1930 में अपने गुरुदेव की आज्ञा से योग-प्रचार के लिए अमेरिका गए।

योगानंदजी को उस समय के महान् सिद्ध संतों के संपर्क में आने और उनका आशीर्वाद प्राप्त करने का विशेष सौभाग्य प्राप्त हुआ था। विशेष रूप से द्विशरीरी संत स्वामी प्रणवानंद, नगेंद्रनाथ भादुड़ी, रामकृष्ण परमहंस के परमप्रिय शिष्य मास्टर महाशय, चमत्कारी संत गंधी बाबा, बाघ स्वामी, योगी रामगोपाल, आनंदमयी माँ आदि के नाम उल्लेखनीय हैं।

गुरु का शरीर-त्याग के बाद सशरीर दर्शन

योगानंदजी अपनी प्रथम अमेरिका-यात्रा के बाद सन् 1935 में भारत लौटे। इसके बाद सन् 1936 में जब वे पुनः अमेरिका जाने लगे तो बंबई के एक होटल में ठहरे। उनके गुरुदेव श्री युक्तेश्वरजी का देहांत हो चुका था। संयोग से अंतिम क्षणों में योगानंदजी उनके पास नहीं थे। इस बात का मन में विशेष दुःख था। एक दिन जब वे होटल के कमरे में ध्यान-मग्न बैठे थे तो उन्हें एक अत्यंत तीव्र प्रकाश का अनुभव हुआ, जो सूर्य से भी अधिक तीव्र था। जैसे ही उन्होंने आँखें खोलीं, उनके समक्ष रक्त-मांस के शरीर के साथ श्री युक्तेश्वरजी खड़े दिखाई पड़े। उन्होंने मुसकराते हुए कहा, "मेरे बेटे!" योगानंदजी की आँखों को विश्वास नहीं हुआ। उन्होंने प्रश्न किया, "क्या आप सचमुच वही मेरे गुरुदेव हैं? क्या आप वही शरीर धारण किए हुए हैं, जिसे मैंने पुरी की निष्ठुर बालू में समाधिस्थ कर दिया था?" युक्तेश्वरजी ने उत्तर दिया, "हाँ! मेरे बच्चे, मैं वहीं हूँ। यह रक्त-मांस का ही शरीर है। यद्यपि मेरी दृष्टि में यह सूक्ष्म है, तथापि तुम्हारी दृष्टि में यह भौतिक शरीर ही है।" इसके बाद युक्तेश्वरजी ने योगानंदजी को अनेक गूढ़ तथा रहस्यपूर्ण उपदेश दिए। अंत में उन्होंने कहा, "मेरे बच्चे, जब कभी निर्विकल्प समाधि में प्रविष्ट होकर तुम मेरा आह्वान करोगे, तब मैं रक्त-मांस का शरीर धारण कर इसी प्रकार तुम्हारे पास पहुँच जाऊँगा, जिस प्रकार आज पहुँचा हूँ।" युक्तेश्वरजी ने शरीर-त्याग के बाद केवल योगानंदजी को ही दर्शन नहीं दिए थे, वरन् यह सौभाग्य उनके अन्य शिष्यों को भी प्राप्त हुआ था।

अमेरिका में योगाश्रम की स्थापना

योगानंदजी ने अमेरिका में रहकर भारतीय आध्यात्मिक विद्या के प्रचार-प्रसार का असाधारण कार्य किया था। उन्होंने सन् 1937 में कैलिफोर्निया के एन्सिमीटस नामक स्थान में एक विशाल आश्रम का निर्माण कराया। वहीं पर 'सेल्फ रियलाइजेशन फेलोशिप' नामक आध्यात्मिक संस्था की स्थापना की, जिसकी सैकड़ों शाखाएँ भारत और विदेशों में स्थापित हुईं। योगानंदजी ने अपने इन आश्रमों के माध्यम से पूर्व और पश्चिम की आध्यात्मिक दूरी को कम करने का अथक प्रयास किया। फलतः ईसाई धर्म के असंख्य अनुयायी अपने धर्म के प्रति आस्थावान रहते हुए भी भारतीय योग-साधना की ओर आकर्षित हुए।

योगानंदजी की हिंदू तथा ईसाई धर्म पर समान रूप से निष्ठा थी। उन्होंने लिखा है, "एक रात्रि जब मैं मौन प्रार्थना में निमग्न था, एन्सिमीटस आश्रम का मेरा बैठक-कक्ष यकायक दूधिया नीले प्रकाश से आलोकित हो उठा। मुझे ईसा मसीह की तेजस्वी, ओजपूर्ण मूर्ति दिखाई पड़ी। देखने में वे लगभग 25 वर्ष के युवक प्रतीत हो रहे थे। उनके मुख पर विरल दाढ़ी और मूँछ थी। सिर के बीचोबीच से दो भागों में विभक्त लंबे केश स्वर्णिम छटा बिखेर रहे थे। उनके दोनों नेत्र शाश्वत रूप से अलौकिक थे। उनके मुख के पास एक पवित्र पात्र मुझे दिखाई पड़ा। वह मेरे अधरों का स्पर्श कर पुनः ईसा मसीह के पास चला गया। कुछ क्षणों बाद उन्होंने कुछ सुंदर शब्दों का उच्चारण किया।"

क्रियायोग के प्रचारक

योगानंदजी ने महा अवतार बाबाजी द्वारा प्रदत्त तथा लाहिड़ी महाशय और युक्तेश्वरजी द्वारा प्रचारित-प्रसारित क्रियायोग की साधना-पद्धति को पश्चिम में प्रतिष्ठित करने का असाधारण कार्य किया। क्रियायोग के संबंध में उन्होंने लिखा है—"क्रियायोग मेरे परम गुरु लाहिड़ी महाशय के कृतित्व से आधुनिक भारत में प्रचलित हो गया है। इसका अर्थ कुछ विशिष्ट क्रियाओं द्वारा परमात्मा के साथ संयोग स्थापन या योग है। श्रद्धापूर्वक इस प्रविधि का अभ्यास करनेवाला योगी धीरे-धीरे कर्म या कार्य-कारण (समतोल के नियम) से मुक्त हो जाता है।" यह क्रियायोग गोपनीय योग-साधना है। इसके संबंध में सार्वजनिक रूप से पुस्तकों में नहीं लिखा जाता है। केवल जो लोग क्रियायोग से संबंधित नियमित संस्थाओं से संबद्ध होते हैं, उन्हीं को यह क्रिया बताई जाती है। भारतवर्ष में इस क्रिया को सीखने के लिए मुख्य रूप से योगदा सत्संग सोसाइटी ऑफ इंडिया, ओल्ड हजारी

बाग रोड, राँची अथवा योगदा मठ, दक्षिणेश्वर, कलकत्ता से संपर्क स्थापित किया जा सकता है। ये संस्थाएँ पत्राचार द्वारा भी क्रियायोग की शिक्षा प्रदान करती हैं।

आध्यात्मिक चिकित्सा

योगानंदजी ने आध्यात्मिक चिकित्सा या योग-चिकित्सा का भी प्रसार किया है। वे और उनके शिष्य असाध्य रोगियों को केवल ध्यान और प्रार्थना से पूर्ण स्वस्थ कर देते थे। उनकी यह प्रणाली आज भी प्रचलित है। एक बार उन्होंने अपनी इस आध्यात्मिक चिकित्सा पद्धति का प्रयोग अपनी बहन के ऊपर किया था। उनकी बहन नलिनी बहुत अधिक दुबली-पतली थी। वह अपने क्षीणकाय होने से बहुत दुःखी रहती थी। एक दिन उसने अपने मन की व्यथा अपने भाई योगानंदजी से कही। योगानंदजी ने गंभीर होकर कहा, "ईश्वर के आशीर्वाद से आज से तुम्हारे शरीर में निश्चित रूप से परिवर्तन होने लगेगा। एक महीने में तुम्हारा वजन भी मेरे समान ही हो जाएगा।" 30 दिन बाद उसका वजन योगानंदजी के समान हो गया। वह पर्याप्त हृष्ट-पुष्ट और सुंदर हो गई। नलिनी के पति डॉक्टर थे। उन्होंने इसके पूर्व उसकी बहुत चिकित्सा की थी, परंतु उसे कोई लाभ नहीं हुआ था। महान् योगी योगानंदजी के संकल्प-मात्र से उसको इच्छित स्वास्थ्य प्राप्त हुआ। इस घटना के कुछ समय बाद योगानंदजी जापान चले गए और उनकी बहन सान्निपातिक ज्वर से आक्रांत हो गई। ज्वर के तीव्र आवेग में उसकी स्मृति नष्ट हो गई, शरीर कंकाल मात्र रह गया। डॉक्टरों ने कहा कि इनके शरीर में रक्त का अभाव हो गया है, पैरों में पक्षाघात हो गया है, मस्तिष्क ने कार्य करना बंद कर दिया है, अब इनके स्वस्थ होने की कोई आशा नहीं है। जब योगानंदजी जापान से लौटकर आए और अपनी बहन को इस निराशाजनक स्थिति में देखा तो उन्होंने दृढ़तापूर्वक कहा कि यह सात दिन में ठीक हो जाएगी। एक सप्ताह के पश्चात् बहन की स्मृति ठीक हो गई, ज्वर उतर गया और शरीर पूर्व की भाँति ही मांसल हो गया। योगानंदजी और उनके गुरु युक्तेश्वरजी की योग-चिकित्सा संबंधी अनेक घटनाएँ पढ़ने को मिलती हैं।

महा अवतार बाबाजी का अलौकिक रूप

योगानंदजी के गुरु युक्तेश्वरजी थे, युक्तेश्वरजी के गुरु श्यामाचरणजी लाहिड़ी थे और लाहिड़ी महाशय के गुरु महा अवतार बाबाजी जन्म-मृत्यु के चक्र से परे हैं। वे सदियों से हिमालय में रह रहे हैं। उनमें अलौकिक और अद्‌भुत शक्तियाँ हैं। वे किसी भी समय सच्चे भक्त के समक्ष कहीं भी प्रकट हो जाते हैं।

उनके संबंध में युक्तेश्वरजी ने कहा था, "महा अवतार बाबाजी की आध्यात्मिक अवस्था मानो कल्पनातीत है। मनुष्य की क्षुद्र दृष्टि उनकी अतींद्रिय आध्यात्मिक ज्योति को नहीं भेद सकती। इस अवतार के योगैश्वर्य की स्पष्ट कल्पना संभव नहीं है। वह अभेदगम्य है।" लाहिड़ी महाशय और युक्तेश्वरजी का कहना था कि बाबा, जो अदृश्य रूप में अपने शिष्यों के माध्यम से कार्य करते हैं, आवश्यकता पड़ने पर अपने शिष्यों के समक्ष प्रकट भी होते हैं। सामान्यतया वे भाषण हिंदी में करते हैं; परंतु किसी भी भाषा का प्रयोग सरलता से कर लेते हैं। सामान्य रूप से उनको बाबाजी ही कहा जाता है; लेकिन कुछ लोग महामुनि बाबाजी, महायोगी, अंबक बाबा तथा शिवबाबा आदि नामों से भी संबोधित करते हैं। जिन लोगों ने उनके दर्शन किए हैं, उनका कहना है कि बाबाजी के शरीर पर आयु का कोई भी प्रभाव दृष्टिगोचर नहीं होता। वे 25 वर्ष से अधिक आयु के नहीं प्रतीत होते। बाबाजी के सुंदर एवं बलिष्ठ शरीर से सतत एक ज्योति विकीर्ण होती रहती है। वे किसी स्थान पर किसी भी समय अपनी इच्छामात्र से बिना चले हुए पहुँच सकते हैं। जब उनकी इच्छा होती है, तभी उनको कोई देख या पहचान सकता है। उनका कोई स्थायी निवास नहीं है। प्राय: हिमालय में ही एक स्थान से दूसरे स्थान में परिभ्रमण करते रहते हैं। बाबाजी के लिए कोई कार्य असंभव नहीं है। एक बार एक व्यक्ति किसी प्रकार उनके पास पहुँच गया। उसने कहा कि यदि आप मुझे दीक्षा नहीं देंगे तो मैं पहाड़ से कूदकर अपने प्राण दे दूँगा। बाबाजी ने सहज भाव से उसे पहाड़ से कूद जाने का आदेश दे दिया। वह व्यक्ति उसी क्षण पहाड़ से कूद गया और उसका शरीर क्षत-विक्षत हो गया। इसके बाद बाबाजी ने अपने शिष्यों से उसका शव उठा लाने के लिए कहा। उसके शव पर जैसे ही बाबाजी ने हाथ रखा, वह व्यक्ति पुन: जीवित और स्वस्थ हो गया। ऐसी असीम शक्ति है महा अवतार बाबाजी में।

महा अवतार बाबाजी ने लाहिड़ी महाशय को अद्भुत ढंग से हिमालय में बुला लिया था और उनको दीक्षा दी थी। वहीं पर उन्होंने अपने योगबल से एक स्वर्णमहल की रचना कर दी थी। लाहिड़ी महाशय जब इच्छा करते थे, महा अवतार बाबाजी वहीं उनको दर्शन दे देते थे।

इन महा अवतार बाबाजी के संबंध में बहुत कम जानकारी उपलब्ध थी। संभवत: योगानंदजी ने अपनी आत्मकथा में उनके संबंध में विस्तारपूर्वक लिखकर संसार को इस महान् विभूति से पहली बार अवगत कराया। योगानंदजी को इन महा अवतार बाबाजी का असीम आशीर्वाद प्राप्त था।

यशस्वी लेखक योगानंद

योगानंदजी कुशल वक्ता और सफल लेखक थे। उन्होंने अनेक ग्रंथों की रचना की है। इनका अनेक भाषाओं में अनुवाद हो चुका है। उनकी सर्वाधिक चर्चित पुस्तक 'ऑटोबायोग्राफी ऑफ ए योगी' है, जिसका हिंदी-अनुवाद 'योगी कथामृत' नाम से उपलब्ध है। संभवतः यह पहली पुस्तक है, जिसमें एक सिद्ध योगी ने योग की गूढ़तम अनुभूतियों को उद्घाटित किया है।

महासमाधि का चमत्कार

परमहंस योगानंदजी ने 7 मार्च, 1952 को कैलिफोर्निया प्रांत के लास एंजिल्स नगर में शरीर-त्याग किया था। देहत्याग से पूर्व वे पूर्ण स्वस्थ थे। उन्होंने भारतीय राजदूत श्री चितरंजन सेन के सम्मान में आयोजित एक भोज में भाषण देकर महा समाधि में प्रवेश किया था। मृत्यु के बाद बीस दिन तक उनका शरीर सुरक्षित रखा गया था। उसमें किसी प्रकार की औषधि अथवा तेल आदि का उपयोग नहीं किया गया था।

मृत शरीर की अवस्था के संबंध में फॉरेस्ट लान मेमोरियल पार्क के निर्देशक श्री हैरी टी. रौबे ने अपने एक पत्र में इस प्रकार वर्णन किया था—

"परमहंस योगानंदजी के पार्थिव शरीर में किसी भी प्रकार के विकार का लक्षण न दिखाई पड़ना हमारे लिए एक अत्यंत असाधारण और अपूर्व अनुभव है!...उनकी मृत्यु के बीस दिन बाद भी उनके शरीर में किसी प्रकार की विक्रिया नहीं दिखाई पड़ी।...न तो त्वचा के रंग में किसी प्रकार के परिवर्तन के संकेत थे और न शरीर-तंतुओं में शुष्कता ही आई प्रतीत होती थी। शवागार के वृत्त-इतिहास से हमें जहाँ तक विदित है, पार्थिव शरीर के ऐसे परिपूर्ण संरक्षण की अवस्था अद्वितीय है।...योगानंदजी का शव स्वीकार करते समय शवागार के कर्मचारियों को यह आशा थी कि उन्हें शव-पेटिका के काँच के आवरण से साधारण वर्धमान शारीरिक क्षय के चिह्न दीख पड़ेंगे। हमारा विस्मय बढ़ता गया, जब निरीक्षण के अंतर्गत दिन-पर-दिन बीतते गए; किंतु उनकी देह पर परिवर्तन के कोई चिह्न दृष्टिगत नहीं हुए। प्रत्यक्षतः योगानंदजी की देह निर्विकारिता की अद्भुत अवस्था में थी। किसी समय उनके शरीर में तनिक भी विक्रियात्मक दुर्गंध नहीं आई।

"27 मार्च को शव-पेटिका पर काँसे के ढक्कन को बंद करने के पूर्व योगानंदजी का शारीरिक रूप ठीक वैसा ही था, जैसा 7 मार्च को। 27 मार्च को भी

उनका शरीर उतना ही ताजा और विकाररहित दिखाई पड़ रहा था, जिससे यह न कहा जा सके कि उनके शरीर में किसी भी प्रकार का तनिक भी विकार आया हो। इन कारणों से हम पुनः अभिव्यक्त करते हैं कि परमहंस योगानंदजी का उदाहरण हमारे अनुभव में अभूतपूर्व है।"

□

मेहेरबाबा

(1894-1969 ई.)

युगावतार मेहेरबाबा भारत के आध्यात्मिक गगन में भास्कर के समान उदित हुए और अपने दिव्य तेज से विश्व के विभिन्न भागों के लाखों मनुष्यों की अंधकाराच्छन्न आत्माओं को प्रकाशित किया। मेहेरबाबा का व्यक्तित्व विराट् था, जीवन अद्भुत था, विभूतियाँ विचित्र थीं और तप आश्चर्यजनक था। वे चौवालीस वर्षों तक अखंड रूप से मौन रहे; लेकिन संसार के असंख्य जिज्ञासु उनसे वार्त्तालाप करके तृप्त होते रहे; सहस्रों व्यक्तियों ने उनकी भौतिक काया के दर्शन का सौभाग्य नहीं प्राप्त किया, फिर भी युगों-युगों के लिए उनके पूर्ण समर्पित भक्त बन गए। उन्होंने अपने जीवन काल में मठ-मंदिरों के निर्माण का विरोध किया, किंतु विश्व के कोने-कोने में लाखों भक्त-हृदयों में उनके ही मंदिर बन गए। वे जन्म से पारसी थे; परंतु उनके शिष्य मुसलमान, हिंदू, ईसाई आदि विभिन्न संप्रदायों तथा सभी वर्गों के थे। मेहेरबाबा अवतारी महापुरुष, युगांतरकारी दिव्य विभूति और असीम शक्तिसंपन्न सिद्धगुरु थे।

संत पिता का अवतारी पुत्र

मेहेरबाबा का जन्म 25 फरवरी, 1894 को पूना नगर के एक पारसी परिवार में हुआ था। उनके पिता श्री शेहेरयार सुंदेर ईरानी महान् धार्मिक-आध्यात्मिक व्यक्ति थे। शेहेरयार का जन्म फारस में हुआ था। वह जन्म से ही आध्यात्मिक वृत्ति के थे। केवल 13 वर्ष की अवस्था में ही ईश्वर की खोज में निकल पड़े। बहुत दिनों तक अपने देश के साधु-संतों के पास रहे; लेकिन संतोष नहीं हुआ। अतः वह अपनी आध्यात्मिक खोज में भारत आ गए। यहाँ उनको अनेक अनुभव हुए। दैवी

प्रेरणा से वह संन्यासी से गृहस्थ हो गए। इनके कई संतानें हुईं, जिनमें दूसरे पुत्र मेहेरबान अर्थात् मेहेरबाबा थे।

मेहेरबान जब 11 माह के थे तो एक दिन एक काला नाग इनके शरीर से लिपट गया था। वह नाग से खेलने लगे थे; लेकिन जब माँ ने देखा तो वह चीख पड़ीं और नाग बालक को छोड़कर चला गया था। बचपन में उनको कब्रिस्तान में घूमने या बैठने में बहुत अच्छा लगता था।

उनकी शिक्षा पूना के विद्यालयों और महाविद्यालयों में हुई थी। वे मेधावी छात्र थे। साहित्य में विशेष रुचि थी। उन्होंने अंग्रेजी, फारसी, गुजराती, हिंदी, उर्दू इत्यादि भाषाओं के उत्कृष्ट साहित्य का गंभीर अध्ययन किया था। 'होमा' उपनाम से कविताएँ लिखते थे। खेल और संगीत में भी उनकी विशेष रुचि थी। अपने छात्र-जीवन में उन्होंने 'विश्वबंधुत्व-संघ' की स्थापना की थी।

दैवी महिला का स्पर्श और आध्यात्मिकता का उदय

कॉलेज आते-जाते समय वे पूना के माल्कम टैंक रोड पर एक पेड़ के नीचे एक मुसलमान महिला संत (हजरत बाबा जान) को बैठे देखा करते थे। इनकी अवस्था लगभग 110 वर्ष की थी। सन् 1913 में जब वे कॉलेज से घर लौट रहे थे तो आपकी दृष्टि बाबाजान की ओर गई। उनको उनके पास जाने की प्रेरणा हुई। जैसे ही उनके निकट पहुँचे, बाबाजान खड़ी हो गईं और उनके मस्तक को चूम लिया। मेहेरबान घर आकर लेट गए। अब उनको अनुभव होने लगा कि उनके शरीर में बिजली प्रवाहित हो रही है। कुछ देर बाद वे अचेत हो गए। इस स्थिति में वह तीन दिन रहे। इसके बाद नौ माह तक अर्धचेतना की अवस्था में रहे। सन् 1914 में बाबाजान ने एक विशाल जनसमुदाय के समक्ष यह घोषित किया, "मेरा यह बच्चा दुनिया को जड़ से हिला देगा। मेहेरबान अपनी दैवी शक्ति और प्रेम से दुनिया को चकित कर देगा। मानव जाति की बहुत भलाई करेगा।"

सिद्ध गुरुओं का सान्निध्य

मेहेरबान अब पूर्ण रूप से आध्यात्मिकता की ओर उन्मुख हो चुके थे। उनका मन सद्गुरु के सत्संग के लिए बेचैन रहने लगा। अत: भ्रमण करने लगे। उनके पाँच सद्गुरु हुए, जिनके नाम इस प्रकार हैं—बाबाजान, नारायण महाराज, साईं बाबा, उपासनी महाराज, हजरत ताजुद्दीन बाबा। मेहेरबाबा कहा करते थे, "हजरत बाबाजान ने मुझे दैवी आनंद प्रदान किया, उपासनी महाराज ने मुझको ईश्वरीय दान

दिया।" मेहेरबाबा का कहना है कि आध्यात्मिक जगत् में गुरु-शिष्य का संबंध एक अनिवार्य परंपरा तथा नियम है, इसलिए अवतार भी उस अटल नियम का अपवाद नहीं होता है। अवतार के आगमन की अधिकारपूर्वक जानकारी केवल सद्गुरु ही दे सकते हैं। इसलिए प्रत्येक युग में अवतार को पृथ्वी पर उतारने से लेकर उसकी मौजूदगी की घोषणा केवल उस जमाने के सद्गुरुओं के जिम्मे रहती है। इसी नियम के अनुसार उपर्युक्त पाँचों गुरुओं ने मेहेरबाबा के निर्माण का कार्य पूरा किया।

मेहेरबाबा के पाँचों गुरु असीम शक्तिसंपन्न थे। सबकी विचित्र गाथाएँ हैं। बाबाजान का जन्म अफगानिस्तान में एक पठान परिवार में हुआ था। युवावस्था में जब माता-पिता ने विवाह के लिए जोर डाला तो वह घर से अकेले निकल पड़ीं और भारत आ गईं। यहाँ उन्हें एक उच्च कोटि के हिंदू संत के दर्शन हो गए। उन्हीं के निर्देशन में वह एक गुफा में कठोर तपस्या करने लगीं। 17 वर्ष की अवस्था में उन्हें मुसलमान संत की शरण प्राप्त हुई। एक बार पंजाब के मुसलमानों ने इनको काफिर समझकर चूने की भट्ठी में दफना दिया; लेकिन वे अपनी दैवी शक्ति से पूना में जाकर प्रकट हुईं। फिर जीवनपर्यंत वहीं रहीं। सन् 1931 में 141 वर्ष की अवस्था में अपना भौतिक शरीर छोड़ा।

शिरडी के साईं बाबा के माता-पिता और जन्म का कुछ पता नहीं है। इतना ज्ञात है कि साईं बाबा का पालन-पोषण तथा आध्यात्मिक विकास दक्षिण के प्रसिद्ध संत श्री गोपालराव देशमुख द्वारा हुआ। देशमुखजी के देहत्याग के बाद वे 20 वर्ष की अवस्था में महाराष्ट्र के शिरडी स्थान में आ गए और अंत तक यहीं रहे। इनमें अलौकिक शक्तियाँ थीं। वे अपने शरीर के प्रत्येक अंग को अलग कर देते थे और फिर जोड़ देते थे। अपने पेट की आँतें बाहर निकालकर सुखाया करते थे। आनेवाले भक्तों को प्रायः पत्थर फेंककर मारते थे। मारकर या गाली देकर ही लोगों का कल्याण कर देते थे। अतः सहस्रों भक्त इनके दर्शन के लिए आते थे। युवक साधक मेहेरबान पर इनकी असीम कृपा थी।

साईं बाबा के आदेश से ही मेहेरबान श्री उपासनी महाराज के पास गए थे। इनका व्यवहार भी विचित्र था। सन् 1921 से 1924 तक उन्होंने अपने को एक पिंजरे में बंद रखा था। जब मेहेरबान उनके पास पहली बार पहुँचे थे तो उपासनी महाराज ने एक पत्थर फेंककर मारा था, जो उनके भ्रूमध्य में लगा था। इससे ही उनकी आध्यात्मिक समस्या का समाधान हुआ था।

मेहेरबान के चौथे गुरु हजरत ताजुद्दीन बाबा भी अद्भुत थे। उनकी स्थिति पागलों जैसी थी। बच्चे उनको परेशान करते थे। एक दिन उन्होंने जानबूझकर ऐसा

कार्य किया कि पुलिस ने उनको पागलखाने में बंद कर दिया। उन्होंने 17 वर्ष शांतिपूर्वक पागलखाने में ही व्यतीत कर दिए। यहाँ पर उनके द्वारा अनेक चमत्कार हुए। सैकड़ों लोग पागलखाने में ही उनके दर्शन करने आते थे। यहाँ डॉक्टर उनका बड़ा आदर करते थे। जब भक्तों की भीड़ बहुत बढ़ने लगी तो एक भक्त इन्हें यहाँ से निकालकर अपने निवास-स्थान में ले गया। जब उन्होंने शरीर छोड़ा तो अंतिम संस्कार में तीस हजार से अधिक लोग थे।

मेहेरबान के आध्यात्मिक विकास में ऐसे महान् हिंदू और मुसलमान संतों का योगदान हुआ। जब उनकी साधना पूर्ण हो गई तो वे सन् 1922 में पूना में एक कुटिया बनाकर रहने लगे। इस समय उनमें असीम आध्यात्मिक शक्ति का संचार हो गया। अत: अनेक आध्यात्मिक जिज्ञासु उनकी ओर आकर्षित होने लगे और उनकी ख्याति देश-विदेश में फैलने लगी।

मेहेरबान के अलौकिक चमत्कार

महान् संतों के कार्य अलौकिक होते हैं। उनके कार्यों और विचारों को ठीक ठीक समझना साधारण बुद्धि के लिए संभव नहीं होता है। मेहेरबान के अनेक कार्य असामान्य होते थे। प्रारंभिक काल में वे रात में नितांत एकांत में एक कुटी में रहते थे। उस समय वहाँ किसी को जाने की आज्ञा नहीं थी। एक दिन एक व्यक्ति ने रात में वहाँ पहुँचने का प्रयास किया। वह रात भर उसी सड़क पर घूमता रहा, जहाँ कुटिया थी; लेकिन कुटिया उसे दिखाई नहीं पड़ी। सुबह जब वह व्यक्ति आया तो बाबा ने कहा, "तुमने आज्ञा का उल्लंघन क्यों किया ? तुम्हें इसकी कीमत चुकानी पड़ेगी।" दो दिन बाद ही उसके इकलौते पुत्र का देहांत हो गया। एक बार एक शिष्य ने एक कुकर्म किया। बाबा ने जब उससे पूछा तो वह इनकार करने लगा। बहुत चेतावनी देने पर भी वह झूठ बोलता रहा। अंत में बाबा ने उसे शाप देकर आश्रम से निकाल दिया। वह व्यक्ति कुछ ही समय में कोढ़ी हो गया। जीवन के अंतिम समय में बाबा ने उसे अपने आश्रम में अपनी कुटिया के पास ही रख लिया था।

अहमदनगर में एक भयंकर डाकू ने आतंक फैला रखा था। एक दिन वह बाबा के पास आया। उन्होंने उसे समझा-बुझाकर डकैती का काम छोड़ने का वचन ले लिया। कुछ दिन वह शांत रहा। इसके बाद एक दिन वह फिर एक घर में डाका डालने पहुँच गया। जब वह सामान बटोर रहा था तो उसके सामने बाबा दिखाई पड़ गए। वह सामान छोड़कर सीधे बाबा के आश्रम में आया और उनसे माफी माँगी। उस दिन से उसने सदा के लिए डकैती छोड़ दी और सभ्य नागरिक की तरह रहने लगा।

सन् 1925 में मेहराबाद के आसपास गाँवों में वर्षा नहीं हो रही थी। अकाल की स्थिति उत्पन्न हो चली थी। जनता वर्षा के अभाव में बहुत कष्ट भोग रही थी। बाबा का हृदय द्रवित हो गया। बाबा ने अपने आश्रम में एक धूनी जलाई। यद्यपि वर्षा के कोई लक्षण नहीं थे; लेकिन एक घंटे में ही घनघोर वर्षा प्रारंभ हो गई और 15 घंटे तक यह वर्षा होती रही।

सन् 1923 में बाबा नवसारी में अपने भक्त सोराबजी देसाई के घर पहुँचे। देसाई की बहन 25 वर्ष से पंगु थी और चारपाई पर पड़ी रहती थी। चिकित्सकों ने उसको असाध्य घोषित कर दिया था। बाबा जैसे ही उसके कमरे में पहुँचे, वह उठकर खड़ी हो गई और बाद में बिल्कुल ठीक हो गई।

मेहेरबाबा के अलौकिक चमत्कारों के असंख्य प्रसंग हैं, जिनसे उनकी शक्ति, दया, करुणा का परिचय प्राप्त होता है। लेकिन इसका आशय यह नहीं है कि बाबा केवल चमत्कारी महात्मा थे। चमत्कार तो सहज रूप में हो जाते थे। ये उनकी विराट् शक्ति के अणु भी नहीं थे। उनका लक्ष्य बहुत विस्तृत और उदात्त था। उनका मुख्य कार्य संसार को आध्यात्मिकता की ओर उन्मुख करना था, सेवा-धर्म का प्रसार करना था तथा वास्तविक प्रेम का विकास करना था।

मेहेरबाबा का सेवा-कार्य

मेहेरबाबा ने दया, सेवा, प्रेम और त्याग के अनन्य उदाहरण प्रस्तुत किए। उन्होंने अपने आश्रम में सभी धर्मों, वर्णों और वर्गों के लोगों को बिना किसी भेदभाव के स्थान दिया था। आश्रम के विद्यालय के हरिजन छात्रों को अपने हाथों से स्नान कराते थे। कोढ़ियों और पागलों की सेवा स्वयं करते थे। निर्धनों की सहायता निरंतर किया करते थे। निर्बल वर्ग की सहायता के लिए उन्होंने अस्पताल और स्कूल खुलवाए थे। इनके संचालन में वह स्वयं सक्रिय रहते थे। विद्यालय में निःशुल्क शिक्षा दी जाती थी तथा भोजन और वस्त्र देने की भी व्यवस्था थी। बाबा सदा अपने शिष्यों को सेवा-कार्यों के लिए प्रोत्साहित किया करते थे। वह सेवा को आध्यात्मिकता के विकास के लिए अनिवार्य मानते थे।

चौवालीस वर्षों का अखंड मौन

मेहेरबाबा ने 10 जुलाई, 1925 को मौन व्रत धारण किया था। प्रारंभ में यह कुछ दिनों के लिए ही था; लेकिन बाद में यह अनिश्चित काल के लिए हो गया। 31 जनवरी, 1969 को उन्होंने अपना भौतिक शरीर छोड़ा। इस 44 वर्ष की दीर्घ अवधि

में उनका वह मौन एक पल के लिए भी नहीं भंग हुआ। प्रारंभ में बाबा वर्णमाला की एक तख्ती से काम चलाते थे। बाद में केवल उँगलियों के संकेतों से काम चला लेते थे। वास्तव में, वह वाणी की नहीं, हृदय की भाषा में बात करने में सक्षम थे। जो कोई उनके समक्ष पहुँचता था, उसके मन के भाव तत्काल जान लेते थे तथा अपनी बात सरलता से उसके मन में पहुँचा देते थे। आवश्यकतानुसार सहस्रों मील दूर बैठे भक्तों को अपनी दिव्य शक्ति से प्रभावित कर देते थे, उसके कष्ट को दूर कर देते थे अथवा अपना संदेश पहुँचा देते थे।

मेहेरबाबा का विश्वव्यापी कार्य

मेहेरबाबा का यश विश्वव्यापी था। उन्होंने सर्वप्रथम 22 फरवरी, 1924 को फारस की यात्रा के लिए प्रस्थान किया। सन् 1931 में वह पहली बार पश्चिम की यात्रा में गए। इसके बाद वह 10–12 बार यूरोप, अमेरिका आदि गए। आज विदेशों में उनके लाखों शिष्य हैं। उनके जीवन काल में सहस्रों विदेशी व्यक्ति उनसे प्रकाश प्राप्त करने के लिए भारत भी आए।

मेहेरबाबा का संदेश

मानव-जीवन का एक ही लक्ष्य है। वह यह कि परमात्मा से प्रेम करो। परमात्मा से प्रेम करने के लिए परमात्मा का ही चिंतन करना चाहिए। परमात्मा से सच्चाई में प्रेम करो, वह अपने को तुम्हारे समक्ष प्रकट करेगा। प्रेम क्या है ? देना, कभी न माँगना। अनंत प्रेम परमात्मा है। तुम प्रेम के लिए सौदा नहीं कर सकते। जहाँ प्रेम होता है, वहाँ एकता होती है। परमात्मा केवल प्रेम द्वारा पकड़ा जा सकता है। ईश्वर का सबसे बड़ा विधान प्रेम है।

अहंकार को क्षीण करनेवाला एकमात्र अनुभव प्रेम है तथा पार्थक्य को नष्ट करनेवाली एकमात्र आकांक्षा ईश्वर-मिलन की आकांक्षा है। अहंकार दूसरे से पृथक् होने का द्योतक है। अंत: सच्चे प्रेम से अहंकार का नाश होता है।

पवित्र प्रेम की ज्योति अपनी त्याग की अग्नि से स्वतंत्र नहीं है। गरमी और प्रकाश के समान प्रेम और त्याग साथ-साथ चलते हैं। पवित्र, यथार्थ और विशुद्ध प्रेम में कामवासना का नामोनिशान नहीं रहता। काम की लोलुपता, आत्मसुख की लोलुपता प्रेम की विशुद्धता को दूषित कर देती है। दिव्य प्रेम की सहायता से नवीन मानवता सहयोग एवं समतायुक्त जीवन की कला सीखेगी। यह निर्जीव रूढ़ियों से मुक्त होगी और आध्यात्मिक ज्ञान का रचनात्मक जीवन व्यतीत करेगी।

सब में शाश्वत आनंद का स्रोत आत्मा है और सबकी स्वार्थपरता निरंतर क्लेश का कारण है। जब तक स्वार्थ द्वारा संतोष प्राप्त किया जाएगा, तब तक सदैव कष्ट रहेगा।

वास्तव में लोगों को शारीरिक और मानसिक कष्टों को ईश्वर की कृपा समझना चाहिए। कष्ट हमें नश्वर की असारता और अनंत सत्य के यथार्थ मूल्य की अपनी निजी शिक्षा प्रदान करते हैं।

ईश्वर अपने को सद्गुरु के अंदर अपने अखंड प्रताप, अपनी अनंत शक्ति, अपने अगाध ज्ञान, अपने अकथनीय आनंद और अपने शाश्वत सत् के साथ उजागर करता है।

सद्गुरु केवल एक दृष्टि, स्पर्श अथवा एकमात्र ईश्वरीय विचार के द्वारा ज्ञान दे सकते हैं, ईश्वरीय प्रेम प्रदान कर सकते हैं तथा ईश-मिलन की कृपा बरसा सकते हैं। सद्गुरु के प्रति पूर्ण आत्मसमर्पण करना स्वयं ही शक्ति है।

मेहेरबाबा की साधना-पद्धति

मेहेरबाबा की साधना-पद्धति बहुत सरल है। कोई भी व्यक्ति थोड़े प्रयत्न से उसे अपना सकता है। बाबा की साधना में ध्यान का महत्त्व सर्वोपरि प्रतीत होता है। उनके अनुसार ध्यान द्वारा व्यक्ति में उत्साह, साहस, शांति और आनंद का संचार होता है। ध्यान करनेवाले व्यक्ति को प्रातः जल्दी उठना चाहिए। यदि साधक देर में उठता है तो उसमें और सामान्य संसारी व्यक्ति में अंतर नहीं रह जाता है। प्रातःकाल तीन बजे से छह बजे का समय ध्यान के लिए सर्वोत्तम है। जो लोग वास्तव में ध्यान करना चाहते हैं, उन्हें नौ बजे रात्रि में सो जाना चाहिए और प्रातःकाल तीन बजे अवश्य उठ जाना चाहिए। नित्यकर्म से निवृत्त होकर एकांत में बैठ जाइए। आँखों को बंद कर लीजिए। फिर बाबा का चित्र लाने में कठिनाई होती है तो सामने चित्र रख लीजिए। आँखें खोलकर उस चित्र की ओर ध्यान केंद्रित करिए और 'बाबा', 'बाबा' जपिए। बाबा की कृपा से दिव्य शक्तियाँ स्वयं मार्गदर्शन करेंगी और अलौकिक आनंद प्राप्त होगा।

□

श्रीमाँ

(1878-1973 ई.)

महर्षि अरविंद की आध्यात्मिक सहयोगिनी श्रीमाँ का नाम संसार के अध्यात्म-प्रेमियों के लिए सुपरिचित है। श्रीमाँ का व्यक्तित्व विराट् था, तेज अलौकिक था, साधना अपरिसीम थी और कृतित्व अविस्मरणीय है। वे परम सिद्ध महिला थीं तथा साक्षात् शक्ति थीं। स्वयं श्रीअरविंद ने उनके संबंध में लिखा था, "केवल एक दिव्य शक्ति है, जो विश्व में कार्य करती है और व्यक्ति में भी तथा जो व्यक्ति और विश्व के परे भी है। श्रीमाँ इन सबकी प्रतिनिधि हैं; पर यहाँ शरीर में रहकर कुछ ऐसी चीज उतार लाने के लिए कार्य कर रही हैं, जो अभी तक स्थूल जगत् में इस तरह अभिव्यक्त नहीं हुई है कि यहाँ के जीवन को रूपांतरित कर सके। इसी कारण उन्हें भगवती शक्ति समझना चाहिए, जो यहाँ इस उद्देश्य से कार्य कर रही हैं।" श्रीमाँ के भारत आगमन से श्रीअरविंद के योग-साधना-कार्य को परिपूर्णता प्राप्त हुई थी। उन्होंने स्वयं कहा है, "अभ्यंतर का निर्देशक भी कभी-कभी साधना के बीच सहायक नहीं होता। जब मैं पुडुचेरी आया, मुझे भीतर से सहायता नहीं मिल रही थी। मैं उस समय किसी बाहरी व्यक्ति से सहायता पाना चाहता था। तभी मीरा (श्रीमाँ) आ गईं और यदि न आई होतीं, तो शायद मैं वैसे ही लड़खड़ाता होता।" श्रीअरविंद ने श्रीमाँ के महत्त्व को अनेक प्रकार से स्पष्ट किया था। उन्होंने अपने शिष्यों और साधकों को बताया था, "श्रीमाँ की चेतना और मेरी चेतना एक ही है, एक ही भावगत चेतना दोनों में है; क्योंकि लीला के लिए यह आवश्यक है। श्रीमाँ के ज्ञान और शक्ति के बिना, उनकी चेतना के बिना कुछ भी नहीं हो सकता है। अगर कोई आदमी वास्तव में उनकी चेतना को अनुभव करे तो उसे यह जानना चाहिए कि उसके पीछे मैं विद्यमान हूँ और अगर वह मुझे अनुभव करता है तो फिर

वही बात उसके विषय में कही जा सकती है।" श्रीमाँ 93 वर्ष की अवस्था तक इस धरती पर दिव्य शक्ति के रूप में विद्यमान रहीं तथा दिव्य तेज विकसित करती रहीं।

बाल्यावस्था में अद्‌भुत ध्यान

श्रीमाँ का जन्म 21 जनवरी, 1878 ई. में पेरिस के धनी परिवार में हुआ था। उनका बचपन का नाम मिरा था। उनके माता-पिता पूर्ण रूप से भौतिकतावादी थे। उनमें अध्यात्म-विद्या के प्रति कोई रुचि न थी। वे अपनी पुत्री को पाश्चात्य जीवन-पद्धति के अनुसार विकसित करना चाहते थे; लेकिन श्रीमाँ का जन्म विश्व में एक महान् कार्य संपन्न करने के लिए हुआ था, जिसका संकेत बाल्यावस्था से ही प्राप्त होने लगा था। उन्हें पाँच वर्ष की अवस्था में यह बोध हो गया था कि वे इस दुनिया की नहीं हैं और उनमें मानवचेतना से कुछ अधिक विद्यमान है।

पेरिस के उस परिवार में योग और ध्यान की चर्चा को कोई स्थान नहीं प्राप्त था, फिर भी यह पाँच वर्षीया बालिका एकांत में बैठकर ध्यान किया करती थी। ध्यान के समय उनको अपने सिर के ऊपर ज्योति-स्तंभ दिखाई पड़ा करता था। वे उस समय इसका वास्तविक महत्त्व नहीं समझ पाती थीं; लेकिन उनको यह पूर्ण विश्वास हो गया था कि उनके पीछे मानवशक्ति से बढ़कर कोई और शक्ति अवश्य कार्य करती है। उन्होंने अपने माता-पिता से अपने अलौकिक अनुभवों के संबंध में संकेत अवश्य किया था, किंतु वे लोग कुछ समझ नहीं पाए थे।

अदृश्य शक्ति की लीला

श्रीमाँ की अवस्था सात वर्ष की थी। उस समय एक तेरह-चौदह वर्ष का लड़का लड़कियों को चिढ़ाया-सताया करता था। एक दिन वह श्रीमाँ को भी चिढ़ाने लगा। श्रीमाँ ने मना किया; लेकिन उसने अपनी हरकतें बंद नहीं कीं। इस सात वर्षीया बालिका ने उस चौदह वर्षीय बालक का हाथ पकड़ लिया तथा हवा में कई चक्कर लगाकर उसे जमीन में पटक दिया। यह उस अदृश्य शक्ति का ही चमत्कार था, जो उनके अंदर कार्य कर रही थी।

एक बार वे कुछ लोगों के साथ एक पहाड़ी पर खेलने गईं। खेलने में उनका पैर फिसल गया और पहाड़ी की ढलान पर लुढ़कने लगीं। ढलान पर नुकीले पत्थर थे। साथ के लोग बचाने में असमर्थ थे; परंतु गिरते ही श्रीमाँ को अनुभव हुआ कि किसी ने उनको गोद में ले लिया। जब वह नीचे पहुँचीं तो अपने पैरों पर खड़ी थीं। उनको बिल्कुल चोट नहीं लगी। साथ के सब लोग आश्चर्यचकित रह गए।

श्रीमाँ ने अपने बचपन की आध्यात्मिक अनुभूतियों के संबंध में लिखा है—"जब मैं प्रत्येक रात बिस्तर पर लेटती तो मुझे ऐसा अनुभव होता कि मैं अपने शरीर से बाहर निकल आई हूँ और फिर सीधे ऊपर की ओर अपने मकान के ऊपर और फिर शहर के ऊपर बहुत ऊँचाई पर उठ गई हूँ। फिर मैं देखती कि मैंने चमचमाता सुनहला चोंगा पहन रखा है, जो मुझसे बहुत बड़ा है। मैं जैसे-जैसे ऊपर उठती, चोंगा भी बढ़ता जाता और गोलाकार फैलता जाता, मानो शहर के ऊपर एक विशाल छत का रूप ले लेता है। फिर मैं देखती कि सभी ओर से पुरुष-स्त्रियाँ, बच्चे-बूढ़े, बीमार-दुःखी बाहर आते हैं। चोंगा प्रत्येक व्यक्ति की ओर अलग-अलग फैल जाता और ज्यों ही वे लोग उसे छूते, वे आश्वस्त और नीरोग हो जाते। दिन के मेरे सभी कार्य रात के इस कार्य की तुलना में नीरस और भद्दे लगते।"

श्रीमाँ बाल्यावस्था से ही अत्यधिक गंभीर थीं। निरर्थक बातों में समय नष्ट नहीं करती थीं। उनके व्यक्तित्व में रहस्यमय आकर्षण था। सोलह वर्ष की अवस्था में वह पेरिस के एक स्टूडियो में चित्रकला सीखने जाती थीं। वहाँ के छात्र उनके गंभीर व्यक्तित्व के प्रति विशेष समादर व्यक्त करते थे। जब छात्रों में किसी प्रकार का विवाद होता, तो वे उसका निपटारा करने के लिए श्रीमाँ के पास आते थे। एक बार स्टूडियो के लड़के शैतानी पर तुले थे। वे लड़कियों का रास्ता रोके खड़े थे। लड़कियाँ घबरा रही थीं। श्रीमाँ स्टूडियो में नई थीं। उनका छात्रों से कोई परिचय नहीं था। फिर भी वह सब लड़कियों से आगे बढ़ीं; गंभीर किंतु कठोर मुद्रा में कहा, "मुझे जाने दो।" उनके इस कथन का जादुई प्रभाव हुआ। छात्रों ने तुरंत रास्ता छोड़ दिया तथा हतप्रभ होकर उनको देखते रह गए।

जगज्जननी का संकेत

श्रीमाँ में प्रारंभ से ही अपने विचारों के प्रति दृढ़ता रहती थी। वह प्रायः गंभीर रहती थीं तथा लौकिक प्रपंचों में कोई रुचि नहीं लेती थीं। उनकी माँ को यह अच्छा नहीं लगता था। अतः एक दिन उन्होंने श्रीमाँ से इस संबंध में कुछ कहा। श्रीमाँ ने अपनी माँ से संक्षेप में कहा, "मुझे सारी दुनिया के दुःख सहने पड़ते हैं।" उनकी माता इस कथन का भाव नहीं समझ पाईं। उन्हें उस समय यह ज्ञान नहीं हो सका कि उनकी पुत्री के रूप में जगज्जननी उनके परिवार में अवतरित हुई हैं। उन्होंने तो केवल यह मान लिया था कि उनकी पुत्री के मस्तिष्क में कोई विकार उत्पन्न हो गया है। एक बार उनकी माता ने उनसे कोई ऐसा कार्य करने को कहा, जो श्रीमाँ की प्रकृति और विचारधारा के विरुद्ध था। जब उनकी माता ने उस कार्य को करने के

लिए दुराग्रह किया, तो श्रीमाँ ने उत्तर दिया, "धरती की कोई शक्ति मुझसे बलपूर्वक कोई कार्य नहीं करवा सकती है।"

स्वप्न में सिद्ध गुरुओं के दर्शन

श्रीमाँ को बाल्यावस्था में भगवान् का साक्षात्कार हो गया था। उनको अपने जीवन का दिव्य लक्ष्य प्राप्त हो चुका था। उनको समय-समय पर आध्यात्मिक गुरुओं के आदेश और संदेश प्राप्त होते रहते थे। स्वप्न में देखे गए इन आध्यात्मिक पुरुषों को बाद में उन्होंने प्रत्यक्ष रूप से देखा भी। इन्हीं में से श्रीअरविंद भी एक थे। श्रीमाँ को पहले ही अनुभव हो चुका था कि इस महापुरुष के साथ मिलकर भगवान् का कार्य करना होगा। उनका यह स्वप्न पूर्ण रूप से साकार हुआ।

तंत्र-विद्या पर अधिकार

श्रीमाँ को तंत्र-विद्या सीखने के लिए रुचि उत्पन्न हुई। उस समय ते ओ नाम के एक पोलिश व्यक्ति अल्जीरिया में रहते थे। श्रीमाँ ने ते ओ की पत्नी से तंत्र-विद्या सीखी तथा बहुत अल्पकाल में तंत्र पर उनका अधिकार हो गया। वह अपने भौतिक शरीर को समाधि की अवस्था में ले जाती थीं तथा अपने सूक्ष्म शरीर से विभिन्न लोकों में विचरण कर लेती थीं और वहाँ की शक्तियों, नियमों और व्यवस्थाओं की पूरी जानकारी कर लेती थीं। जब वह अल्जीरिया में थीं, तो एक बार उन्होंने अपना शरीर वहीं छोड़ दिया और सूक्ष्म शरीर से पेरिस पहुँच गई थीं तथा सशरीर अपने परिचितों के बीच प्रकट हुईं। वहाँ उन्होंने एक कागज पर हस्ताक्षर किए तथा कुछ वस्तुएँ इधर-उधर हटाई थीं। एक बार श्रीमाँ ने अपनी तांत्रिक शक्ति से रेलगाड़ी कुछ देर के लिए रोक दी थी और फिर चला दी थी।

भारत के प्रति आकर्षण

श्रीमाँ ने जब भारत देखा नहीं था तथा भारतीय अध्यात्म के संबंध में कुछ विशेष अध्ययन नहीं किया था, तब भी उनके मन में भारत के प्रति विशेष आकर्षण था। वे भारत को अपनी मातृभूमि मानती थीं। भारत आने के पूर्व ही उनकी मानसिक संरचना भारतीय ऋषियों जैसी हो गई थी। उन्होंने सन् 1912 में अपने जीवन-दर्शन की घोषणा की थी, "जिस व्यापक उद्देश्य को हमें प्राप्त करना है, वह है—एक प्रगतिशील, विश्वव्यापी सामंजस्य को प्राप्त करना। इस उद्देश्य की सिद्धि का, जहाँ तक पृथ्वी का संबंध है, साधन है, सबके अंतरस्थ भगवान्

को, जो एकमेवाद्वितीय है, जाग्रत् करके तथा सबके द्वारा उन्हें अभिव्यक्त करके मानव एकता को स्थापित करना है। दूसरे शब्दों में ईश्वर के साम्राज्य की, जो हम सबके भीतर विद्यमान है, स्थापना करके मानव एकता को स्थापित करना है।" श्रीमाँ जब आईं तो उन्होंने यहाँ के परिवेश को पूर्ण रूप से आत्मसात् कर लिया था। श्रीअरविंद के शिष्यों ने और भक्तों ने उनको अपनी आराध्या देवी के पद पर प्रतिष्ठित किया। श्रीअरविंद सन् 1910 में पुडुचेरी आ गए थे। श्रीमाँ का मार्च 1914 में पुडुचेरी में आगमन होता है। भारत आने के पूर्व ही उनको कुछ संकेत मिल गए थे कि उनके आध्यात्मिक मार्गदर्शक और सहयोगी भारत में मिलेंगे। पुडुचेरी के पास पहुँचते ही उनको एक महान् ज्योति दिखाई दी थी। नगर में प्रवेश करते ही वह ज्योति और तीव्र हो गई थी। कुछ समय बाद जब श्रीअरविंद के प्रथम दर्शन के लिए पहुँची, तो उन्हें उस ज्योति के केंद्र का रहस्य ज्ञात हो गया। श्रीअरविंद को देखते ही समझ गईं, ये वही महापुरुष हैं, जिनको मैंने स्वप्न में देखा था। उनको उसी दिन अनुमान हो गया था—"उनके बिना मेरा अस्तित्व नहीं है तथा मेरे बिना वह अभिव्यक्त नहीं हो सकते हैं।"

वे लगभग एक वर्ष भारत में रहीं। इस अवधि में उन्होंने श्रीअरविंद के योग में रुचि ली। प्रथम विश्वयुद्ध प्रारंभ हो जाने के कारण फ्रांस चली गईं। युद्ध के बाद फ्रांस का परिवेश उपयुक्त नहीं था; अतः जापान चली गईं। वहाँ उनकी साधना चलती रही। 24 अप्रैल, 1920 को वे सदा के लिए पुडुचेरी में आ गईं और श्रीअरविंद के कार्यों में सहयोग प्रदान करने लगीं। सन् 1922 में श्रीमाँ ने श्रीअरविंद का कुल प्रबंध अपने ऊपर ले लिया।

आध्यात्मिक मार्ग-निर्देशिका

श्रीमाँ के भारत आने के पूर्व श्रीअरविंद की शिष्यमंडली जुटने लगी थी; लेकिन आश्रम का व्यवस्थित रूप नहीं हुआ था। श्रीमाँ ने यहाँ आकर एक व्यवस्था देने का प्रयत्न किया। श्रीअरविंद ने श्रीमाँ को सर्वोपरि महत्त्व दिया। इससे भारतीय शिष्यों और सहयोगियों में कुछ असंतोष पैदा हुआ; लेकिन कालांतर में समस्त लोग इस महान् दैवी शक्ति के समक्ष नतमस्तक हुए। ऐसे असंतुष्ट लोगों के भ्रम का निवारण करते हुए श्रीअरविंद ने कहा था, "तुम समझते हो कि श्रीमाँ तुम्हारी कुछ मदद नहीं कर सकतीं और उनकी सहायता से उससे कहीं कम लाभ होगा। पर, कुछ भी हो, मैं अपनी इस व्यवस्था में, जिसे मैंने बिना किसी अपवाद के सभी शिष्यों के लिए बनाया था, कोई हेर-फेर नहीं करना चाहता।

व्यवस्था यह है कि साधकों को श्रीमाँ से ही ज्योति और शक्ति ग्रहण करनी चाहिए, सीधे मुझसे नहीं और अपनी आध्यात्मिक उन्नति के लिए पथ-प्रदर्शन भी उन्हीं से ग्रहण करना चाहिए।" इस प्रकार श्रीमाँ अरविंद योग-साधना पद्धति की निर्देशिका हो गईं।

आश्रम में पत्थर-वर्षा और श्रीमाँ

सन् 1921 की एक घटना है। अरविंद आश्रम में वेट्टल नाम का एक रसोइया था। उसने कोई ऐसा अपराध किया, जिसके कारण उसे निकाल दिया गया। जाते समय उसने धमकाया कि मैं तुम लोगों को इस मकान में रहने नहीं दूँगा। उसकी इस धमकी पर किसी ने ध्यान नहीं दिया। कुछ दिन बाद उस मकान पर पत्थरों की वर्षा होने लगी। बहुत छानबीन की गई, लेकिन पत्थर फेंकनेवाले का पता न चला। पुलिस भी कुछ न कर सकी। एक प्रकार से पुलिसवाले घबराकर भाग गए। पत्थर-वर्षा की विशेषता थी कि अन्य नौकर जिस स्थान पर रहता था, उसी ओर पत्थर जाते थे। नौकर डर से एक कमरे में बंद हो गया; लेकिन उस बंद कमरे में अनेक लोगों की उपस्थिति में पत्थर गिरने लगे। जब कोई कुछ नहीं कर सका, तो माताजी के सुझाए उपाय से पत्थर-वर्षा बंद हो गई। ये पत्थर एकत्र किए गए थे और बहुत दिनों तक लोगों के देखने के लिए रखे रहे थे। पत्थर-वर्षा बंद तो हो गई; लेकिन वेट्टल रसोइया अपने घर में मरणासन्न हो गया। उसकी पत्नी रोती हुई आश्रम में आई। वास्तव में वेट्टल ने ही एक मुसलमान फकीर की सहायता से तंत्र-मंत्र किया था, जिससे पत्थर-वर्षा होने लगी थी। श्रीमाँ ने वेट्टल को क्षमा कर दिया।

श्रीमाँ का अभूतपूर्व कृतित्व

सन् 1926 में श्रीअरविंद ने पूर्ण एकांत ले लिया। था तथा आश्रम की व्यवस्था और साधना के निर्देश का पूर्ण भार श्रीमाँ पर आ गया था। श्रीमाँ ने अपने महान् महिमामंडित व्यक्तित्व से अभूतपूर्व कार्य किया। आश्रम का बहुत विस्तार हुआ। वह सिर्फ भारत ही नहीं, विश्व के विभिन्न भागों के साधकों के आकर्षण का केंद्र बना। लाखों व्यक्तियों को इस दिव्य ज्योति से प्रकाश प्राप्त हुआ। पूर्व और पश्चिम के मानसिक-आध्यात्मिक समन्वय का अद्भुत उदाहरण प्रस्तुत हुआ, संसार में योग साधना का नया अध्याय प्रारंभ हुआ। इस धरती पर नव्य ज्ञान ज्योति प्रदीप्त करने में श्रीमाँ को लगभग आधी शताब्दी तक कठोर परिश्रम करना पड़ा। उनके

शिष्यों में बिरले ही उनकी तरह जल्दी उठते थे या उनकी तरह देर में सोते थे। श्रीमाँ एक मिनट आराम किए बिना सवेरे पाँच से लगभग दो बजे तक खड़ी या चलती रहती थीं। वे लोगों से मिलती थीं, उनकी आध्यात्मिक आवश्यकताएँ पूरी करतीं, उनकी भौतिक जरूरतें सुनतीं और उन पर विचार करतीं। आश्रम के विभिन्न विभागों का दैनिक विवरण सुनतीं और उन पर आदेश देतीं, आध्यात्मिक रहस्य से भरे फूलों का वितरण करतीं और इसके साथ-ही-साथ उन फूलों से भी ज्यादा मधुर और सुरभित स्मिति बिखेरती थीं। शाम के चार बजे से फिर हलचल शुरू हो जाती थी, जिसमें लगभग घंटा भर टेनिस होती और फिर आश्रमवासियों तथा अन्य शिष्यों के खोए हुए आनंद और धूमिल प्रकाश को नया जीवन मिलता था। लगभग डेढ़-दो घंटे तक उनके आगे लोगों का ताँता लगा रहता था। वे करुणा की चासनी में पगी मूँगफलियाँ या मिठाई पाते थे। अस्सी वर्ष पूरे करने के बाद भी माताजी की दिनचर्या युवकों को मात करती थी। आश्रम की व्यवस्था कोई साधारण कार्य नहीं था; क्योंकि आश्रम छोटा नगर है। यह लगभग दो सौ इमारतों में फैला है, जिसमें योगसाधना के केंद्र, पुस्तकालय, मुद्रणालय, शारीरिक शिक्षण केंद्र, स्टूडियो, मोटर वर्कशॉप, लघु उद्योग के विभिन्न केंद्र, लॉण्ड्री, रोटी बनाने का कारखाना, जूता निर्माण का कारखाना तथा अनेक लंबे-चौड़े खेल के मैदान, प्रेक्षागृह, तैराकी-केंद्र, कृषि-क्षेत्र, अंतरराष्ट्रीय विद्या केंद्र तथा नया नगर 'अरोविल' आदि हैं। आश्रम से एक दर्जन से अधिक पत्रिकाएँ प्रकाशित होती हैं तथा बीस भाषाओं में पुस्तकों का प्रकाशन होता है। यहाँ पर लगभग दो हजार साधक रहते हैं। यह सब विशाल कृतित्व श्रीमाँ की संकल्पशक्ति का शुभ फल है। 17 नवंबर, 1973 को श्रीमाँ की चेतना ब्रह्मलीन हो गई।

श्रीमाँ की असीम शक्तिसंपन्नता

श्रीमाँ का आश्रम-निर्माण संबंधी कार्य उनके आध्यात्मिक कार्य के समक्ष नगण्य कहा जाएगा। उन्होंने सहस्रों साधकों को योग की उच्च अवस्थाओं में पहुँचने में सहायता की है। उनके भक्तों के अनेक अलौकिक तेज और शक्ति संबंधी अगणित अनुभव हैं। श्रीअरविंद अपने साधकों को श्रीमाँ से सहायता और शक्ति प्राप्त करने हेतु आदेश देते थे। उन्होंने लिखा है, "साधक को समस्त बाह्य रूप के पीछे होनेवाली श्रीमाँ की क्रिया में विश्वास बनाए रखना चाहिए, उस विश्वास से दृढ़ता के साथ चिपके रहना चाहिए और फिर तुम देखोगे कि वह विश्वास तुम्हें तुम्हारे सीधे पथ पर लिये जा रहा है। श्रीमाँ का स्मरण करो और यद्यपि शरीर से तुम

उनसे बहुत दूर हो, उनको अपने साथ अनुभव करने का प्रयास करो और तुम्हारी अंतर सत्ता जिस चीज को उनकी इच्छा बतलाए, उसी के अनुसार कार्य करो। तब तुम उनकी और मेरी उपस्थिति का अनुभव कर सकोगे तथा एक संरक्षण के रूप में अपने चारों ओर हमारे वातावरण को लिये रहोगे और स्थिरता एवं ज्योति का राज्य सर्वत्र तुम्हारे साथ बना रहेगा।"

□

माँ आनंदमयी

(1896–1982 ई.)

माँ आनंदमयीजी के संबंध में महामहोपाध्याय डॉ. गोपीनाथ कविराज ने लिखा है, "मैं उन्हें जगदंबास्वरूप मानता हूँ।" प्रसिद्ध महात्मा हरिहर बाबा ने कहा है, "हम लोगों को विश्वास है कि माँ जीव-कोटि की नहीं हैं, बल्कि ईश्वर कोटि की हैं। हमारा तो यह खयाल है कि यह शरीर माँ ने मनुष्य मात्र के कल्याण के लिए धारण किया है। उनका विवाह हुआ, पर वे अपने पति के साथ पिता की तरह रहती थीं। उनकी दीक्षा किसी गुरु द्वारा नहीं हुई।" स्वामी कृष्णानंदजी अवधूत का विश्वास है, "माँ को हम केवल माँ की कृपा से समझ सकते हैं। मेरा विश्वास तो यह है कि माँ जगद्-जननी हैं।" स्वामी स्वतंत्रानंदजी महाराज कहते हैं, "मेरी मति में तो माँ स्वयं पूर्ण ब्रह्म हैं, न कि एक व्यक्ति, जिस पर भगवान् की कृपा है। माँ सरलता, धीरता, उदारता और नम्रता की मूर्ति हैं। मैं तो माँ को साक्षात् भगवती के रूप में देखता हूँ।" निश्चित ही माँ आनंदस्वरूप हैं, अलौकिक शक्तियों का अजस्र स्रोत हैं, योग और भक्ति के गूढ़तम रहस्यों को सरलता से उद्घाटित करने में सक्षम हैं, प्रतिपल जनकल्याण के लिए आतुर हैं। माँ संपूर्ण रूप से समदर्शी हैं। उनमें छोटे-बड़े, धनी-निर्धन, मूर्ख-विद्वान् का कोई भेदभाव नहीं है। सब पर समान अनुकंपा, सब पर समान दया करती हैं। माँ ने सहस्रों रोगग्रस्त व्यक्तियों को रोगमुक्त किया, सैकड़ों लोगों को मृत्यु के मुख से छुड़ाया, लाखों जिज्ञासुओं को भक्ति-मार्ग की ओर अग्रसर किया।

जन्मसिद्ध माँ

माँ आनंदमयीजी का जन्म बंगाल के त्रिपुरा जिले के खेउरा गाँव में 30 अप्रैल, सन् 1896 में हुआ था। श्रीमाँ जन्म के समय अन्य बालकों की तरह रोई नहीं

थीं। उनको बचपन से ही पूरा ज्ञान था। यदि घर या पास-पड़ोस में कीर्तन-भजन होता था तो उनकी समाधि की सी अवस्था हो जाती थी। उनको पढ़ने-लिखने में कोई प्रयास नहीं करना पड़ा। उन्होंने स्कूल की शिक्षा बहुत कम प्राप्त की है और स्वाध्याय भी नहीं किया है; किंतु शास्त्र के जटिल-से-जटिल तथ्यों का इस सरलता से समाधान कर देती हैं कि बड़े-बड़े विद्वान् आश्चर्यचकित रह जाते हैं।

अलौकिक शक्ति का परिचय

सन् 1909 में बारह वर्ष और दस माह की अवस्था में उनका विवाह श्री रमणी मोहन चक्रवर्ती के साथ हुआ, जिनका बाद में 'भोलानाथ' नाम हो गया। माँ और भोलानाथजी सांसारिक लोगों की तरह पति-पत्नी के रूप में कभी नहीं रहे। भोलानाथजी को माँ की दिव्य और अलौकिक शक्ति का परिचय प्रारंभ में ही हो गया था, अतः वह माँजी के भक्ति संबंधी कार्यों में प्रारंभ से ही सहायता करने लगे थे। बाद में माँजी ने उनको दीक्षा भी दी थी। प्रारंभ में श्रीमाँ के शरीर में अनेक योग-क्रियाएँ स्वतः होती थीं, जिनको देखकर वह भयभीत हुए। वह एक या दो ओझाओं को भी लाए; लेकिन वे स्वयं संकट में पड़ गए और माँ-माँ करके चले गए। कुछ अध्यात्म और योग-विद्या के विशेषज्ञों ने श्री भोलानाथजी को समझाया कि श्रीमाँ किसी भूत-प्रेत की बाधा से ग्रस्त नहीं हैं, बल्कि यह उनकी उच्च आध्यात्मिक स्थिति है। भोलानाथजी को फिर भी पूर्ण रूप से विश्वास नहीं हुआ। एक दिन माँ आध्यात्मिक भावावेश में थीं। जानकी बाबू नाम के सज्जन बुलाए गए। उन्होंने माँ से पूछा, "आप कौन हैं?" माँ ने उत्तर दिया, "पूर्ण ब्रह्मनारायण।" जानकी बाबू ने कहा, "अच्छा तो कुछ परिचय दीजिए।" माँ ने खड़े होकर भोलानाथजी के सिर से पाँव तक अपनी उँगली फेर दी। उन्हें पूर्ण रूप से समाधि लग गई और वह एक घंटे तक समाधि की स्थिति में रहे। जानकी बाबू के अनुरोध पर माँ ने भोलानाथजी को फिर अपनी उँगली से छू दिया और भोलानाथजी की समाधि खुल गई। भोलानाथजी ने कहा, "अभूतपूर्व आनंद आया।" इसके बाद भोलानाथजी माँ की दिव्यशक्ति पर पूर्ण रूप से विश्वास करने लगे।

माँ की कठोर साधनाएँ

माँ जन्मना सिद्ध थीं। यद्यपि उन्हें इस जीवन में किसी प्रकार की साधना करने की आवश्यकता नहीं थी; फिर भी लोक-शिक्षा के लिए उन्होंने कठोर साधनाएँ कीं। सन् 1922 में उन्होंने तीन वर्ष कठोर मौन व्रत किया। आठ-नौ महीने तक केवल

तीन कौर खाकर ही रहती रहीं। कुछ दिन केवल सोमवार और बृहस्पतिवार को तो तीन कौर खातीं तथा शेष पाँच दिन नौ चावल गिनकर खातीं। इन नौ चावलों के अतिरिक्त दिन-रात में पानी तक न लेतीं; लेकिन घर गृहस्थी का सब काम ठीक-ठीक करतीं। माँ ने एक बार तेईस दिन तक जल भी नहीं लिया। यहाँ तक कि मुँह भी नहीं धोती थीं। एक बार माँ नौ माह तक एक पल के लिए सोई नहीं।

आश्चर्यजनक भोजन

सन् 1925 में माँ शाहाबाग में काली प्रसन्न बाबू के निवास-स्थान पर गईं। उन दिनों वे कुछ खा नहीं रही थीं। काली प्रसन्नजी की स्त्री का विशेष आग्रह हुआ कि माँजी खीर खाएँ। पंद्रह सेर दूध की खीर बनी। माँ को खाने के लिए बिठाया गया। धीरे-धीरे माँ सब खीर खा गईं। पाँच सेर दूध और मँगाया गया। उसकी खीर भी खा गईं। इसी प्रकार एक अन्य भक्त ने खाने के लिए दुराग्रह किया, तो सात-आठ व्यक्तियों का भोजन अकेले खा गईं। फिर लोगों ने उनसे खाने का दुराग्रह करना छोड़ दिया।

माँ एक निश्चित अवधि से अधिक किसी एक स्थान पर अधिक दिन नहीं रहती थी। देश के विभिन्न भागों में पर्यटन करते हुए असंख्य भक्तों का मार्गदर्शन करती रहती थीं। उनकी अवस्था अस्सी वर्ष से अधिक होने पर भी उनका परिभ्रमण का कार्यक्रम अबाध गति से चलता रहता। जहाँ पहुँच जातीं, हजारों भक्तजनों की भीड़ उमड़ पड़ती। माँ बोलती बहुत कम थीं। केवल दृष्टिपात से ही अशांत जनों को असीम शांति प्राप्त हो जाती। दिग्भ्रमित लोगों को सही दिशा मिल जाती थी और भक्तहृदयों को अलौकिक आनंद की अनुभूति हो जाती थी। 27 अगस्त, 1982 को देहरादून जनपद में स्थित किशनपुर आश्रम में आनंदमयी माँ समाधि लीन हो गईं।

असीम शक्तिसंपन्न

माँ में असीम शक्तियाँ थीं। वह इच्छा-मात्र से कुछ भी कर सकने में समर्थ थीं। असाध्य रोगों को दूर कर देती थीं, मृत्यु को टाल सकती थीं, प्राकृतिक प्रकोपों को रोक देती थीं। इस संदर्भ में उनके असंख्य संस्मरण देखने-सुनने को मिले हैं। वे प्राय: भक्तों का कष्ट अपने ऊपर ले लेती थीं। एक बार एक स्त्री अपने पुत्र को लेकर आई और कहा, "माँ, ज्योतिषियों ने कहा है कि इसे साँप काटेगा। किसी तरह इसकी रक्षा करिए।" माँ ने उस स्त्री को निश्चिंत रहने को कह दिया। कुछ दिन बाद माँ को एक काला नाग मार्ग में मिला, जो उनकी ओर एकटक देख रहा था। माँ ने

साथ के लोगों को पीछे किया और स्वयं उस सर्प के ऊपर पैर रखकर निकल गईं। सर्प ने उनके पैर में काट लिया। माँ ने किसी से कहा भी नहीं कि उनको सर्प ने काट लिया है। उन पर सर्प काटने का कोई प्रभाव नहीं हुआ। फिर उस बालक को साँप ने नहीं काटा। इस प्रकार उसकी जीवन-रक्षा हो गई।

माँ में असीम शक्ति थी, लेकिन वे उसका प्रदर्शन कभी नहीं करती थीं। वे प्राय: कहती थीं, "चोर बक्स बनाना चाहिए। आध्यात्मिक शक्तियों और अनुभवों की बातें किसी से कहनी नहीं चाहिए। फिर अगर कुछ बाहर निकल पड़े तो निकल जाने दो। उस तरफ ध्यान नहीं देना चाहिए।" इसी कारण माँ अपनी शक्ति का प्रदर्शन नहीं करती थीं। सहज रूप में जो अलौकिक घटनाएँ घट जातीं, उनकी भी चर्चा नहीं करती थीं। उदाहरण के लिए, वे किसी भी व्यक्ति के मन की बातें जान लेती थीं, भावी घटनाएँ समझ जाती थीं और दूर बैठे भक्तों के कष्ट का अनुभव कर लेती थीं; लेकिन ये सब बातें लोगों को चमत्कृत और प्रभावित करने के लिए सार्वजनिक रूप से व्यक्त नहीं करती थीं। माँ से एक दिन पूछा गया, "माँ, क्या सभी के मन का भाव सदा तुम्हारी आँखों के सामने नाचता है?" माँ ने कहा, "नहीं, सदा सबका भाव तो नहीं मालूम होता; पर जब जिस तरफ आँख फेरती हूँ; तुरंत साफ देख पाती हूँ। एक बात यह भी है कि सब देखते हुए भी अनदेखे का सा व्यवहार हो जाता है।" एक बार माँ से पूछा गया, "माँ, जिस समय हम लोग आपके लिए घबरा उठते हैं, क्या उस समय आप जान लेती हैं?" माँ ने उत्तर दिया, "कैसे जान लेती हूँ, जानते हो? जब भी तुम लोगों का ध्यान मेरी ओर खिंचता है, उसी समय तुम लोगों को अपने पास तरह-तरह से देखती हूँ कि तुम लोग मेरा ही ध्यान कर रहे हो।" यद्यपि माँ सशरीर भक्तों के बीच विद्यमान नहीं हैं, लेकिन भक्तों का अनुभव है कि वह आज भी उनका मार्गदर्शन कर रही हैं।

कुरान का पाठ

माँ पूर्ण रूप से समदर्शी थीं। उनके यहाँ धर्म, जाति आदि का भेदभाव नहीं था। उनके भक्तों में हिंदू, मुसलमान, ईसाई, पारसी आदि विभिन्न धर्मों के व्यक्ति हैं। एक बार माँ भावावेश की स्थिति में थीं। अचानक घर से चल पड़ीं और एक फकीर की कब्र में पहुँच गईं और मजार के चारों ओर घूम-घूमकर जोर-जोर से कुरान की आयतें पढ़ने लगीं। फिर नमाज पढ़ी। नमाज पढ़ने की पद्धति पर प्रकाश डाला। माँ ने कभी उर्दू भी नहीं पढ़ी थी। कुरान की आयतों का शुद्ध उच्चारण सुनकर वहाँ खड़े मुसलमान बंधु आश्चर्यचकित रह गए।

माँ के विशिष्ट भक्त

माँ के भक्तों की संख्या अगणित है। स्वर्गीया श्रीमती कमला नेहरू और पं. जवाहरलाल नेहरूजी की माँ पर असीम श्रद्धा थी। श्रीमती इंदिरा गांधीजी को भी माँ का आशीर्वाद प्राप्त था। स्व. राजेंद्र प्रसादजी, स्व. श्री प्रकाशजी माँ के दर्शन करने के लिए पहुँचते थे। पाकिस्तान के राजदूत मि. ब्रोही और उनकी पत्नी ने माँ से ध्यान सीखा था। डॉ. पन्नालाल (आई.सी.एस.) ने तो माँ पर एक बहुत सुंदर पुस्तक भी लिखी है। संस्कृत, अंग्रेजी, हिंदी और बांग्ला के अनेक पांडित्यपूर्ण ग्रंथों के लेखक, भारतीय अध्यात्म-विद्या के सर्वोपरि आचार्य, महान् साधक महामहोपाध्याय पं. गोपीनाथ कविराजजी माँ आनंदमयी को साक्षात् भगवती के रूप में मानते थे। एक फ्रांसीसी दंपती ने प्रचुर धन व्यय करके माँ पर एक फिल्म बनाई है।

आध्यात्मिक भावना का विकास कैसे किया जाए?

माँ सांसारिक लोगों का मार्गदर्शन करने के लिए इस पृथ्वी पर अवतरित हुई थीं, इसलिए वे सारे देश में भ्रमण करते हुए लोगों में भक्ति का प्रचार-प्रसार करती रहती थी। माँ ने कोई नया संप्रदाय नहीं चलाया है। वे रामकृष्ण परमहंस, चैतन्य प्रभु आदि की तरह परंपरागत सनातन धर्म को ही मानव-मुक्ति के लिए उपयुक्त मानती थीं। माँ का बहुत सीधा-सरल मार्ग है। वह कहती हैं, "मेरी बात का विश्वास करो, भगवान् का नाम जपो, निश्चय फल पाओगे। नाम-जप से चित्त शुद्ध होता है और जिस स्थान पर जप किया जाता है, वह भी पवित्र हो जाता है। इसी तरह जो कीर्तन करता है, उसका चित्त तो शुद्ध होता ही है; जहाँ कीर्तन होता है, वह स्थान भी पवित्र हो जाता है और जो कीर्तन सुनते हैं, वे भी पवित्र हो जाते हैं।" भक्ति के विकास के संबंध में माँ का कहना था—"1. सत्संग करो, 2. सद्ग्रंथों का पाठ करो, 3. निरंतर भगवान् का नाम लो, जो नाम अच्छा लगे, 4. सब कामकाज भगवान् की तरफ मन को ले जानेवाले हों। सत्संग से भगवान् की तरफ जाने में बहुत सहायता मिलती है। नाम-जप से भी। पहले-पहल नाम से रस न मालूम हो तो भी लिये जाओ, धीरे-धीरे रस जरूर मिलेगा।" सांसारिक कार्यों में व्यस्त लोगों के लिए वे सरलतम उपाय बताती हैं—"1. चौबीस घंटे में कम-से-कम आधा घंटा सवेरे और आधा घंटा शाम को भजन करो। भजन से पहले स्नान की आवश्यकता नहीं है। 2. इसके अतिरिक्त दस मिनट निश्चल होकर भगवान् को याद करो। उनसे शक्ति प्राप्त होगी।...जहाँ रहो, घर पर, दफ्तर में वहीं से भगवान् का स्मरण हो सकता है, जंगल में रहने की कोई जरूरत नहीं। वह तो घट-घट में रहते हैं, इसी से उनका नाम वासुदेव

है।" माँ सांसारिक कार्यों के संपन्न करने का उपाय बताती हैं, "मन से दुनिया की वासनाएँ निकाल डालो। अगर व्यापार में लगे हो तो उसे भी पूजा की तरह करो। यह समझकर कि हे भगवान्, इस कर्म रूप से मुझसे सेवा ले रहे हो। मैं तुम्हारे हाथ का यंत्र हूँ। तुम जैसा इस यंत्र को चला रहे हो, वैसा ही चल रहा है। मैं तो सेवक हूँ, जो कुछ कर रहा हूँ, सेवा है।"

□

गोपीनाथ कविराज

(1887–1976 ई.)

भारतीय योग, तंत्र और अध्यात्म के क्षेत्र में अनेक अलौकिक विभूतियाँ हुई हैं; किंतु इनमें महर्षि पं. गोपीनाथ कविराजजी का स्थान विशिष्टतम है। भारतीय अध्यात्म-विद्या का सामान्य पाठक भी जानता है कि कविराजजी योग और तंत्र के विश्व में सर्वोपरि विद्वान् थे; लेकिन यह बहुत कम लोग जानते हैं कि कविराजजी का योग का व्यावहारिक अनुभव असाधारण, उनकी साधना असामान्य और उनकी आध्यात्मिक उपलब्धियाँ असहज थीं। निस्संदेह, कविराजजी ऋषितुल्य परम सिद्ध महापुरुष थे, भारतीय संस्कृति के लिए वरदान थे तथा भारत के गौरव थे।

लौकिक संघर्ष और ईश्वरीय अनुकंपा

कविराजजी का जन्म 7 सितंबर, 1887 को बंगाल के धामराई ग्राम में हुआ। उनके पिता श्री बैकुंठनाथजी का देहावसान उनके जन्म के पाँच मास पूर्व ही हो गया था। अनाथ बालक गोपीनाथजी का कठोर जीवन-संघर्ष जन्म के साथ ही प्रारंभ हो गया। यह बड़ी करुण किंतु अत्यंत प्रेरक कहानी है। उनके जीवन के प्रत्येक चरण पर अलंघ्य अवरोध आए; लेकिन प्रत्येक अवसर पर आकस्मिक दैवी कृपा भी प्राप्त होती रही और वे प्रगति के मार्ग पर अग्रसर होते गए। उनका संघर्षों और संकटों से पूर्ण सफल जीवन ईश्वरीय अनुकंपा का अनुपम उदाहरण है। शायद इसलिए कविराजजी ने कहा है कि जीवन की कोई घटना निरर्थक नहीं होती। छोटी-से-छोटी घटना में भी कोई-न-कोई रहस्य छिपा रहता है।

बंगाल के एक छोटे से गाँव के इस अनाथ बालक ने अपनी इच्छाशक्ति और असीम धैर्य के द्वारा ढाका, जयपुर और काशी में रहकर शिक्षा पूर्ण की। सन् 1914

में बनारस के संस्कृत कॉलेज के पुस्तकालय के अधीक्षक पद पर नियुक्ति हुई। सन् 1924 में संस्कृत कॉलेज के प्रिंसिपल हुए और सन् 1937 में स्वेच्छा से इस पद से निवृत्त होकर साधना तथा स्वाध्याय को समर्पित हो गए। इसके बाद अनेक बार उपकुलपति जैसे बड़े पदों को स्वीकार करने के लिए आग्रह किया; लेकिन वह सदा इन सांसारिक प्रलोभनों से दूर रहे तथा मृत्युपर्यंत सत्संग, साधना और स्वाध्याय में संलग्न रहे। देश-विदेश की अनेक संस्थाओं ने अनेक सम्मानों से उनको विभूषित किया; किंतु वे इतने निर्विकार थे कि कभी कोई उपाधि, अभिनंदन-ग्रंथ आदि लेने स्वयं नहीं गए। भारत सरकार ने 'महामहोपाध्याय' तथा 'पद्मविभूषण' की उपाधि से तथा तीन विश्वविद्यालयों ने 'डी.लिट.' की उपाधियों से सम्मानित किया। इसके अतिरिक्त अन्य अनेक सम्मान भी मिले।

अखंड ज्ञान-साधना

कविराजजी के लेखों और ग्रंथों की संख्या बहुत अधिक है। उन्होंने संस्कृत अंग्रेजी, बांग्ला और हिंदी में लिखा है। अधिकांश लेखन दर्शन, योग, अध्यात्म और तंत्र से संबंधित हैं। आधुनिक युग में योग और तंत्र से संबंधित इतना मौलिक, अनुभूतिपरक और विस्तृत लेखन किसी एक व्यक्ति ने नहीं किया है। आश्चर्य की बात यह है कि उनके द्वारा लिखित सहस्रों पृष्ठ प्रकाशित हो चुके हैं, फिर भी लगभग तीन हजार पृष्ठों का साहित्य अभी भी अप्रकाशित है। इसमें से अधिकांश साधना की वैयक्तिक अनुभूतियों से संबंधित है। निश्चित ही यह अप्रकाशित साहित्य भारतीय आध्यात्मिक साहित्य के इतिहास की अमूल्य उपलब्धि होगा।

आध्यात्मिक जिज्ञासा

कविराजजी को बाल्यावस्था से ही धर्म की ओर विशेष रुचि थी। छोटी अवस्था से ही वे संध्या आदि करने लगे थे तथा भजन-कीर्तन आदि में सम्मिलित होने लगे थे। उनके स्वर्गीय पिता का बहुत अच्छा पुस्तकालय था, जिसमें अनेक धार्मिक-आध्यात्मिक पुस्तकें थीं।

इन पुस्तकों से आध्यात्मिक दृष्टिकोण के विकास में सहायता मिली। एम.ए. करने के लिए जब वे काशी आए तो यहाँ के धार्मिक वातावरण तथा उच्चकोटि के संत-महात्माओं के संपर्क में उनके आध्यात्मिक संस्कार विशेष पुष्ट हुए। काशीवास के प्रारंभिक काल में योगत्रयानंदजी ने उनको विशेष प्रभावित किया। वे उनसे दीक्षा लेना चाहते थे; किंतु किन्हीं कारणों से यह संभव न हो सका।

अलौकिक गुरु की उपलब्धि और आध्यात्मिक प्रगति

सन् 1918 में कविराजजी को काशी में ही परमहंस विशुद्धानंदजी के दर्शन हुए। परमहंसजी की अलौकिक शक्तिसंपन्नता और योग संबंधी अगाध ज्ञान के प्रति वे पूर्ण समर्पित हो गए। 21 फरवरी, 1918 को उनको दीक्षा प्राप्त हुई। कविराजजी ने दीक्षा में प्राप्त मंत्र की शक्ति के संबंध में गुरुदेव विशुद्धानंदजी के समक्ष संदेह व्यक्त किया। गुरुदेव ने कहा कि निर्दिष्ट विधि के अनुसार सात दिन मंत्र जपो, फिर इस विषय में बात करना। कविराजजी ने सात दिन मंत्र जपा और सातवें दिन उनका कमरा दिव्य प्रकाश से भर गया। एक दिन परमहंसजी ने कविराजजी से ताँबे के कलश में गंगाजल मँगवाया और अफीम जैसी चीज का बना हुआ उपादान देते हुए आदेश दिया कि इसे कलश में डालकर एकांत में बैठकर गायत्री मंत्र का जप करो। कविराजजी ने एकांत में बैठकर कलश के सामने अंग्रेजी और संस्कृत की कविताएँ पढ़नी प्रारंभ की, किंतु ऐसा करने से कलश में कुछ नहीं हुआ। जैसे ही उन्होंने गायत्री मंत्र के जाप प्रारंभ किए, वैसे ही कलश में आग जल उठी। इस प्रकार मंत्र की शक्ति का प्रत्यक्ष अनुभव प्राप्त किया।

परमहंस विशुद्धानंद महान् योग-शक्तियों से संपन्न थे। वे कविराजजी को असीम स्नेह करते थे। अत: उन्होंने अपने समस्त चमत्कार कविराजजी के समक्ष दिखाए तथा उनकी समस्त शंकाओं का प्रत्यक्ष प्रयोगों के द्वारा निवारण किया। कविराजजी को अपने महान् गुरु की ऐसी अद्‌भुत लीलाएँ देखने का सौभाग्य प्राप्त हुआ, जिनको सुनकर साधारण व्यक्ति विश्वास नहीं करेगा। परमहंसजी कहीं भी रहते थे; लेकिन कविराजजी के सुख-दु:ख के अवसर पर उपस्थित हो जाते थे और उनकी सहायता करते थे। कविराजजी ने एक दिन परमहंसजी से इस रहस्य के संबंध में प्रश्न किया, जिसका उत्तर देते हुए उन्होंने कहा, "योगी सर्वव्यापक है। उसे शरीर से कहीं आना-जाना नहीं पड़ता। वह अवर्णनीय अनंत शक्ति से युक्त है। इससे संपन्न होकर वह प्रयोजन के अनुसार समस्त ईश्वरीय कार्य करता या कर सकता है।"

कविराजजी सन् 1918 से 1937 तक परमहंसजी के सान्निध्य में रहे। इस दीर्घ अवधि में उन्होंने योग-विद्या का सूक्ष्म सैद्धांतिक और व्यावहारिक ज्ञान प्राप्त किया। यद्यपि परमहंसजी ने अपना भौतिक शरीर लगभग 40 वर्ष पूर्व छोड़ दिया था, लेकिन कविराजजी को उनके दर्शन अंतिम समय तक होते रहे और आवश्यकतानुसार उनसे मार्ग-निर्देशन भी प्राप्त होता रहा। जिस व्यक्ति पर ऐसे

महान् योगी की इतनी अधिक कृपा हो, जो लगभग 60 वर्षों से अखंड साधना करता रहा हो तथा जिसे योग और तंत्र के व्यावहारिक पक्ष का महान् आचार्य माना जाता हो, वह व्यक्ति अलौकिक शक्तियों से संपन्न कैसे नहीं होगा। वस्तुतः कविराजजी नितांत एकांतप्रिय व्यक्ति थे। प्रचार से पूर्ण रूप से उदासीन थे। साधना और सिद्धि को अधिक-से-अधिक गुप्त रखने में विश्वास करते थे, इसलिए उनकी महान् शक्ति से सामान्य लोग परिचित नहीं हुए।

संतों का सान्निध्य

कविराजजी की युवावस्था से ही इस बात में विशेष रुचि थी कि सिद्ध संतों और महापुरुषों से संपर्क स्थापित किया जाए तथा विभिन्न प्रकार की साधना पद्धतियों के रहस्यों को समझा जाए। अतः जब भी किसी सिद्ध संत के संबंध में उनको सुनने को मिलता, वे उनके दर्शन अवश्य करते। चूँकि कविराजजी स्वयं उच्च कोटि के साधक थे; अतः संतों से बड़ी सरलता से अंतरंग संबंध स्थापित हो जाता था। इनको सुपात्र समझकर संतगण गूढ़-से-गूढ़ रहस्य उद्घाटित कर देते थे। लगभग साठ वर्षों की अवधि में कविराजजी ने जितने अधिक सिद्ध संतों का स्नेह प्राप्त किया, शायद यह सौभाग्य किसी एक व्यक्ति को नहीं प्राप्त हुआ होगा। उनके साधु-दर्शन के ये संस्मरण असाधारण रूप से रोचक और अद्भुत हैं। ये लेख तथा पुस्तकों के रूप में प्रकाशित भी हुए हैं। योगशक्ति क्या है और कैसी है—इसका प्रामाणिक परिचय इन संस्मरणों से प्राप्त होता है। कविराजजी के जीवनी-लेखक डॉ. भगवती प्रसाद सिंह ने लिखा है, "अलौकिक शक्तिसंपन्न साधकों की जीवन-यात्रा में घटित जिन अनेक चमत्कारों तथा विभूतियों का वर्णन यहाँ प्रस्तुत किया गया है, वे कविराजजी की निजी अनुभूति पर आधारित हैं, अतः उनकी सत्यता संदेह से परे है। इस प्रकार के चमत्कार हैं—तारकेश्वरी माँ की रोग-निवृत्ति की शक्ति, परमहंस विशुद्धानंद की सूर्यविज्ञान द्वारा अभीप्सित पदार्थों की सृष्टि, नागा बाबा की देह संबंधी लोकोत्तर क्रियाएँ, सोहं सिद्ध बाबा द्वारा देव-देवियों का दर्शन, राम ठाकुर की आकाश मार्ग से हिमालय के दिव्य आश्रमों की यात्रा, सिद्धि माता की कायाभेदी वाणी, ज्योतिजी का सूक्ष्म शरीर से दिव्य लोक-भ्रमण, केदार मालाकार की स्थूल शरीर छोड़कर लोक-लोकांतर यात्रा आदि। नवीन पद्धति में पोषित विचारधारा इन तथ्यों को अस्वाभाविक तथा अंधविश्वास-प्रेरित कहकर अग्राह्य घोषित कर सकती है। किंतु जो अतींद्रिय जगत् की विचिन्नताओं से परिचित हैं, उन पारदर्शी, छिन्नसंशय तथा आस्थावान व्यक्तियों के सन्निकट इनकी वास्तविकता सदैव असंदिग्ध रहेगी।"

प्रायः लोग कहा करते हैं कि आजकल सच्चे संत और सिद्ध योगी नहीं हैं; लेकिन कविराजजी के संस्मरणों से इस भ्रांत धारणा का खंडन होता है।

कविराजजी किसी धर्म, मत या साधना-पद्धति के संबंध में उपेक्षा का भाव नहीं रखते थे। वे हिंदू, मुसलमान, ईसाई, पारसी आदि सभी धर्मों का समान रूप से आदर करते थे, इसलिए उन्हें अनेक धर्मों और संप्रदायों के संतों का सान्निध्य प्राप्त हुआ तथा उनकी साधना-पद्धतियों के उद्‌घाटन के अवसर प्राप्त हुए। उदाहरण के लिए, विश्वविख्यात पारसी संत मेहेरबाबा की उन पर बड़ी कृपा थी। मेहेरबाबा के सचिव ने कविराजजी को लिखा था, "आप बाबा के अपार हृदय के निकट हैं और आपका प्रेम उनके अपार हृदय में घर कर रहा है।"

आध्यात्मिक मार्ग का लक्ष्य

कविराजजी के अनुसार, "अध्यात्म मार्ग का परम लक्ष्य है भगवत्-प्राप्ति। इसके लिए आरंभ में उपाय का अवलंब करना आवश्यक होता है। जब तक साधक में देहाभिमान प्रबल रहता है और उसके मन में कर्तव्य-बोध (ईगोसेंस) की क्रीड़ा चलती रहती है, तब तक उसके लिए कर्म छोड़कर किसी अन्य मार्ग में जाना कठिन है। अपनी प्रकृति के अनुसार धारा ज्ञान, भक्ति अथवा योग कोई भी क्यों न हो, कर्म के अतिरिक्त किसी से भी उद्‌देश्य की सिद्धि नहीं हो सकती। कर्म में प्रवृत्ति अभिमान की प्रेरणा से होती है। शरीरधारी प्रतिक्षण कर्म करता रहता है। अभिमान के राज्य में रहकर उससे मुक्त होना संभव नहीं है। इसलिए कर्म के कौशल का सहारा लेना पड़ता है—"योगः कर्मसु कौशलम्।" कौशल यह है कि कर्म में जो बंधन की आशंका है, उससे मुक्त रहना अथवा निष्काम कर्म करना। बंधन का कारण है—चित्त का मालिन्य, जिसका हेतु है—फलाकांक्षा। साधारणतः सभी मनुष्य फल की आकांक्षा करके ही कर्म करते हैं। यह आकांक्षा चित्त को मलिन करती है। फल मिले चाहे न मिले, उसकी प्राप्ति की इच्छा ही चित्त को कलुषित कर देती है। इसलिए कर्तव्य-बोध त्यागकर कर्म करना चाहिए, इसी का नाम है 'योग्य कर्म'। इसमें आसक्ति नहीं रहती और सिद्धि तथा असिद्धि में समभाव रहता है। यह समत्व ही योग है। इस प्रकार से कर्म करते-करते ही प्रायः चित्त शुद्ध हो जाता है। इस अवस्था में अभिमान शिथिल हो जाने पर नाना प्रकार के कर्म करने का सामर्थ्य नहीं रहता। आत्मा असमर्थता का अनुभव करती है। इस दशा में शिथिल हो जाने पर भी अभिमान लेशमात्र रह जाता है। उसे निःशेष करने के लिए भी कर्म करने की आवश्यकता रहती है। उस समय और कुछ करने में ध्यान न देकर परमेश्वर

का आश्रय ग्रहण करना ही सर्वोत्कृष्ट कर्म होता है। इसी को शरणागति या 'प्रपत्ति' कहते हैं। यथार्थ संन्यास भी यही है।"

सिद्ध संतों का स्नेह

एक बार कविराजजी के गुरुभाई डॉ. सुरेश चंद्र मुखर्जी को विचित्र स्थिति में अलौकिक शक्तिसंपन्न महात्मा के दर्शन हुए। इन महात्मा ने एक प्रसंग में कहा, "देखो! तुम्हारा गोपीदा (पं. गोपीनाथ कविराज) अगाध पांडित्य पाकर भी शिशु सा सरल है। इतनी सरलता देखकर साधारण लोग उसको हास्यास्पद समझते हैं। यह उनकी मूर्खता है। गोपीदा इतना विद्वान् होकर ही यह समझ सका कि पुस्तकों के पढ़ने पर भी परमपद लाभ नहीं होता है।...तुम्हारा गोपीदा भारत का मुख उज्ज्वल करेगा। कितने ही लोग उसके स्पर्श से कृतार्थ होंगे। उसकी करुणा-दृष्टि जिधर पड़ेगी, उधर आनंद के स्रोत बहेंगे।...देखो, गोपीदा में सूक्ष्म विचार और सरल विश्वास स्थापना के लिए जो सब गुण मनुष्य में होने चाहिए वे तो हैं ही, उनके अतिरिक्त प्रकृत मनुष्य को विचार करके देखने की अथवा परखने की क्षमता भी है। लोग कहते हैं कि गोपीदा जिस किसी पर विश्वास कर लेते हैं—कितनी बड़ी भूल है। गोपीदा जिस किसी की, महापुरुष अथवा सिद्ध भक्त कहकर पूजा करना नहीं जानते हैं। उनके पास प्राकृत नेत्र हैं—केवल पोथीगत विद्या नहीं, वे तत्त्वग्राही हैं।"

कविराजजी माँ आनंदमयी को साक्षात् दुर्गा का अवतार मानते थे। उन्होंने सर्वप्रथम सन् 1928 में माँ के दर्शन किए थे। तब से माँ की उन पर असीम कृपा रही। माँ ने कविराजजी के संबंध में एक पत्र में कहा था, "यह छोटी लड़की (माँ आनंदमयी) बाबा को छोड़कर तो नहीं है, तद्भाव से बाबा (कविराज जी) को प्रफुल्लित रखे, यही होना है।" सन् 1961 में कविराजजी कैंसर रोग से पीड़ित हो गए थे। माँ ने कविराजजी की शल्य चिकित्सा की संपूर्ण व्यवस्था की थी। ऑपरेशन के दिन अपने देश भर के समस्त आश्रमों में कीर्तन-भजन का आयोजन कराया था। उनकी ही कृपा और प्रयत्नों से कविराजजी पूर्ण स्वस्थ हो गए तथा पंद्रह वर्षों तक मानवता की सेवा करते हुए 12 जून, 1976 को ब्रह्मलीन हुए।

कविराजजी का साहित्य

कविराजजी ने मंत्र, योग आदि के विषय में संस्कृत, बांग्ला, अंग्रेजी और हिंदी में सैकड़ों लेख तथा पच्चीसों ग्रंथ लिखे, जो विश्व के मूर्धन्य विद्वानों द्वारा समादृत हुए। हिंदी में प्रकाशित ग्रंथों में मुख्य इस प्रकार हैं—1. साधु-दर्शन और सत्प्रसंग,

2. श्रीकृष्ण प्रसंग, 3. भारतीय संस्कृति और साधना 'दो खंड', 4. तांत्रिक वाङ्मय में शक्ति दृष्टि, 5. पूजा तत्त्व, 6. तांत्रिक साहित्य आदि। ये ग्रंथ आध्यात्मिक साधकों के लिए विशेष सहायक हैं। कविराजजी की अनेक महत्त्वपूर्ण पुस्तकें बांग्ला और अंग्रेजी में हैं, जो अभी तक हिंदी में प्रकाशित नहीं हुई हैं। उन्होंने अपने महान् गुरुदेव परमहंस विशुद्धानंदजी के जीवन और कृतित्व पर कई भागों में अद्भुत पुस्तक बांग्ला में लिखी। न-जाने क्यों इस पुस्तक का अनुवाद हिंदी में प्रकाशित नहीं हुआ। कविराजजी का जीवन और कृतित्व अत्यंत विस्तृत है। इस सबको कई ग्रंथों द्वारा भी प्रस्तुत नहीं किया जा सकता है। फिर भी जो लोग कविराजजी के संबंध में अधिक जानने को इच्छुक हैं, उनको गोरखपुर विश्वविद्यालय के हिंदी विभाग के अध्यक्ष डॉ. भगवती प्रसाद सिंह द्वारा लिखित 'मनीषी की लोक यात्रा' (प्रकाशक : विश्वविद्यालय प्रकाशन, वाराणसी) पढ़नी चाहिए। इस पुस्तक से कविराजजी के जीवन और कार्यों के विविध पक्षों का तात्त्विक परिचय प्राप्त होता है। यह साधकों और भक्तों के लिए विशेष प्रेरक और उद्बोधक है।

कविराजजी सच्चे अर्थों में महर्षि थे। उनमें ज्ञान और साधना का असाधारण समन्वय था। ऐसी महान् विभूति आधुनिक संसार में दुर्लभ है। अतिशयोक्ति न होगी कि महान् मनीषी पं. गोपीनाथ कविराजजी भारतीय संस्कृति के इतिहास में युगों-युगों तक स्मरणीय रहेंगे।

□

बाबा नीमकरौली महाराज

(अज्ञात—1973 ई.)

भारत के आधुनिक महात्माओं में बाबा श्री नीमकरौलीजी महाराज अपनी अलौकिक शक्तियों के लिए विशेष विख्यात रहे हैं। उनके भारत और विदेशों में अगणित भक्त हैं। सभी भक्तों की कुछ-न-कुछ अलौकिक अनुभूतियाँ हैं। यहाँ पर इस महान् संत के कुछ संस्मरण दिए जा रहे हैं।

बाबा नीमकरौली के जन्मकाल, जन्मस्थान, पारिवारिक जीवन आदि के संबंध में प्रामाणिक रूप से कोई तथ्य उपलब्ध नहीं है। अनुमान और जनश्रुति के अनुसार ऐसा माना जाता है कि उनका जन्म उत्तर प्रदेश के ही किसी ग्राम में हुआ था। नीमकरौली उनका वास्तविक नाम नहीं है और न ही यह उनके किसी गुरु आदि का दिया हुआ नाम है। यह उनके भक्तों का दिया हुआ नाम है। वास्तव में नीमकरौली फर्रुखाबाद के निकट एक रेलवे स्टेशन है, जहाँ पहली बार बाबा की दिव्य और अलौकिक शक्ति का परिचय प्राप्त हुआ था। जीवन के अंतिम समय बाबा वृंदावन में रहे, जहाँ वर्ष 1973 में अनंत चौदस के दिन बाबा समाधिष्ट हुए।

असीम शक्ति

वृंदावन में बाबा के दर्शन के लिए अमेरिकन पर्यटक आए। उनमें एक व्यक्ति के पास गोलियों की एक शीशी थी। ये नशे की तेज गोलियाँ थीं। बाबा ने इन गोलियों के बारे में उस व्यक्ति से पूछताछ की। उसने बताया कि यदि कोई व्यक्ति एक साथ तीन-चार गोली खा ले तो निश्चित रूप में उसकी मृत्यु हो जाएगी। बाबाजी उससे लगभग बारह गोलियाँ लेकर उसी समय खा गए। वहाँ उपस्थित लोगों में बड़ी चिंता फैल गई। अमेरिकन पर्यटक तो निश्चित रूप से बाबा की मृत्यु की प्रतीक्षा करने

लगे; पर बाबा सहज और शांत भाव से बैठे दो घंटे तक बातें करते रहे। केवल एक गोली खाने पर साधारण मनुष्य घंटों बेहोश पड़ा रहता है, बाबा बारह गोली खाने पर भी पूर्ण सहज मुद्रा में थे। उनकी वाणी और शरीर पर किसी प्रकार का विकार नहीं दिखाई पड़ रहा था। अमेरिकन यात्री भारतीय महात्मा की इस अलौकिक शक्ति को देखकर आश्चर्यचकित थे। इन अमेरिकनों में से एक ने बाबा पर एक सचित्र पुस्तक लिखी, जो विदेशों में हजारों की संख्या में बिकी है।

एक दिन बाबा इलाहाबाद में भ्रमण करते हुए सड़क के किनारे खड़े हो गए। उसी समय एक थानेदार एक व्यक्ति को पकड़कर लिये जा रहा था। बाबा ने थानेदार को रोककर उस व्यक्ति को छोड़ने के लिए कहा। थानेदार उद्दंड था, उसने बाबा का कहना नहीं माना तो बाबा ने कहा, "अच्छा, नहीं छोड़ता, तो तू भी जा वहीं पर, जहाँ इसे ले जाएगा।" थानेदार बाबा की उपेक्षा करके चला गया। दूसरे दिन किसी अपराध में थानेदार गिरफ्तार हो गया। अब उसे बाबा के तेज का बोध हुआ। उसने सिपाहियों से अनुरोध करके बाबा का पता लगवाया तथा अपनी पत्नी को भेजा। रोती हुई पत्नी बाबा के चरणों में गिर पड़ी। बाबा करुणा और दया की मूर्ति थे। उद्दंड थानेदार को पर्याप्त सजा मिल चुकी थी, अतः उसे क्षमा कर दिया। थानेदार छूटकर बाबा के पास क्षमा-याचना के लिए आया तो उन्होंने उसे उपदेश दिया कि कभी किसी निरपराध व्यक्ति को नहीं सताना। थानेदार ने बाबा के समक्ष प्रतिज्ञा की कि वह जनता पर अन्याय-अत्याचार नहीं करेगा तथा किसी निर्दोष व्यक्ति को कष्ट नहीं पहुँचाएगा।

नीमकरौली बाबा दूर से दूर बैठे भक्तों की बात जान लेते थे। कानपुर के पत्रकार श्री श्याम बिहारी टंडनजी के मन में एक दिन विचार आया। यदि आज बाबा मुझे दर्शन दे दें तो मैं उनको गुरु के रूप में स्वीकार कर लूँगा। बाबा के उस समय कानपुर में आने की संभावना या सूचना नहीं थी, लेकिन उसी दिन एक व्यक्ति टंडनजी के पास सूचना देने आया कि बाबाजी कानपुर आए हैं और गंगा किनारे ठहरे हुए हैं। टंडनजी की प्रसन्नता की सीमा न रही। उन्होंने बाबाजी को अपने गुरु के रूप में स्वीकार कर लिया।

इलाहाबाद की एक महिला बाबा की भक्त हैं। बाबा इलाहाबाद में थे। उनके पति बाबा के दर्शन के लिए वहाँ पर जा रहे थे। उनकी पत्नी ने भी साथ जाने का आग्रह किया, किंतु पतिदेव ने उनको झिड़क दिया और अकेले चले गए, पत्नी दुःख के आँसू बहाती रहीं। जब पतिदेव बाबाजी के पास पहुँचे तो बाबा ने उनसे

कहा कि तुम्हारी पत्नी मेरे दर्शन के लिए घर पर रो रही है, उसे ले आओ। लाचार पति को घर जाना पड़ा।

बाबाजी एक भक्त के घर खाना खाने गए। भक्त का लड़का थाली लेकर आया, तो बाबा ने भक्त से कहा कि आपकी स्त्री ने मेरे लिए दही-वड़े एक कटोरी में निकाल रखे हैं, लेकिन आपका लड़का लाना भूल गया। उन्होंने एक कटोरी में दही-वड़े रखे पाए।

बाबा नैनीताल के भूमियांधार स्थान में रहा करते थे। शौच के लिए प्रातः जंगल की ओर चले जाया करते थे। वहाँ से लौटते समय प्राय: सड़क के किनारे बैठ जाते थे। उन दिनों नैनीताल की कुछ भक्त महिलाएँ बाबा की आरती करने आश्रम आती थीं। एक दिन बाबा देर तक शौच से निवृत्त होकर आश्रम वापस नहीं आए। स्त्रियाँ अधीर होकर सड़क पर ही पहुँच गईं, जहाँ बाबा बैठे हुए थे। बहुत आग्रह करने पर बाबा आरती कराने के लिए राजी हुए; लेकिन स्त्रियों के पास आरती जलाने के लिए दियासलाई नहीं थी। वहाँ उपस्थित किसी व्यक्ति के पास दियासलाई नहीं थी। स्त्रियाँ बहुत परेशान थीं। बाबा ने उनकी व्यग्रता देखी, तो बत्तियाँ अपने हाथ में लेकर धीरे-धीरे कुछ बुदबुदाने लगे। कुछ ही क्षण में बत्तियाँ जल उठीं। स्त्रियों ने बड़ी श्रद्धा से आरती आदि का कार्य संपन्न किया और आनंद-विभोर होकर घर वापस लौटीं।

बदरी विशाल नामक छठी कक्षा का छात्र बाबा के दर्शन के लिए ट्रेन से चला। गाड़ी जब चल पड़ी तो टिकट चेक करने से उसे ज्ञात हुआ कि गलत गाड़ी पर बैठ गया है, यह गाड़ी उस स्थान पर नहीं रुकती, जहाँ बाबा के दर्शन के लिए हमें उतरना है। उसके पास पैसे भी नहीं थे। मन-ही-मन वह बाबा से प्रार्थना करने लगा। लेकिन जब वह स्टेशन आया तो गाड़ी रुक गई, जो वहाँ कभी नहीं रुकती थी। छात्र उतरकर बाबा के पास पहुँचा। बाबा ने उसे देखते ही कहा, "तू किस गाड़ी में बैठकर आया है ? तुझे यह भी नहीं मालूम था कि यह गाड़ी हरगाँव में नहीं रुकती है।" इस बात से निश्चित हो गया कि वे दूर से बैठे अपने भक्त के कष्ट को देख रहे थे। उसके संकट को दूर करने के लिए ही उन्होंने गाड़ी रुकवा दी थी।

एक बार बाबा कुछ भक्तों के साथ एक गाँव से दूसरे गाँव जा रहे थे। बादल बहुत जोर से छाए हुए थे। साथ के भक्त मन में डर रहे थे कि यदि पानी बरसने लगेगा तो भीग जाएँगे। आसपास वर्षा से बचने का कोई स्थान नहीं था। थोड़ी देर में मूसलधार वर्षा होने लगी; लेकिन बाबा और उनके भक्तों पर एक बूँद भी नहीं पड़

रही थी। ये लोग सूखे वस्त्रों से गाँव पहुँच गए।

पूज्य नीमकरौली बाबा हनुमानजी के अनन्य भक्त थे। नैनीताल, लखनऊ, कानपुर आदि में उनकी प्रेरणा से हनुमानजी के अत्यंत भव्य मंदिरों का निर्माण हुआ है। वृंदावन का आश्रम बहुत सुंदर है तथा व्यवस्थित रूप से चल रहा है। यद्यपि बाबा को दिवंगत हुए कई वर्ष हो गए; लेकिन उनके अगणित भक्त उनकी अलौकिक शक्ति का अनुभव आज भी करते हैं। जो व्यक्ति बाबा और उनके मिशन के बारे में अधिक जानकारी चाहते हों, वे प्रबंधक, श्री ठाकुर हनुमानजी ट्रस्ट, वृंदावन (उ.प्र.) से संपर्क स्थापित कर सकते हैं।

□

बाबा श्री सीतारामदास ओंकारनाथ

(1892–1982 ई.)

भारतभूमि का परम सौभाग्य है कि परम–पूज्य श्री सीतारामदास ओंकारनाथजी जैसे महान् सिद्ध योगी, अद्‌भुत शक्तिसंपन्न ऋषि, मानवता के अलौकिक उद्‌धारक, दैवी तेजपुंज के अद्वितीय प्रसारक हम सबके बीच में सशरीर विद्यमान रहे थे। उनका विराट् व्यक्तित्व असीम, अनंत और अनुपम था। उनकी महानता अपरिमेय है, उनका चरित्र वर्णनातीत है, उनकी लीलाएँ मानव बुद्धि से परे हैं। वह ज्ञानियों में मूर्धन्य थे। भक्तों में अप्रतिम थे, कर्मियों में अनन्य थे। बाबा सीतारामदासजी के दर्शन मात्र से व्यक्ति को अनेक पापों से मुक्ति मिल सकती थी, स्पर्शमात्र से साधनाविहीन व्यक्ति में योग की अनेक जटिल क्रियाएँ संचारित हो सकती थीं। उनके अनंत दया–सागर के एक कण को उपलब्ध करके अगणित मनुष्यों की समस्याओं के समाधान हुए हैं, शारीरिक व्याधि से मुक्ति मिली है तथा आध्यात्मिक प्रश्नों के दिव्य उत्तर प्राप्त हुए हैं। बाबा साक्षात् ब्रह्म स्वरूप और अनंत सत्ता के प्रत्यक्ष प्रमाण थे। वह पूर्ण रूप आदर्श गुरु, सर्वसुलभ आध्यात्मिक मार्गदर्शक तथा सहज कृपालु पतित–उद्धारक थे। उनके सान्निध्य का ऐसा विलक्षण, सम्मोहक, संचेतक प्रभाव होता था कि व्यक्ति लौकिक चिंताओं, व्याधियों और विकारों से कुछ ही क्षणों में मुक्त हो जाता तथा पारलौकिक आनंद और शांति के साम्राज्य में विचरण करने लगता था। सौभाग्यशाली लोग समाधि के दुर्लभ आनंद को भी प्राप्त करने लगते थे। गुरुओं के गुरु और आचार्यों के आचार्य बाबा सीतारामदास ओंकारनाथजी के चरित्र को शब्दों से सीमाबद्ध करना या भाषा से व्यक्त करना संभव नहीं है। उन्हें तो केवल भक्ति, श्रद्धा या आस्था के द्वारा आंशिक रूप से अनुभव किया जा सकता है। धन्य हैं वे लोग, जिन्होंने बाबा के दर्शन प्राप्त किए। सौभाग्यशाली हैं वे व्यक्ति,

जिन्होंने उनसे आध्यात्मिक प्रेरणा प्राप्त की और परम पुनीत हैं वे आत्माएँ, जिन्होंने उनसे दीक्षा प्राप्त करके माया के बंधनों से मुक्ति प्राप्त की।

बाबा सीतारामदास ओंकारनाथजी का जन्म 17 फरवरी, 1892 में बंगाल के हुगली जिले के डुमुरदई ग्राम में एक ब्राह्मण परिवार में हुआ था। उनके पिता श्री प्राणहरि चट्टोपाध्याय एक प्रतिष्ठित चिकित्सक थे। वह अपने चरित्र की दृढ़ता, प्रगाढ़ धार्मिकता और सशक्त व्यक्तित्व के लिए विख्यात थे। बाबा सीतारामदासजी के नाना के पिता धर्मशास्त्र और ज्योतिष के प्रकांड विद्वान् थे। वह भागवत का नित्य पाठ करते थे। कीर्तन उनको विशेष प्रिय था। उनके कारण परिवार का परिवेश आध्यात्मिकता से ओतप्रोत था। बाबा का जन्म अपने परनाना के घर में ही हुआ था। उनकी माता कर्तव्यनिष्ठ, सहृदय, त्यागी और धार्मिक वृत्ति की थीं। उनकी माता का देहांत सन् 1903 में हो गया और सन् 1913 में उनके पिता भी स्वर्गवासी हो गए।

बाबाजी को धर्म के प्रति बाल्यावस्था से ही विशेष रुचि थी। उस समय यदि उनके कानों में कहीं से भी हरिकीर्तन की ध्वनि पहुँच जाती थी, वह जिस अवस्था में होते थे, उसी में भागते हुए कीर्तन-स्थल में पहुँचकर मस्ती के साथ कीर्तन करने लगते थे। कभी-कभी भागने में उनकी धोती खुल जाती थी, लेकिन उनकी गति इस बाधा से कभी अवरुद्ध नहीं होती थी। वह नग्नावस्था में ही कीर्तन में सम्मिलित हो जाते थे।

छह वर्ष की अवस्था में शिवजी का दर्शन

बाबा सीतारामदासजी की अवस्था जब केवल छह वर्ष की थी रात में वह अपने पिता के साथ चारपाई पर लेटे थे। अचानक उन्होंने खिड़की की ओर संकेत करते हुए अपने पिता से कहा, "पिताजी! देखिए, वह शिवजी हैं।" पिताजी ने पूछा, "कहाँ हैं? मेरे बेटे, शिवजी कहाँ हैं?" पुत्र ने पुनः संकेत करते हुए कहा, "वहाँ।" लेकिन पिता को कुछ दिखाई नहीं पड़ा, तो उन्होंने पुत्र से प्रश्न किया, "तुम्हारे शिवजी कैसे दिखाई पड़ते हैं?" पुत्र ने उत्तर दिया, "रंग गोरा, सिर पर जटाएँ, शरीर पर बाघंबर, तीन नेत्र, एक हाथ में त्रिशूल और एक हाथ में डमरू।" पिता कहते हैं, "बेटे, प्रार्थना करो।" लेकिन इतने में शिवजी अदृश्य हो गए। यह बालक सीतारामदासजी को भगवान् का प्रथम प्रत्यक्ष दर्शन था। यह उनके पूर्व जन्म के महान् संस्कारों और सत्कर्मों का संकेत था।

शिक्षा और गुरु-प्राप्ति

उनकी प्रारंभिक शिक्षा ग्रामीण प्राथमिक पाठशाला से प्रारंभ हुई। इसके बाद उन्होंने हाई स्कूल में प्रवेश किया; लेकिन अंग्रेजी शिक्षा में उनका विशेष मन नहीं लगा। उनके पिताजी ने पुत्र की अभिवृत्ति को देखते हुए, उसे संस्कृत पाठशाला में प्रवेश दिला दिया। श्री सीतारामदास ने कई पाठशालाएँ बदलीं; क्योंकि उनके अध्यापक उनको संतोष नहीं दे पाते थे। अंत में उन्होंने महान् भक्त और आचार्य श्री दाशरथि देव भट्टाचार्य का अपने गुरु के रूप में चयन किया। श्री सीतारामदासजी ने अपने गुरु की उसी प्रकार सेवा की, जैसी वैदिक युग में शिष्य अपने गुरुओं की सेवा करते थे। उनके गुरु-सेवा के कठोर आचरण के विवरण को पढ़कर या सुनकर आश्चर्य होता है। गुरु भक्ति का ऐसा उदाहरण आज के युग में दुर्लभ है। अपने महान् गुरु की खड़ाऊँ वह सदैव अपने गले में डाले रहते थे, कैसी अद्भुत भक्ति, कैसी पुनीत निष्ठा थी। बाबा सीतारामदासजी ने अपने गुरु के सान्निध्य में रहकर शास्त्रों का गहन ज्ञान अर्जित किया और अनेकानेक उपाधियाँ प्राप्त कीं। इसके साथ-साथ उनकी अखंड-साधना भी चलती रही। छात्र-जीवन में ही उनको अनेक अलौकिक और दिव्य अनुभूतियाँ प्राप्त हुईं।

इष्ट के दर्शन

जनवरी 1918 की घटना है। बाबा अपने दैनिक नियम के अनुसार अपने कमरे में साधना कर रहे थे। वह नेत्र बंद किए हुए बद्ध पद्मासन में बैठे हुए थे। उन्होंने देखा कि त्रिशूल और डमरू लिये शिवजी प्रकट हुए। बाबा ने प्रश्न किया, "आप कौन हैं?" शिवजी ने उत्तर दिया, "मैं तुम्हारा गुरु हूँ। एक बार बचपन में तुम्हारे पास आया था, लेकिन तुमने पहचाना नहीं था, अतः मैं आज पुनः आया हूँ।" बाबा ने कहा, "यदि आप मेरे गुरु हैं तो मेरे इष्टदेव के दर्शन कराइए।" शिवजी अपने पाँचों मुखों से जप करने लगे। उनके कंधे से एक महिला उतरी। बाबा ने पूछा, "आप कौन हैं?" उसने कहा, "मैं तुम्हारी माता हूँ।" उसने बाबा के शरीर में अंतर्निहित उनके सूक्ष्म शरीर को अपने हाथों में उठा लिया और कान में उनके इष्ट मंत्र को धीरे-धीरे जपने लगी। शिवजी मंत्र जपते हुए नृत्य करने लगे। शनैः-शनैः मंत्र की ध्वनि विलीन हो गई और केवल राम-राम की ध्वनि रह गई। यह ध्वनि भी समाप्त हो गई। केवल ॐ की ध्वनि सुनाई पड़ने लगी। अंत में सर्प की फुफकार शरीर के अंदर से सुनाई पड़ने लगी। बाबा की आँखें खुल गईं, भ्रूमध्य में केंद्रित हो गईं और वहाँ ज्योति के दर्शन होने लगे। लगभग चार बजे प्रातःकाल जूट मिल की सीटी सुनकर उनका ध्यान

भंग हुआ। वह अपना यह नया अनुभव सुनाने के लिए अपने गुरु के पास गए। गुरु संपूर्ण विवरण सुनकर बहुत प्रसन्न हुए, लेकिन इसी समय से बाबा की अवस्था विचित्र हो गई। उनको पूर्ण वैराग्य हो गया। कुछ लोग उनको पागल समझने लगे। कभी-कभी बाबा को अपनी मानसिक स्थिति के बारे में संदेह होने लगता था, लेकिन उनके सुयोग्य गुरु उनके भ्रम का निवारण कर देते थे तथा उनको आध्यात्मिक मार्ग की ओर अग्रसर होने के लिए प्रोत्साहित करते रहते थे।

इसी वर्ष सरस्वती पूजन का दिन था। बाबा जप कर रहे थे। अचानक उनको अपने पूर्व जन्म का चित्र स्पष्ट रूप से दिखाई देने लगा। उन्होंने देखा कि वह पूर्व जन्म में माँ के भक्त थे तथा विश्वविख्यात गुरु थे। इसके कुछ समय बाद उनको साधना में पूर्णता प्राप्त हुई तथा धर्म-प्रचार के लिए दैवी आदेश प्राप्त हुआ। इस समय तक उनके समस्त संदेहों का निवारण हो चुका था। अब वह अपने गुरु के पास आए। उनको एक एकांत कमरे में ले गए। वहाँ क्या हुआ, यह तो किसी को ज्ञात नहीं है, लेकिन बाबा के गुरु उस समय पूर्ण आनंदित थे। वे कई दिन तक समाधि जैसी स्थिति में रहे। एक दिन उन्होंने संस्कृत में श्लोक लिखा और अपने शिष्य बाबा सीतारामदासजी को दिया। इस श्लोक का आशय यह था, "मैं नहीं जानता, तुम मेरे गुरु हो या शिष्य, मैं अपनी नैसर्गिक प्रवृत्ति से यह जानता हूँ कि मैं तुम्हारा शिष्य हूँ और तुम मेरे गुरु हो। यदि तुम मेरे गुरु हो तो मैं तुम्हारा शिष्य प्रस्तुत हूँ। अपने उद्धार के लिए तुम्हारी शरण में आया हूँ। अपनी अनंत कृपा से मेरी रक्षा करो। मुझे ज्ञान दो।" कैसी अद्भुत लीला थी। गुरु अपने शिष्य के प्रति श्रद्धा व्यक्त कर रहा है तथा कृपादृष्टि करने के लिए याचना कर रहा है। निश्चित ही गुरु को अपने शिष्य में अलौकिक दैवी तत्त्व के दर्शन हुए होंगे, इसलिए वे अपने शिष्य का शिष्य बनने के लिए व्याकुल हो उठे थे। आध्यात्मिक क्षेत्र में यह अपूर्व घटना है। गुरु का शिष्य के प्रति समर्पण! वास्तव में इस समय सीतारामदासजी में इतना ज्ञान, तेज और शक्ति का विस्फोट सा हो गया था, जिसके समक्ष उनके गुरुदेव का सम्मोहन स्वाभाविक था। जिन व्यक्तियों ने उस समय बाबा को देखा था, उनका कहना है कि उनके मुखमंडल और नेत्रों में अपूर्व तेज था। साधारण व्यक्ति उनके नेत्रों की ओर अधिक समय तक नहीं देख पाते थे। अधिकांश लोग अज्ञात भय से ग्रस्त थे और उनसे दूर रहते थे। कुछ ही परम सौभाग्यशाली लोग थे, जिन्होंने इस काल में बाबा का सान्निध्य प्राप्त किया और उनके दिव्य रूप के दर्शन किए। उनका यह रूप केवल दस महीने रहा। उनके गुरु ने उनको सद्गृहस्थ के रूप में

आदर्श जीवन व्यतीत करने का आदेश दिया, जिसे उन्होंने स्वीकार किया। दैवी प्रेरणा से ही उनका विवाह कुछ समय पूर्व हो चुका था।

लोक-शिक्षण के लिए कठोर साधना

यद्यपि बाबा सीतारामदासजी पूर्णता प्राप्त कर चुके थे, उन्हें किसी प्रकार की साधना की आवश्यकता नहीं थी, लेकिन वह संसार के समक्ष साधना का उच्च और पवित्र आदर्श रखना चाहते थे, जिससे संसार के लोग प्रेरणा प्राप्त कर सकें। अतः उन्होंने अपना जन्मसिद्ध तेज समेट लिया और अति साधारण नगण्य व्यक्ति की तरह संसार के समक्ष प्रस्तुत हो गए और सामान्य व्यक्ति के रूप में साधना प्रारंभ कर दी। पर्वत के शिखर पर पहुँचकर नीचे उतर आए और नीचे से पुनः ऊपर चढ़ने का प्रयास करने लगे। यह सब अपने लिए नहीं, बल्कि लोककल्याण के लिए किया। कैसी असीम करुणा, कैसा उदात्त मानवता-प्रेम, कितना विशाल हृदय! उनकी कठोर तपस्या प्रारंभ हुई। ब्रह्ममुहूर्त में उठना, स्नान करके पूजन करना। बहुत रूखा-सूखा भोजन अपने हाथ तैयार कर लेना, शास्त्रों का अध्ययन, नाम-जप करते रहना। गुरु की सब प्रकार की सेवा करना—यही उनकी दिनचर्या थी। उनका प्रति क्षण गुरु-सेवा और साधना के लिए अर्पित हो गया था। कोई भी समस्या उनकी साधना में व्यवधान नहीं बन पाती थी।

सन् 1916 में सीतारामदासजी अपने परिवार में रहने लगे। वे वैदिक ब्राह्मण के आदर्शों का पूर्ण रूप से पालन करने लगे। धनोपार्जन का कोई प्रयास नहीं; भजन, स्वाध्याय आदि में सारा समय चला जाता था। साधुओं और अतिथियों का स्वागत-सत्कार देवता के समान होता। धनाभाव नित्य ही रहता, फिर भी त्याग तपस्या का अद्भुत उदाहरण था। एक बार उन्होंने विद्वानों को संबोधित करते हुए कहा था, "तुम लोग शास्त्रों का अध्ययन करने के बाद संभवतः कल्पना नहीं कर सकते कि कोई व्यक्ति परिवार में रहकर भी परमोच्च ज्ञान प्राप्त कर सकता है। तुम लोगों का विश्वास है कि एक गृहस्थ शांति और आनंद नहीं प्राप्त कर सकता है, लेकिन यह संभव है। गृहस्थ जीवन के संबंध में शास्त्रों में जो नियम निर्धारित किए गए हैं, यदि उनका अनुसरण करो तो तुमको शांति प्राप्त हो सकती है।" उन्होंने शुद्ध रूप से दैवी कृपा पर निर्भर रहकर परिवार में रहकर ही शांति और परमसुख की अनुभूति प्राप्त की थी। वह गृहस्थ होते हुए भी संन्यासी रहे थे, भगवान् के रूप में परिवार के सदस्यों की सेवा करते रहे; लेकिन माया-मोह से पूर्ण रूप से मुक्त रहे और निष्काम कर्मयोगी के समान कार्यरत रहे।

तीर्थाटन और नाम-प्रचार

बाबा को जीवन के प्रारंभ से ही परिभ्रमण और तीर्थाटन प्रिय रहा था। वह छात्र और गृहस्थ जीवन में भी तीर्थयात्राओं के लिए समय निकाल लेते थे। आरंभ में वह ध्यान, भजन, सत्संग के लिए भ्रमण करते थे; लेकिन बाद में भक्तों की पुकार उनको देश के विभिन्न भागों में खींच ले जाती थी और उनकी यह प्रक्रिया अंत समय तक अबाध रूप से चलती रही। भगवान् भक्तों के पास स्वयं पहुँच जाते हैं। अब तो भारत के विभिन्न भागों में अनेक आश्रम स्थापित हो चुके हैं, जहाँ वे समय-समय पर प्रवास करते थे।

बाबा ने सन् 1937 में गृहस्थ जीवन छोड़ दिया और पूर्ण रूप से साधु जीवन स्वीकार कर लिया। इसी समय उन्होंने अनिश्चित काल के लिए मौन ग्रहण किया। इस अवधि में गुरु ने स्वप्न में आदेश दिया कि नाम का उपदेश दिया करो, लेकिन बाबा ने इस ओर ध्यान नहीं दिया। इसके पूर्व सन् 1934 में ध्यान की स्थिति में अनेक प्रकार के वाद्यों के साथ स्पष्ट रूप से यह कीर्तन सुनाई पड़ता था—हरे कृष्ण, हरे कृष्ण, कृष्ण-कृष्ण, हरे-हरे। हरे राम, हरे राम, राम-राम, हरे-हरे।

यद्यपि यह उनके लिए दैवी संकेत था, लेकिन उन्होंने इस ओर ध्यान नहीं दिया। सन् 1937 में बाबा जगन्नाथपुरी में मौन व्रत का पालन कर रहे थे। 23 अप्रैल को भगवान् जगन्नाथजी ने उनको दर्शन दिए तथा आदेश दिया, "जाओ-जाओ, संसार को नाम संकीर्तन का संदेश दो।" बाबा को स्पष्ट लक्ष्य प्राप्त हो गया। अब वह भगवान् के इस आदेश का पालन करने के लिए निकल पड़े। तब से अंत तक वह यह कार्य अखंड रूप से करते रहे। जहाँ बाबा होते, वहाँ नाम जप और कीर्तन अवश्य होता। बाबा ने नाम-जप और संकीर्तन के महत्त्व पर अनेक ग्रंथ लिखे हैं। उन्होंने अपने व्यक्तिगत अनुभव के आधार पर पूर्ण विश्वास के साथ घोषित किया कि कलियुग में योग-साधना और कठोर तपस्या सब के लिए संभव नहीं है। अतः भगवान् ने ही आत्माओं के उद्धार के लिए नाम-जप की सरल विधि प्रस्तुत की है। बाबा ने इस कथन की पुष्टि के लिए धार्मिक ग्रंथों से सैकड़ों प्रमाण प्रस्तुत किए। बाबा का कथन था कि केवल नाम का आधार लेकर कोई व्यक्ति अपनी आध्यात्मिक और भौतिक समस्याओं का समाधान कर सकता है। उनकी दृष्टि में, 'हरे कृष्ण, हरे कृष्ण, कृष्ण-कृष्ण, हरे-हरे; हरे राम, हरे राम, राम-राम, हरे-हरे' ही जप के लिए सर्वोत्तम महामंत्र है। धर्म, जाति, लिंग, संप्रदाय आदि के भेदभाव के बिना कोई भी व्यक्ति इस महामंत्र को स्वीकार करके अपनी मुक्ति और आनंद

का मार्ग प्रशस्त कर सकता है। इस मंत्र का जप सस्वर या मौन रहकर किसी रूप में किया जाए, वह समान रूप से प्रभावमयी होता है। साधना का यह सरलतम मार्ग प्रतिष्ठित करके बाबा ने लाखों लोगों का असीम कल्याण किया है।

सिद्ध योगी की महाशक्ति

बाबा सीतारामदास ओंकारनाथ परम सिद्ध योगी थे। वह असीम शक्तिसंपन्न थे। वह जिज्ञासुओं को दीक्षा देते थे। जो लोग उनसे दीक्षित हुए हैं, उन्होंने उनकी महान् शक्ति का अनुभव किया है। बाबा की दीक्षा के बाद शिष्य को कुछ नहीं करना पड़ता। वह शिष्य में शक्ति का संचार भर देते और शक्ति ही शिष्य के रूपांतरण की क्रिया संपन्न कर देती थी। बाबा के संकल्प या दृष्टिपात अथवा स्पर्श से ही शिष्य की कुंडलिनी जाग्रत् हो जाती और फिर वह कभी सुप्तावस्था में नहीं पहुँचती थी। वह चेतना की उच्च अवस्था में शीघ्र पहुँच जाता और अनेक प्रकार की क्रियाओं का अनुभव करने लगता था। शरीर में विद्युत् प्रवाह होने लगता, अनेक प्रकार के दृश्य दिखाई पड़ने लगते और विभिन्न प्रकार के नाद कानों में गूँजने लगते थे। विभिन्न वर्गों की ज्योतियों के दर्शन होने लगते थे। जब शिष्य को नाद सुनाई पड़ने लगता और ज्योतियों के दर्शन होने लगते, तो उसे ध्यान के लिए प्रयास नहीं करना पड़ता है। ध्यान स्वतः लगने लगता है। बाबा के एक शिष्य ने अपना अनुभव लिखा है, जो इस प्रकार है—"मैं गुरुजी से दीक्षा लेने के बाद एक दिन जप कर रहा था। उसी समय मेरे मस्तक से प्रकाश का पुंज प्रवाहित हुआ और उसमें मेरे इष्टदेव के दर्शन होने लगे। एक वर्ष बाद जब मैं जप कर रहा था, गुरुजी ने मेरे सिर को स्पर्श कर दिया। तत्क्षण मेरे इष्ट देव मुसकराते हुए मेरे सामने खड़े हुए दिखाई पड़े। इस अनुभव को शब्दों द्वारा व्यक्त करना संभव नहीं है।" बाबा के अगणित शिष्यों के अनेक विलक्षण अनुभव हैं।

आध्यात्मिक क्षेत्र में प्रायः एक गुरु से दीक्षा लेने के बाद दूसरे गुरु से दीक्षा लेने का निषेध है। बाबा के पास अनेक भक्त ऐसे आते थे, जो अन्य गुरुओं से दीक्षित होते। ऐसे लोगों से बाबा गुरु परिवर्तन के लिए नहीं कहते, लेकिन उनकी साधना में शक्ति का संचार कर देते थे। बाबा इसे मंत्र-चैतन्य क्रिया कहते थे। इससे साधक को बहुत शक्ति प्राप्त हो जाती, कभी-कभी साधक को ज्ञात नहीं हो पाता था, फिर भी शक्ति प्राप्त कर लेता था। बाद में जब कुंडलिनी जाग्रत् होती थी तथा अन्य क्रियाएँ होती थीं, तब वह बाबा की शक्ति का परिचय प्राप्त करता था।

बाबा सीतारामदास ओंकारनाथ में अनेक अलौकिक शक्तियाँ थीं। उनके लिए

कुछ भी असंभव नहीं, उनके पास जो जिस इच्छा से जाता, उसका कल्याण करते थे। उनकी शरण में भक्त लौकिक और पारलौकिक दोनों प्रकार की समस्याएँ लेकर पहुँचते थे। वह बिना किसी भेदभाव के सबके कल्याण के लिए प्रयास करते थे। असंख्य लोगों ने बाबा की अहैतुक कृपा प्राप्त की। बाबा भक्त की याचना करने पर ही कृपा नहीं करते; बल्कि कभी-कभी स्वेच्छा से भी उनकी कृपा हो जाती थी। किसी भक्त के घर में आकस्मिक रूप से प्रकट होकर दर्शन देना, किसी की साधना की बाधा दूर कर देना, किसी की भौतिक समस्या का चामत्कारिक ढंग से समाधान कर देना बाबा का सहज धर्म था। उनकी इन अलौकिक कथाओं या संस्मरणों के लिखने के लिए सहस्रों पृष्ठों की आवश्यकता है। बाबा 5 दिसंबर, 1982 को अपनी लोक-यात्रा समाप्त करके ब्रह्मलीन हुए।

बाबा सीतारामदास शास्त्रों के महान् ज्ञाता थे। इसके साथ-साथ उन्होंने शास्त्रोक्त तथ्यों का स्वयं अनुभव भी किया था। उनमें सृजनात्मक लेखन की असाधारण क्षमता थी। वह शास्त्र के जटिल-से-जटिल पक्ष को बड़ी सहज शैली और सरल भाषा में व्यक्त कर देते थे। उन्होंने मूलतः बांग्ला भाषा में लिखा है। उनकी 50 से भी अधिक पुस्तकें प्रकाशित हो चुकी हैं, उनमें कुछ के अंग्रेजी और हिंदी में अनुवाद भी हुए हैं। बाबा की अनुभूतिजन्य अभिव्यक्ति का दर्शन पाकर धर्मशास्त्र के बड़े-बड़े आचार्य मंत्रमुग्ध हुए हैं। बाबा के जीवन और दर्शन पर अनेक विद्वानों ने लेख और पुस्तकें लिखी हैं, जिससे उनकी महानता का आंशिक परिचय प्राप्त होता है। जो लोग बाबा के जीवन और उपदेशों का विस्तृत परिचय प्राप्त करना चाहते हैं। वे पुस्तकों पर बाबाजी के संबंध में निम्नांकित पते पर संपर्क स्थापित कर सकते हैं—महामिलन मठ, 7/7 पी.डब्ल्यू.डी. रोड, कलकत्ता-35

□

बाबा राममंगलदास

(1893–1984 ई.)

प्राय: लोग कहा करते हैं कि आजकल सिद्ध संत या योगी नहीं होते, लेकिन यह धारणा ठीक नहीं है। बीसवीं शती में भी अनेक परमसिद्ध संत हमारे समाज में हुए हैं। सच्चे संतों में गोपनीयता की प्रवृत्ति होती है। वे ऐसे व्यक्तियों के समक्ष अपने को उद्घाटित करते हैं, जिनके हृदय में तीव्र आध्यात्मिक जिज्ञासा होती है तथा ईश्वर के प्रति उत्कट भक्ति होती है।

अयोध्या के परमहंस बाबा राममंगलदासजी ऐसे ही उच्च कोटि के महान् संत और योगी थे। परमहंसजी अलौकिक अनुभूतियों और सिद्धियों के सम्राट् थे। उनकी कठोर साधना, उत्कट भक्ति, असीम त्यागवृत्ति अनुपम है। प्रचार-प्रसार के प्रति पूर्ण रूप से उदासीन रहते थे। किसी सभा-सम्मेलन में जाना उचित नहीं समझते थे। किसी मठ-मंदिर या संस्था का निर्माण नहीं किया। जो सच्चे भक्त उनके चरणों के निकट पहुँच जाते, उनका मार्गदर्शन कर देते, उनकी लौकिक-पारलौकिक समस्याओं का समाधान कर देते तथा उनको अलौकिक अनुभूतियों से संपन्न कर देते थे। यद्यपि बाबा प्राचीन परंपरा के संत थे; किंतु वह भक्ति के लिए धर्म, वर्ण या जाति के बंधनों को स्वीकार नहीं करते थे। उनकी भक्तमंडली में सभी धर्मों, संप्रदायों के व्यक्ति हैं। उनके समक्ष शिक्षित-अशिक्षित, धनी-निर्धन, स्त्री-पुरुष, सभी वर्गों के लोगों को समान स्नेह प्राप्त होता था।

वैराग्यमय जीवन

परमहंसजी मूलत: सगुण उपासक और रामभक्त थे, किंतु योग-साधना की समस्त पद्धतियों पर उनका अधिकार था। सर्वधर्म समन्वय की तो वे साक्षात् मूर्ति

थे। परमहंस बाबा राममंगलदासजी का जन्म बुधवार, 13 फरवरी, 1893 ई. को ग्राम ईसरवारा, जिला सीतापुर (उत्तर प्रदेश) के एक कान्यकुब्ज ब्राह्मण परिवार में हुआ था। उनकी अवस्था जब सोलह वर्ष की थी, तब पिता का देहांत हो गया था। माताजी दीर्घकाल तक जीवित रहीं। उनका 15 वर्ष की अवस्था में विवाह हुआ। 25 वर्ष की अवस्था में एक पुत्र उत्पन्न हुआ, जो केवल ढाई साल जीवित रहा। पुत्र उत्पन्न होने के तीन माह बाद ही पत्नी का देहांत हो गया। इस प्रकार वह सत्ताईस वर्ष की अवस्था में गृहस्थ जीवन से मुक्त हो गए। चूँकि बाल्यावस्था से ही उनका मन धार्मिक कार्यों में विशेष रूप से लगता था, अत: पारिवारिक जीवन त्यागकर आध्यात्मिक साधना के लिए अयोध्या चले आए। तब से आजीवन अयोध्या में ही एक छोटे से आश्रम में निवास करते रहे। 31 दिसंबर, 1984 को बाबा ने अपना शरीर त्याग दिया।

गुरुदीक्षा और कठोर साधना

बाबा बेनीमाधवजी अयोध्या के सुविख्यात संतों में थे। एक बार बाबा राममंगलदासजी के चचेरे भाई पं. अंबिकाप्रसादजी बाबा बेनीमाधव दास से दीक्षा लेने की इच्छा से अयोध्या चले गए। एक आवश्यक कार्य के लिए उनको गाँव वापस बुलाने के लिए राममंगलदासजी अयोध्या गए। बाबा बेनीमाधव दासजी के दर्शन करने पर इनके मन में भी इच्छा हुई कि मंत्र दीक्षा प्राप्त हो जाए तो अच्छा हो। इस समय उनकी अवस्था केवल पंद्रह वर्ष की थी। सौभाग्य से बाबा बेनीमाधव दासजी ने उनकी इच्छा की पूर्ति सहर्ष कर दी। वे अपने गाँव चले गए और गुरु द्वारा निर्दिष्ट साधना में पूर्ण मनोयोग से संलग्न हो गए। कड़ी धूप में घंटों बैठकर ध्यान करते। भूसे में गले तक बैठकर कई-कई घंटे जाप करते। उनको सत्रह वर्ष की अवस्था में हनुमानजी का प्रत्यक्ष दर्शन प्राप्त हुआ।

अलौकिक अनुभूतियाँ

परमहंस राममंगलदासजी ने अट्ठाईस वर्ष की अवस्था में पूर्ण रूप से वैराग्य का जीवन स्वीकार कर लिया। उनके जीवन का एक मात्र कार्य गुरुसेवा और साधना हो गया। गुरु के निकट रहने से प्रारंभ से ही उनको अद्‍भुत अनुभूतियाँ होने लगीं। उन्होंने अपने भक्तों को एक बार बताया था, "एक दिन हम नरकुल की चटाई पर लेटे थे। बाबा बेनीमाधव ने रात को दो बजे एक कंबल हमारे ऊपर छोड़ दिया। कुछ देर बाद गरमी अनुभव हुई तो कंबल उलट दिया। देखा, बाबा बेनीमाधव दास बैठे

हैं और सामने बड़ा भारी सोने का सिंहासन है। उसमें हनुमानजी गदा लिये खड़े हैं। ऐसा तेज था कि आँखें चकाचौंध हो गईं। पंद्रह मिनट बाद बेनीमाधव दासजी चले गए और हनुमानजी अंतर्धान हो गए।" इसी प्रकार दूसरे दिन उनको राम, लक्ष्मण, भरत, शत्रुघ्न, सीता तथा हनुमानजी के प्रत्यक्ष दर्शन हुए। गुरु का सान्निध्य प्राप्त होने के कारण उनको साधना के प्रारंभिक काल से ही अद्भुत अनुभूतियाँ होने लगी थीं। उनके गुरु उनको अत्यधिक स्नेह करते थे तथा वे भी उनके प्रति पूर्ण समर्पित थे। उनके गुरु ने जीवन के अंतिम समय में उनको उपदेश दिया था—1. अयोध्या में रहना, 2. कोई भूमि दे तो न लेना, 3. मृत्यु के समय कफन के लिए भी पैसा न निकले, 4. कोई मारे तो हाथ न चलाना, तथा 5. किसी से बैर न करना। बाबा राममंगलदासजी अपने गुरु के आदेशों का अक्षरशः पालन करते रहे।

परमहंस राममंगलदास सिद्ध संत थे। उनके अनेक शिष्य हैं, जो साधना की उच्च अवस्था में पहुँचे हुए हैं। बाबा की साधना पद्धति अत्यंत सरल और सात्त्विक थी। वे अत्यंत उदार थे। प्रत्येक जिज्ञासु की सहायता के लिए सदैव तत्पर रहते थे। आडंबर और प्रदर्शन तो उनके यहाँ नाममात्र को भी नहीं है।

बाबा राममंगलदासजी में विलक्षण सिद्धियाँ थीं। सैकड़ों वर्ष के दिवंगत संत भी उनके समक्ष सशरीर प्रकट होकर वार्त्तालाप करते थे। उनकी स्मरणशक्ति अद्भुत थी। अनेक संत उनको अपने पद सुना जाते थे, जिनको वे बाद में अक्षरशः लिखवा देते थे। उनको लगभग दो हजार सिद्ध संतों के प्रत्यक्ष दर्शन हुए। इनके हजारों पद उन्होंने अपने शिष्यों को लिखवाए। उनकी एक पुस्तक, 'भक्त भगवंत चरितावली एवं चरितामृत' प्रकाशित हुई, जिसमें 169 हिंदू, 32 मुसलमान तथा 1 ईसाई संत का परिचय दिया गया है। यह आध्यात्मिक साहित्य की अनोखी और अमूल्य पुस्तक है। संतों और सिद्धियों के ऐसे अलौकिक संस्मरण किसी अन्य पुस्तक में पढ़ने को नहीं मिलेंगे। गुरु नानक देव के संबंध में उन्होंने लिखा—"गुरुनानक देव रामघाट पर वृक्ष के नीचे 11 बजे प्रकट हुए। सुकुल धोती पहने थे, जैसे हमारे यहाँ जनेऊ में पहनाई जाती है। पीली रँगी। उसी रीति से बहुत पंडित अभी पहनते हैं। सफेद बाल चाँदी जैसे चमकते थे। दाढ़ी भी सफेद चमकीली थी। बहुत गोरे थे, शरीर महकता था। हमने दंडवत् किया। फिर उनके गले के पास से पेट तक चाँदी जैसी पटरी प्रकट हो गई। उसमें पैंतीस अक्खरी खुदी थी, काली रोशनाई थी। हमसे कहा, 'सुनाओ।' हमने कहा, 'हम उसका रोज पाठ करते हैं।' सुनाया तो पटरी उलट गई और अक्षर पेट की तरफ को हो गए। हमसे कहा, 'यह स्तोत्र तुमको सिद्ध हो गया।'

फिर हमने उनका चरणोदक उतारा। तब वे अंतर्धान हो गए। फिर थोड़े दिन बाद प्रकट होकर दोहा बताया।"

अद्‌भुत ग्रंथ

बाबा की 'भक्त भगवंत चरितावली' पुस्तक से यह ज्ञात होता है कि सच्चे संत और भक्त अपने को बहुत गुप्त रखते हैं। इसमें ऐसे अनेक भक्तों का वर्णन है, जो अत्यंत साधारण जीवन व्यतीत करते थे; लेकिन उच्च कोटि के साधक थे। सिद्ध महापुरुष केवल उच्च जातियों में ही जन्म नहीं लेते हैं। बाबा ने अपनी पुस्तक में अनेक ऐसे उच्च कोटि के भक्तों का वर्णन किया है, जो तथाकथित नीची जातियों में जनमे थे। इतना ही नहीं, उन्होंने ऐसे मुसलमान संतों का वर्णन भी किया है, जो राम और कृष्ण के भक्त थे। ये सब सिद्ध कोटि के भक्त थे और अनेक अलौकिक शक्तियों से संपन्न थे। भगवान् की उन पर बड़ी कृपा रहती थी।

बैकुंठ का वस्त्र

बाबा के एक शिष्य उपेंद्र दत्त थे। गवर्नमेंट स्कूल में अध्यापक थे। एक बार वे सोए, तो उनके ऊपर कोई बहुत सुंदर पीला वस्त्र डाल गया। घर में सबसे पूछा, लेकिन कुछ पता नहीं चल पाया। बाबा को दिखाया तो बाबा ने कहा कि यह पीतांबर बैकुंठ का है। दत्त बाबू ने कहा कि यह कैसे मालूम हो कि यह बैकुंठ का ही है। बाबा ने कहा कि यह पानी में नहीं भीग सकता, नीचे से नुच नहीं सकता, आग में जल नहीं सकता और काटे से कट नहीं सकता। परीक्षा की गई। बाबा की बातें पूर्ण सत्य निकलीं। दत्त बाबू के देहावसान के बाद वह वस्त्र स्वयं गायब हो गया।

रामभक्त मुसलमान संत

बाबा के समक्ष सैकड़ों वर्ष पुराने संत प्रकट हो जाते थे। इसमें कुछ मुसलमान संतों का विचित्र विवरण उन्होंने लिखवाया है। उनके अनुसार अयोध्या में रामभक्त मुसलमान संत कई थे, जिनमें कुछ के नाम इस प्रकार हैं—मर्द शहीद, शीश पैगंबर, राज, गाजे, जिकिर शाह, खजट्टी पीर, नौगजा पीर, अब्दुल अली।

कलंदरशाह अरब से आए थे और अयोध्या के जानकी बाग में साधना की थी। हिंदू देवी-देवता उनको प्रत्यक्ष दर्शन देते थे। शीश पैगंबर भी अरब से आए थे। हनुमानजी की इनकी सिद्धि हो गई थी। जिकिर शाह 28 वर्ष की अवस्था में ईरान से अयोध्या आए थे। खजट्टी पीर अयोध्या के कुबेर टीला पार रहते थे। तीस वर्ष की

अवस्था में अरब से आए थे। इनको यहीं पर भगवान् का दर्शन हुआ और सिद्धि भी प्राप्त हुई। इनके दर्शन आज भी भक्तों में हो जाते हैं। इब्राहिम शाह तो अरब देश के बादशाह के पुत्र थे। अज्ञात प्रेरणा से अयोध्या आ गए थे। बारह वर्ष तक अयोध्या की गलियाँ साफ करते थे तथा केवल एक पाव चना भिगोकर खाते थे। कृष्ण के भक्त थे। नौगजा पीर चालीस वर्ष की अवस्था में अरब से अयोध्या आए थे। एक सौ पचास वर्ष की अवस्था तक जीवित रहे। राम के अनन्य उपासक थे। इन सभी संतों की समाधियाँ अयोध्या में बनी हुई हैं। हिंदू लोग इनका बड़ा आदर करते हैं। बाबा राममंगलदासजी के दिव्य व्यक्तित्व के कारण इन पुराने संतों का चरित्र प्रकाश में आ सका है।

ईसा और मोहम्मद के दर्शन

ईसा ने बाबा को दर्शन दिए। इस संदर्भ में उन्होंने लिखा है—"ईसा पतले, लंबे और गोरे थे। दाढ़ी-केश थे। ईसा को जब फाँसी दी गई तो उन्होंने प्राण सिर पर चढ़ा लिये थे। ईसा हठयोग सीखे थे। कोई यह बात जान नहीं पाया। गाड़ दिए गए। तीन दिन बाद तीन हठयोगी उधर से निकले, तो दिव्य-दृष्टि से देखा और सलाह करके उनको कब्र से निकाला। ईसा जीवित हो गए और कश्मीर चले गए। कुछ समय रहकर शरीर छोड़ा।"

मोहम्मद साहब के दर्शन का भी विवरण उन्होंने लिखा है। मोहम्मद साहब ने उनको कुछ पद लिखवाए थे, जो उन्होंने लिख लिये थे।

दुर्लभ विभूति

बाबा राममंगलदासजी की पारलौकिक अनुभूतियाँ अगणित और अद्‌भुत थीं। यदि उन सबको लिपिबद्ध किया जाए, तो पच्चीसों पुस्तकें बन जाएँगी। बाबा में सबसे बड़ी विशेषता थी कि वे सच्चे भक्तों को दिव्य अनुभूतियों का अनुभव भी करा देते थे। रात्रि, 31 दिसंबर, 1984 को उन्होंने अपना शरीर त्याग दिया। मुझे उनके अनेक विशिष्ट शिष्यों से सत्संग करने का सौभाग्य प्राप्त हुआ तथा उनके अनुभव सुनने का अवसर मिला। निश्चित ही परमहंसजी देवतुल्य महान् व्यक्तित्व थे। यदि उनका विस्तृत जीवन-चरित्र प्रकाशित हो तो आध्यात्मिक जगत् की महान् उपलब्धि होगी। जो पाठक परमहंसजी के संबंध में विस्तृत जानकारी करना चाहें, वे इस पते पर संपर्क स्थापित कर सकते हैं—गोकुल भवन, अयोध्या।

□

प्रभुपाद स्वामी भक्तिवेदांत

(1896–1972 ई.)

यह कहना अतिशयोक्ति नहीं है कि परमहंस परिव्राजकाचार्य श्री ए.सी. भक्तिवेदांत स्वामी प्रभुपाद द्वारा अंतरराष्ट्रीय कृष्ण भावना संघ (दि इंटरनेशनल सोसाइटी फॉर कृष्ण कॉन्शसनेस) की स्थापना समकालीन विश्व-इतिहास में एक महत्त्वपूर्ण सांस्कृतिक घटना थी। अल्प अवधि में ही भक्तिवेदांतजी के 'हरे कृष्ण' आंदोलन ने पश्चिमी देशों के आध्यात्मिक और सांस्कृतिक जीवन में अभूतपूर्व क्रांति उत्पन्न कर दी। सन् 1965 में 70 वर्ष की अवस्था में भक्तिवेदांत एक संन्यासी के रूप में न्यूयॉर्क पहुँचे थे और आज यूरोप, अमेरिका, अफ्रीका आदि के लगभग 150 नगरों में 'अंतरराष्ट्रीय कृष्ण-भावना-संघ' के विशाल केंद्र स्थापित हो गए हैं, जिनमें हजारों संन्यासी और लाखों पाश्चात्य भक्त कृष्ण चेतना का प्रचार-प्रसार कर रहे हैं। एक साधनहीन संन्यासी द्वारा भारतभूमि से बाहर भारतीय अध्यात्म-विद्या की प्रतिष्ठा करना एक अलौकिक कार्य है।

गुरु-दीक्षा और गुरु-आदेश

भक्तिवेदांत स्वामी प्रभुपादजी का जन्म 1 सितंबर, 1896 में कलकत्ता में हुआ था। 1920 में उन्होंने अपनी शिक्षा पूर्ण करके एक रसायन उद्योग की संस्था के व्यवस्थापक पद पर कार्य प्रारंभ कर दिया। सन् 1922 में उन्होंने चैतन्य संप्रदाय के महान् आचार्य श्री भक्तिसिद्धांत सरस्वती के दर्शन किए और वे कृष्णभक्ति की ओर आकर्षित हो गए। सन् 1933 में उन्होंने इलाहाबाद में विधिवत् दीक्षा प्राप्त की। उनके गुरु श्री भक्तिसिद्धांतजी ने अपना शरीर छोड़ने के एक वर्ष पूर्व 1936 में उनको पश्चिम में अंग्रेजी भाषा के माध्यम से कृष्ण भक्ति का प्रचार करने का

आदेश दिया। प्रारंभ में लौकिक उत्तरदायित्व के कारण वे अपने गुरु-आदेश का पालन ठीक से नहीं कर सके, लेकिन सन् 1959 में उन्होंने संन्यास ले लिया और कृष्ण भक्ति के प्रचार-प्रसार के लिए अपना संपूर्ण जीवन अर्पित कर दिया। उन्होंने अपने संन्यास जीवन में इतना अधिक काम किया, जितना लोग कई जीवन लेकर भी नहीं कर पाते हैं। भक्तिवेदांतजी की साधना, संघटन-क्षमता, सक्रियता और विद्वत्ता अतुलनीय है। यद्यपि वह अब गोलोकवासी हैं; लेकिन उनके कृतित्व से आज भी संसार के अगणित भक्तों का मर्गदर्शन हो रहा है।

मुक्ति का माध्यम—हरि-संकीर्तन

लगभग 500 वर्ष पूर्व चैतन्य महाप्रभु ने 'श्री हरिनाम संकीर्तन' की महत्ता को उद्‌घाटित किया था। श्री भक्तिवेदांतजी ने इसी संकीर्तन-परंपरा के विकास के लिए कार्य किया। उनका मत है कि आस्थापूर्वक संकीर्तन श्रवण करने मात्र से मन निर्मल हो जाता है तथा मानव मात्र इसके द्वारा ब्रह्म के नैसर्गिक तथा मौलिक पद तक उठ जाता है। अत: भक्तिवेदांतजी संपूर्ण संसार में 'हरे कृष्ण' के कीर्तन द्वारा नई चेतना जाग्रत् कर रहे हैं। अंतरराष्ट्रीय श्रीकृष्ण भावना संघ के उद्देश्यों के संबंध में कहा गया है—"यह विश्व के भक्तों द्वारा संगठित संस्था है। इस पारस्परिक समझौते के द्वारा कि भक्तिपूर्वक परमप्रभु परमात्मा श्रीकृष्ण की सेवा अथवा भक्ति योग-सिद्धांत हमारे जीवन का चरम लक्ष्य है, भक्तसमुदाय एक सूत्र में समानोद्देश्य के प्रति समर्पित हो, साथ-साथ आवास-निवास करते तथा एतदर्थ क्रियाशीलतापूर्वक प्रयासरत रहते हैं। पारस्परिक परिश्रम तथा प्रयासपूर्वक समस्त भक्तमंडली अपने विविध कार्यकलापों को संपादित करते हुए परमप्रभु श्रीकृष्ण, जोकि भगवद्स्वरूप परमात्मा हैं, पर अपना ध्यान केंद्रित रखती है।"

कठोर संयम, समर्पित जीवन

श्रीकृष्ण भावना संघ के नियम बहुत कठोर हैं। इसमें दीक्षित शिष्य को चार नियमों का पालन अनिवार्य है—1. मांस-भक्षण नहीं होगा, 2. अवैध संभोग वर्जित होगा, 3. मद्यपान तथा नशीले पदार्थों का सेवन नहीं होगा, तथा 4. जुआ आदि निषिद्ध होगा। भारतवासियों के लिए ये नियम कठोर नहीं हैं; लेकिन पाश्चात्य देशवासियों के लिए इन नियमों का पालन बहुत बड़ी तपस्या है। आश्चर्य की बात है कि असंख्य पाश्चात्य देशवासी इन्हीं नियमों का पालन करते हुए कृष्ण-भक्ति की ओर अग्रसर हुए हैं। हजारों उच्च शिक्षा प्राप्त व्यक्ति बड़े-बड़े व्यवसायों या पदों

को छोड़कर संन्यासी हो गए हैं तथा पूरा जीवन ही भगवान् कृष्ण को अर्पित कर चुके हैं। इन समर्पित श्रीकृष्ण प्रेमियों के कारण ही संसार के अधिकांश प्रमुख नगरों में श्रीकृष्ण मंदिरों की स्थापना हो चुकी है।

विदेशी नगरों में कृष्णकीर्तन

श्री भक्तिवेदांतजी का मत है कि 'हरे कृष्ण, हरे कृष्ण, कृष्ण-कृष्ण, हरे-हरे। हरे राम, हरे राम, राम-राम, हरे-हरे' आज के युग का सर्वाधिक शक्तिशाली मंत्र है। इस मंत्र की ध्वनि प्रत्येक प्राणी के कानों तक पहुँचाना समस्त श्रीकृष्ण-भक्तों का परम कर्तव्य है। अत: श्रीकृष्ण भावना संघ के सदस्य ढोल, मृदंग और करतालों के साथ मंदिर, घर या राजमार्गों पर नियमपूर्वक नित्य कीर्तन करते हैं। विशेष रूप से न्यूयॉर्क, लॉस एंजेल्स, बोस्टन, सैन फ्रांसिस्को, बर्कले, डैट्राट, फिलाडेल्फिया, वाशिंगटन, होनोलूलू, लंदन, हेम्बर्ग आदि नगरों के प्रमुख राजमार्गों पर नियमपूर्वक कीर्तन होता है। कीर्तन करनेवाले तथा ढोल-मृदंग बजानेवाले पाश्चात्य देशवासी नर-नारी होते हैं। ये विशुद्ध वैष्णव भक्तों के वेश-विन्यास में जब न्यूयॉर्क आदि के राजमार्गों में संकीर्तन करते निकलते हैं, तब वहाँ आनंद का अद्भुत वातावरण उत्पन्न हो जाता है। हजारों दर्शक मंत्रमुग्ध होकर देखते रह जाते हैं।

अमेरिका में रथयात्रा महोत्सव

'अंतरराष्ट्रीय श्रीकृष्ण भावना संघ' के विभिन्न केंद्रों में प्रतिवर्ष 'भगवान् जगन्नाथ की रथयात्रा' का महोत्सव बड़ी धूमधाम से मनाया जाता है। यूरोप और अमेरिका के असंख्य भक्त अपने-अपने नगरों में हजारों रुपए खर्च करके भव्य रथों का निर्माण करते हैं तथा पूर्ण आस्था और श्रद्धा के साथ प्रमुख राजमार्गों से नाचते-गाते हुए जुलूस निकालते हैं। इन विदेशी रथयात्राओं में कहीं-कहीं एक-एक लाख व्यक्ति भी सम्मिलित होते हैं।

विदेशों में वैष्णवी प्रसाद

श्रीकृष्ण भावना संघ के विभिन्न केंद्रों का प्रसाद एक उल्लेखनीय विशेषता है। यह वैदिक रीति से तैयार कराया जाता है। अमेरिका और यूरोप के श्रीकृष्ण भक्तों को मथुरा-वृंदावन की तरह का शुद्ध वैष्णवी प्रसाद प्राप्त होता है। यह प्रसाद विशेष अवसरों पर नि:शुल्क वितरित किया जाता है। कुछ केंद्रों में प्रसाद पानेवालों की संख्या पंद्रह हजार से भी अधिक हो जाती है।

अमेरिका में वृंदावन की स्थापना

अमेरिका और यूरोप में केवल श्रीकृष्ण-मंदिरों की स्थापना नहीं हुई है, बल्कि ऐसे कई छोटे-छोटे उपनगरों की स्थापना की गई है, जहाँ लोग प्राचीन भारतीय पद्धति से जीवनयापन करते हुए श्रीकृष्ण-भक्ति की साधना करते हैं। इन उपनगरों का परिवेश वृंदावन के समान बनाया गया है। पश्चिमी वर्जीनिया का वृंदावन केंद्र विशेष रूप से उल्लेखनीय है, जहाँ आवासीय गृह, मंदिर, कृषि योग्य भूमि, गौशाला आदि प्राचीन आश्रमों का दृश्य उपस्थित करते हैं।

अमेरिका में भारतीय गुरुकुल

श्री भक्तिवेदांतजी ने अमेरिका के डलास नामक स्थान में प्राचीन भारतीय पद्धति का गुरुकुल स्थापित किया। इसमें साढ़े तीन साल से बारह साल तक के बच्चे शिक्षा पाते हैं। प्राचीन गुरुकुलों के नियमों का पूर्ण रूप से पालन होता है। बच्चे पृथ्वी पर चटाइयों पर सोते हैं। चार बजे प्रात:काल प्रत्येक ब्रह्मचारी को उठना पड़ता है और रात में आठ बजे तक सो जाना पड़ता है। लड़के खोपड़ी घुटाए, तिलक लगाए और चोटी रखाए रहते हैं! लड़कों की पोशाक काषाय रंग की होती है और लड़कियाँ साड़ी पहनती तथा सिर ढके रहती हैं। इनके पाठ्यक्रम में भजन-कीर्तन, गायन, नृत्य की प्रमुखता रहती है। लगभग 60 संन्यासी अध्यापन का कार्य करते हैं। बच्चों और अध्यापकों के नाम शुद्ध भारतीय होते हैं, जैसे-माधव, वेदांत, अनुराधा आदि। इन बच्चों को पाश्चात्य सभ्यता से दूर रखा जाता है। यहाँ के छात्रों को रेडियो, सिनेमा, टेलीविजन, पत्र-पत्रिकाएँ आदि पढ़ने की अनुमति नहीं दी जाती है। संक्षेप में यहाँ की शिक्षा-पद्धति का मुख्य लक्ष्य प्राचीन भारतीय आदर्शों के अनुसार बालकों के आध्यात्मिक व्यक्तित्व का निर्माण करना है। इस गुरुकुल की अमेरिका में बड़ी आलोचना हुई; लेकिन यह बड़ी सफलता से प्रगति कर रहा है। दिन-प्रति-दिन बच्चों की संख्या बढ़ रही है।

भारत में आध्यात्मिक विश्वविद्यालय

श्री भक्तिवेदांतजी का कार्य केवल विदेशों में ही नहीं हुआ है, बल्कि भारत में अनेक स्थानों में उनके शिष्य अभूतपूर्व कार्य कर रहे हैं। चैतन्य महाप्रभु की जन्म स्थली श्री धाम मायापुर में करोड़ों रुपए की लागत से आध्यात्मिक विश्वविद्यालय की स्थापना हुई। 107 गुंबदों का एक श्रीकृष्ण-मंदिर बना है। एक विशाल आश्रम का भी निर्माण हुआ। इसी प्रकार बंबई में जुहू में श्री राधारासबिहारीजी के मंदिर तथा

अंतरराष्ट्रीय अतिथि-गृह का निर्माण हुआ। इसमें मंदिर, विद्यालय, पुस्तकालय, उद्यान, गौशाला, अतिथि-गृह की अति उत्तम व्यवस्था है। इन केंद्रों के अतिरिक्त वृंदावन, हैदराबाद और कलकत्ता में भी केंद्र स्थापित हो चुके हैं। इन केंद्रों का संचालन पूर्ण समर्पित स्वदेशी और विदेशी संन्यासी करते हैं।

भक्ति साहित्य के महान् आचार्य

श्री भक्तिवेदांतजी केवल अद्भुत संगठनकर्ता और भक्त ही नहीं, बल्कि भारतीय अध्यात्म-विद्या के असाधारण आचार्य और अद्भुत लेखक भी थे। उन्होंने भगवान् श्रीकृष्णजी से संबंधित अनेक ग्रंथों के अंग्रेजी में अनुवाद प्रकाशित कराए। इनमें गीता, भागवत्, चैतन्योपदेश, भक्ति-रसामृत-सिंधु के अंग्रेजी अनुवाद विदेशों में विशेष लोकप्रिय हुए हैं। इनके अतिरिक्त अनेक ग्रंथ हैं। उनकी एक पत्रिका 'बैक टू गाडहेड' भी प्रकाशित होती है, जिसकी लाखों प्रतियाँ प्रतिमास बिकती हैं। भक्तिवेदांतजी ने अपने ग्रंथों के द्वारा भारतीय संस्कृति की अभूतपूर्व सेवा की है। इन ग्रंथों के प्रकाशन के लिए आधुनिकतम यंत्रों से सुसज्जित प्रेस है। इन पुस्तकों का वितरण 'श्रीकृष्ण भावना संघ' के सदस्य करते हैं।

भक्तिवेदांतजी की विचारधारा

श्री भक्तिवेदांतजी का कहना था, "हम कोई नया उपदेश या शिक्षा देने नहीं आए हैं, हम तो केवल उसी संस्कृति का स्मरण कराने आए हैं, जिसे भारतवासी भूलने का प्रयास कर रहे हैं।" उनका मत था, "ईश्वर रहित समाज में आप सुखी और शांत नहीं रह सकते। भगवद्गीता में भगवान् श्रीकृष्ण महाराज की श्रीमुखवाणी है कि वे ही वस्तुतः जीवितात्माओं के समस्त कर्मों के आनंद-भोक्ता हैं, समस्त ब्रह्मांडों के सर्वोच्चतम स्वामी वे ही हैं और समस्त प्राणियों के वे ही परमात्मा, सुहृद और शुभेच्छु हैं। इसे जब संसार के प्राणी शांति के सूत्र के रूप जान लेंगे, तभी शांति का प्रसार प्रारंभ हो जाएगा।"

भक्तिवेदांतजी के अनुसार घर को सुखी बनाने की सर्वोत्तम प्रक्रिया कृष्ण चेतना या भावना में रहना है। यदि कोई व्यक्ति पूर्ण रूप से कृष्ण-चेतना से युक्त होना चाहता है, तो यह कार्य बड़ी सरलता से कर सकता है। उसे 'हरे कृष्ण, हरे कृष्ण, कृष्ण-कृष्ण, हरे-हरे। हरे राम, हरे राम, राम-राम, हरे-हरे' का मंत्र जपना चाहिए, भगवान् को अर्पित करके भोजन ग्रहण करना चाहिए, गीता और भागवत् का अध्ययन-चिंतन करना चाहिए और भगवान् कृष्ण की मूर्ति की पूजा करनी

चाहिए। ये चार कार्य किसी भी व्यक्ति को सुखी बना सकते हैं। परिवार के सदस्यों को भी इन्हीं कार्यों के लिए प्रशिक्षित करना चाहिए। परिवार के समस्त व्यक्ति सुबह-शाम मूर्ति के समक्ष बैठकर कुछ देर हरे कृष्ण कीर्तन करें तो अच्छा है। कृष्ण-चेतना के साधक को प्रत्येक स्थिति में दुःख या सुख से लगाव नहीं रखना चाहिए; क्योंकि यह संसार कभी पूर्ण रूप से दुःखी या पूर्ण रूप से सुखी नहीं रह सकता। सांसारिक जीवन में सुख और दुःख दोनों अनिवार्य रूप से रहते हैं।

भक्तिवेदांतजी का मत है, "वर्तमान सभ्यता का दुर्दांततम दोष यह है कि मानव दूसरों की संपत्ति का ऐसा अतिक्रमण कर बैठा है, मानो उसी की मिल्कियत हो और ऐसा करके प्रकृति के विधान की इस अवहेलना ने अर्थकारी अशांति एवं उद्वेग का ही सृजन किया है। ये विधान अत्यंत सशक्त हैं। किसी भी जीवात्मा द्वारा इसका उल्लंघन असंभव है। जो श्रीकृष्ण-भावनाश्रित है, केवल वही प्राणी प्राकृतिक विधान संबंधी कठोरताओं को जीतकर संसार में सुखी एवं सुशांत रह सकता है।"

भक्तिवेदांतजी का योगदान

विदेशों में भक्तिवेदांतजी का कार्य अप्रतिम है। वस्तुतः भक्तिवेदांतजी ने भारत की प्राचीन संस्कृति की महत्ता को प्रतिष्ठित किया। उन्होंने भक्तियोग की प्राचीन पद्धति को किसी की सुविधा के लिए संशोधित नहीं किया। विदेशी शिष्यों को आचार-विचार की छूट नहीं दी। उनके शिष्यों को भारतीय वैष्णव आदर्शों का कठोरतापूर्वक पालन करना पड़ता है। विशाल जनसमुदाय में उनके शिष्यों को दूर से पहचाना जा सकता है। यह भक्तिवेदांतजी के चमत्कारी व्यक्तित्व का प्रभाव है कि उच्च शिक्षा प्राप्त तथा सर्वसंपन्न विदेशी अपने जीवन के प्रत्येक क्रियाकलाप को अपने गुरु की इच्छा के अनुरूप रूपांतरित कर देते थे तथा अपना समग्र जीवन श्रीकृष्ण-भक्ति को अर्पित कर देते थे।

कृष्ण-चेतना के विभिन्न केंद्रों के निर्माण में करोड़ों रुपया व्यय हुआ है तथा उनके संचालन में प्रतिमास लाखों रुपए व्यय होते हैं। इस प्रचुर धनराशि की व्यवस्था भक्तिवेदांतजी के भक्तों द्वारा होती है। कैसा समर्पण है, कैसी उदारता है, कैसा त्याग है! यह सब भक्तिवेदांतजी के महान् व्यक्तित्व का प्रतिफल है।

भक्तिवेदांतजी में सौंदर्य-बोध और आत्मविश्वास भी असाधारण था। वे जिस योजना के लिए संकल्प कर लेते हैं, वह अवश्य कार्यान्वित होती। उनकी प्रबल इच्छाशक्ति के कारण अनेक असंभव कार्य संभव हुए। उनके निर्देशन में निर्मित मंदिर, केंद्र, विद्यालय आदि उनकी दिव्य सौंदर्यात्मक परिदृष्टि के परिचायक हैं।

उनके द्वारा संपादित, अनूदित तथा लिखित ग्रंथों का प्रकाशन भी आकर्षक रीति से हुआ है। रूप-सज्जा और कलात्मकता की दृष्टि से वे दर्शनीय एवं संग्रहणीय हैं।

भारत में भक्तिवेदांतजी के महान् कार्य का आंशिक परिचय श्रीधाम मायापुर (कलकत्ता से चालीस मील दूर) तथा बंबई के केंद्रों के दर्शन से हो सकता है। कृष्णचेतना आंदोलन के संबंध में अधिक जानकारी प्राप्त करने तथा पुस्तकें आदि मँगाने के लिए निम्नांकित पते पर संपर्क किया जा सकता है—संचालक, इंटरनेशनल सोसाइटी फॉर कृष्ण कॉन्ससनेस, हरे कृष्णलैंड, जुहू, जुहू रोड, बंबई-400054।

□

सिद्ध योगी स्वामी राम

(1925 ई.–1996 ई.)

भारत की अप्रतिम, अपराजेय, असहज योग-परंपरा में परमश्रद्धेय स्वामी राम (हिमालय) का व्यक्तित्व महान् महिमामंडित है; कृतित्व आश्चर्यजनक, अविस्मरणीय एवं अतुलनीय है तथा जीवन उदात्त, उदार और उदग्र है। वह अद्भुत महात्मा हैं—गेरुए वस्त्रों में रुचि नहीं; शिष्य-मंडली के संवर्धन में विश्वास नहीं, दान-पुण्य स्वीकार नहीं, विज्ञापन या प्रचार के प्रति आकर्षण नहीं। उनके हृदय में उत्कट आकांक्षा है—पाखंड का खंडन हो; शुद्ध भारतीय धर्म, संस्कृति, योग, अध्यात्म की विश्व में प्रतिष्ठा हो; समग्र मानवता के कल्याण के लिए भारतीय ज्ञान-विज्ञान दर्शन का सम्यक् उपयोग हो।

श्री स्वामी राम के प्रारंभिक जीवन के संबंध में कोई प्रामाणिक तथ्य उपलब्ध नहीं है। विदेशों से प्रकाशित उनकी पुस्तकों में जो परिचय प्राप्त होता है, उसके अनुसार उनका जन्म सन् 1925 में उत्तर प्रदेश के पर्वतीय क्षेत्र के एक धर्मनिष्ठ ब्राह्मण परिवार में हुआ था। बाल्यावस्था में वह एक सिद्ध बंगाली संत के शिष्य हो गए थे। फलतः संपूर्ण जीवन उच्च कोटि की साधना में व्यतीत हुआ। गुरु-उपदेश से पश्चिम में योग-प्रचार के लिए गए और विभिन्न देशों में अनेक आश्रम स्थापित किए।

स्वामी राम आजीवन योग-साधना में रत रहे। पाँच वर्ष की अवस्था से ही परम सिद्ध बंगाली महात्मा के संरक्षण में वह योग-मार्ग में अग्रसर हुए, संपूर्ण सार्थक साहित्य का अध्ययन किया, कृच्छ साधनाओं द्वारा अनुभव अर्जित किए, विविध प्रकार की तांत्रिक और यौगिक सिद्धियों को हस्तामलक किया, संस्कृत, अंग्रेजी तथा हिंदी में अनेक ग्रंथ लिखे और मनोविज्ञान, शरीर-विज्ञान, तथा चिकित्साशास्त्र

के क्षेत्रों में अद्भुत अनुसंधान करके संसार के वैज्ञानिकों को आश्चर्यचकित कर दिया। वह अपने गुरुदेव के आदेश से विदेशों में भारतीय योग-विज्ञान की वैज्ञानिक प्रतिष्ठा के लिए प्रयत्नशील रहे।

अनेक भारतीय योगी, संत, महात्मा, प्रचारक विश्व के विभिन्न भागों में भिन्न-भिन्न उद्देश्यों से कार्यरत रहे हैं, किंतु इन सबमें श्रद्धेय स्वामीजी का लक्ष्य तथा उनकी प्रविधि या कार्यप्रणाली पर्याप्त पृथक् थी। उनका दृढ़ अभिमत ही नहीं, अपितु सुनिश्चित सिद्धांत है कि भारतीय योग पाश्चात्य विज्ञानों के समक्ष एक प्रामाणिक, परीक्षित तथा परिपुष्ट विज्ञान है। इसकी आधारभूत सैद्धांतिकी किसी भी आधुनिक विज्ञान के निष्कर्ष पर सार्थक सिद्ध हो सकती है। उन्होंने अपने मत को इंग्लैंड, जर्मनी, जापान, संयुक्त राज्य अमेरिका आदि देशों के वैज्ञानिकों के समक्ष प्रस्तुत किया और उन्हें किंकर्तव्यविमूढ़ किया था।

स्वामीजी के समस्त अनुसंधानों, चमत्कारों तथा उपलब्धियों का उल्लेख एक छोटे लेख में संभव नहीं है। यहाँ उनके कुछ विशिष्ट प्रयोगों का संक्षिप्त परिचय दिया जाएगा।

संयुक्त राज्य अमेरिका में 'दि मेनिंजर फाउंडेशन' (बॉक्स 829, टोपेका, कैन्सास, 66601) नाम का चिकित्सा विज्ञान का सर्वश्रेष्ठ अनुसंधान केंद्र है। यहाँ के अनेक वैज्ञानिकों ने स्वामीजी पर शारीरिक क्रिया संबंधी अर्थात् आंतरिक स्थितियों के ऐच्छिक नियंत्रण संबंधी कुछ प्रयोग किए। इन प्रयोगों के परिणाम उन वैज्ञानिकों को आश्चर्यचकित करनेवाले हुए। समस्त प्रयोग आधुनिकतम सूक्ष्म से सूक्ष्म यंत्रों, उपकरणों तथा कुशलतम विशेषज्ञों द्वारा संपन्न हुए। पहला प्रयोग तापमान (टेंपरेचर) से संबंधित था। स्वामीजी ने अपना एक हाथ लकड़ी के बोर्ड पर रख दिया। उनकी हथेली के दो भिन्न-भिन्न भागों पर तापमान नापने के यंत्र लगाए गए। उन्होंने शरीर का कोई अंग या कोई भाग हिलाए बिना हथेली के दोनों भागों का तापमान भिन्न-भिन्न डिग्रियों पर पहुँचा दिया और थोड़ी ही देर में दोनों भागों का तापमान सामान्य और समान कर दिया। इस प्रयोग के पूर्व वह इंग्लैंड में वैज्ञानिकों के समक्ष हथेली में पानी खौलाकर दिखा चुके थे। वह 4° फारेनहाइट प्रति मिनट की दर से हथेली के एक भाग का तापमान घटा-बढ़ा सकते थे।

मेनिंजर फाउंडेशन में स्वामीजी का दूसरा प्रयोग हृदय की गति कम करने, अधिक करने तथा बिल्कुल बंद करने से संबंधित था। वैज्ञानिकों को विश्वास नहीं हो रहा था कि कोई व्यक्ति अपनी इच्छानुसार हृदय की गति अवरुद्ध करके जीवित

रह सकता है। अत: उन्होंने कुछ कानूनी कागज-पत्रों पर स्वामीजी के हस्ताक्षर कराए और धड़कते हुए दिलों से उन्होंने स्वामीजी पर प्रयोग प्रारंभ किया। समस्त विशेषज्ञों की दृष्टियाँ इस भारतीय योगी पर टिकी हुई थीं, लगभग सभी दुर्घटना की आशंका कर रहे थे; लेकिन योगी अत्यंत सहज-स्वाभाविक मुद्रा में प्रयोग संबंधी वैज्ञानिक उपकरण-यंत्रों को अपने शरीर में धारण कर रहा था। प्रयोग प्रारंभ हुआ। डॉक्टरों का कहना है कि यदि केवल 10 सेकंड के लिए हृदय की गति रुक जाए तो अद्भुत बात है; किंतु स्वामीजी ने 17 सेकंड के लिए हृदय की गति को रोक दिया। इतना ही नहीं, उन्होंने हृदय की धड़कन 70 प्रति मिनट से 300 प्रति मिनट पहुँचा दी। प्रयोग-समय समाप्त हुआ और स्वामीजी सामान्य मुद्रा में हँस-हँसकर बातें करने लगे; लेकिन अनेक हृदय-विशेषज्ञ उनको विस्फारित नेत्रों से देख रहे थे। वे सोच रहे थे कि जब हृदय की धड़कन 300 प्रति मिनट पहुँच जाए या शून्य हो जाए तो किसी भी स्थिति में मनुष्य को जीवित नहीं रहना चाहिए, लेकिन यह भारतीय तो पूर्ण स्वस्थ बैठा है।

स्वामीजी को उक्त प्रयोग की तैयारी में केवल तीन मिनट का समय लगा। उन्होंने वैज्ञानिकों को बताया कि उनके गुरु इससे जटिल प्रयोग केवल तीन सेकंड में संपन्न कर सकते हैं।

स्वामीजी ने चेतन-अचेतन मस्तिष्क की प्रक्रिया के संबंध में कुछ आश्चर्यजनक तथ्य प्रदान किए तथा आधुनिक मनोविज्ञान की जड़ें हिला दी थी। 'मेनिंजर फाउंडेशन' के मनोवैज्ञानिकों ने उनके मस्तिष्क पर अनेक प्रयोग किए। उनमें सबसे आश्चर्यजनक निद्रा के संबंध में थे। विज्ञान में ऐसे यंत्रों का आविष्कार हो चुका था, जिनसे यह पता चल जाता है कि कोई व्यक्ति आधी नींद में है या पूरी नींद में है अथवा घोर नींद में है। स्वामीजी के शरीर में ऐसा ही यंत्र संलग्न कर दिया गया। वह पाँच मिनट के अंदर घोर निद्रा की स्थिति में पहुँच गए। इसी स्थिति में उनको देख रहे वैज्ञानिक ने धीमे-धीमे स्वर में कुछ वाक्य कहे। पच्चीस मिनट तक वह अनेक बातें मुँह से उच्चारण करता रहा। स्वामीजी से केवल 25 मिनट सोने के लिए कहा गया था, अत: वे ठीक पच्चीस मिनट पर जाग गए और कहा कि जब मैं घोर निद्रा में था तो कोई छत के ऊपरी भाग पर घूमा है, टिक-टिक की आवाज होती रही है, कहीं पर दो बार दरवाजे भड़के हैं तथा जो वैज्ञानिक पास खड़ा था, उसने पच्चीस मिनट में यह—यह कहा है। उन्होंने अक्षरश: सब बातें दोहरा दीं, जो सोते समय कही गई थीं।

स्वामीजी ने इससे भी जटिल प्रयोग करके दिखाया। वह घोर निद्रा की अवस्था में पहुँच गए। उनके आसपास कई भाषाओं के जानकार व्यक्ति बैठ गए। सबने भिन्न-भिन्न भाषाओं में कुछ कहा। जब वह जागे तो उन्होंने भिन्न-भिन्न भाषाओं में कही गई बातें अक्षरश: दोहरा दीं, यद्यपि वह उन भाषाओं को जानते नहीं थे।

स्वामीजी ने लोहे की काफी मोटी छड़ मेज पर रखवाई। वह उससे दूर जाकर बैठ गए। वैज्ञानिक छड़ के पास खड़े हो गए। स्वामीजी ने कुछ पल छड़ को देखा और वह टेढ़ी हो गई। जिस छड़ को एक जवान मनुष्य अपने दोनों हाथों से टेढ़ा नहीं कर सकता था, उसे उन्होंने दृष्टिपात मात्र से टेढ़ा कर दिया।

प्राय: डॉक्टर एक्स-रे या ऑपरेशन के बाद भी शरीर के आंतरिक भाग के रोगों का ठीक-ठीक निदान नहीं कर पाते हैं; किंतु स्वामीजी कुछ सेकंडों में रोगी को देखते ही एक्स-रे से अधिक शुद्ध निदान कर देते थे। मेनिंजर फाउंडेशन के डॉक्टरों ने उनके इस कौशल की अनेक प्रकार से परीक्षा की और उन्हें शत-प्रतिशत सही पाया।

स्वामीजी कभी-कभी असाध्य रोगों की चिकित्सा भी कर देते थे। कानपुर में एक भक्त की पुत्री के चेचक निकल आई थी। उसके कष्ट को देखकर वह द्रवित हो गए। उन्होंने कुछ मंत्र पढ़े और उसकी चारपाई की परिक्रमा की। कुछ ही देर में उसकी चेचक विलुप्त हो गई और वह दूसरे दिन पूर्ण स्वस्थ हो गई; किंतु स्वामीजी की जाँघों में चेचक निकल आई, जो कई दिन बाद ठीक हुई। इसी प्रकार उन्होंने एक भक्त के गले का कैंसर ठीक किया। उन्होंने इस अद्भुत योग-पद्धति से सहस्रों असाध्य रोगियों को रोगमुक्त किया।

स्वामीजी के चमत्कारों की संख्या अगणित है। मैं उनके अनेक स्वदेशी, विदेशी नए-पुराने भक्तों से मिला हूँ तथा उनके स्वामीजी संबंधी संस्मरणों को ध्यान से सुना है। अनेक संस्मरण मेरे अपने भी हैं। मैंने स्वयं देखा कि टेलीफोन का रिसीवर उठाए बिना ही वह बता देते थे कि किसका फोन है। पाकिस्तानी युद्ध के समय वे भावी मुख्य घटनाओं को एक दिन पूर्व ही बताते थे। मेरे एक मित्र से एक दिन उन्होंने कह दिया—"तुम्हारी पुत्री की शादी अमुक तिथि को होगी, वर अमुक स्थान का निवासी है तथा उसका अमुक नाम है।" सब बातें शत-प्रतिशत सत्य सिद्ध हुईं। अमेरिका के एक व्यक्ति ने अपना अनुभव सुनाते हुए कहा कि यदि स्वामीजी न चाहें तो ग्रुप में या पृथक् से उनका फोटो नहीं लिया जा सकता है। वह जिस अंग का फोटो देना चाहेंगे, वहीं आएगा, शेष का नहीं। एक भक्त को उन्होंने

अपनी माला दे दी। भक्त मद्रास जा रहे थे। मार्ग में कहीं माला गिर गई। भक्त माला खो जाने के कारण बहुत उद्विग्न हो गए। स्वामीजी उस समय ऋषिकेश में अपने कुछ भक्तों के साथ बैठे बात कर रहे थे। उन्होंने उन बैठे लोगों में से एक से कहा, "मद्रास में इस पते पर इन सज्जन को तार कर दो कि वह माला के लिए चिंतित न हों, माला मेरे पास पहुँच गई है।" माला सचमुच उनके हाथ में थी। माला संबंधी अन्य कई विचित्र घटनाएँ सुनने को मिली हैं।

एक दिन एक इंजीनियर से स्वामीजी मिले, जो योग की शक्तियों पर विश्वास नहीं करते थे। स्वामीजी ने उनसे कोई पुस्तक लेकर खोलने को कहा। उन्होंने एक इंजीनियरिंग की पुस्तक लेकर खोल ली। स्वामीजी धारा-प्रवाह उन पृष्ठों पर छपी सामग्री को बिना देखे हुए बोलने लगे। एक बार मेरे आग्रह पर उन्होंने एक मोटे कपड़े से अपनी आँखों पर पट्टी बँधवा ली। इसके बाद मैंने एक कागज पर भविष्य से संबंधित कुछ प्रश्न लिखे। उन्होंने बंद आँखों से बड़ी सरलता से उन प्रश्नों को पढ़ दिया और उत्तर भी दिए। स्वामीजी दृष्टिपात या स्पर्शमात्र से किसी को घंटों या दिनों के लिए विशेष चेतन समाधि में पहुँचा देते थे। यह मैंने व्यक्तिगत रूप से अनुभव किया, जो एक पृथक् लेख का विषय है।

स्वामीजी दूसरे के मस्तिष्कों में उठनेवाले विचारों को बड़ी सरलता में समझ लेते। आप उनके सामने चुपचाप बैठ जाए। वह जो कुछ सोच रहा होता, स्वामीजी वह बताते चले जाते। अमेरिका के एक सज्जन ने बताया कि एक दिन उनकी पत्नी से उनका झगड़ा हो रहा था, स्वामीजी उस समय लगभग एक हजार मील दूर थे। लेकिन उसी समय उन सज्जन के पास टेलीफोन आया। घंटी बजते ही युद्धविराम हो गया। रिसीवर उठाते ही उन्होंने उन सज्जन को डाँटना शुरू किया कि वे आपस में क्यों लड़ते हैं। उन्होंने लड़ाई का कारण भी बता दिया।

मैं अनुभव कर रहा हूँ कि उक्त वर्णन को पढ़कर अनेक पाठकों के मन में विविध प्रकार की शंकाएँ उठ रही होंगी। इन सब प्रश्नों का केवल एक ही उत्तर है कि योगी और योग की शक्ति का ठीक-ठीक परिचय व्यक्तिगत अनुभव से हो सकता है और अनुभव निष्ठा एवं अध्यवसाय द्वारा प्राप्त किया जा सकता है। जहाँ तक स्वामीजी का संबंध है, वह खुली पुस्तक थे। उन्होंने प्रबुद्ध वैज्ञानिकों को सब प्रकार से संतुष्ट किया, अतः संदेह के लिए कोई स्थान नहीं रह गया था।

स्वामीजी पूर्ण रूप से निस्पृह संत और साधक थे। यश, अर्थ, पद का उन्हें लेश मात्र का मोह नहीं था। वह श्रमजीवी और मसिजीवी महात्मा थे। वह भाषणों,

लेखों और पुस्तकों द्वारा जो धन अर्जित करते थे, उसी से अपनी आवश्यकताओं की पूर्ति करते थे। जो धन बढ़ता उसे दान कर देते थे। मार्च सन् 1972 में लगभग छह लाख रुपए लैंसडाउन और ऋषिकेश के विद्यालयों को दान में दिया था। रामकृष्ण मिशन कनखल, गढ़वाल विश्वविद्यालय, कुष्ठ केंद्र श्रीनगर, नेत्र चिकित्सालय रामनगर, ऋषिकेश को प्रचुर धन दिया था। विदेशों में उनके भाषणों, प्रशिक्षणों, पुस्तकों आदि से प्रचुर धन प्राप्त होता है। उसका अधिकांश भाग समाज-कल्याण के कार्यों के लिए ही जाता है। उनकी योजना थी कि विदेशों में भारतीय योग-विज्ञान संबंधी केंद्र खुलें तथा भारत में पाश्चात्य ज्ञान-विज्ञान के शिक्षण की समुचित व्यवस्था हो। इस प्रकार भारतीय योग-विज्ञान तथा पाश्चात्य विज्ञान का समन्वय हो। उनका दृढ़ मत था कि यदि योग आधुनिक विज्ञान की भूमिका प्राप्त कर ले, तो यह संसार के लिए क्रांतिकारी रूप से उपयोगी सिद्ध हो सकता है। स्वामी रामजी इस अभूतपूर्व, कल्पनातीत, महान् कार्य को संपन्न करने का अदम्य प्रयास करते रहे हैं। निश्चित ही उनका कार्य युगांतरकारी माना जाएगा।

सन् 1970 में स्वामीजी ने अमेरिका के शिकागो नगर के ग्लेनव्यू नामक स्थान में 'हिमालयन इंटरनेशनल इंस्टीट्यूट ऑफ योग साइंस ऐंड फिलॉसफी' संस्था की स्थापना की थी। यह योगाश्रम केवल चार एकड़ भूमि में अवस्थित था। यहीं से उनकी योग प्रचार संबंधी गतिविधियों का विस्तार हुआ। केवल दस वर्ष की अल्प अवधि में उनका कार्यक्रम इतना विस्तृत हो गया कि ग्लेनव्यू का आश्रम बहुत छोटा प्रतीत होने लगा। अतः कुछ दूर पेंसिल्वेनिया राज्य में 'होंसडेल' नामक पर्वतीय स्थान के सुरम्य प्राकृतिक परिवेश में साढ़े चार सौ एकड़ भूमि पर बने लगभग दो सौ कमरे वाले भवन में हिमालयन इंस्टीट्यूट के मुख्य केंद्र को स्थानांतरित किया गया। यहाँ योग केंद्र, योग चिकित्सालय, प्रकाशन, निजी प्रेस, बृहत् पुस्तकालय, आधुनिक उपकरणों से सुसज्जित प्रयोगशाला, योग संबंधी पोस्ट ग्रैजुएट कॉलेज, छात्रावास, वर्कशॉप आदि अनेक विभाग सुव्यवस्थित रूप से कार्य कर रहे हैं। इसके अतिरिक्त, हिमालयन इंस्टीट्यूट की अन्य शाखाएँ अमेरिका के विभिन्न नगरों में कार्य कर रही हैं। यूरोप के कई देशों में भी स्वामीजी द्वारा स्थापित योग केंद्र हैं। ये योग-संस्थान चिकित्सा, विज्ञान और अध्यात्म के क्षेत्र में पश्चिमी जनमानस पर उल्लेखनीय प्रभाव डाल रहे हैं।

परम पूज्य स्वामी रामजी योग के प्रति वैज्ञानिक दृष्टिकोण प्रतिष्ठित करने के लिए अमेरिका में योग सम्मेलनों की शृंखला का आयोजन किया। इन सम्मेलनों

में विश्व के विभिन्न देशों के योगी, वैज्ञानिक, विचारक आदि महत्त्वपूर्ण व्यक्ति विचार-विमर्श करते थे। हजारों की संख्या में अमेरिकावासी प्रचुर धन व्यय करके इन सम्मेलनों में भाग लेते थे और नए युग की भूमिका के निर्माण में सक्रिय योगदान करते थे। स्वामीजी द्वारा आयोजित इन अंतरराष्ट्रीय योग-सम्मेलनों ने पश्चिमी जगत् के सांस्कृतिक, आध्यात्मिक इतिहास में एक अभिनव अध्याय जोड़ा।

स्वामी रामजी केवल संगठनात्मक और प्रचारात्मक कार्यों में ही नहीं लगे, अपितु उन्होंने उच्च कोटि के योग संबंधी साहित्य का सृजन करके अपनी असाधारण लेखन-प्रतिभा का परिचय भी दिया। उनकी कई पुस्तकों के विश्व की कई भाषाओं में अनुवाद हो चुके हैं। स्वामीजी की 'लिविंग विद दि हिमालयन मास्टर्स' तो विश्व के आध्यात्मिक साहित्य में अनुपम पुस्तक है। 'योग ऐंड साइको थेरैपी' मनोविज्ञान के क्षेत्र में नया अवदान है। अन्य सभी पुस्तकें भी बहुत लोकप्रिय हैं। स्वामीजी के योग-साहित्य की सबसे बड़ी विशेषता यह है कि उनमें पांडित्य का प्रदर्शन नहीं है, बल्कि उनमें साधना की गहन अनुभूतियों की सहज अभिव्यक्ति है।

अपने इहलौकिक जीवन के अंतिम चरण में स्वामीजी ने अपनी गतिविधियों का केंद्र पुनः भारतभूमि को बनाया। विदेश स्थित आश्रमों एवं संस्थानों में उन्होंने स्वामित्व तो कभी रखा ही न था, अब संचालन की जिम्मेदारी पूर्णतः वहाँ के शिष्यों और भक्तों को सुपुर्द हो गई। स्वामीजी ने नेपाल में भी एक आश्रम की स्थापना की और कुछ काल वहाँ प्रवास किया। इसके बाद उन्होनें गढ़वालवासियों की एक बड़ी समस्या का हल करने का निश्चय किया। उत्तराखंड में उस समय कठिन रोगों के इलाज के लिए चिकिस्तकीय सुविधा का अभाव था। वहाँ के लोगों को गंभीर लोगों के इलाज के लिए दिल्ली आना पड़ता था और अधिकांश इसका वय वहन नहीं कर सकते थे। स्वामीजी ने ऋषिकेश के आश्रम (साधना मंदिर) में रहते हुए जॉली ग्रांट (देहरादून) में एक विशाल और आधुनिकतम सुविधाओं से संपन्न मेडिकल कॉलेज, चिकित्सकालय और शोध केंद्र की स्थापना की। इस संसथान में उनकी 'सम्पूर्ण स्वास्थ्य' (होलिस्टिक हेल्थ) की परिकल्पना को मूर्त रूप दिया गया। इसके साथ ही पिछड़े और ग्रामीण इलाकों की समस्याओं को लक्ष्य कर विस्तार गतिविधियों पर बल दिया गया। योग की प्रतिष्ठा को स्थापित करने और मानवमात्र की सेवा की उनकी परियोजना अब सशक्त रूप से संचालित हो रही थी। साधकों और सेवाभाव रखने वालों की पर्याप्त संख्या जुड़ चुकी थी। तभी उन्होंने सांसारिक जीवन यात्रा को विराम देने का निश्चय किया। नवम्बर 1996 में उन्होनें शरीर

त्याग किया और उच्चतर स्थितियों की ओर गमन किया। अनेक दूरस्थ भक्तों को उन्होनें शरीर के बाद उसकी सूचना स्वयं दर्शन देकर दी। परम सिद्ध वैष्णव संत श्री नारायणदास जी (बैकल बाबा) ने कहा, 'वे कहीं नहीं गए, आज भी हैं। उन्हें मनुष्य न मानो, साक्षात राम समझो।'

परम–पूज्य स्वामी राम का समग्र व्यक्तित्व अप्रतिम अलौकिक शक्तियों का स्रोत है। संसार में वह सदा महान् योगियों और संतों की कोटि में परिगणित होंगे। वे व्यक्ति अत्यंत दुर्भाग्यशाली हैं, जो उनको सामान्य मनुष्य या साधारण योगी समझते हैं।

□

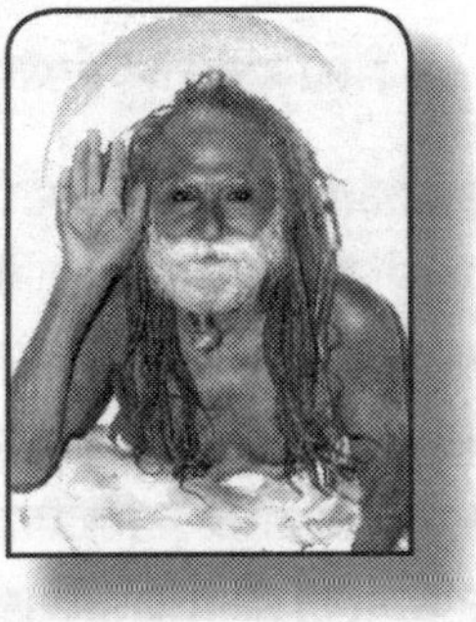

देवरहा बाबा

(अज्ञात 1990 ई.)

सिद्ध योगी प्रत्येक युग में रहते हैं। आज भी भारतभूमि में महान् सिद्ध संतों का अभाव नहीं है। यह सत्य है कि ऐसे महापुरुष सहज सुलभ नहीं होते हैं; लेकिन श्री श्री 1008 ब्रह्मर्षि योगिराज देवरहा बाबा इस कथन के अपवाद हैं। उनमें अनंत योग-सिद्धियाँ हैं, अतुलनीय अनुभूतिजन्य आध्यात्मिक ज्ञान है, असीम वैराग्य भाव है, फिर भी वे लोककल्याण की भावना से प्रेरित होकर जनसाधारण के लिए उपलब्ध रहते हैं—समाज से दूर हिमालय की गुफाओं में निवास नहीं करते हैं। उनकी कृपा किसी एक वर्ग के लिए सीमित नहीं है। हिंदू, मुसलमान, सिख, ईसाई—सभी धर्मों के व्यक्ति उनके स्नेह के अधिकारी होते हैं। धनी और गरीब, विद्वान् और मूर्ख, सब वर्गों के लोग समान रूप से कृपापात्र बनते हैं। मनुष्य ही नहीं, पशु-पक्षी तक उनका आशीर्वाद प्राप्त करने को उनके चरणों में सिर झुकाते हैं। प्राकृतिक शक्तियाँ उनके संकेतों पर अपनी गतिविधियाँ निर्धारित करती हैं। सहस्रों भक्त देश-विदेश से उनके दर्शन के लिए नित्य पहुँचते हैं।

अपरिवर्तनशील काया

श्री देवरहा बाबाजी का व्यक्तित्व विराट् और विलक्षण है। उनके भक्तों में अनेक उच्च कोटि के विद्वान्, वैज्ञानिक, मंत्री, न्यायाधीश, उच्च पदाधिकारी और साधु-संत हैं; पर कोई यह नहीं कह सकता है कि वह उनके समग्र जीवन और व्यक्तित्व को ठीक-ठीक समझता हो। वस्तुत: वे मानव बुद्धि से परे हैं, उनके जन्म स्थान, जन्मतिथि, आयु आदि का किसी को ज्ञान नहीं है। उनके 70-80 वर्ष के वृद्ध भक्तों का कहना है कि जब से उन्होंने बाबा को देखा है, तब से उनकी शारीरिक अवस्था में कोई परिवर्तन नहीं हुआ है। राजर्षि पुरुषोत्तम दास टंडनजी कहा करते थे

कि विगत 50 वर्षों से बाबा को अपरिवर्तनशील शरीर में देख रहा हूँ। बाबा की आयु बहुत अधिक थी। अनेक प्रमाणों से पता चलता है कि बाबा ढाई सौ वर्ष से अधिक आयु के थे। योगबल से वे अपने शरीर को क्षीण नहीं होने देते थे। अंत के लगभग पचास वर्ष वे उत्तर प्रदेश के देवरिया जिले के लार स्टेशन से पाँच मील पश्चिम में महल तथा नरियांव बस्तियों के निकट सरयू नदी में मचान बनाकर रहते थे। बाबा ने दीर्घकाल तक दक्षिण भारत की गुफाओं में कठोर तप किया था। वे पवित्र नदियों के तट पर ही रहते थे। भारत की समस्त प्रमुख नदियों के तट पर उनका निवास रह चुका है। दीर्घकाल तक वे केवल नाव पर ही रहे हैं।

सर्वशक्तिसंपन्न संत

श्री देवरहा बाबाजी सर्वशक्तिसंपन्न त्रिकालज्ञ संत थे। उनके लिए कोई कार्य असंभव नहीं थे। उनके चमत्कारी कार्यों की अगणित अनुभूतियाँ लाखों भक्तों के हृदयों में संचित हैं। बाबा चमत्कार दिखाने के लिए कोई कार्य नहीं करते थे; लेकिन भक्तों के कष्ट दूर करने के लिए जो कृपा करते हैं, उससे ही उनकी महान् अलौकिकता का परिचय प्राप्त हो जाता है। बाबा में ज्ञान और तप का अद्‌भुत समन्वय था। बाबा जितने बड़े तपस्वी थे, उतने ही बड़े ज्ञानी भी थे। बाबा ने भूख, प्यास, निद्रा आदि पर पूर्ण नियंत्रण कर लिया था। जाड़ा, गरमी, बरसात उनके शरीर को कोई कष्ट नहीं पहुँचा सकते। बाबा को कभी किसी ने पढ़ते नहीं देखा; लेकिन जब श्रोताओं के समक्ष वह बोलना प्रारंभ करते थे तो वह शास्त्रों के इतने उद्‌धरण देते कि बड़े-बड़े विद्वान् आश्चर्यचकित रह जाते थे। शास्त्रों के जटिलतम प्रश्नों का समाधान बड़ी सहज रीति से कर देते थे। बाबा के व्यक्तित्व की सबसे बड़ी विशेषता यह थी कि जीवनमात्र के प्रति असीम दया। जो भी उनके चरणों के निकट पहुँचता है, उनकी कृपा का पात्र बनता है।

प्रकृति के निर्देशक देवरहा बाबा

श्री देवरहा बाबा का आश्रम सरयू नदी के तट पर है। एक बार बाबा भ्रमण करते हुए देवरिया में सरयू के तट पर पहुँचे, तो वहाँ के किसानों ने बाबा से कहा कि सरयू तट की भूमि को बड़ी तेजी से काट रही है, जिससे उनके खेत समाप्त होते जा रहे हैं और उनकी जीविका का साधन छिनता जा रहा है। बाबा ने सरयू नदी के तट पर अपना मचान बनाने का आदेश दे दिया और वहीं रहने लगे। उस समय से नदी ने तटभूमि को काटना बंद कर दिया। बाबा के मचान के आसपास बबूल के वृक्ष

हैं। बबूल में काँटे होते हैं; लेकिन बाबा के मचान के निकट वाले बबूल के वृक्षों में काँटे नहीं उगते। जंगल में अनेक जीव-जंतु रहते हैं। वे सब बाबा का आदेश-पालन करते थे। एक दिन भक्तों की उपस्थिति में तीन लोमड़ियाँ बाबा के मचान के पास आ गईं। बाबा ने उनकी ओर कुछ प्रसाद फेंक दिया। प्रसाद खाकर वे जंगल में चली गईं। भक्तों को यह दृश्य देखकर आश्चर्य हो हुआ। कौतूहल में भक्तों ने बाबा से लोमड़ियों को फिर बुलाने का आग्रह किया। कुछ क्षणों में तीनों लोमड़ियाँ बाबा के मचान के पास आ गईं और प्रसाद पाकर पुन: जंगल में चली गईं।

सन् 1965 में बाबा ऋषिकेश गए। उनका मचान बस्ती से दूर गंगा-तट पर बनाया गया। सूर्यास्त के बाद अनेक जंगली हाथी झुंड बनाकर मचान के पास खड़े हो जाते थे और कुछ क्षण बाद बिना क्षति पहुँचाए जंगल में चले जाते थे। उच्च अधिकारियों और भक्तों को कुछ भय प्रतीत हुआ। अत: उन्होंने बाबा से वहाँ से मचान हटाने का अनुरोध किया; लेकिन बाबा ने कहा, "समझो कि मैंने इन हाथियों को पालकर रखा है, वे सभी मेरी आत्मा हैं तो फिर इनसे क्या भय।"

हरिद्वार में कुंभ था। एक महंत का हाथी पागल हो गया। पुलिस अधिकारियों ने उसे गोली मार देने का आदेश दिया। जिस सिपाही को हाथी को गोली मार देने का दायित्व सौंपा गया था, उसे संकोच हो रहा था। वह कुंभ के पुण्य पर्व पर हाथी की हत्या नहीं करना चाहता था, अत: वह बाबा के पास गया। बाबा ने सिपाही को एक फल दिया तथा एक फल हाथी के लिए दिया और कहा कि हाथी को नमस्कार करके फल खिला देना। सिपाही ने बाबा के आदेश का पालन किया। उस पागल हाथी ने शांतिपूर्वक फल खा लिया। इसके बाद उसने सूँड़ सिपाही की जेब की तरफ बढ़ाई, जिसमें उसके प्रसाद का फल पड़ा था। सिपाही ने कहा, "यह तो मेरा प्रसाद है।" इतना सुनते ही हाथी ने सूँड़ हटा ली और पूर्ण रूप से शांत हो गया। फिर तो वह हाथी मेले के ज़ुलूस में घूमा।

सन् 1957 में चित्रकूट के जंगल में बाबा अपने भक्तों के साथ जा रहे थे। वे पशुओं को प्रसाद वितरित करना चाहते थे। अचानक एक बाघ बाबा के सामने आ खड़ा हुआ। भक्त कुछ घबराए, तो बाबा ने शांत रहने को कहा। बाघ पूर्ण शांत भाव से बाबा के निकट आया और आशीर्वाद पाते ही स्वयं चला गया।

प्रयाग के कुंभ मेले में श्री देवरहा बाबा का भी कैंप लगा था। बाबा झोंपड़ी के अंदर थे। भक्त दर्शन के लिए बाहर खड़े थे। दुर्गंधपूर्ण हवा चल रही थी, इसलिए बाबा के शिष्य बाबा को बाहर नहीं निकलने देना चाहते थे। बाबा को जब यह कारण मालूम हुआ तो उन्होंने पूछा, "हवा किस दिशा को चले, जिससे दुर्गंध न आए।"

उस समय पुरवा हवा चल रही थी। भक्तों ने कहा, “यदि पछुवा हवा चले तो दुर्गंध न आएगी।” कुछ ही क्षणों में पछुवा हवा चलने लगी।

एक बार बाबा के आश्रम में समारोह था। बहुत भक्त एकत्र थे। उस समय बड़ी गरमी पड़ रही थी। भक्तों को बहुत कष्ट हो रहा था। बाबा ने भक्तों के कष्ट को देखकर कहा, “आज गरमी समाप्त हो जाएगी। रात में इतनी ठंडक मालूम होगी कि तुमको कंबल ओढ़ने पड़ेंगे।” इसके कुछ घंटों बाद खूब वर्षा हुई, यद्यपि वर्षा के कोई लक्षण नहीं थे। बाबा की प्रकृति-निर्देशन संबंधी अनेक कथाएँ हैं।

असाध्य रोगों से मुक्ति की अद्‌भुत लीला

बाबा के पावन प्रसाद में अद्‌भुत शक्ति है। बड़े-बड़े असाध्य रोगी उनका प्रसाद मुँह में रखते ही ठीक हो जाते हैं। सुप्रसिद्ध साहित्यकार इंद्रनारायण गुर्टू हृदय-रोग से पीड़ित थे। कंठ से आवाज भी नहीं निकलती थी। अस्पताल में भर्ती थे। उनके एक मित्र बाबा के पास गए। बाबा ने दो संतरे दिए और कहा कि इनका रस पिला देने से वह ठीक हो जाएँगे। मित्र संतरे लेकर दिल्ली पहुँचे। अस्पताल पहुँचने पर पता चला कि डॉक्टर पूर्ण रूप से निराश हो चुके हैं। गुर्टूजी के मित्र ने आठ बजे रात को संतरे का रस निचोड़कर पिलाया। लगभग चार बजे वह बिना किसी सहारे के बिस्तर पर उठकर बैठ गए और बड़े जोरों से ‘सीताराम-सीताराम’ कीर्तन करने लगे। उसके बाद वह पूर्ण स्वस्थ हो गए। डॉक्टरों को बड़ा आश्चर्य हुआ।

डॉ. बालजी सहाय की पुत्री कु. गीता के यकृत के स्थान पर भयंकर फोड़ा हो गया था। डॉक्टरों को भय था कि यदि फोड़े का ऑपरेशन किया जाएगा तो यकृत खुल जाएगा। लड़की को कष्ट बहुत था। डॉक्टर बाबा का विशेष भक्त था। रात में जब सब लोग सो गए थे, केवल माँ जाग रही थी। माँ ने स्पष्ट रूप से पुत्री की चारपाई के पास बाबा का दर्शन किया। बाबा ने लड़की के फोड़े पर हाथ फिराया और अदृश्य हो गए। दूसरे दिन फोड़ा फूट गया और उसका सब विकार निकल गया। एक सप्ताह में लड़की पूर्ण स्वस्थ हो गई।

बिहार के चंद्रदीप पांडेय ने बाबा से अपने चाचा के कैंसर की बीमारी का जिक्र किया। बाबा ने उनके लिए एक आम दिया। श्री पांडेय जब आम लेकर अपने चाचा के पास पहुँचे तो उनका बोल बंद हो चुका था। गाँव के लोग उनका अंतिम समय मान चुके थे। जैसे ही उनके मुँह में आम का रस डाला गया, उनका कंठ खुल गया और वह स्वस्थ हो गए।

श्री महावीर प्रसाद (मुंसिफ, मुजफ्फरपुर) सन् 1957 में लार रोड, देवरिया के

आश्रम में गए। उनके साथ उनके बच्चे थे। दर्शन करके जब लौटने लगे, तो उनके लड़के को एक साँप ने काट खाया। लड़का विष के कारण बेहोश हो गया। बच्चे को उठाकर बाबा के मचान के पास लाया गया। बाबा ने मचान से ही लड़के को देखते हुए कहा, "क्यों काटा इसे? बोल क्या कारण है?" अचेत बालक जमीन पर लेटे-लेटे ही बोला, "मेरे शरीर पर इसने पैर रखा था।" बाबा ने कहा, "यह तो अनुचित है। जानबूझकर तो बालक ने अपराध नहीं किया। रास्ते में तू सोया क्यों था?" फिर उन्होंने आदेश दिया, "मैं कहता हूँ, तू इसका विष खींच ले।" इसके तुरंत बाद बालक यह कहते हुए उठ बैठा कि "सरकार, मैं विष खींच रहा हूँ, क्षमा कीजिए।" कुछ ही क्षणों में बालक पूर्ण स्वस्थ होकर अपने घर चला गया।

देवरिया वाले आश्रम में एक भक्त गुरुदत्त सिंह एस.डी.ओ. आए। वह सीधे बैठ नहीं पाते थे। सोलह वर्षों से उनकी ऐसी स्थिति थी। अनेक प्रकार के उपचार किए थे, किंतु कोई लाभ नहीं हुआ था। बाबाजी उनकी स्थिति को समझते ही तेज आवाज में बोले, "तुम्हें कोई बीमारी नहीं हैं। जो थी, मिट गई। मेरा आदेश है, तुम सीधे होकर बैठो।" वह बिना किसी कष्ट के सीधे बैठ गए। एक क्षण में सोलह वर्षों का रोग दूर हो गया।

विदेशी रमणी की प्रेत से मुक्ति

इंग्लैंड की श्रीमती एडना प्यट्रिका टमलिनसन एक प्रेतात्मा से बहुत पीड़ित थीं। उनकी समझ में आया कि भारत के विख्यात जादूगर पी.सी. सरकार द्वारा इस व्याधि से अवश्य मुक्त हो सकती हैं। अतः वह सन् 1965 में भारत आईं। पी.सी. सरकार जापान चले गए थे। संयोग से कलकत्ता हाई कोर्ट के न्यायाधीश प्रशांत विहारी मुखोपाध्याय से उनकी भेंट हो गई। मुखोपाध्यायजी श्री देवरहा बाबा के भक्त थे। उन्होंने उस महिला को एक पत्र देकर देवरहा बाबा के पास भेज दिया। बाबा उन दिनों झूँसी (प्रयाग) में गंगा तट पर प्रवास कर रहे थे। बाबा के एक भक्त के माध्यम से वह विदेशी महिला रात को सात बजे बाबा के पास पहुँची। बाबा ने दुभाषिए के द्वारा उसकी समस्या सुनी। बाबा ने उसके घर का बहुत सा विवरण स्वयं ही बता दिया। वास्तव में उसकी माँ प्रेत-विद्या जानती थी। माँ ने ही अपनी लड़की के पीछे एक प्रेतात्मा को लगा दिया था, जो उसे बहुत कष्ट दे रही थी। बाबा ने प्रेतात्मा को प्रेतयोनि से मुक्ति प्रदान कर दी। वह महिला पूर्ण रूप से कष्ट-मुक्त होकर विदेश चली गई। बाबा ने उसे मंत्र दीक्षा भी दी थी, जिससे भविष्य में वह अपनी माँ की प्रेत-विद्या के चक्कर में न पड़े।

बाबा भक्तों के मन की बात सरलता से जान लेते हैं। एक भक्त श्री शीतलाप्रसाद श्रीवास्तव की बाबा पर पूर्ण निष्ठा थी; लेकिन उनकी पत्नी सत्य साईं बाबा की भक्त थीं। पत्नी ने पति से कहा, "यदि देवरहा बाबा भी सत्यसाईं बाबा का सा अलौकिक चमत्कार करके दिखाएँ, तो मेरी भी आस्था हो जाए।" संयोग से एक दिन पति-पत्नी बाबा की सेवा में पहुँचे। लगभग सौ व्यक्ति उनके समक्ष बैठे थे। देवरहा बाबा ने अचानक एक अमरूद शीतलाप्रसाद की ओर फेंका, जो उनके होंठों में आकर लगा, जिससे चोट लगी और होंठ सूज गए। बाबा ने तत्काल उनको पास बुलाया और कहा, "बच्चा, तुम्हें चोट लग गई। लो, यह पुष्प मुख में रख लो, तत्काल ठीक हो जाएगा।" फिर बाबा ने दो पुष्प यही कहकर दिए। पुष्प मुँह में रखते ही सूजन समाप्त हो गई और किसी प्रकार का कष्ट नहीं रहा।

बाबा इन दिनों वाराणसी में गंगातट पर निवास कर रहे थे। एक स्थान से कुछ भक्त नाव द्वारा बाबा के दर्शन के लिए पहुँचना चाहते थे। जिस नाव पर वे बैठना चाहते थे, वह जर्जर थी। एक संत उसी समय वहाँ आए और उस नाव पर बैठने से मना किया; लेकिन मल्लाह ने बड़े गर्व से कहा, "आइए, पाँच मिनट में पहुँचा दूँगा।" भक्तगण नाव में बैठ गए। जैसे ही वह नाव बीच धारा में पहुँची, भयंकर तूफान आ गया और ओलों की वर्षा होने लगी। गंगा में ऊँची लहरें उठने लगीं। नाव बहुत हिलने-डुलने लगी। जर्जर नाव के टूटने और डूबने की आंशका होने लगी। नाव में बैठे लोगों ने हृदय से बाबा का स्मरण किया। आश्चर्यजनक घटना घटित हुई। चारों ओर ओले पड़ रहे थे; लेकिन नाव पर ओले नहीं गिर रहे थे। नाव सुरक्षित तट पर पहुँच गई। मल्लाह कोई प्रयास नहीं कर पा रहा था। नाव स्वयं ही तट पर पहुँच गई थी। नाव पर बैठे लोग कुछ समझ नहीं पाए कि यह सब कैसे हुआ। बाबा ने मल्लाह को डाँटा, "जब तू नाव नहीं सँभाल सकता था तो इन भक्तों को क्यों बैठाया ?"

श्री देवरहा बाबा के संबंध में ऐसी असंख्य अनुभूतियाँ व्यक्त की गई हैं। बाबा के भक्तों का दृढ़ विश्वास है कि बाबा अंतर्यामी हैं, सबके मन की बातें जान लेते हैं। यदि भक्त हृदय से प्रार्थना करते हैं तो बाबा किसी-न-किसी रूप में अवश्य सहायता करते हैं।

श्री देवरहा बाबा ने दीर्घकाल तक परम सिद्धयोगी के रूप में लोककल्याण का कार्य किया। लाखों व्यक्तियों ने उनसे मार्गदर्शन पाया है, संकटों से मुक्ति पाई है, आत्मिक लाभ प्राप्त किया है। प्रत्येक व्यक्ति की अपनी विचित्र अनुभूति है। इन समस्त अनुभूतियों को लिखा जाए, तो सहस्रों पृष्ठों के अनेक ग्रंथ बन जाएँगे। फिर भी यह कहना ठीक नहीं होगा कि बाबा के संपूर्ण विराट् व्यक्तित्व को उद्घाटित किया जा

सकेगा। बाबा अलौकिक महापुरुष ही नहीं, साक्षात् भगवान् हैं। अत: उनके गुणों और विशेषताओं को भाषा द्वारा व्यक्त करना किसी के लिए संभव नहीं है। उनको श्रद्धा और आस्था द्वारा केवल आंशिक रूप से अनुभव किया जा सकता है। संत गिरधरदास ब्रह्मचारी ने ठीक ही कहा है, "जो स्वयं परमगति के आश्रम-स्थल, समस्त विद्याओं के आदि पीठ और समस्त शास्त्रों के निवास-स्थान हैं; जो त्याग, वैराग्य, ज्ञान एवं भक्ति के साक्षात् अवतार ही हैं, जिनका प्रकटीकरण ही धर्म के लिए, गौ के लिए, संत-परिपालन के लिए एवं कलि-कल्मष को निर्मूल करने के लिए ब्रह्मर्षि रूप में हुआ है।...बिना उनके चरणों की शरण लिये जीव की सद्गति कदापि संभव नहीं है। योगिसम्राट् सर्वभूतहितात्मकवृत्ति से सभी चराचर प्राणियों में अपने को देखते हैं।"

श्री देवरहा बाबा ने कोई नया मत या संप्रदाय नहीं चलाया है। वे वैदिक परंपरा और शास्त्र-सम्मत मत की प्रतिष्ठा के लिए ही सचेष्ट रहे। उनके द्वारा निर्दिष्ट साधना-पद्धति बहुत सरल और फलदायी है। साधना के संबंध में उन्होंने कहा है, "सारे स्वरूप भगवान् के ही हैं। जिस स्वरूप में भी भागवती वृत्ति हो सके, उसी को ध्येय बना लेना चाहिए। धीरे-धीरे उसी से प्रकाश आने लगेगा। अच्छा तो यह है कि साधना में किसी सद्गुरु का निर्देश हो। ध्येय कोई भगवत स्वरूप भी हो सकता है और साधक स्वयं भी हो सकते हैं। ध्यान का प्रयोजन मन की एकाग्रता और वृत्ति की तद्रुपता है। भगवच्चिंतन में ध्येय के नाम और रूप दोनों का ही महत्त्व होता है। नाम का चिंतन करते-करते रूप का चिंतन स्वयं हो जाता है। भगवच्चिंतन के लिए सत्संग और गुरुकृपा, दोनों आवश्यक हैं। एक बार जब भगवच्चिंतन में आनंद आने लगेगा तो सत्त्व गुण की वृद्धि होने लगेगी। सत्त्व गुण की वृद्धि से हमारे सारे सांसारिक कार्य मंगलमय प्रतीत होने लगते हैं और कठिन-से-कठिन कार्य करने में आनंद आने लगता है। संक्षेप में इतना कहना ही पर्याप्त है कि भगवन्नाम सभी अमंगलों का नाश करनेवाला और जीवों को शाश्वत सुख देनेवाला है। भगवान् के नाम और यश के स्मरण में असीम शक्ति है।"

परम-पूज्य श्री देवरहा बाबा के व्यक्तित्व और विचारों को इस छोटे से लेख द्वारा व्यक्त करना असंभव है। 19 मई, 1990 को बाबा ने शरीर-त्याग किया। देवरिया जिले में लार रोड स्टेशन (उत्तर-पूर्व रेलवे) है। इस स्टेशन से पाँच मील पश्चिम दिशा में नरियांव बस्ती के निकट सरयू नदी के तट पर बाबा का आश्रम है।

□

श्री सत् साईं बाबा

(1926–2011 ई.)

दक्षिण के सत साईं बाबा आधुनिक युग की अलौकिक विभूति हैं। भारत में ही नहीं, संसार के कोने–कोने में उनके असंख्य भक्त हैं। घर–घर में उनके चित्रों की पूजा होती है और अद्‌भुत चमत्कारों की श्रद्धा से चर्चा होती है। निश्चित ही संसार का कोई संत–महात्मा आज के युग में इतनी लोकप्रियता नहीं प्राप्त कर सका है। बड़े–बड़े वैज्ञानिक और डॉक्टर उनके चमत्कारों की व्याख्या नहीं कर पाते हैं, केवल नतमस्तक होकर उनकी महान् दैवी शक्ति को स्वीकार कर लेते हैं।

विचित्र जन्म–कथा

साईं बाबा का जन्म आंध्र राज्य के छोटे से गाँव पुट्टापति के एक ब्राह्मण परिवार में हुआ था। जब वे माता के गर्भ में थे, उसी समय से अपनी अलौकिकता का परिचय देने लगे थे। 23 नवंबर, 1926 की बात है। पेड्डाराजू की धर्मपत्नी ईश्वरम्मा जब से गर्भवती हुईं, घर में विचित्र बातें होने लगीं। जैसे—घर में रखा हुआ तंबूरा रात को बारह बजे अपने आप बजने लगता। मृदंग के पास कोई न होता, लेकिन ऐसे बजने लगती, जैसे कोई कुशल बजानेवाला बजा रहा हो। पंडितों के अनुसार महान् आत्मा के अवतरित होने के पूर्व ऐसे ही लक्षण प्रकट होते हैं।

जन्म के उपरांत उनको एक कपड़े पर लिटाया गया। थोड़ी देर में लोगों ने कपड़े के नीचे हलचल देखी और एक सर्प निकलता दिखाई दिया, जो किसी को हानि पहुँचाए बिना कहीं चला गया।

अत्यंत छोटी अवस्था से ही उनके स्वभाव और आचरण में महानता परिलक्षित होने लगी थी। सत्य, अहिंसा, दया, दान, भक्ति आदि की परिपुष्ट प्रवृत्ति देखकर गाँव के लोग उनको ब्रह्मज्ञानी कहने लगे थे।

बड़े होने पर वे विद्यालय जाने लगे। नित्य पढ़ाई होने के कुछ समय पूर्व ही विद्यालय में पहुँच जाते थे और छात्रों को एकत्र करके भजन-कीर्तन कराते थे। यदि किसी छात्र के पास कोई चीज नहीं होती थी तो अपने खाली बस्ते में हाथ डालकर दे देते थे। उनकी इस शक्ति की चर्चा आसपास के गाँवों में फैलने लगी।

भूत-प्रेत का भ्रम

एक दिन उनकी मानसिक स्थिति असामान्य हो गई। कभी हँसते, कभी रोते और कभी वेदांत दर्शन पर गंभीर प्रवचन देने लगते। लोगों ने समझा कि कोई प्रेत-बाधा है, इसलिए झाड़-फूँक कराने लगे। एक ओझा ने भूत भगाने के लिए उनको बहुत शारीरिक कष्ट दिया; लेकिन वे धैर्य से सब सहते रहे।

परिवार के लोगों की समझ में कुछ नहीं आ रहा था। किसी प्रकार से समस्या सुलझ नहीं रही थी, बड़ी निराशा व्याप्त हो रही थी। एक दिन प्रात: अपने परिवार को एकत्र किया और हवा में हाथ उठा करके फूल, फल, मिठाई देने लगे। उनके पिता ने इसे जादूगरी या प्रेत-विद्या समझा। उनको पुत्र पर बहुत क्रोध आया। वह एक मजबूत बेंत लेकर आ पहुँचे और पूछने लगे, "तुम कौन हो? यह सब क्यों करते हो?" पुत्र ने बहुत शांति से उत्तर दिया, "मैं साईं बाबा हूँ। तुम लोगों के कष्ट दूर करने आया हूँ।"

पुनर्जन्म की पुष्टि

शिरडी के साईं बाबा बहुत सिद्ध संत थे। उनको दिवंगत हुए लगभग बाईस वर्ष हो चुके थे। उनके प्रति लोगों में असीम श्रद्धा थी। पेड्डाराजू को पुत्र के मुख से यह सुनकर—"मैं साईं बाबा हूँ"—बड़ा आश्चर्य हुआ। शिरडी के साईं बाबा के अनेक शिष्य और भक्त जीवित थे। उन लोगों ने बालक साईं बाबा की अनेक प्रकार से परीक्षा ली। धीरे-धीरे लोगों को विश्वास होने लगा। हजारों की संख्या में लोग बालक साईं बाबा के दर्शन के लिए आने लगे। वह नित्य लीलाओं और चमत्कारों से अपनी अलौकिकता को प्रमाणित करने लगे। एक अवसर पर उन्होंने हवा में हाथ हिलाकर शिरडी के साईं बाबा का चित्र, उनके पहनने का गेरुआ कपड़ा, भभूत आदि उत्पन्न कर दी।

एक पेड़, अनेक फल

अब इनके माता-पिता को भी विश्वास हो गया, अत: वे इनके काम में बाधा

न पहुँचाते। भक्तों की संख्या भी बढ़ने लगी। भजन, कीर्तन, प्रवचन का कार्यक्रम चलता रहा। प्राय: बालक साईं बाबा चित्रा नदी के किनारे रेत में बैठकर अपने भक्तों के साथ सत्संग करते, कोई-न-कोई चमत्कार दिखाते। चित्रा नदी के तट पर एक वृक्ष था। प्राय: बाबा इस पर चढ़ जाते और भक्तों को भी ऊपर बुलाते। वहाँ पर उनसे कहते, "जो फल चाहो, इस वृक्ष की डाली पर तुमको मिल जाएँगे।" आश्चर्य की बात है कि प्रत्येक व्यक्ति को अपनी इच्छा का फल मिल जाता था। इनमें ऐसे भी फल होते थे, जो उस प्रदेश में नहीं होते थे।

असाध्य रोगी का ऑपरेशन

बाबा की ख्याति सुनकर एक स्त्री अपने रोगी पति को लेकर आश्रम में आ गई। उसके पति के पेट में रोग था। पेट फूला हुआ था। वह कुछ खा-पी नहीं सकता था तथा चलने-फिरने में असमर्थ था। कई दिन तक वह आश्रम में पड़ा रहा। एक दिन बाबा उसके कमरे में गए। हवा में हाथ उछाला, तो ऑपरेशन करने के कुछ उपकरण उनके हाथ में आ गए। फिर हाथ घुमाया तो भभूत आ गई। उन्होंने रोगी के माथे पर कुछ भभूत मली, फिर पेट खोलकर चाकू से ऑपरेशन कर दिया। घाव हाथ से दबाकर छोड़ दिया। ऑपरेशन के उपकरण हवा में उछाल दिए। रोगी दूसरे दिन ठीक हो गया। बाबा ने ऐसे अनेक ऑपरेशन किए हैं।

वैज्ञानिक का विश्वास

ऑल इंडिया साइंस इंस्टीट्यूट के भूतपूर्व डायरेक्टर डॉ. एस. भागवतम् ने अपने व्यक्तिगत अनुभव का उल्लेख किया है। सन् 1960 की बात है। बाबा डॉ. भागवतम् के बेंगलुरु स्थित निवास-स्थान में गए। वहाँ उनका ग्यारह वर्षीय बालक भी बाबा के दर्शन के लिए उपस्थित हुआ। बातचीत से ज्ञात हुआ कि बालक मंद बुद्धि का है। कुछ डॉक्टरों का मत था कि यदि इसकी रीढ़ की हड्डी में छेद करके तरल पदार्थ निकाल दिया जाए तो इसकी बुद्धि का स्वाभाविक विकास होने लगेगा, लेकिन कुछ डॉक्टरों का मत इसके विपरीत था। बाबाजी ने यह सुनकर कहा, "छेद करके तरल पदार्थ निकालने से मानसिक विकास में सहायता अवश्य मिलेगी। मैं अभी यह काम पूरा कर दूँगा।" वैज्ञानिक डॉ. भागवतम् को आश्चर्य हुआ या यों कहिए कि विश्वास नहीं हुआ। बाबा ने तुरंत हाथ घुमाया तो भभूत और चार इंच सूई वाली पिचकारी हाथ में आ गई। उन्होंने लड़के की पीठ खोली, एक स्थान पर भभूत मली और फिर पूर्ण आत्मविश्वास के साथ सुई उस स्थान पर चुभो दी। थोड़ी देर में

तरल पदार्थ सुई में आ गया। सुई को निकालकर हवा में उछाल दिया। हवा में हाथ घुमाया तो रुई और पट्टी आ गई। पट्टी बाँध दी। लड़के को कोई कष्ट नहीं हुआ। सब काम कुछ ही क्षणों में सरलता और सफलता से संपन्न हो गया।

एक बार डॉ. भागवतम् बाबाजी के दर्शनार्थ पुट्टापति गए। नियमानुसार बाबा शाम को भक्तों के साथ चित्रा नदी के किनारे गए। बाबा ने डॉ. भागवतम् से कहा, "बैठने का कोई स्थान चुन लो।" वह अपनी इच्छा के अनुसार एक स्थान पर रुक गए। वहीं सब लोग बैठ गए। डॉ. भागवतम् ने बातचीत करते हुए 'गीता' का उल्लेख किया। बाबा ने कहा, "तुमको गीता की एक पुस्तक दूँ?" डॉ. भागवतम् के हाँ कहने पर बाबा ने रेत हाथ में उठाई और कहा, "लो, तुमको गीता देता हूँ।" जैसे ही उन्होंने हाथ फैलाए, उनके हाथ में लाल कपड़े की जिल्द की सुंदर छपी गीता थी। यों प्रत्येक पुस्तक में लेखक, प्रकाशक और मुद्रक का नाम छपा होता है, लेकिन इस पुस्तक पर मुद्रक, प्रकाशक का नाम नहीं था। चूँकि डॉ. भागवतम् संस्कृत नहीं जानते थे, इसलिए इस पुस्तक की भाषा तेलुगु थी, जो डॉक्टर की मातृभाषा थी। डॉक्टर भागवतम् को बाबाजी ने अनेक देशी-विदेशी औषधियाँ तुरंत उत्पन्न करके दी थीं। ये दवाएँ शीशियों में ठीक से बंद थीं; लेकिन उन पर बनानेवाली कंपनी का नाम, पता नहीं रहता था।

भक्त की अद्भुत सहायता

उत्तर प्रदेश के भूतपूर्व गवर्नर डॉ. रामकृष्ण राव और उनकी पत्नी सत्य साईं बाबा के अनन्य भक्त थे। बाबा की इस परिवार पर विशेष कृपा है। एक बार श्री राव और उनकी पत्नी बरेली से नैनीताल रेल द्वारा जा रहे थे। रात को ग्यारह बजे उन्होंने देखा कि पंखे से बड़ी चिनगारियाँ छूट रही हैं। उनको भय हुआ कि डिब्बे में आग लग जाएगी। डिब्बे में उन दो के अतिरिक्त अन्य कोई व्यक्ति नहीं था। उन्होंने पूर्ण मनोयोग से प्रार्थना प्रारंभ कर दी। गाड़ी बड़ी तेज चाल से चली जा रही थी। कुछ ही क्षणों में किसी ने दरवाजा खटकाया। डॉ. राव ने उठकर दरवाजा खोला। खाकी वरदी पहने एक व्यक्ति अंदर आया, जिसने अपने को बिजली का मिस्त्री बताया। उसने पंखा ठीक कर दिया और एक किनारे बैठ गया। डॉ. राव की पत्नी को संदेह हुआ कि यह व्यक्ति कहीं चोर-डकैत न हो। वह व्यक्ति तुरंत उठा और दरवाजा खोलकर बाहर चलने लगा। डॉ. राव को आश्चर्य हुआ कि यह व्यक्ति बिना बुलाए आया और काम करके चलती गाड़ी में कैसे जा रहा है? वह तुरंत दरवाजे के पास आए और झाँककर देखा; लेकिन उस व्यक्ति का कहीं पता नहीं चला। एक बार

डॉ. राव और उनकी पत्नी वायुयान से यात्रा कर रहे थे। इंजन में गड़बड़ी हो गई और पेट्रोल भी करीब-करीब समाप्त हो गया। पायलट वायुयान को किसी खेत में गिराने के लिए विवश हो रहा था। श्री राव, उनकी पत्नी तथा ए.डी.सी. ने सत् साईं बाबा को याद किया। ए.डी.सी. बाबा की दी हुई ताबीज धारण किए हुए था। पायलट को भी यह ज्ञात था। पायलट ने ए.डी.सी. से एक जाम लीवर (जो काम नहीं कर रहा था) पर हाथ रखने को कहा। लीवर काम करने लगा। वायुयान सुरक्षित उतर गया।

डॉ. राव की पत्नी ने उसी दिन बनारस से बाबाजी को फोन किया और धन्यवाद देना चाहा। बाबा ने ट्रेन और वायुयान की घटनाओं का स्वयं विस्तार से उल्लेख कर दिया।

शिवलिंग आया, शिवलिंग गया

सन् 1961 में बाबा अपने कुछ भक्तों के साथ बदरीनाथ की यात्रा पर आए। डॉ. रामकृष्ण राव भी हरिद्वार से इस मंडली में सम्मिलित हो गए। बदरीनाथ पहुँचने पर बाबा वहाँ आदि शंकराचार्य द्वारा स्थापित प्रतिमा का अपने हाथों से पूजन करना चाहते थे; लेकिन मंदिर का नियम है कि वहाँ के पुजारी के अतिरिक्त अन्य कोई व्यक्ति अंदर जाकर पूजन नहीं कर सकता। गवर्नर डॉ. राव ने भी प्रयत्न किया, किंतु पुजारियों ने बाबा को अंदर जाने की स्वीकृति नहीं दी। बाबा ने कहा, "मंदिर की परंपरा का पालन होना चाहिए। हम बाहर ही पूजन कर लेंगे।"

मंदिर के बाहर दो सौ भक्तों के बीच बाबा ने हवा में हाथ घुमाया और उनके हाथ में दस इंच लंबी सुंदर प्रतिमा आ गई। इस प्रतिमा का स्वरूप मंदिर के अंदर रखी मूर्ति के समान ही था। बाबा ने दुबारा हाथ घुमाया तो चाँदी का छोटा सिंहासन आ गया। इसी प्रकार उन्होंने सोने का सहस्रदल का कमल उत्पन्न कर दिया। फिर हाथ घुमाया। इस बार बहुत सुंदर शिवलिंग आ गया। शिवलिंग को सहस्र दल कमल पर प्रतिष्ठित कर दिया। भक्तों ने भजन-कीर्तन किया। विष्णु-प्रतिमा और शिवलिंग का शास्त्रीय विधि से पूजन हुआ। इसके बाद बाबा ने विष्णु प्रतिमा, शिवलिंग और चाँदी का सिंहासन डॉ. राव की पत्नी को यह कहकर दे दिया, "इनको अपने पास सुरक्षित रखो, खोने न पाएँ।" श्रीमती राव ने, जहाँ ठहरी हुई थीं, वहीं एक अलमारी में रख दिया। ताला लगाकर चाभी अपने पास रख ली। दूसरे दिन बाबा ने शिवलिंग माँगा। श्रीमती राव को बहुत आश्चर्य हुआ, क्योंकि अलमारी में दो चीजें तो थीं, लेकिन शिवलिंग गायब था। वह बहुत घबरा गईं। उनको परेशान देखकर बाबा ने

हँसते हुए कहा, "लिंग जहाँ से आया था, वहीं चला गया। यह आदि शंकराचार्य द्वारा सैकड़ों वर्ष पूर्व अत्यंत गोपनीय और अगम्य स्थान पर प्रतिष्ठित किया गया था।" शेष दोनों चीजें डॉ. राव को दे दीं, जो आज भी उनके पूजागृह में सुरक्षित हैं।

चमत्कारों का रहस्य

सैकड़ों स्वदेशी-विदेशी व्यक्ति बाबा के चमत्कारों की परीक्षा लेने के लिए उनके पास पहुँचते रहते थे। प्राय: सबको यह स्वीकार करना पड़ा कि सत साईं बाबा परम सिद्ध महापुरुष हैं, उनमें असीम दैवी शक्ति है, उनके लिए कुछ असंभव नहीं है। वह एक क्षण में रोगी को नीरोग कर सकते हैं, किसी क्षण संसार के किसी कोने में पहुँच सकते हैं, कोई भी वस्तु हाथ हिलाकर उत्पन्न कर सकते हैं, सैकड़ों कोस दूर बैठकर किसी घटना को देख सकते हैं और किसी व्यक्ति की सहायता कर सकते हैं। ब्रिटेन के लेखक एच. मर्फेट तीन महीने बाबा के साथ रहे। उनके चमत्कारों का सूक्ष्म रूप से अध्ययन, निरीक्षण और परीक्षण किया तथा उनके सैकड़ों भक्तों का साक्षात्कार किया। स्वयं बाबा ने उनकी समस्त शंकाओं के निवारण के लिए पूर्ण अवसर दिए। अंत में, मर्फेट साईं बाबा के अलौकिक व्यक्तित्व से असाधारण रूप से प्रभावित होकर अनन्य भक्त हो गए तथा उन्होंने बाबा पर एक सुंदर पुस्तक भी लिखी।

वर्ष 1960 में उन्होंने श्री सत साईं सेवा समिति की स्थापना की क्योंकि वे मानव सेवा को अत्यधिक महत्त्वपूर्ण मानते थे। समय के साथ इस समिति ने विशाल आकार ग्रहण किया—120 से भी अधिक देशों में लगभग 1200 सत साईं केंद्र इस ओर कार्यरत हैं। बाबा ने 2 बिलियन डॉलर की सत्य साईं जलापूर्ति परियोजना के माध्यम से चेन्नई में आंध्र प्रदेश की कृष्णा नदी का पानी उपलब्ध कराया।

बाबा का कहना था कि उनके चमत्कार केवल चमत्कार के लिए नहीं हैं। वे अपने चमत्कारों द्वारा जनता में ईश्वर और दैवी शक्ति के प्रति विश्वास उत्पन्न करते हैं तथा लोगों को उदात्त जीवन की ओर उन्मुख करते हैं। वे भक्तियोग, कर्मयोग तथा ज्ञानयोग के समन्वय को विशेष महत्त्व देते हैं। निस्संदेह सत् साईं बाबा ने लाखों दु:खी जनों का कल्याण किया तथा भारतीय योग-विद्या, धर्म और अध्यात्म के प्रचार-प्रसार में अप्रतिम योगदान किया है। ऐसे अलौकिक संत को पाकर भारतभूमि के गौरव में असीम वृद्धि हुई है। 24 अप्रैल, 2011 को पुट्टपथी में बाबा अपने नश्वर शरीर को त्यागकर ब्रह्मलोक को सिधार गए।

□

महर्षि महेश योगी

(1921-2008 ई.)

महर्षि महेश योगी आधुनिक संसार के विशेष बहुचर्चित व्यक्तित्व थे, पृथ्वी के विभिन्न भागों के सभी वर्गों के लोगों का ध्यान अपनी ओर आकर्षित करने में अग्रगण्य थे, समकालीन संत्रस्त मानवता को वास्तविक सुख-शांति का अत्यंत व्यावहारिक साधन प्रदान करने में सर्वोपरि और भारतीय आत्म-विद्या की संपूर्ण विश्व में पुनर्प्रतिष्ठा के लिए सर्वाधिक क्रियाशील थे। महर्षिजी महान् सिद्ध पुरुष, असाधारण संगठनकर्ता, अपराजेय प्रचारक, मौलिक तत्त्व-चिंतक थे। उनके व्यक्तित्व में दिव्यशक्ति युक्त सम्मोहन था। वाणी में अलौकिक आकर्षण, विचारों में अद्‌भुत संप्रेषणीयता थी। स्वामी विवेकानंद के पश्चात् महर्षि महेश योगी ही ऐसे भारतीय हैं, जिन्होंने पाश्चात्य देशों के लोगों को सामूहिक रूप में भारतीय योग-विद्या की ओर उन्मुख किया। उन्होंने ध्यान योग के वहाँ लाखों अनुयायी बनाए तथा बुद्धिजीवियों, वैज्ञानिकों और प्रशासकों को इस विषय पर विचार करने के लिए विवश कर दिया।

सद्‌गुरु की उपलब्धि

महर्षि महेश योगी का जन्म सन् 1921 में जबलपुर में हुआ। महर्षि महेश योगी इलाहाबाद विश्वविद्यालय के विज्ञान की स्नातक कक्षा के छात्र थे। छात्र जीवन से उनके मन में आध्यात्मिक ज्ञान प्राप्त करने की प्रबल उत्कंठा थी। प्राय: वे उच्च कोटि के महात्माओं की खोज में रहते थे। इसी प्रयास में उनको स्वामी ब्रह्मानंद सरस्वतीजी के दर्शन हुए, जिनके तप, ज्ञान और योग की प्रतिष्ठा संपूर्ण उत्तर भारत में थी। महेशजी उनसे विशेष प्रभावित हुए तथा दीक्षा प्राप्त करने का

संकल्प किया। ब्रह्मानंदजी कठोर परीक्षा के बाद दीक्षा देते थे, अतः महेशजी को दीक्षा के लिए कुछ वर्ष तक रुकना पड़ा। सन् 1941 में महेशजी ने विज्ञान की स्नातक परीक्षा उत्तीर्ण की और स्वामी ब्रह्मानंदजी ज्योतिष्पीठ के शंकराचार्य के रूप में अभिषिक्त हुए। महेशजी को केवल दीक्षा का ही सौभाग्य नहीं प्राप्त हुआ, बल्कि उनको ब्रह्मचारी के रूप में शंकराचार्यजी के आश्रम में प्रविष्ट होने का सुअवसर भी मिल गया।

महेशजी ने पूर्ण समर्पण भाव से कुशलतापूर्वक गुरु आश्रम का प्रबंध किया, अत: वे गुरुदेव के विशेष कृपाभाजन बन गए। गुरुदेव स्वामी ब्रह्मानंदजी के निर्देशन में वे नियमित रूप से योग-शिक्षा प्राप्त करने लगे। महेशजी ने इस दिशा में बड़ी द्रुतगति से प्रगति प्रारंभ कर दी। उनके उत्साह और कर्मठता से प्रसन्न होकर गुरुदेव ने अपनी अमूल्य आध्यात्मिक निधि इस सुयोग्य शिष्य को सौंप दी। सन् 1953 में स्वामी ब्रह्मानंदजी ब्रह्मलीन हो गए और महेशजी हिमालय के उत्तरकाशी क्षेत्र में एकांतवास करते हुए तपस्या में लीन हो गए।

भावातीत ध्यान का अनुसंधान

हिमालय में तपस्या करते हुए महेशजी को भावातीत ध्यान की प्रविधि उद्घाटित हुई। उनको यह बोध प्राप्त हुआ कि भावातीत ध्यान के द्वारा आज अशांत मानव सुख और शांति प्राप्त कर सकता है। अत: उन्होंने इस प्रविधि के प्रचार-प्रसार के लिए भारत का भ्रमण प्रारंभ कर दिया। सैकड़ों लोगों ने उनकी इस नई प्रविधि को सीखा तथा इसकी मौलिकता, सहजता और उपादेयता से विशेष प्रभावित हुए।

विदेश के लिए प्रस्थान

सन् 1958 में महर्षि महेश योगी ने कलकत्ता से विश्व-भ्रमण के लिए प्रस्थान किया और रंगून, क्वालालमपुर, सिंगापुर, हांगकांग, हवाईद्वीप होते हुए अमेरिका पहुँचे। यहाँ उनका अभूतपूर्व स्वागत हुआ। उनके भावातीत ध्यान योग को सीखने के लिए सहस्रों लोग उमड़ पड़े। तीन वर्ष की अवधि में यूरोप और अमेरिका के समस्त महत्त्वपूर्ण स्थानों में भारतीय योग-विद्या का संदेश पहुँचाया, सहस्रों लोगों को भावातीत ध्यान योग में दीक्षित किया और सैकड़ों योग-केंद्र स्थापित किए। जब वे वापस भारत आए तो 45 विदेशी ध्यान-शिक्षक बनने के लिए विशेष प्रशिक्षण प्राप्त करने हेतु साथ आए। ये लोग तीन माह का योग प्रशिक्षण पाठ्यक्रम ऋषिकेश में पूरा करके विदेश में योग-प्रचार के कार्य में लग गए।

शंकराचार्य नगर का निर्माण

महर्षिजी का कार्य विश्वव्यापी हो गया। इसके सुव्यवस्थित संचालन हेतु विशाल आश्रम की आवश्यकता अनुभव होने लगी, अत: 1961 में ऋषिकेश में मणिकूट पर्वत पर शंकराचार्य स्वामी शांतानंद सरस्वतीजी महाराज द्वारा शंकराचार्य नगर तथा ध्यान विद्यापीठ का शिलान्यास हुआ। इस अवसर पर चारों धामों की शक्तियों का आह्वान हुआ। उपस्थित तपस्वियों, महात्माओं, वैदिक पंडितों ने दैवी शक्ति के अवतरण को अनुभव किया। साधारण जनता को भी दैवी शक्तियों के अवतरण का प्रत्यक्ष प्रमाण मिला। उस समय निर्मल आकाश में सूर्य चमक रहा था, फिर भी यज्ञ-मंडप पर एक मिनट तक वर्षा हुई।

महर्षि इंटरनेशनल यूनिवर्सिटी की स्थापना

महर्षिजी के कार्य का पश्चिम में बहुत अधिक विस्तार देखकर वहाँ के भक्तों ने 1971 में महर्षि इंटरनेशनल यूनिवर्सिटी की अमेरिका में स्थापना की, जिसका प्रशासकीय प्रधान कार्यालय लास एंजेल्स नगर में हैं। इस विश्वविद्यालय द्वारा ध्यान योग के क्षेत्र में अभूतपूर्व कार्य हो रहा है। इसके अतिरिक्त महर्षिजी ने निम्नांकित देशों में 'आध्यात्मिक पुनरुत्थान केंद्रों' की स्थापना की है—अर्जेंटीना, ऑस्ट्रेलिया, आस्ट्रिया, पूर्वी अफ्रीका, बेल्जियम, ब्राजील, म्याँमार, कनाडा, चिली, कोलंबिया, डेनमार्क, इथोपिया, फिनलैंड, फ्रांस, जर्मनी, ग्रेट ब्रिटेन, ग्रीस, हालैंड, हांगकांग, आइसलैंड, ईरान, आयरलैंड, इजराइल, इटली, जापान, केनिया, लाओस, मलेशिया, न्यूजीलैंड, नॉर्वे, पेरू, सिंगापुर, दक्षिणी अफ्रीका, स्वीडन, स्विट्जरलैंड, ट्रिनीडाड, टर्की, संयुक्त अरब गणतंत्र, संयुक्त राज्य अमेरिका, वेनेजुएला, वेस्टइंडीज आदि।

वैज्ञानिकों द्वारा ध्यान योग की शिक्षा

महर्षिजी के कार्य की सबसे महत्त्वपूर्ण विशेषता यह है कि उन्होंने अपने ध्यान योग की प्रणाली को वैज्ञानिक परीक्षण के लिए प्रस्तुत किया, जिससे योग को वैज्ञानिक आधार प्राप्त हो सके। 17 देशों में 300 वैज्ञानिकों और विशेषज्ञों ने ध्यान योग के प्रभावों का परीक्षण किया। जिन पर परीक्षण किए, उनमें विद्यार्थी, व्यवसायी, डॉक्टर, सेना के लोग, नशा करनेवाले लोग, व्यस्त महिलाएँ, कारखाने के कर्मचारी, जेल के कैदी, हवाई जहाजों में काम करनेवाले तथा खिलाड़ी आदि थे। अब तक 64 परीक्षण परिणाम प्रकाशित हो चुके हैं। सैकड़ों स्तरीय पत्र-पत्रिकाओं में महर्षिजी की प्रणाली पर लेख प्रकाशित हुए तथा पचासों विश्वविद्यालयों में अनुसंधान-कार्य चला।

परीक्षण परिणामों से यह सिद्ध हुआ है कि भावातीत ध्यान योग शारीरिक, मानसिक, सामाजिक दृष्टि से आश्चर्यजनक रूप से लाभकारी है।

जीवन-मुक्ति का सरल उपाय

महर्षिजी के पूर्ववर्ती आचार्यों ने ध्यान योग के चारों ओर निषेधों की बहुत बड़ी प्राचीर खड़ी कर रखी थी, जिसे पार करना सर्वसाधारण के लिए संभव नहीं था। महर्षिजी ने ध्यान योग का सरल मार्ग प्रस्तुत किया। वे कहते हैं, "जीवन-मुक्ति के संबंध में ऐसी धारणा बन गई है कि त्याग-वैराग्य की पराकाष्ठा ही इसका आधार है, किंतु 'जीवन' और 'मुक्ति', इन दो शब्दों का सामान्य अर्थ ही स्पष्ट कर देता है कि जीवनमुक्ति का त्याग और वैराग्य से कोई संबंध नहीं है। जीवन का लक्षण है कि मन, बुद्धि, चित्त, अहंकार एवं इंद्रियाँ क्रियाशील रहें और मुक्ति का लक्षण है—बंधनहीनता अर्थात् किसी वस्तु का अनुभव मन को बाँध न पाए—मन अपने नित्य स्वरूप में स्थित रहे। अतएव समस्त व्यवहार संपादन करते हुए, अपने सच्चिदानंद स्वरूप में प्रतिष्ठित रहना ही जीवन-मुक्ति का लक्षण है। इस दृष्टि से प्रवृत्ति-मार्गावलंबी, राग और संग्रह के क्षेत्र में रहता हुआ गृहस्थ भी 'निस्त्रैगुण्यो भवार्जुन' के भगवान् श्रीकृष्ण के उपदेश को प्रातः-सायं अपने जीवन में चरितार्थ करता हुआ, अपने मन को भावातीत की सच्चिदानंदमयिता से परिचित कराकर उसके स्वभाव में सच्चिदानंदमयिता लाकर नित्य अखंड स्वरूप से सच्चिदानंद होकर जाग्रत्, स्वप्न, सुषुप्ति की तीनों अवस्थाओं में यथोचित व्यवहार करता हुआ, जीवनमुक्ति का आनंद लेता है। भावातीत या प्रगाढ़ ध्यान की इस शैली के द्वारा मन सहज ही भावातीत हो जाता है, जीवन-मुक्ति का राजमार्ग खुल जाता है। ध्यान की इस सरल साधना ने गृहस्थ के राग और संग्रहपूर्ण जीवन में ही जीवनमुक्ति का आदर्श प्रस्तुत किया है। अब जीवनमुक्ति सामान्य मनुष्य के लिए दुरूह कल्पना नहीं रह गई।"

भावातीत ध्यान योग की विशेषताएँ

महर्षिजी की ध्यान शैली की मुख्य विशेषताएँ इस प्रकार हैं—यह ध्यान शैली प्रगाढ़ होते हुए भी सरल है। कोई व्यक्ति कैसा भी बुद्धिमान या मंदमति हो, इस ध्यान शैली में सफलता प्राप्त कर लेता है। यह ध्यान की क्रिया प्रत्यक्ष तथा अनुभवगम्य है, सरल है, वैज्ञानिक है। कोई भी स्त्री-पुरुष इस ध्यान के द्वारा समस्त व्यवहार संपादन करते हुए, अपने जीवन में सुख, शांति और आनंद भर सकता है। शारीरिक, मानसिक और आध्यात्मिक विकास के लिए यह बहुत सरल प्रक्रिया है।

इस शैली में किसी धर्म, संप्रदाय या विश्वास का विरोध नहीं है। इस शैली के द्वारा मन सहज ही अनंत शक्ति, सृजनात्मक बुद्धि, आनंद तथा शांति के उद्गम स्थान तक पहुँच सकता है।

विश्वविद्यालयों में अनुसंधान

यूनिवर्सिटी ऑफ कैलिफोर्निया, यूनिवर्सिटी ऑफ टेक्सास, यूनिवर्सिटी ऑफ ससेक्स, यूनिवर्सिटी ऑफ कैनसास, स्टैनफोर्ड रिसर्च इंटीट्यूट आदि अनेक संस्थाओं में भावातीत ध्यान करनेवाले हजारों व्यक्तियों के परीक्षण से ये निष्कर्ष प्राप्त हुए हैं—मानसिक शांति, आंतरिक प्रसन्नता, आत्मानंद का अनुभव, आत्मविश्वास की वृद्धि, बुद्धि की स्थिरता, कार्यशक्ति की वृद्धि, मानसिक शक्तियों का विकास, विचारों की स्पष्टता, मानवीय दुर्बलताओं (चिंता, भय, काम, क्रोध आदि) पर नियंत्रण, मानसिक और शारीरिक रोगों का दूर होना, निराशा की समाप्ति और आशा का उदय, पारिवारिक और सामाजिक जीवन में सामंजस्य, कर्मयोग की चरितार्थता आदि की प्राप्ति में भावातीत ध्यान सहायक है।

सरकारों द्वारा मान्यता

महर्षिजी का मत है—प्रत्येक मनुष्य के अंदर अखंड सृजनात्मक शक्ति और आनंद का भंडार भरा है, भले ही वह मनुष्य महापुरुष हो, चाहे पामर हो; भले ही सुखी हो, चाहे निपट दुःखी। यह तथ्य नितांत सत्य है कि यदि इस भंडार का लाभ उठाना है तो प्रत्येक मनुष्य को उस तक पहुँचने की विधि जान लेनी चाहिए। पर सर्वप्रथम यह जान लेना होगा कि वह शक्ति उसके अंदर है और किस प्रकार उस तक पहुँचा जा सकता है। फिर नित्यप्रति के सभी व्यवहारों में उसका उपयोग करना होगा। एक बार इसके साथ संपर्क स्थापित हो जाने पर यह अक्षय भंडार भलाई का खजाना हो जाएगा। चित्त को जाग्रत् करके इस गुप्त निधि तक ले जाने की एक प्रक्रिया है, एक कला है। इसके लिए विशिष्ट ज्ञान या तैयारी की आवश्यकता नहीं है। प्रत्येक व्यक्ति कहीं भी रहकर इसका प्रयोग कर सकता है। केवल थोड़ा सा सही मार्गदर्शन आवश्यक होता है। यह है—भावातीत या प्रगाढ़ ध्यान की सरल साधना। इसी की शिक्षा संसार के विभिन्न देशों में दी जा रही है। अनेक देशों की सरकारों ने इसकी उपयोगिता को स्वीकार करके नागरिकों के लिए इसके शिक्षण की व्यवस्था की है। अनेक राज्यों में इसे विद्यालयों के पाठ्यक्रम का अंग बना दिया गया, जो बहुत लाभकारी सिद्ध हुआ।

उच्च कोटि के पत्रों द्वारा स्वीकृति

इंग्लैंड के समाचार-पत्र 'दि ऑब्जर्वर' में यह समाचार प्रकाशित हुआ था कि दो हजार ऐसे छात्रों पर ध्यान योग का प्रयोग किया गया, जो निश्चित रूप से नशीली वस्तुओं का प्रयोग करते थे। छह माह तक ध्यान करने के बाद 35 प्रतिशत छात्र नशे से मुक्त नहीं हो पाए; लेकिन 21 माह तक ध्यान करने के बाद केवल 12 प्रतिशत छात्र ही नशे के आदी रह गए। इसी प्रकार एल.एस.डी. नशा लेनेवाले 940 छात्रों को ध्यान योग का प्रशिक्षण प्रारंभ कराया गया। 21 माह के अभ्यास के बाद केवल 3 प्रतिशत छात्र ही एल.एस.डी. के आदी रह गए।

इस प्रकार के सर्वेक्षण पचासों विदेशी वैज्ञानिक, मनोवैज्ञानिक तथा चिकित्सा संबंधी उच्चकोटि की पत्रिकाओं में प्रकाशित हो चुके हैं, जैसे—साइंटिफिक अमेरिकन, दि अमेरिकन जर्नल ऑफ फिसियालॉजी, साइंस जर्नल ऑफ दि अमेरिकन मेडिकल एसोसिएशन, न्यू साइंटिफिक, साइंस डाइजेस्ट, टुडेज हेल्थ आदि। भारतीय योग को इतनी अधिक वैज्ञानिक मान्यता-महत्ता इसके पूर्व कभी नहीं प्राप्त हुई थी। इसका श्रेय महर्षि महेश योगी की युगांतरकारी प्रतिभा को है।

महर्षि के ग्रंथ

महर्षिजी ने अपने भावातीत ध्यान योग के संबंध में अपनी पुस्तकों में विस्तारपूर्वक प्रकाश डाला है। इनमें मेडीटेशन, दि साइंस ऑफ बींग ऐंड आर्ट ऑफ लिविंग, ए रिडिस्कवरी टू फुलफिल दि नीड ऑफ अवर टाइम तथा संसार के समस्त प्रमुख पत्रों में प्रकाशित लेख और भाषण हैं। अनेक विश्वविद्यालयों में भावातीत ध्यान योग पर शोध-प्रबंध भी लिखे गए हैं। ध्यान योग केवल पुस्तकों से नहीं सीखा जा सकता; लेकिन पुस्तकों से इसकी विषय-वस्तु और महत्त्व को समझा जा सकता है।

आधुनिकता और प्राचीनता का समन्वय

महर्षि महेश योगी सच्चे अर्थों में महर्षि, ऐतिहासिक महापुरुष, युगांतरकारी आध्यात्मिक प्रवर्तक, भारतीय संस्कृति के अनन्य संदेशवाहक, विश्वबंधुत्व की साक्षात् प्रतिमूर्ति थे। महर्षि महेशजी जैसे संसार में कितने व्यक्ति हुए हैं, जिनके विश्व के विभिन्न राष्ट्रों, धर्मों, प्रजातियों, वर्गों में इतने अधिक अनुयायी हों, जिनको इतने अधिक वैज्ञानिकों और बुद्धिजीवियों का समर्थन प्राप्त हो, जिन्होंने आधुनिकता और प्राचीनता का ऐसा अभूतपूर्व समन्वय किया हो ? महर्षिजी की प्रणाली भारतीय

आध्यात्मिक ग्रंथों, विशेषत: गीता पर आधारित है, फिर भी आधुनिकतम विचारधारा के समर्थकों, वैज्ञानिकों बुद्धिजीवियों को ग्राह्य है। महर्षि महेश योगी ने सन् 1992 में यूके में नेचुरल लॉ पार्टी की स्थापना की। सन 2000 में नीदरलैंड्स के व्लोड्रोप में गैर लाभकारी संगठन ग्लोबल कंट्री ऑफ वर्ल्ड पीस की स्थापना की। 2008 में उन्होंने सभी पदों और जिम्मेदारियों से च्युत होकर तीन सप्ताह मौन में रहे और 5 फरवरी 2008 को नीदरलैंड्स में उन्होंने शरीर त्याग दिया।

□

स्वामी सत्यानंद

(1923–2009 ई.)

डिवाइन लाइफ मिशन, ऋषिकेश के संस्थापक, विश्वविख्यात योगी तथा महान् संत स्वामी शिवानंद सरस्वतीजी ने सन् 1954 में अपने युवा शिष्य के संबंध में लिखा था—"ऐसी कम अवस्था में बहुत कम लोगों को इतना अधिक वैराग्य होगा। यह व्यक्ति नचिकेता के गुणों से परिपूर्ण है। फिर भी यह जो काम हाथ में लेता है, उसे सुचारु रूप से पूरा करता है। वह महान् मेधावी है तथा अनेक भाषाओं का ज्ञाता है। फिर भी वह विनम्र और सरल है, उत्कट साधक और निष्काम सेवक है। वह डिवाइन लाइफ मिशन का आधार-स्तंभ है।" आज से 60 वर्ष पूर्व ये शब्द युवा संन्यासी स्वामी सत्यानंद सरस्वती के संबंध में कहे गए थे। उन्होंने इन शब्दों को पूर्ण रूप से सार्थक करके दिखा दिया। आज संसार में परिव्याप्त योग-आंदोलन की चर्चा स्वामी सत्यानंद सरस्वती के नाम के बिना अपूर्ण मानी जाएगी।

समकालीन योगियों और संतों में स्वामी सत्यानंद सरस्वतीजी अपने कठोर तप, गहन ज्ञान, असाधारण कर्मठता के लिए भारतीय अध्यात्म और योग के इतिहास में चिरस्मरणीय रहेंगे। संसार के छह महाद्वीपों में सैकड़ों नगरों में उन द्वारा स्थापित योग केंद्र कार्य कर रहे हैं। विश्व के विभिन्न भागों में उनके सहस्रों शिष्य योग-साधना या योग-प्रचार में रत हैं। वे बिहार योग-विद्यालय, मुंगेर तथा 'इंटरनेशनल योग फेलोशिप मूवमेंट' के संस्थापक हैं। 5 दिसंबर, 2009 को झारखंड में वे चिर समाधि में लीन हुए।

प्रतिभा के अंकुर

स्वामी सत्यानंद का जन्म 26 जुलाई, 1923 को उत्तर प्रदेश के अल्मोड़ा

जिले में बैंगन ग्राम के क्षत्रिय परिवार में हुआ था। पिताजी पुलिस की सेवा में थे। उनकी प्रारंभिक शिक्षा नैनीताल के ईसाई स्कूल से प्रारंभ हुई। बाद में इलाहाबाद विश्वविद्यालय से दर्शनशास्त्र में एम.ए. किया, लेकिन उनकी रुचि विज्ञान में थी। अत: उन्होंने चिकित्साशास्त्र, पशु शरीर-क्रिया विज्ञान, कृषिशास्त्र आदि अनेक विषयों का गंभीर अध्ययन किया।

स्वामी सत्यानंदजी की बड़ी बहन में वैराग्य की प्रबल प्रवृत्ति थी। वह प्राय: संन्यास लेने की बात किया करती थीं। तत्कालीन हिंदू-परंपरा के अनुसार हिंदू कन्या को संन्यास लेने की अनुमति नहीं थी, अत: उन्होंने ईसाई धर्म का अनुसरण किया। दुर्भाग्य से उनकी मृत्यु हो गई। त्यागमयी और सरलमना बहन से उनका अगाध स्नेह था। उनके आचार-विचार का स्वामी सत्यानंदजी के बाल मन पर विशेष प्रभाव पड़ा।

दैवी शक्ति का संचार

जब उनकी अवस्था केवल छह-सात वर्ष की थी तो उनका शरीर चेतना-शून्य हो गया। कुछ समय बाद इस स्थिति में सुधार अवश्य हुआ; किंतु प्राय: उनका शरीर चेतना-शून्य होने लगा। कुछ लोगों ने इसे रोग कहा और कुछ ने इसे भूत-प्रेत की बाधा मानी। चिकित्सा तथा झाड़-फूँक भी कराई गई; लेकिन इस सबका कोई सद्परिणाम नहीं निकला। पाँच वर्ष बाद एक दिन उनको माँ आनंदमयी के दर्शन का सौभाग्य प्राप्त हुआ। उन्होंने उनकी अवस्था तत्काल समझ ली। माँ ने उनकी पीठ पर हाथ फिराते हुए कहा, "कीर्तन करो, भक्त बनो, संत बनो।"

वास्तव में बाल्यावस्था से ही उनके शरीर में दैवी शक्ति का संचार हो रहा था, उसी के कारण उनका शरीर चेतना-शून्य हो जाता था। यह कोई रोग नहीं था; बल्कि शुभ और सात्त्विक लक्षण था। परमसिद्ध आनंदमयी माँ के आशीर्वाद से स्वामीजी के परिवार के लोगों की आशंकाएँ निर्मूल हो गईं तथा स्वामीजी को भी आध्यात्मिक पथ पर अग्रसर होने का निर्देश प्राप्त हो गया।

गुरु की खोज में

अब उनमें आध्यात्मिक विषयों के अध्ययन की ओर विशेष रुचि उत्पन्न हो गई। उन्होंने आधुनिक और प्राचीन योग-अध्यात्म संबंधी विपुल साहित्य पढ़ डाला। फलत: उनकी जन्मजात वैराग्यवृत्ति अधिकाधिक विकसित होने लगी और सद्गुरु द्वारा दीक्षा लेने की इच्छा होने लगी। वे अनेक स्वामी-संन्यासियों के पास

गए; किंतु उनकी इच्छापूर्ति न हो सकी। संयोग से एक दिन उच्चकोटि के संत स्वामी नित्यानंदजी के दर्शन हो गए। सत्यानंदजी ने अपनी चेतना-शून्यता के संबंध में उनको बताया। उन्होंने पूर्ण विश्वास के साथ कहा, "यह रोग नहीं प्रत्याहार की अवस्था है।" इसके बाद उन्होंने उनको विधिवत् ध्यान की क्रिया सिखाई। अत: उन्होंने 1938 से 40 तक घर पर ही राजयोग का अभ्यास किया, लेकिन इससे संतोष नहीं हुआ। इस क्षेत्र में आगे बढ़ने की इच्छा अधिक बलवती हो गई, अत: एक दिन वे कुछ रुपए लेकर घर से निकल पड़े। अचेतन मन की प्रेरणा से उदयपुर की गाड़ी पकड़ ली। उदयपुर में उतरकर इधर-उधर भटकते हुए एक नागा साधु के आश्रम में पहुँच गए। इस नागा साधु से बहुत अधिक स्नेह प्राप्त हुआ; किंतु इन्होंने कुछ सिखाया नहीं, सूखे आश्वासन देते रहे। सत्यानंदजी के हृदय में आध्यात्मिक जिज्ञासा की प्रचंड ज्वाला धधक रही थी। वह दीर्घकाल तक प्रतीक्षा कैसे करते? अत: वह वहाँ से चल दिए और किसी अज्ञात आकर्षण से ही ऋषिकेश की ओर चल पड़े। रेलगाड़ी में एक साधु मिल गए। बातचीत में उनको जब यह मालूम हुआ कि यह युवक गुरु की खोज में भटक रहा है, वह इनको शिष्य बनाने को इच्छुक हुए; किंतु जब आगे बात की तो उनको आभास हो गया कि यह साधारण युवक नहीं है, इसे शिष्य बनाना कठिन है। अत: उन्होंने स्वयं ही कह दिया, "तुम मेरे वश के नहीं हो।"

ऋषिकेश पहुँचकर सत्यानंदजी कई आश्रमों में भटके। अंत में कैलाश आश्रम, लक्ष्मण झूला के महंत श्री विष्णुदेवानंद की प्रेरणा से 19 अप्रैल, 1943 में वे स्वामी शिवानंद सरस्वती के आश्रम में पहुँचे। शिवानंदजी ने उनकी कथा-व्यथा ध्यान से सुनी और उन्हें अपने आश्रम में स्थान दे दिया।

गुरु की उपलब्धि

स्वामी शिवानंदजी के आश्रम में कर्म और साधना को समान रूप से महत्त्व दिया जाता था। प्रत्येक साधक को बड़ा कठोर शारीरिक परिश्रम करना पड़ता था। सत्यानंदजी को नित्य पहाड़ी उतरकर गंगाजी से 60-70 बाल्टी पानी ऊपर आश्रम में लाना पड़ता था। आश्रम के निर्माण कार्य में ईंट-गारा ढोना पड़ता था। बेलपत्र तोड़ना, काफी दूर से राशन लाना, टाइप करना, लेख लिखना, बागवानी करना, बरतन माँजना, झाड़ू लगाना, खाना बनाना आदि सभी छोटे-बड़े काम करने पड़ते थे। स्वामी शिवानंदजी का मत था—श्रम और सेवा प्रारंभिक साधना के अनिवार्य अंग हैं। सेवा से संस्कारों का क्षय होता है और मन को एकाग्र करने में सहायता

मिलती है। छोटे-से-छोटे काम करने से साधक के अहं का अंत होता है। अहं के विनाश के बिना आध्यात्मिक प्रगति संभव नहीं होती है, इसलिए कभी-कभी शिवानंदजी उनको विचित्र परिस्थितियों में डाल देते थे।

कठोर परीक्षा

एक बार सत्यानंदजी के गुरुभाई चिदानंदजी शौच के लिए पास के वन में गए। वहाँ उन्हें एक कुष्ठ रोगी मिला, जो एक पेड़ के नीचे पड़ा कराह रहा था। सारे शरीर में मक्खियाँ भिनक रही थीं। चिदानंदजी आश्रम में आए और सत्यानंदजी को साथ ले गए। दोनों मिलकर उस कुष्ठ रोगी को एक बोरे में लपेटकर आश्रम में ले आए और वहाँ उसकी चिकित्सा के संबंध में विचार-विमर्श करने लगे। निष्कर्ष यह निकला कि रोगी की चिकित्सा के लिए चार हजार रुपए की आवश्यकता होगी। प्रश्न यह था कि उन युवा वैरागियों को इस सेवा-कार्य के लिए इतनी बड़ी धनराशि कहाँ से मिले? स्वामी शिवानंदजी को इसकी कोई सूचना नहीं थी; लेकिन वह वहाँ अचानक आ गए और हँसते हुए कहा, "ठीक है, ठीक है, सेवा करो।" इतना कहकर वह आगे बढ़ गए। अब दोनों युवक स्वामी शिवानंदजी के पास गए और रुपयों की समस्या उनके समक्ष रखी। स्वामीजी ने तत्काल चार हजार रुपए दे दिए। इन लोगों को ऐसा प्रतीत हुआ कि शायद स्वामीजी इसके लिए पहले से तैयार बैठे थे। अब इन लोगों ने पूर्ण उत्साह से रोगी का उपचार प्रारंभ कर दिया।

इस प्रसंग में विचित्र बात यह थी कि यह कुष्ठ रोगी बड़ा बेढब था। बिना गाली के बात नहीं करता था और कभी-कभी मार भी देता था। यदि किसी काम में कुछ भी त्रुटि या विलंब हो जाता तो वह कहता, "मैं आराम से बेल के पेड़ के नीचे पड़ा था। ये साले आश्रम में उठा लाए। क्या जरूरत थी यहाँ ले आने की?" एक दिन चिदानंदजी उसका घाव धो रहे थे। किसी घाव में हाथ का कुछ अधिक दबाव पड़ गया। बस उन महोदय ने चिदानंद के मुँह पर थूक दिया। चूँकि चिदानंदजी ने सेवा का व्रत ले रखा था; अतः उस पर उन्होंने कोई क्रोध नहीं किया और कहा, "क्षमा कीजिए, भगवन्! भूल हो गई। अब फिर ऐसा नहीं होगा।" फिर भी वह कुष्ठ रोगी उनको गाली देता रहा।

कुछ ऐसी ही घटना सत्यानंदजी के साथ हो गई। सत्यानंदजी उस रोगी की दाढ़ी बना रहे थे। कुछ हाथ हिल गया, जिससे उसकी दाढ़ी में जरा सा खून निकल आया। उसने तत्काल इनके गाल पर एक झापड़ मार दिया और गालियाँ देने लगा। उस समय तो यह झल्लाकर चले आए; लेकिन बाद में फिर सेवा में लग गए।

आश्चर्य की बात यह हुई कि जो रोगी प्रारंभ में असाध्य प्रतीत होता था, वह केवल दो माह की श्रद्धापूर्ण सेवा से ही पूर्ण स्वस्थ हो गया और एक दिन अचानक गायब हो गया। अपने साथ कोई छोटी चीज भी नहीं ले गया और न फिर बाद में कहीं दिखाई ही पड़ा।

सत्यानंदजी का विश्वास है कि स्वामी शिवानंद महान् सिद्ध पुरुष थे। उनकी शिष्यों की प्रशिक्षण-विधि विलक्षण थी। वह कुष्ठ-रोगी शिवानंदजी की सृष्टि का था। इसके द्वारा वह युवा साधकों की परीक्षा ले रहे थे और वृत्तियों के निरोध की शिक्षा दे रहे थे।

गुरु-आज्ञा के उल्लंघन का फल

कुंभ मेले का अवसर था। आश्रम के सभी साधक मेला देखने और गंगा-स्नान के लिए उत्सुक थे। एक दिन स्वामी शिवानंदजी ने सबको मेला जाने की अनुमति दे दी, लेकिन सत्यानंद को मना कर दिया। सत्यानंदजी को मेला देखने की बड़ी लालसा थी। अतः वह आधी रात से अपना काम करने लगे और सुबह होते तक सब काम समाप्त करके मेले में पहुँच गए। भीड़ में गंगा-स्नान के लिए उतरे। किसी के पैर में इनका अचला फँस गया और गंगाजी में बह गया। अब यह निपट नंगे थे। बड़े संकट में फँस गए। नंगे निकलकर बाहर कैसे आएँ? कुछ देर के बाद झपटकर पानी से निकले और पेड़ के नीचे पहुँच गए। वहाँ कुछ राख पड़ी थी। उसे ही शरीर में लपेटकर, वहीं आँख बंद करके बैठ गए। मेले के लोगों ने उन्हें पहुँचा हुआ महात्मा समझकर फल, फूल, मिठाई, पैसा आदि चढ़ाना शुरू कर दिया। चढ़ावे का काफी अच्छा ढेर लग गया; किंतु किसी ने कपड़े का एक छोटा सा टुकड़ा नहीं दिया। इसी समय आश्रम के एक व्यक्ति ने देख लिया। उससे उन्होंने अपनी व्यथा बताई। वह जब एक कपड़ा लाया तो वहाँ से इनको मुक्ति मिली। जैसे ही सत्यानंदजी आश्रम पहुँचे, स्वामी शिवानंदजी को आश्रम के मुख्य द्वार पर खड़ा पाया। वह हँसते हुए बोले, "कहो सत्यम्! क्या हाल है ? वस्त्रम् देहि।" सत्यानंदजी उनके चरणों में गिर पड़े और बोले, "आपकी आज्ञा न मानने का फल मुझे मिल गया। अब आज क्षमा कर दीजिए। फिर कभी ऐसी गलती नहीं होगी।"

अखंड साधना

इस प्रकार स्वामी शिवानंदजी सत्यानंदजी के निर्माण में प्रति क्षण सजग रहते थे। प्रारंभ में उनको श्रम और सेवा की शिक्षा दी तथा बाद में उनको साधना की

व्यावहारिक पद्धतियों का गूढ़ ज्ञान कराया। अखंड कीर्तन, जप, ध्यान, आसन, प्राणायाम, मौन, शास्त्र-पाठ आदि दैनिक जीवन के अंग थे। वह साधकों के साथ स्वयं भी श्रम करते थे। कभी-कभी रात भर बैठकर जप कराते थे। आसन आदि की प्रतियोगिता कराते थे। स्वामी सत्यानंदजी ने ऐसे महान् गुरु के सान्निध्य में रहकर एक क्षण भी व्यर्थ में नष्ट नहीं होने दिया। प्रतिपल का पूर्ण सदुपयोग किया। फलस्वरूप गुरु ने उनकी साधना का मार्ग पूर्ण रूप से प्रशस्त कर दिया, योग की समस्त पद्धतियों पर अधिकार करा दिया तथा उनके अंतर और बाह्य का पूर्ण रूपांतरण करा दिया। बारह साल के इस प्रशिक्षण के बाद गुरु के आदेशानुसार नौ वर्ष तक उन्होंने घूम-घूमकर विभिन्न स्थानों में एकांत साधना की। इस अवधि में वास्तविक आत्मज्ञान हुआ, अविचल आस्था का विकास हुआ तथा अपने जीवन-दर्शन का सम्यक् बोध हुआ।

योग और भोग का समन्वय

स्वामीजी का मत है—"तंत्र एक ऐसा मार्ग है, जो भोग और योग का समन्वय कराता है। श्रेय और प्रेय को मिलाता है। ये दोनों (भोग और योग, श्रेय और प्रेय) हमारे जीवन के आवश्यक पहलू हैं और इनका सम्मिश्रण ही सच्चा योग है।"

उनके अनुसार तंत्र जीवन के विरोधी तत्त्वों को स्वीकार करता है। वे सभी चीजें जीवन के अलग-अलग पहलू हैं; लेकिन उन सबका अंतिम लक्ष्य एक ही है। किसी एक चीज को अस्वीकार करना अंदर में मानसिक अवरोधों को तैयार करना है। तंत्र शास्त्र का उद्देश्य है—'मन की वह स्थिति प्राप्त करना, जहाँ हम जीवन के अनेक द्वंद्वों से मुक्त हो जाते हैं।' मन की इस निर्द्वंद्व स्थिति को प्राप्त करने के साथ ही साधक को उन सभी चीजों को स्वीकार कर लेना चाहिए, जो पारस्परिक विरोधी हैं। परंतु इसका यह मतलब नहीं कि उनको जबरदस्ती इंद्रिय-भोगों में फँसना है, जबकि उनको भोगने की इच्छा नहीं है या आवश्यकता से अधिक नैतिकतावादी या सदाचारी बनना है। इनका वास्तविक तात्पर्य यह है कि उनका मन भोग और योग, श्रेय और प्रेय, दोनों को अपनाने के लिए व्यापक रूप से खुला रहे। किसी विषय विशेष के प्रति आसक्ति और संकुचित भावना न रहे। भोग और योग के प्रति यह व्यापक दृष्टिकोण उनके मन को जीवन के समस्त अनुभवों के प्रति निष्पक्ष रूप से ग्रहणशील बनने में मदद करेगा। यदि आप जीवन के इन सहज अनुभवों में किसी एक को अस्वीकार करते हैं या त्याग करते हैं तो अवश्य ही आपके मन में अवरोध तैयार होंगे, आपका मन विशेष विचार के प्रति आसक्त और परिस्थिति का दास और पराश्रयी बन जाएगा।

तंत्र-शास्त्र के गुरु आपके जीवन के विभिन्न पहलुओं को समझने तथा उनमें सामंजस्य स्थापित करने में मदद देंगे। वह आपको बतलाएँगे कि जीवन के अनुभवों और भोगों को न तो त्याग ही करना है और न उनमें आसक्त ही होना है। यही है तंत्र का मध्यम मार्ग। संसार के बहुत से व्यक्ति ऐसे हैं, जो या तो बहुत ज्यादा भोगों और विषयों के प्रति आसक्त हैं अथवा अपने मन और इंद्रियों की इच्छाओं का दमन करते रहते हैं। ऐसे लोग अज्ञान और भ्रम में फँसे हुए हैं, यही मानसिक रोग का कारण बनता है।"

तंत्रशास्त्र के गुरु का कार्य है—जीवन के विभिन्न पहलुओं को आपके सामने रखकर मानसिक अवरोधों को हटाना तथा मन के दृष्टिकोण को व्यापक बनाना।

आवश्यकता से अधिक भोग या नैतिक सदाचार के प्रति कैसा सामंजस्य होना चाहिए, जीवन के संकुचित दृष्टिकोण और विचारों के प्रति आपका सही रुख क्या होगा, इन सबका समुचित निर्देशन गुरु से मिलता है। श्री गुरुदेव आपके जीवन को सही ज्ञान रूपी प्रकाश का दृष्टिकोण प्रदान करेंगे, साथ ही उस परम प्रकाश का दर्शन कराएँगे, जहाँ भोग और योग, श्रेय और प्रेय सभी एक साथ मिलते हैं।

अप्रतिम योग-प्रचारक और संगठनकर्ता

स्वामी सत्यानंद ने अपने महान् गुरु और अपनी कठोर साधना द्वारा जो अगाध ज्ञान अर्जित किया था, उसे लोककल्याण के लिए अधिक-से-अधिक प्रसारित करना था। इसके लिए सशक्त और सुव्यवस्थित संगठनों की आवश्यकता थी। वह पूर्ण मनोयोग से इस ओर अग्रसर हुए। मुंगेर में गंगा के सुरम्य तट पर बिहार योग-विद्यालय की स्थापना की, जहाँ देश-विदेश के अनेक व्यक्ति योग की शिक्षा प्राप्त करते हैं। इसके अतिरिक्त, भारत के प्रमुख नगरों तथा संसार के प्रमुख देशों में उनके द्वारा संस्थापित विद्यालय उनके सुयोग्य शिष्यों के निर्देशन में चल रहे हैं। स्वामी सत्यानंदजी ने विदेशों में भारतीय योग-विद्या के प्रचार-प्रसार का अद्भुत कार्य किया है। यह कहना अनुचित न होगा कि बिहार योग-विद्यालय देश का सर्वाधिक व्यापक, संगठित, सुव्यवस्थित और सक्रिय योग-संस्थान है। यहाँ से व्यावहारिक योग संबंधी अनेक उपयोगी ग्रंथों का हिंदी, अंग्रेजी तथा अन्य भाषाओं में प्रकाशन हुआ है। संभवत: ऐसे महत्त्वपूर्ण ग्रंथ अन्य किसी संस्था में नहीं प्रकाशित हुए। यहाँ के ग्रंथों की मुख्य विशेषता यह है कि साधारण शिक्षा प्राप्त व्यक्ति भी इनसे योग का बहुत अच्छा ज्ञान प्राप्त कर सकता है।

बिहार योग-विद्यालय डाक द्वारा साधना प्रशिक्षण का एक पाठ्यक्रम चलाता

है। इसके लिए 'क्रिया' नाम की एक मानसिक पत्रिका हिंदी, अंग्रेजी में प्रकाशित होती है। इस पत्रिका और पाठ्यक्रम के द्वारा विश्व के कोने-कोने में योग-प्रसार में विशेष सहायता मिल रही है।

सन् 1988 में आश्रम व अन्य गतिविधियों का कर्तव्यभार स्वामी निरंजनानंद को सौंप दिया और सितंबर 1989 में देवघर, झारखंड के रिखिया नामक स्थान पर पूर्ण संन्यासी के रूप में साधना में रत हो गए। इस समय उन्होंने अत्यंत दुष्कर पंचाग्नि तप भी किया। कठोर साधना के बीच उन्हें यह दैवी आदेश प्राप्त हुआ—'सबका वैसे ही खयाल रखो जैसे मैंने तुम्हारा रखा।' इस आदेश कि बाद स्वामीजी वहाँ के लोगों के लिए सेवा कार्य में लग गए—लोगों के घर बनवाए, उनकी जीविका की व्यवस्था करवाई, आदि।

स्वामी सत्यानंदजी के विराट् व्यक्तित्व के कितने आयाम उद्घाटित हुए हैं। अत: उनके व्यक्तित्व और कृतित्व का समुचित मूल्यांकन न संभव है और न उचित है; लेकिन इतना अवश्य कहा जा सकता है कि आधुनिक युग के योगियों और योग-प्रचारकों में निस्संदेह वह अग्रिम पंक्ति में समासीन हैं। जो व्यक्ति स्वामीजी के संबंध में अधिक जानकारी करना चाहें अथवा पुस्तकें आदि मँगाना चाहें, वे इस पते पर संपर्क स्थापित कर सकते हैं—बिहार योग-विद्यालय, शिवानंद आश्रम, मुंगेर (बिहार)।

□

ध्यान-योग-चिकित्सक पांडेय दादा

(1910-1992 ई.)

योग और योगियों में मेरी विशेष रुचि है। यदि मुझे किसी सक्षम योगी का पता चलता है तो मैं उसके दर्शन का यथासंभव प्रयास करता हूँ। मेरी योग संबंधी इस जिज्ञासा ने मुझे अनेक विलक्षण अवसर प्रदान किए। लेकिन एक ध्यान-योगी के संपर्क में आने के बाद जो कुछ देखा है, वह मेरे अब तक के समस्त अनुभवों में सबसे अधिक विस्मयकारी और सुखद है।

एक दिन मुझे एक परिचित से ज्ञात हुआ कि मेरे कानपुर नगर में ही ऐसे एक महानुभाव रहते हैं, जो ध्यान योग से बड़े-से-बड़े असाध्य रोगों की चिकित्सा करते हैं। उस परिचित ने यह भी बताया कि उन्होंने कई रोगियों को चामत्कारिक ढंग से रोगमुक्त होते देखा है। मेरे मन में उनके दर्शन की तीव्र उत्कंठा हुई। अत: एक-दो दिन में ही मैं उन योगीजी के निवास-स्थान पर पहुँच गया। मैंने बिना किसी संकोच के प्रस्ताव रखा कि मैं उनके रोगियों और उनकी ध्यान-योग चिकित्सा पद्धति का सूक्ष्म रूप से अध्ययन करना चाहता हूँ, यदि उनको कोई आपत्ति न हो तो इसके लिए मुझको अवसर प्रदान करें। योगीजी ने सहर्ष स्वीकृति देते हुए कहा कि मैं चल-फिर सकनेवाले रोगियों का ध्यान तो अपने घर पर ही करता हूँ और असाध्य-असमर्थ रोगियों के घर स्वयं जाता हूँ। यदि आप इतना अधिक समय दे सकें और मेरे साथ रोगियों के घर पर चल सकें तो मुझे प्रसन्नता ही होगी।

जीवन-परिचय

पांडेय दादा का नाम पं. रामस्वरूप पांडेय है। इनका जन्म 1910 में कानपुर के एक ब्राह्मण परिवार में हुआ। इनका पूरा परिवार स्वतंत्रता संग्राम में सक्रिय रहा।

पांडेय दादा को अनेक बार जेल जाना पड़ा था। जेल में उन्हें अलौकिक रीति से योग में अभिरुचि उत्पन्न हुई और साधना प्रारंभ हुई। एक संत की कृपा से योगशक्ति का उपयोग रोग-निवारण के लिए करने लगे।

मैंने इस चामत्कारिक चिकित्सा पद्धति को निकट से देखने का दृढ़ निश्चय कर लिया था, इसलिए अपनी स्वीकृति प्रदान कर दी। उनका नित्य का कार्यक्रम जान लिया तथा दूसरे दिन से उनके रोगियों और चिकित्सा विधि का सूक्ष्म निरीक्षण करने लगा। लगभग तीन मास तक नित्य पाँच-छह घंटे उनके साथ रहता था। उसके बाद लगभग आठ-नौ मास दूसरे-तीसरे दिन जाता रहा। जो जटिल रोगी होते, उनका विशेष साक्षात्कार करता था। इतने दिनों के निरीक्षण-परीक्षण के बाद मैं दृढ़ निश्चय के साथ कह सकता हूँ कि यह ध्यान-योग चिकित्सा-पद्धति पूर्ण रूप से आश्चर्यजनक, चमत्कारी तथा वैज्ञानिकों के लिए विचारणीय है।

इन योगीजी का नाम पं. रामस्वरूप पांडेय है। प्राय: लोग उनको 'पांडेय दादा' कहते हैं। वे पुराने क्रांतिकारी हैं। अंग्रेजी शासन काल में उनको कई बार जेल-यात्रा करनी पड़ी थी। मूर्धन्य क्रांतिकारियों और नेताओं के साथ जेल में रहने का उनको अवसर प्राप्त हुआ था। जेल से ही उनको योग-साधना के प्रति विशेष अभिरुचि उत्पन्न हो गई थी। उनकी प्रारंभ से धारणा थी कि योग पारलौकिक मुक्ति ही नहीं, लौकिक समस्याओं से मुक्ति का भी मुख्य साधन बने। अत: उन्होंने योग से रोगों को दूर करने की दिशा में प्रयास प्रारंभ किया।

वे अपने लक्ष्य में सफल हुए। दीर्घकालीन प्रयत्न और अभ्यास के बाद विलक्षण ध्यान-योग-चिकित्सा-पद्धति प्राप्त कर ली। उनकी कठोर साधना के फल से सैकड़ों निराश और दु:खी लोगों ने लाभ प्राप्त किया।

पांडेय दादा की चिकित्सा-पद्धति में रोगी को कुछ नहीं करना पड़ता था। वह केवल उनके सामने निश्चल या स्थिर होकर बैठ जाता था। दादा दोनों हाथ रोगी की ओर करके ध्यान मात्र करते थे। यह ध्यान दस मिनट से एक घंटा हो सकता था। सामान्य रोग तो एक बार के ध्यान से ही दूर हो जाते थे, जैसे—पुराना सिर दर्द, पेट का दर्द आदि। लेकिन आँख के माड़ा, मधुमेह, बोन टी.बी. आदि में कई मास प्रतिदिन पंद्रह-बीस मिनट ध्यान करना पड़ता। प्राय: कठिन-से-कठिन रोग में लाभ एक-दो दिन में ही प्रतीत होता था; किंतु रोग को जड़ से नष्ट करने के लिए अधिक दिन ध्यान करा लेना हितकर होता। रोग का मूल कारण ज्ञात होना सुविधाजनक होता था। मैंने स्वयं सिर, पेट, हृदय आदि के दर्द से पीड़ित और तड़पते हुए रोगियों को कुछ क्षणों में पीड़ामुक्त होते देखा है। मैं यहाँ कुछ रोगियों के संबंध में संक्षिप्त

विवरण दे रहा हूँ, जिससे पाठकों को इस विचित्र चिकित्सा पद्धति की प्रक्रिया का बोध हो सके।

श्री मुन्नीलाल पहलवान की आँखों में कुश्ती लड़ते हुए लगभग तीस वर्ष पूर्व भयंकर चोट लगी थी। एक आँख की पलक काफी सूज गई थी। पुतली की रोशनी चली गई थी तथा उसमें बाद में बहुत मोटा माड़ा पड़ गया था। पूरी पुतली सफेद माड़े से ढक गई थी। देश के बड़े-बड़े डॉक्टरों ने उनकी इस आँख को देखा था। सभी ने उसे असाध्य घोषित कर दिया था। अनेक डॉक्टरों ने उपचार अवश्य किया; लेकिन उससे कुछ लाभ नहीं हुआ। लगभग तीस वर्ष बाद वह पांडेय दादा के पास आए। मैं उस समय उनके पास था। पहलवान की आँख इतनी खराब थी कि उसकी ओर देखने की इच्छा नहीं होती थी। दादा ने ध्यान प्रारंभ किया। मैं उत्सुकतापूर्वक नित्य प्रगति देखने लगा। कुछ ही दिनों में पलकों की बहुत पुरानी सूजन समाप्त हो गई। पुतली का माड़ा कटने लगा। माड़ा कपड़े की तरह धीरे-धीरे नित्य सिमट रहा था और अंत में वह पूर्ण रूप से समाप्त हो गया। जिस आँख को डॉक्टरों ने पूर्ण रूप से निरर्थक घोषित कर दिया था तथा जिसमें बिल्कुल रोशनी नहीं थी, उसमें कुछ रोशनी भी आ गई, बिना किसी शल्य क्रिया या औषधि प्रयोग के। केवल ध्यान द्वारा क्षतिग्रस्त आँख में इतना सुधार मेरे लिए कल्पना से परे था।

एक लड़की के पैर में कई वर्ष पुराना नासूर था। अनेक प्रकार के उपचार कराए गए थे; लेकिन मवाद का निकलना बंद नहीं होता था। जिस पैर में घाव था, उस ओर वह करवट नहीं ले पाती थी। जमीन पर पैर रखने में उसको पीड़ा होती थी। लड़की के संरक्षक निराश से हो चुके थे। दादाजी ने पहले दिन लगभग पंद्रह मिनट ध्यान किया। लड़की सो गई। लगभग आधे घंटे बाद उसकी नींद खुली। उसके मुँह का स्वाद बहुत खराब था। तलवों, हाथ की गदेलियों, नाक और मुँह से भाप जैसी चीज निकलती मालूम हो रही थी। थोड़ी देर बाद यह क्रिया समाप्त हो गई। घाव में दर्द नहीं था। उसी दिन से करवट लेने और खड़े होने में कष्ट कम होने लगा। घाव सूख गया। कुछ दिनों तक ध्यान कराने के बाद नासूर बिल्कुल ठीक हो गया। अब लड़की पूर्ण रूप से स्वस्थ है। इसी लड़की के पड़ोस में रहनेवाली एक लड़की के दाहिने पैर के घुटने में भयंकर दर्द हुआ। कानपुर मेडिकल कॉलेज के विशेषज्ञों ने घुटने के जोड़ में ट्यूमर घोषित किया और तीन-चार इंच का ऑपरेशन किया, लेकिन उससे कुछ लाभ नहीं हुआ। बाद में एक्स-रे तथा अन्य परीक्षणों से ज्ञात हुआ कि घुटने की हड्डी में विकार उत्पन्न हो जाने से वह भुरभुरी हो रही है। कोबाल्ट टच कराने से भी कोई लाभ नहीं हुआ था। कानपुर के प्रसिद्ध डॉक्टर श्री

हलधर ने पैर काटने की सलाह दी। अन्य डॉक्टरों ने भी इसके अतिरिक्त कोई उपाय नहीं सुझाया। उसके संरक्षक दादा की शरण में आए। दादा ने ध्यान प्रारंभ किया। पैर में सूजन तथा भयंकर पीड़ा थी, जिससे चलना-फिरना या करवट लेना असंभव था। दादा की ध्यान क्रिया से सूजन लगभग समाप्त हो गई तथा दर्द बिल्कुल नहीं रहा। चिकित्सकों ने एक्स-रे आदि के द्वारा परीक्षण करके रिपोर्ट दी कि हड्डी में अस्सी प्रतिशत सुधार हो गया।

उत्तर प्रदेश के एक मजिस्ट्रेट की पत्नी के गालब्लैडर में वर्षों से भयंकर पीड़ा थी। बहुत प्रकार के उपचार होने के बाद भी कोई लाभ नहीं हुआ। अंत में ऑपरेशन का निश्चय किया गया। संयोग से उन्हें दादाजी के संबंध में जानकारी हुई। दादाजी के ध्यान से पीड़ा तत्काल समाप्त हो गई। ऐसा ज्ञात हुआ था कि पूड़ी खाने से रोगिणी को अवश्य पीड़ा होती है। दूसरे दिन रोगिणी से पूड़ी खाने के लिए कहा गया; लेकिन दर्द नहीं हुआ।

जे.के. प्रतिष्ठान के एक कैशियर पं. बजरंग ओझाजी ब्लड-प्रेशर तथा शुगर से पीड़ित थे। इन रोगों के कारण आँखों और हृदय पर भी प्रभाव पड़ रहा था। सबसे बड़ा कष्ट यह था कि वह पैदल नहीं चल पाते थे। साँस फूलने लगती थी। पेशाब करने के लिए बहुत बार जाना पड़ता था। जीना बिल्कुल नहीं चढ़ पाते थे। डॉक्टरों की राय थी कि रोग ठीक नहीं हो सकता। समस्त दिशाओं से निराश होकर वह ध्यान-योग-चिकित्सा की ओर उन्मुख हुए। दादाजी के दो दिन के ध्यान का प्रभाव यह हुआ कि वे बिना कष्ट दो मील टहलने लगे, सीढ़ियाँ चढ़ने लगे। शुगर की व्याधि भी समाप्त हो गई।

कॉण्ट्रेक्टर केदारनाथ मेहरोत्रा हृदयरोग से भयंकर रूप से पीड़ित थे। हृदय रोग-विशेषज्ञ ने उनका चलना-फिरना बंद करा दिया था। वह दिन-रात चारपाई पर पड़े रहते थे। जीवन से निराश हो चुके थे। दादा के ध्यान से वह चलने-फिरने ही नहीं लगे, बल्कि अकेले बदरीनाथ जैसे पर्वतीय क्षेत्र की यात्रा करके बिना किसी कष्ट के वापस आ गए।

कानपुर नगर महापालिका के ओवरसियर श्रीगुप्त को टायफाइड हुआ। बीमारी में वे टाँगें सिकोड़े लेटे रहे। टायफाइड तो ठीक हो गया; लेकिन टाँगें फैलनी बंद हो गईं और पैरों के बल खड़ा होना असंभव हो गया। अस्पताल में भर्ती हो गए। डॉक्टरों ने बड़े बलपूर्वक टाँगें सीधी कर दीं तथा दोनों पैरों में काफी वजन लटका दिया, जिससे टाँगें सिकुड़ीं नहीं। इस अवस्था में भयंकर दर्द हो रहा था। किसी दर्द-नाशक दवा का कोई प्रभाव नहीं होता था। रोगी निरंतर पीड़ा से चीख-पुकार

करता रहता था। डॉक्टरों ने ऑपरेशन का निश्चय किया, जिसे रोगी नहीं चाहता था। अत: वह भगवान् का सहारा लेकर अस्पताल से चला आया। दादाजी ने उसे देखा और ध्यान प्रारंभ किया। कुछ ही समय में वह चलने-फिरने लगा और अपना ओवरसियर का काम करने लगा।

श्रीमती सावित्री देवी की हृदय-रचना जन्मजात दोषपूर्ण थी। देशी-विदेशी डॉक्टरों ने इनको देखा था। ऑपरेशन के अतिरिक्त और कोई उपाय नहीं बताते थे। इस दोष के कारण शरीर में ठीक से रक्त का संचार नहीं होता था। नाखून नीले पड़ गए थे तथा शरीर काला पड़ गया था। जीना चढ़ने में साँस फूलती थी। कई बार विश्राम करके वह बड़ी कठिनाई से जीना चढ़ पाती थीं। इस विवशता के कारण उनका कहीं आना-जाना बंद सा था। लगभग बीस वर्षों से वह इस व्याधि से विशेष रूप से पीड़ित थीं। ऑपरेशन सफल हो या नहीं, इसका कुछ निश्चय नहीं था। वह एक प्रकार से पूर्ण निराशा का जीवन व्यतीत कर रही थीं। दादाजी ने दो-तीन दिन के ध्यान के बाद ही मेरे समक्ष उनको तिखंडे जीने पर केवल ढाई मिनट में चढ़ा दिया। नाखूनों का नीलापन दूर हो गया। शरीर में रक्त-संचार की गति ठीक होने लगी तथा वह शक्ति और स्फूर्ति भी अनुभव करने लगी। ऐसे असाध्य रोग केवल चार-पाँच दिन के ध्यान से नियंत्रित करना एक आश्चर्यजनक घटना है।

समाज-सेवी और युवा नेता सत्यप्रकाश गुप्त के पेट में छह वर्ष से निरंतर दर्द रहता था। दवाओं से कुछ कम हो जाता था, किंतु समाप्त नहीं होता था। केवल पाँच मिनट के ध्यान से ही दूसरे दिन से उनका दर्द दूर हो गया।

मेरी धर्मपत्नी को लगभग पाँच वर्ष से सिरदर्द रहता था। वह किसी समय भी समाप्त नहीं होता था। केवल एक दिन के ध्यान से उनका दर्द समूल नष्ट हो गया।

श्री कैलाशनाथ पांडेय को मूत्रावरोध हो गया। अस्पताल में भर्ती थे। औषधियों और नली आदि से कोई विशेष लाभ नहीं हो रहा था। ऑपरेशन का निश्चय किया गया। पूर्व परिचित होने के कारण दादा अस्पताल में देखने गए। प्रयोग के रूप में उन्होंने ध्यान किया। कुछ ही क्षणों में ठीक से पेशाब हो गया और वह कष्टमुक्त हो गए तथा बिना ऑपरेशन कराए अस्पताल से चले आए।

उन्माद का एक रोगी था। उसे तीन महीने से नींद नहीं आई थी। गोलियों और सुई आदि का बहुत थोड़ा प्रभाव होता था। मरीज एक मिनट स्थिर होकर नहीं बैठता था। दादा ने मेरे सामने बड़ी कठिनाई से उस पर ध्यान किया। तत्काल कुछ प्रभाव नहीं प्रतीत हुआ। मुझे थोड़ी निराशा सी हुई। वहाँ से लौटते हुए मैंने दादा से पूछा कि क्या रोगी सोएगा ? दादा ने पूर्ण विश्वास के साथ उत्तर दिया कि नौ बजे सो जाएगा

और रात भर सोएगा। मैं जिज्ञासावश दूसरे दिन प्रातःकाल उठ उस मरीज को देखने गया तो पता चला कि मरीज नौ बजे रात से प्रातःकाल छह बजे तक सोया था। दूसरे दिन उसकी मानसिक स्थिति और अस्थिरता में पर्याप्त सुधार हुआ था।

मैंने जिन रोगियों का उल्लेख किया, उनको स्वयं देखा है तथा उनका साक्षात्कार किया है। इनके अतिरिक्त अन्य पच्चीसों रोगियों से भी साक्षात्कार किया है। स्थानाभाव के कारण उन सबका यहाँ उल्लेख संभव नहीं है।

जिन व्यक्तियों पर दादा ध्यान करते, उनके अनुभव विचित्र होते थे। जब वह आँख के माड़े पर ध्यान करते हैं तो रोगी को अनुभव होता है कि कोई माड़े को बहुत धीरे-धीरे काट रहा है और फिर उस पर कुछ लगा रहा है। एनीमिया (रक्ताल्पता) के लिए ध्यान करते समय रोगी के शरीर के अंदर कुछ चलता प्रतीत होता है तथा शरीर का तापमान बढ़ जाता है। गठिया या हड्डियों के दर्द के लिए जब वह ध्यान करते हैं तो शरीर के जिस भाग पर वह ध्यान केंद्रित करते हैं, वह भाग बहुत तेजी से हिलने लगता है। यदि उस अंग को कोई पकड़े तो भी हिलना नहीं रुकता है। जैसे ही दादा ध्यान बंद करते हैं, हिलना बंद हो जाता है। सिरदर्द सिमटकर एक बिंदु पर आ जाता है। पेट के दर्द के एक रोगी ने बताया कि ध्यान के समय पेट में बर्फ जैसी कोई चीज घूम रही थी। विभिन्न प्रकार के रोगों में भिन्न-भिन्न प्रकार के अनुभव होते थे।

प्रायः दादा मरीज से एक हाथ दूर बैठकर मरीज की ओर दोनों हाथ उठाकर ध्यान करते थे। विशेष अवसरों पर सैकड़ों मील दूर लेटे मरीज का ध्यान करते थे और उसे लाभ होता; लेकिन इस प्रक्रिया से स्थायी लाभ न होकर घोर कष्ट की स्थिति में राहत मिल जाती। ऐसे ध्यान में मरीज को कई शर्तें पालन करनी पड़ती। दूर बैठे मरीज इन शर्तों का अधिकांश पालन नहीं कर पाते; अतः दादा प्रायः इस पद्धति को अपनाते नहीं थे। वर्षों से अनिद्रा रोग से पीड़ित लखनऊ की एक लड़की को कानपुर से ही ध्यान करके प्रगाढ़ निद्रा में सुला दिया था। बाद में वह इस रोग से पूर्ण रूप से छुटकारा पा गई।

मेरे उपर्युक्त विवरण का यह अर्थ आप न लगाएँ कि प्रत्येक रोगी इस पद्धति से ठीक हो जाएगा। संभवतः मृत्यु या कर्मभोग का इलाज इस पद्धति में भी नहीं है। अधिकांश लोगों को तत्काल लाभ होता है। कुछ को धीरे-धीरे होता है और बहुत थोड़े लोगों पर बिल्कुल प्रभाव नहीं होता है। इस रहस्य को मैं ठीक से अभी समझ नहीं पाया। लेकिन ऐसा मेरा दृढ़ मत है कि आस्थावान और योग की शक्ति पर भरोसा करनेवालों की तुलना में आस्थाहीनों और शंकालु लोगों को कम लाभ

होता है। बहुत से लोग नियमित रूप से तथा निष्ठापूर्वक निर्धारित अवधि तक ध्यान नहीं करा पाते हैं, जिसके कारण वे पर्याप्त लाभ से वंचित रह जाते हैं। इस पद्धति से लाभ उठाने में धैर्य, नियमितता तथा निष्ठा की विशेष आवश्यकता है। मैं अपने अनुभव के आधार पर यह पूर्ण निश्चय के साथ कह सकता हूँ कि पांडेय दादा की ध्यानयोग-चिकित्सा पद्धति असंदिग्ध रूप से पूर्ण सफल, अलौकिक रूप में चमत्कारी और नितांत निरापद थी। जटिलतम असाध्य रोग केवल रोगी की संकल्प-शक्ति से ही दूर हो जाते थे। यह भारतीय योग-विद्या की महानता का ज्वलंत उदाहरण है।

वैज्ञानिकों, डॉक्टरों आदि से मेरा विनम्र अनुरोध है कि वे इसे पद्धति की उपेक्षा न करें, अपितु इसका निकट से निरीक्षण-परीक्षण करें तथा पक्षपात-रहित होकर इसके तत्त्व और महत्त्व का विश्लेषण करें। विदेशों में वैज्ञानिक और चिकित्सक भारतीय योगियों के सहयोग से इस दिशा में अनुसंधान कर रहे हैं। 1977 में ही 16 से 19 जून तक शिकागो (अमेरिका) में अंतरराष्ट्रीय ध्यानयोग-चिकित्सा-सम्मेलन (इंटरनेशनल कांग्रेस ऑन मेडीटेशन रिलेटेड थैरेपीज) हुआ, जिसमें विश्व के विभिन्न भागों के वैज्ञानिकों, डॉक्टरों और योगियों ने भाग लिया था। भारत में योगियों की सेवाएँ सरलता से उपलब्ध हो सकती हैं। यहाँ के चिकित्सकों को भी इस दिशा में गंभीरतापूर्वक ध्यान देना चाहिए।

□

नारायण दास (बैकल बाबा)

(अज्ञात–2001)

वृद्धावस्था के लक्षण मौजूद होने पर भी मजबूती का अहसास दिलाती काठी, ताँबे की आब लिए साँवला रंग, चौड़े माथे पर पीले चंदन का वैष्णव तिलक, कमर के नीचे एक मटमैली सफेद आधी धोती और ऊपर कुरता, पैरों में जूता–चप्पल होने या न होने की कोई फिक्र नहीं, हाथ में कमंडल के नाम पर स्टील का एक बाल्टीनुमा डब्बा और इन सबसे अलग बाबा की असलियत का भेद खोलते दीप्त नेत्र—यह था स्वरूप नैष्ठिक ब्रह्मचारी, अयोध्या के श्री श्री 108 स्वामी नारायणदासजी का, जिन्हें कानपुर और आस–पास के जिलों के लोग 'बैकल बाबा' के नाम से जानते हैं तो बंगाल में याद किया जाता है 'भंगड़ बाबा' के नाम से।

आरंभिक जीवन व ईश्वर–प्राप्ति

बाबा का जन्मस्थान बाँदा जिले में केन नदी के किनारे बसा 'पड़ेरी' गाँव है। अपनी जन्मभूमि के बारे में बाबा कहते थे—

जन्मभूमि मम पुरी सुहावन
उत्तर दिश जमुना बहे पावन
दक्षिण कर्णावती निवासा
जो शिव कानन कीन्ह विलासा

बैकल बाबा मात्र आठ वर्ष के थे, जब वे राम–मंत्र में दीक्षित हुए। इस छोटी सी उम्र में ही उन्होंने ब्रह्मचर्य का व्रत लिया, जिसका आजीवन पालन किया। बाबा अयोध्या की बड़ी जगह (दशरथ महल) से जुड़े हैं, और उनके गुरु तपा

बाबा हैं, जिनका आविर्भाव धरती पर कई सौ साल पहले हुआ था (तपा बाबा की समाधि लखनऊ से लगभग 40 किलोमीटर दूर बाराबंकी के तपापुर में स्थित है)। बाबा के प्रत्यक्ष जीवन और उनके तपा बाबा के साथ के प्रसंगों में समय का यह वृहद् अंतर साधारण बुद्धि के लिए आश्चर्यजनक हो सकता है, पर परम तत्त्व को प्राप्त कर चुके महापुरुष देश-काल-परिस्थिति के बंधन से परे होते हैं। युवावस्था में परिवार की सहायता हेतु बाबा बंगाल की कोयले की खदानों में काम पर लग गए। यहाँ उन्हें समय-समय पर विभिन्न संतों से मार्गदर्शन प्राप्त होता रहा, जिनमें से एक वैष्णव तांत्रिक साध्वी को बाबा अकसर याद करते थे। खदान में काम करते हुए बाबा मजदूर संघ के नेता बने। अल्पकाल के लिए सेना में नौकरी की, पर अंग्रेज अधिकारी से विवाद होने के बाद स्वतंत्रता संग्राम में भाग लिया।

हनुमानजी के परम भक्त बैकल बाबा पहलवानी के लिए मशहूर हो गए थे। एक बार स्वयं से अत्यधिक शक्तिशाली पाकिस्तानी पहलवान की चुनौती बाबा ने स्वीकार कर ली, क्योंकि अन्य कोई पहलवान उससे लड़ने के लिए तैयार नहीं था। सबको उनकी पराजय तय ही लग रही थी। बाबा पूर्णत: हनुमानजी पर आश्रित होकर अखाड़े में उतरे और सबको दंग करते हुए दूसरे पहलवान को उठाकर पटक दिया। इस जीत ने बाबा पर ऐसा असर किया कि उन्होंने उसी समय समस्त सांसारिक बंधनों को पूर्णत: त्याग दिया। इसके बाद लगभग 20 वर्ष उन्होंने संपूर्ण भारत का भ्रमण किया और अंतत: 1960 के दशक में कानपुर में ठहरे।

कानपुर के बैकल बाबा

बैकल बाबा लगभग 40 वर्ष कानपुर में रहे। बाबा का निवास था एक मंदिर से लगा जर्जर छप्पर, जो तीन ओर से खुला था। जाड़ा, गरमी, बरसात इसी छप्पर के नीचे बिताते बाबा का कहना था कि रहनी कबूतर जैसी होनी चाहिए—'रहन कबूतर की रहे, गहन गहे जस बाज।' बाबा ने यहाँ कभी पक्की छत या दीवार नहीं बनने दी। इस छप्पर के नीचे थी बाबा की कुल गिरहस्ती—एक खटोली, एक बिस्तर, रोशनी के लिए मिट्टी के तेल की दो ढिबरियाँ और एक झोला। जो झोला टँगा न दिखे तो समझिए बाबा कानपुर के बाहर हैं। और जो मौजूद हुए बाबा तो मौजूद होता था एक सिलसिला बाबा की कृपा चाहने वालों का—किसी का बच्चा बीमार है तो किसी का व्यापार ठप्प, किसी की नौकरी नहीं लगती तो किसी का तबादला हो गया है, कहीं पति ने पत्नी को छोड़ दिया है तो कहीं

संतान का अभाव है। हर एक की तकलीफ का इलाज बाबा के पोटलीनुमा झोले में मौजूद था।

कोई बाबा को ज्योतिषी मानता तो कोई थोड़ी-बहुत झाड़-फूँक जानने वाला और किसी के लिए साक्षात् हनुमान, लेकिन बाबा के समभाव में कोई अंतर नहीं। आने वालों के लिए उनके पास 'साहब' का संबोधन था और साथ ही हर कुछ समय के बाद बताना था—'साहब पढ़े-लिखे तो हम हैं नहीं।' बाबा की यह सरलता ही उनके व्यक्तित्व को दुर्बोध बना देती थी। बाबा प्रायः ककहरे (हिंदी वर्णमाला) की अपनी एक व्याख्या सुनाते थे। इस व्याख्या में वे 'ह' से 'हनुमान' बताते थे—हनुमान वह जो मान का हनन कर दे। सो बाबा में भी अहंकार का बिंदु तक ढूँढ़े नहीं मिलता था। अहं के पर्वत को तो उन्होंने चूर कर हवा में उड़ा दिया था। कलियुग में वे साक्षात् सत्युग के अंश थे—साकार सतोगुण। शास्त्रों में वर्णित 'यति' के सर्वांग लक्षण जो देखने हों तो बाबा के दर्शन किए।

समस्याओं के चामत्कारिक समाधान

समाज के हर प्रकार के लोग हर तरह की समस्या लेकर बाबा के पास प्रतिदिन आते। बाबा के हाथ जो लगता बाबा थमा देते थे—फल, जड़ी-बूटी, लौंग, अंग्रेजी दवा, कपूर, राख, मिट्टी—कुछ भी, और वह काम कर जाता था। कोसों दूर मरणासन्न व्यक्ति को बाबा इच्छा-मात्र से ठीक कर देते थे।

बाबा के दर्शनार्थ प्रायः जाने वाले एन ब्लॉक किदवई नगर, कानपुर के निवासी श्री रामू मिश्रा को अचानक पक्षाघात हो गया। आधा शरीर पूरी तरह बेजान हो गया। डॉक्टरों ने भी ठीक होने की संभावना से इनकार कर दिया। ऐसे में सूचना बाबा के पास पहुँची। उन्हें तो मानो कुछ असर ही न हुआ। न करुणा का भाव, न दया के दो शब्द। बस इतना बोले कि 'कुछ नहीं, ठीक हो जाएगा' और अपने काम में लगे रहे। कुछ देर बाद सूचना लाने वाले बाजपेयीजी ने पुनः कहा तो बोले, 'उपाय है, यदि करो तो।' उपाय भी विचित्र बताया—'सर मुड़वाकर बकरे का मांस सर में बाँध दो।' मरता क्या न करता। अगले दिन जब बाजपेयीजी रामू का हाल जानने पहुँचे तो पता लगा रामू तो घर पर ही नहीं। थोड़े इंतजार के बाद देखा, मोटरसाइकिल चलाते आ रहे हैं—बाबा के दर्शन करने। उसके बाद तो नित्य बाबा के दर्शन और सेवा रामू के जीवन का नियम ही बन गया।

ऐसी घटनाओं से यह माना जाता था कि बाबा को औषधियों का ज्ञान है। इसके अतिरिक्त कुछ सहायता मंत्रों से करते थे। अनेक उत्सुक भक्त यह

ज्ञान प्राप्त करना भी चाहते थे। परंतु समस्या थी कि बाबा कभी एक ही जड़ी-बूटी, पत्ती, फल या औषधि को भिन्न रोगों के शमन हेतु दे देते और कभी एक ही समस्या से ग्रस्त रोगियों को भिन्न औषधि देते थे। प्राय: औषधि का चयन उपलब्धता के आधार पर होता था। प्रश्न था कि वास्तविक औषधि क्या है, वस्तुत: यह औषधि विज्ञान है या मंत्र विज्ञान है?

कानपुर के वरिष्ठ पत्रकार और दीर्घ काल तक प्रेस क्लब के अध्यक्ष रहे श्री अनूप बाजपेयी बताते हैं—"दिन-दिन भर ऊबड़-खाबड़ सड़कों पर मोटरसाइकिल चलाते उनकी पीठ में दर्द रहने लगा, जो प्राय: असह्य हो जाता था। ऐसे ही एक दिन मोटरसाइकिल चलाते समय असह्य पीड़ा होने पर उन्होंने बाबा को याद कर पीड़ा मुक्ति के लिए प्रार्थना की। कुछ क्षणों में आराम हुआ और वह दर्द फिर कभी नहीं हुआ।"

सुप्रतिष्ठित पत्रकार श्री शेखर त्रिपाठी का पुत्र हेपेटाइटिस से पीड़ित हुआ। आगरा के एक बड़े अस्पताल में इलाज चल रहा था। डॉक्टरों ने जवाब दे दिया कि 24 घंटों से अधिक का समय नहीं है। निराश त्रिपाठीजी को ऐसे में बैकल बाबा का स्मरण हो आया। उन्होंने रात के प्रथम प्रहर में अपने एक मित्र को कानपुर में फोन किया जो कि बाबा के पास नियमित उपस्थित होते थे। वर्षा हुई थी, हवा में ठंडक थी। मित्र बाबा के पास पहुँचे तो छप्पर के नीचे बाबा की खटोली के चारों ओर पानी भरा था, पर बाबा तो इससे बेखबर किसी के आने की प्रतीक्षा में ही पूर्ण चैतन्य बैठे थे। निबिड़ अंधकार में दूर से पुकारे, 'आओ, क्या हो गया?' विस्तार से सब सुनने के बाद मंत्र पढ़ कर कुछ लौंग दीं कि जा कर दे दो। उस ठंडी बरसाती रात में कानपुर से आगरा पहुँचना आसान नहीं था। सड़कें और यातायात तब इतने सुगम न थे और उधर बच्चे की दशा गंभीर थी। इसी उधेड़बुन में वह मित्र बाबा को प्रणाम कर जाने को उद्यत हुए कि बाबा ने पूछा, 'कौन जाएगा?' स्वाभाविक उत्तर मिला, 'मुझे ही जाना होगा।' क्षणांश को बाबा ने कुछ सोचा और लौंग वापस माँग कर बोले, 'जाओ, बच्चा ठीक हो जाएगा।' मित्र को लगा कि बाबा रुष्ट हो गए या उन्हें ऐसा लगा कि कोई लाभ न होगा। वे अनुनय-विनय करने लगे। बाबा अचानक तनकर बैठ गए। स्वर में अद्भुत गांभीर्य और नेत्रों में चमक के साथ बोले, 'अब जाओ यहाँ से। जो मुँह से निकल गया, वही सत्य है—कट नहीं सकता। लड़का सुबह तक ठीक हो जाएगा। उसके बाद उसके बाप से कहना, यहाँ आकर सवा रुपए का प्रसाद

हनुमानजी को चढ़ाए, लेकिन वह आएगा नहीं।' दोनों ही बातें घटित हुईं। इस घटना के बाद जब एक रात एकांत में पूछा गया कि बाबा मंत्र से कैसे ठीक कर देते हो, तो हृदय क्षेत्र पर अंगुली रख बोले, 'न मंत्र, न जड़ी बूटी। ये तो वाहक हैं, ताकत तो यहाँ होती है।' बाबा ने सिद्धियाँ सप्रयास अर्जित नहीं की थीं बल्कि इष्ट कृपा से सहज प्राप्त थीं। बिरले ही ऊर्जा के अजस्र स्रोत से जुड़े होते हैं।

जीवित ही नहीं, बेजान वस्तुओं की समस्या का भी वे आवश्यक होने पर समाधान कर देते थे। एक बार मोटरसाइकिल से तपापुर से कानपुर आते हुए मोटरसाइकिल राजमार्ग पर बंद हो गई। सुधार का कोई उपाय आस-पास न था। कोई करंट पैदा करने वाला पुर्जा जल चुका था। बाबा ने इंजन पर एक हलका पाद प्रहार किया और बोले, 'चलो स्टार्ट करो। अब कहीं रोकना मत।' मोटरसाइकिल कानपुर तक आ गई और एक बार रुकने के बाद तभी स्टार्ट हुई, जब मेकैनिक ने वह पुर्जा बदला।

त्रिकालज्ञ महात्मा

यही नहीं, भूत-भविष्य-वर्तमान बाबा के लिए हस्तामलक थे। स्वयं लेखक का बाबा के साथ विचित्र अनुभव हुआ। बाबा ने अचानक कुछ दिनों से कहना चालू किया, 'साहब, आपका मकान बन रहा है।' मैंने न कोई प्लॉट लिया था, न इस उद्देश्य से धन-संग्रह किया था और न ही ऐसा कोई संकल्प था। एक दिन बाबा विनोदपूर्वक कई लोगों के सामने कहने लगे, 'ये छुपा रहे हैं, बताते नहीं इनका मकान बन रहा है।' मैंने खीझते हुए कहा, 'बाबा की भविष्यवाणी गलत है और गलत ही रहेगी।' इस पर बाबा ने कहा, '6 नंबर मकान है तुम्हारा, हमें सब पता है।' कुछ माह बाद ऐसी स्थिति बनी कि विकास प्राधिकरण द्वारा बनाए गए कुछ मकानों में से 6 नंबर का मकान लेखक-पत्रकार कोटे में आवंटित कर दिया गया, जिसका आवेदन भी पहले न किया था और अधिकांश भुगतान भविष्य में करना था।

ऐसी ही विचित्र घटना बाबा के सेवक और भक्त रामखिलावन के साथ हुई। उनका पुत्र घर से चला गया और पूरे दिन खोजने के बाद भी पता न लगा। उधर बाबा से बताया तो न उन्होंने चिंता व्यक्त की, न रामखिलावन को बुलाया। 24 घंटे बीते और पिता का धैर्य जवाब दे गया। दुःखी और क्षुब्ध बाबा के पास आकर रोने लगा। पहले तो बाबा ने साधारणतः सांत्वना देते हुए कहा, 'चिंता न करो, आ जाएगा।' जब वह शांत न हुआ और उपस्थित अन्य लोग चले गए तो अनायास कहना शुरू किया कि लड़का किस स्टेशन पर है, क्या कर रहा

है, कब वापसी की यात्रा शुरू करेगा इत्यादि। अंत में बोले, 'अब जाकर सो जाओ। सुबह घर के पास शीशम के पेड़ के पीछे बैठा मिलेगा, घर ले आना और मारना-पीटना नहीं।' बाद में बोले, 'अपना आदमी है, बहुत दुखी था, इसलिए इतना बताना पड़ा वरना ज्यादातर तो थोड़ा गलत बताते हैं, ताकि काम बन जाए और यहाँ भीड़ भी न लगे।' यह ज्योतिषीय गणना आदि जैसी चीज नहीं बल्कि काल का अतिक्रम होता है, जो साधना की उच्चतम स्थितियों में प्राप्त होता है। इसलिए प्रायः बाबा की बातों में तारतम्य और तथ्यों का अभाव प्रतीत होता था। अपने बारे में बात करते हुए वे प्रायः कुछ सौ वर्ष पूर्व तक पहुँच जाते थे, जबकि उनका इस जन्म का लेखा स्पष्ट था।

ये तो कुछ घटनाएँ हैं; ऐसे दैहिक, दैविक, भौतिक ताप काटने वाले चमत्कार तो बाबा के पास सतत घटित होते रहते थे। बैकल बाबा 6 फरवरी, 2001 को महासमाधि में लीन हुए। आज भी शरीर छोड़ने के बाद उनके स्थान (बैकल धाम, नौबस्ता बंबा, कानपुर) पर पहुँचने वालों को वैसा ही लाभ प्राप्त होता है। शरीर छोड़ने के पहले शिष्यों से वे कहा करते थे, 'शरीर तो म्यान है, तलवार को बाहर निकलने दो तब देखना।' उनकी समाधि उनके जन्मस्थान पड़ेरी में है और कानपुर में उनके रहने के स्थान पर बैठका बनवाया गया है, जहाँ नित्य पूजन और भंडारे किए जाते हैं, विशेषकर महाशिवरात्रि और नागपंचमी पर। चैत्र नवरात्रि में तपापुर तीर्थ में आयोजन होता है।

महाविज्ञान

बाबा ने कोई किताब नहीं लिखी, न ही प्रवचन दिए। समाधि की उच्चावस्था में उनके मुख से उच्चरित वाणी को उनके शिष्यों ने उनकी अनुमति से लिपिबद्ध करके 'महाविज्ञान' की किताब का रूप दिया। बाबा ने स्वयं कहा है कि प्रतिदिन इसकी 'एक पत्ती' पढ़नी चाहिए। 'महाविज्ञान' पुस्तक के कुछ भाग को लिपिबद्ध करने वाले श्री इंद्रजीत सिंह राणा का कहना है, "श्री श्री स्वामी नारायणदास जी की अनुमति से अथवा भगवान की देन से श्री स्वामी जी ये विज्ञान प्रकाश जो लिख रहे हैं, ये तो स्वयं ब्रह्म ही हैं। यह इस भवसागर में भटके हुए पथिकों को ज्ञान का मार्ग दिखाने में समर्थ हैं।"

भक्तों को दया और परोपकार का ही उपदेश देते हुए बाबा सदा आश्वस्त करते थे कि 1917 ई. से सकारात्मक परिवर्तन का दौर आएगा और 'धर्म' की प्रतिष्ठा होगी—

अरे मन धीरज क्यों न धरे।
एक सहस नौ शत की पीछे ऐसा जोग पड़े।
मेघनाद रावण का बेटा उलट के राज करे।
असी बरस का सत्युग आवै धर्म की बेल बढ़े।

बाबा का कहना था कि इस प्रक्रिया में 'महाविज्ञान' पुस्तक पाठकों के लिए नौका का कार्य करेगी।

सत्य को जानने-पहचानने के मार्ग को बाबा 'ज्योतिष महाविज्ञान' कहते थे। □

स्मरामि पुनः-पुनः

पंडितजी यानी शम्भूरत्न त्रिपाठी के बारे में कुछ लिखना या उन जैसी विभूति के विशाल व्यक्तित्व के किसी छोटे से हिस्से को भी पेंट करना मेरे जैसे के लिए बहुत कठिन है। पहले सोचा था—कुछ क्या, बहुत कुछ लिख सकता हूँ। लेकिन यादों की आँधी इतनी तेज है कि समझ नहीं पा रहा हूँ—क्या छोड़ूँ या क्या लिखूँ। मजे की बात है—अभी जनवरी के तीसरे हफ्ते में डॉ. प्रशांत त्रिपाठी का फोन आया और उन्होंने जो बातें कीं, उन्हें सुनकर ऐसा लगा कि पंडितजी कुछ कह रहे हैं और मैं उसी तरह श्रद्धावनत होकर 'हाँ-हाँ' कह रहा हूँ। उस आवाज के साथ मैं बँध सा गया। अपने कमरे में गया और बिना देर लगाए कागज-कलम उठा लिया, कुछ विचारों को सिलसिला देने लगा, उसी समय ऐसी अनुभूति हुई कि वे पीछे वाले कमरे में तख्त पर मसनद के सहारे अध लेटे हैं और पान खाते हुए कोई मोटी किताब के पन्ने पलट रहे हैं। उनकी स्पष्ट आवाज आई—क्या सोचते-विचारते हो, शुरू करो और जल्दी लिखो! मैंने खुद को सँभालने की पूरी कोशिश की। सोचने लगा—ये बीसियों साल पहले लुप्त हो गई यह वाणी ज्यों-की-त्यों कानों में कैसे गूँजी? उस ध्वनि से दूर होने के लिए एक पान खाया और दो चम्मच मसाला फाँका। मैं स्थिर हो चुका था कि फिर वही वाणी कानों में गूँजी—मैं बाहर निकल रहा हूँ, जब लिख जाए तो फोन पर मुझे सुना देना; जाने क्यों में बेहद संजीदा सा हो गया।

मैं बिना देर किए लिखने में जुट गया। मन में यह बात आ गई, कहीं खुद ही न फोन करके कहें—कितना लिखा, सुनाओ! मैं फटाफट लिखने लगा। घंटों कागजों पर लिखता और सुधारता रहा। अब जब लिख गया है तो बार-बार उनका स्मरण करके कह रहा हूँ, किस नंबर पर आपको फोन करके सुनाऊँ। फिर मंत्रबद्ध

सा अपने ही लिखे हुए शब्दों का वाचन करने लगा। अखबारी कागज पर लिखे 6-7 पन्नों को पढ़ा, फिर ऐसा लगने लगा—वे सुन रहे हैं। सच मानो, उन्होंने ही अच्छे कागज पर साफ-साफ लिखने के लिए कहा है। इसलिए बड़े ध्यान से धीरे-धीरे और साफ-साफ लिखने की पूरी कोशिश कर रहा हूँ। जी हाँ, रीराइट कर रहा हूँ।

एक विचार बार-बार आ रहा है कि यह सब कल्पना है या उनकी वाणी मैंने वास्तव में सुनी है। सोचता हूँ, ऐसा शायद इसलिए हो रहा है कि उन्होंने मेरे जैसे को आदमी बनाया। क्योंकि वे सच्चे संत और मनोविज्ञानी थे, उन्होंने पूरे जीवन में नकाराओं को काम का बनाने का ही काम किया था। हारकर बैठ चुके लोगों को दौड़कर मंजिल पर पहुँचने की तरकीबें सिखाई थीं। जो कुछ कहा, सही हुआ और जिधर इशारा किया, मंजिल उधर ही मिली।

पंडितजी के साथ कई साल रहा। मैं उन्हें सदैव एक बड़ा सद्गृहस्थ संत ही मान पाया। इसमें कोई संदेह नहीं कि वे संपादक, साहित्यकार, विचारक, दर्जनों पुस्तकों के रचनाकार थे। पर ये संबोधन पानेवाले जाने कितने भरे पड़े हैं। वे अद्भुत गृहस्थ संत ही थे। ऐसे संत, जिनको बड़े-बड़े संत अपने पास बुलाकर उनके कान में गोपनीय आध्यात्मिक चर्चा करते थे। ऐसे ही कुछ प्रसंग याद आ रहे हैं।

1978 के आसपास का समय था। मैं उनकी संगति थोड़ी ज्यादा करने लगा था। पंडितजी कई लोगों के साथ महान् संत देवरहा बाबा के दर्शन करने गए। जब पहुँचे तो बहुत भीड़ थी। भारी संख्या में पुलिस बंदोबस्त था। तत्कालीन गवर्नर (यू.पी.) उसी समय आनेवाले थे। भीड़ और असामान्य माहौल से वे ऊबते थे। कुछ क्षण में ही भाग खड़े होते थे। उस दिन भी उन्हें उकताहट हुई थी, पर कुछ सोचकर भीड़ का हिस्सा बन गए। कुछ जपने लगे, ताकि समय व्यर्थ (प्रतीक्षा) में न जाए। कुछ समय बीता—बाबा देवरहा का साधुवेश वाला एक व्यक्ति आया। ठीक पंडितजी के पास आकर उन्हीं से बोला—आप कानपुर से आए हैं...त्रिपाठी जी...बाबा आपको बुला रहे हैं। पंडितजी उस साधु के साथ बाबा देवराहा के मचान के पास तक गए। पंडितजी को देखकर बाबा प्रसन्न हो गए। पंडितजी ने दोनों हाथ जोड़कर पहले उनको मचान पर देखा, सिर झुकाकर प्रणाम किया। बाबा ने अपना एक पैर मचान से लटकाया, फिर उसी पैर को पंडितजी के सिर और कंधे से लगा दिया। बाबा ने धीरे से कुछ कहा, पंडितजी ने ध्यान से सुना।

फिर कई मिनट फुसफुसाते रहे। आखिर में पंडितजी ने कहा, 'जैसी आज्ञा, बाबा!' फिर बाबा ने उनको कुछ फल और फूल दिए। बाबा ने कुछ कहा तो पंडितजी ने साथ गए लोगों को इशारा करके बुलाया। सभी को बाबा देवरहा ने हाथ उठाकर आशीर्वाद दिया। सभी गद्गद और दर्शन पाकर अभिभूत थे। जब पंडितजी की गाड़ी बाबा के आश्रम से कुछ दूर चली आई तो दूसरी ओर की सड़क गवर्नर साहिब का काफिला सायरन बजाते आश्रम की ओर जा रहा था। यह प्रसंग एक अग्रज ने मुझे सुनाया तो मेरे मन में बाबा देवरहा ने पंडितजी से क्या कहा होगा, जिसके उत्तर में उन्होंने 'जैसी आज्ञा' कहा था। साल भर बाद बाबा देवरहा कानपुर के फूलबाग में पधारे और मैंने भी दूर से उनके दर्शन किए। जब मैंने बाबा के दर्शन के संबंध में पंडितजी से चर्चा की और पूछ बैठा—बाबा देवराहा ने आपसे क्या कहा था? मुझे अब तक याद है, उन्होंने कहा था—संत से हुए संवाद को 'गोपनीय' रखा जाता है। वह हमेशा संतों के साथ अपने संवाद को गोपनीय रखते थे। आप साथ में हैं तो भी फिर उसकी चर्चा नहीं करते थे।

इसी कड़ी में अयोध्या के परमहंस बाबा राममंगल दास का प्रसंग याद आ गया। शायद दो कारों में साथ के लोगों को बिठाकर पंडितजी बाबा राममंगल दास के दर्शनार्थ अयोध्या जा रहे थे। इसके पहले वे कई बार उनके दर्शन कर चुके थे। बाराबंकी और फैजाबाद के बीच एक चाय की दुकान पर चाय पी गई। पान खाए गए और सुस्ती उतारी गई। सभी कारों में बैठ रहे थे कि एक मँगता आया और उसने सवाल किया। शायद किसी ने भी उसके सवाल के प्रति गंभीरता नहीं दिखाई। उसने फिर सवाल किया तो पंडितजी ने सुना, लेकिन वे ड्राइवर की पास वाली सीट पर बैठ रहे थे। जैसे ही बैठे, ड्राइवर ने कार स्टार्ट कर दी। वह 'बेचारा' कार के साथ-साथ दौड़ पड़ा। पंडितजी ने अपनी सदरी के अंदर की जेब में हाथ डाला और एक बड़ा नोट उसके हाथ में पकड़ाने की कोशिश की। नोट जमीन पर गिर गया। मँगता ने वह नोट उठा लिया और जब तक कार ओझल नहीं हो गई, अपने दोनों हाथ जोड़े खड़ा रहा। यह संस्मरण अभी बाकी है। बल्कि अब शुरू हुआ है।

जब सभी बाबा राममंगल दास के आश्रम में पहुँचे तब तक उस मँगता को भूल चुके थे। पर पंडितजी नहीं भूले थे। उन दिनों बाबा 'मौन' हो चुके थे। बहुत जरूरी हुआ तो तख्ती पर खड़िया (चाक) से लिख देते थे। बुलावा आने पर सभी उनके स्थान की ओर गए तो एक शिष्य ने केवल पंडितजी को अकेला बाबा के पास जाने के लिए कहा। बाबा ने बहुत देर तक पंडितजी से लिख-लिखकर बातें

करते रहे। उस मँगता को भी पूछा। यह सुनकर पंडितजी आश्चर्यचकित हो गए थे। फिर लिखा, गरीब कुछ माँगे तो दे दो। जैसी 'तथा' हो। अगर नहीं देने का इरादा हो तो न दो। जाति, मजहब, जवान और बूढ़ा न देखो।

देखो तो बस मँगता की दशा देखो और समझना है तो उसकी आवाज की व्यथा को समझो। पंडितजी के बड़ा नोट देने पर साथ के लोगों ने कुछ इसी तरह की बातें की थीं। बाबा राममंगलदास ने सूक्त वाक्य लिखा—दरवाजे पर आए भिखारी को पूरा भोजन दो। पूरे भोजन की परिभाषा, बाबा के अनुसार तीन मुट्ठी चावल, 2 मुट्ठी दाल और चुटकी भर रामरस (नमक)। बाबा राममंगल दास शायद साथ गए लोगों से मिलना नहीं चाहते थे। पर पंडितजी की प्रार्थना पर कुछ क्षण के लिए अपने पास बुलाया और कानपुर वापस जाने के लिए कह दिया।

दिल्ली में महान् योगी एच.एच. स्वामी राम आए हुए थे और अपने सर्वप्रिय विहार वाले आश्रम में थे। पंडितजी कानपुर से दिल्ली आए और मुझे फोन पर होटल टूरिस्ट में आने के लिए कहा। मैं भी पंडितजी के साथ स्वामीजी से मिलने गया। हम स्वामीजी के भव्य आश्रम में लिफ्ट से पहुँचे तो वे अपने आश्रम के प्रवेश द्वार पर खड़े थे। उनको देखते ही पंडितजी ने चरण स्पर्श करने के लिए झुके ही थे कि स्वामीजी ने अपने गले से लगा लिया और कहने लगे—मैं प्रतीक्षा कर रहा था। उनको साथ लेकर अंदर चले गए। कोई डेढ़ घंटे बाद स्वामीजी और पंडित बाहर आए। स्वामीजी कह रहे थे—कानपुर पहुँचकर एक बार फिर विचार कर लेना। पंडितजी कानपुर लौट गए। मैं नहीं जान सका कि स्वामीजी किस बात पर 'फिर विचार' करने के लिए कह रहे थे।

बाद में पता चला कि स्वामीजी की हार्दिक इच्छा पंडितजी को अमरीका ले जाने की थी। पर पंडितजी ने देश क्या कानपुर छोड़ने के बारे में भी नहीं सोचा।

शहर की बात चली तो एक और प्रसंग याद आया। दिल्ली में पुस्तक मेला था। कानपुर से मैं उनके साथ आया था। पूरे दिन पुस्तकें देखी गईं और निकलवाकर रखवाई गईं। पेमेंट करके शाम को लेने आने का वायदा करके पंडितजी दिल्ली के एक बड़े अखबार के संपादक से मिलने गए। मुझे ऐसा लगा कि वह भेंट तयशुदा थी। संपादक महोदय उन्हें अपने साथ लेकर अखबार के महत्त्वपूर्ण अधिकारी से मिलाने ले गए। होटल आते समय बताया कि उन्हें उस अखबार का नंबर दो बना दिया गया है। एपाइंटमेंट लेटर भी मिल गया है। उनसे वायदा किया गया है कि 6 महीने के अंदर एक स्प्रिचुअल मैगजीन उन्हें निकालनी

होगी, तब उन्हें नंबर एक बना दिया जाएगा। हँसकर यह भी बताया था—संपादक को मिलनेवाली सारी सुविधाएँ, बँगला, कार, ड्राइवर और नौकर आदि भी मिलेगा। वे खुश थे और मैं बहुत खुश था। पुस्तक मेले से किताबों के कई बंडल लेकर हम स्टेशन आ गए। ट्रेन जब चल पड़ी तो पंडितजी बोले, बड़ी भीड़ है दिल्ली में। अब जब दिल्ली के बाहर आए तो ठीक से साँस आई। अपना कानपुर बहुत अच्छा है। मैंने उनकी बातों में बहकर कह दिया—अब तो दिल्ली ही आपको आना है? वे हल्का सा मुसकराए, पर बोले कुछ नहीं।

कई हफ्ते बाद मैं पंडितजी के घर गया और उनसे मिला। बातों-बातों में मैंने उनसे दिल्ली का जिक्र किया तो धीरे से बोले, यह बात किसी से नहीं कहना। मैं दिल्ली नहीं जाऊँगा। 'अरे, आप तो एपाइंटमेंट लेटर ले आए हैं।' बोले—'तो क्या हुआ! वहाँ मना करता तो संपादकजी दुःखी हो जाते कि लेटर लेने से मना कर रहे हैं। अब नहीं जाऊँगा, तो क्या जबरन ले जाएँगे।' यह कहकर उस बात को ऐसे भूल गए, जैसे कुछ हुआ ही न हो।

लोगों की प्रत्यक्ष-अप्रत्यक्ष सहायता करना उनका स्वभाव था। किसी की पी-एच.डी. करा रहे हैं। किसी की बेटी की शादी का इंतजाम अपने परिवार को बिना बताए कर रहे हैं तो किसी के लिए किताबों का इंतजाम कर रहे हैं। वे चिट्ठी पढ़कर जान लेते थे कि यह लेखक या साहित्यकार इन दिनों तंगदस्ती का शिकार है। कलकत्ता के नामी कथाकार की चिट्ठी पढ़कर तुरंत टी.एम.ओ. भेजा और एस.टी.डी. बुक करवा कर उनसे बात की। बाद में उनकी कई कहानियाँ और भी छापी गईं। इन बातों का ज्यादा जिक्र क्या किया जाए, क्योंकि वे कहा करते थे—सहायता करके प्रचार करने से कहीं ज्यादा अच्छा होता है सहायता न करना। मुझे कई लोगों के नाम भी याद हैं कि पंडितजी की सहायता की बदौलत वे क्या से क्या हो गए। पर उनकी बात याद रहने के बावजूद उनके नाम लिखना उनकी आज्ञा का उल्लंघन है। साथ ही उनको यह भी लगेगा कि सहायता करनेवाले ने कभी जिक्र नहीं किया और मैंने उनका नाम खोल दिया। लेखक के रूप में उनका एक अद्‌भुत तरीका था। उनकी जैसी लिखने की शैली मैंने किसी की नहीं देखी। वे बोलकर लिखवाते थे। बोलते चले जाते थे और सामने वाला कागज पर उतारता चला जाता था। किसी की पुस्तक का हवाला देते तो बाकायदा पृष्ठ संख्या तक याद रखते थे। उन्होंने कितनी किताबें लिखी हैं—इसकी सूची डॉ. प्रशांत से ली जा सकती है; अगर उन्होंने बनाई हो तो। कितनी पुस्तकों पर उन्हें यू.पी., केंद्र

या अन्य प्रदेशों से पुरस्कार मिले, ये सब डॉ. त्रिपाठी ही बता पाएँगे। दरअसल पुस्तकें लिखना उन्हें अच्छा लगता था। लेकिन वे हमेशा बड़ी तैयारी और शोध के बाद लिखते थे। जब कुछ बहुत जरूरी लिखना होता था, यानी प्रकाशक बहुत जोर डालता तो कानपुर छोड़कर दूसरे शहर लखनऊ, इलाहाबाद चले जाते और होटल में रहकर लिख डालते। शुरुआती दिनों की मुझे जानकारी नहीं, पर उन्होंने कोई पुस्तक लिखने के बाद प्रकाशक को तलाशा हो, ऐसा भी नहीं हुआ। हमेशा प्रकाशक आकर उनसे कहते थे या यों कहें, दबाव डालते थे। एक और गोपनीय बात बताएँ कि वे किसी प्रकाशक से पुस्तक का पारिश्रमिक नहीं माँगते थे। कई प्रकाशक जब साल-दो साल में 'प्रकट' होते तो 'मुद्रा ददामि' करते। वे हिसाब में बहुत कच्चे थे। जिसने जितनी रायल्टी दी, रख ली। प्रकाशक से कुछ नहीं पूछा कि कितनी बिकी, दूसरा एडीशन भी छाप लिया है। कोई दूसरा अगर रॉयल्टी के बारे में कहने की कोशिश करता तो चुप करा देते। दिल्ली से प्रकाशक या उनके प्रतिनिधि आते रहते। दिल्ली जाते तो फोन कर देते कि फलाँ होटल में ठहरा हूँ। किसी को खुद मिलने नहीं जाते थे।

लखनऊ के अमृतलाल नागर, श्रीनारायण चतुर्वेदी, भगवती चरण वर्मा और शिवानी आदि उन्हें बहुत मान देते थे। नागरजी कानपुर पधारे (शायद 1975-76) में। पंडितजी से उन्होंने सूरदास पर बात की। पंडितजी ने ढेर सारे किस्से उन्हें सुना डाले। नागरजी ने पंडितजी को लखनऊ बुलाया और अपनी योजना के संबंध में बात की। पंडितजी ने उनसे कहा—सूरदास पर उपन्यास लिखना है तो आप मथुरा में रहकर लिखें, वहाँ की 'रज' आपको उनकी कहानी बताएगी। जब कानपुर के लिए चलने लगे तो नागरजी को एक लिफाफा दिया। नागरजी ने लिफाफा अपनी जेब में रखा और पंडितजी को गले लगाकर कहा—जय हो शंभू! उस लिफाफे में 'धन' नहीं था, कानपुर वाले मोदक थे, जो नागरजी को बेहद पसंद थे।

पंडितजी के इसी सम्माननीय स्वभाव के कारण नागरजी भी उन्हें बहुत मान देते थे। पंडितजी के एक फोन पर वे लिखकर भेज देते, जबकि बड़ी-बड़ी पत्रिकाओं को वे टरकाया करते थे। श्रीनारायण चतुर्वेदी भी लिखा करते थे। शिवानीजी को एक पत्र के बाद एक और पत्र भेज देते थे। तब वह कोई संस्मरण या कहानी भेजती थीं।

कानपुर के एक अद्भुत उपन्यासकार थे प्रताप नाराण श्रीवास्तव। दसियों उपन्यास लिखे हैं 'व' या 'ब' से उनके शीर्षक हैं। कानपुर विश्वविद्यालय के

एम.ए. पाठ्यक्रम के लिए उन्हें उपन्यास लिखना था। वे परेशान और हड़बड़ी में पंडितजी के पास आए। पंडितजी ने उनकी समस्या चुटकी बजाकर सुलझा दी। नाम रख दिया 'वरदान'। यह बेहद राज की बात है—कैसे ? पर श्रीवास्तवजी मगन होकर नाचने लगे और पंडितजी के पैर पकड़कर कहा था—'गुरु' मान गए।

मैं भी उनके पैर पकड़कर कह रहा हूँ—'पंडितजी, मान गए आपको! मैं आपको याद करता हूँ और करता रहूँगा।'

—कमलेश शुक्ल
पत्रकार दैनिक जागरण
हिंदुस्तान टाइम्स

□□□